Tratado de Comunicação
Organizacional e Política

2ª edição revista e ampliada

Dados Internacionais de Catalogação na Publicação (CIP)
(Câmara Brasileira do Livro, SP, Brasil)

Torquato, Gaudêncio
  Tratado de comunicação organizacional e política/ Gaudêncio Torquato. - 2. ed. - São Paulo : Cengage Learning, 2017.

  2. reimpr. da 2. ed. de 2010.
  Bibliografia.
  ISBN 978-85-221-1009-4

  1. Comunicação na política 2. Comunicação nas organizações 3. Marketing I. Título.

10-04500   CDD-302.2

Índice para catálogo sistemático:

1. Comunicação e poder: Sociologia 302.2

Tratado de Comunicação
Organizacional e Política

2ª edição revista e ampliada

Gaudêncio Torquato

Austrália • Brasil • Japão • Coreia • México • Cingapura • Espanha • Reino Unido • Estados Unidos

Tratado de Comunicação Organizacional e Política – 2ª edição revista e ampliada
Gaudêncio Torquato

Gerente Editorial: Patricia La Rosa

Editora de Desenvolvimento: Monalisa Neves

Supervisora de Produção Editorial: Fabiana Alencar Albuquerque

Copidesque: Maria Dolores D. Sierra Mata

Revisão: Cintia da Silva Leitão e Carolina Dutra Evangelista

Diagramação: Alfredo Carracedo Castillo

Capa: Absoluta Publicidade e Design

© 2011 Cengage Learning Edições Ltda.

Todos os direitos reservados. Nenhuma parte deste livro poderá ser reproduzida, sejam quais forem os meios empregados, sem a permissão, por escrito, da Editora. Aos infratores aplicam-se as sanções previstas nos artigos 102, 104, 106 e 107 da Lei nº 9.610, de 19 de fevereiro de 1998.

Para informações sobre nossos produtos, entre em contato pelo telefone
0800 11 19 39
Para permissão de uso de material desta obra, envie seu pedido para
direitosautorais@cengage.com

© 2011 Cengage Learning.
Todos os direitos reservados.
ISBN-13: 978-85-221-1009-4
ISBN-10: 85-221-1009-3

Cengage Learning
Condomínio E-Business Park
Rua Werner Siemens, 111 – Prédio 20
Espaço 04 – Lapa de Baixo
CEP 05069-900 – São Paulo – SP
Tel.: (11) 3665-9900 – Fax: (11) 3665-9901
SAC: 0800 11 19 39

Para suas soluções de curso e aprendizado, visite **www.cengage.com.br**

Impresso no Brasil.
Printed in Brazil.
1 2 3 4 5 6 7   15 14 13 12 11

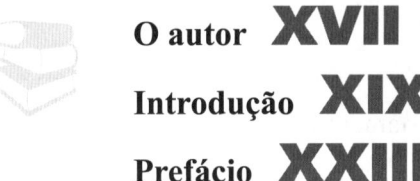

O autor **XVII**

Introdução **XIX**

Prefácio **XXIII**

Capítulo 1
Panorama da comunicação organizacional e política **1**

▷ Do jornal de empresa à comunicação organizacional 2

Os primórdios, na transição dos anos 1960 para os 1970 2

Jornalismo empresarial, o primeiro mercado 3

Caminhos da profissionalização 4

Nova visão: comunicação empresarial/comunicação estratégica/
comunicação organizacional 5

Base conceitual da comunicação nas organizações 6

Nos anos 1990, a expansão da perspectiva estratégica 8

Os efeitos da globalização 9

A área acadêmica: campo aberto 10

Um novo profissional 11

▷ A comunicação política 12

A política nas organizações 12

A interlocução com a sociedade 12

O primeiro momento: mistificação e massificação 14

No Brasil, o surgimento de um líder das massas, Getulio Vargas 15

Na comunicação redemocratizada, fortes antagonismos 16

A emergência de novos líderes carismáticos 18

A comunicação sob controle no ciclo militar.................................. 19

Na redemocratização, impulso ao marketing
governamental e eleitoral 21

As lições dos Fernandos. Com Collor, o marketing exacerbado.
Com FHC, um *schollar* recatado 23

Lula, um fenômeno de comunicação 24

Apêndice – Uma visão sobre o poder: conceitos, formas e usos **25**

Poder: uma rede e um peixe 27

▷ Mecanismos básicos do comportamento 27

▷ A construção do discurso político 28

▷ O poder das organizações 29

▷ A visão de Galbraith 29

▷ O poder das entidades 30

Termos e conceitos-chave **31**

Capítulo 2
A comunicação nas organizações privadas **35**

▷ As formas de comunicação nas organizações 36

▷ Comunicação gerencial 38

Atitudes 38

Níveis 40

Fluxos 41

Mensagens 43

Canais 43

Receptores 44

Desafios do corpo gerencial 44

▷ Comunicação administrativa 46

Problemas 47

Programa de aperfeiçoamento 50

Laboratório: frases para comentários 51

▷ Comunicação social 53

Comunicação interna (*endomarketing*) 55

Linhas de mensagens e valores 56

Os canais 57

▷ As publicações jornalísticas 59

As mensagens 59

A comunicação e as campanhas internas 60

▷ Comunicação externa 60

▷ Comunicação e administração de crise – rumores e ruídos, boatos, rádio-peão, rede informal e os gargalos da comunicação organizacional 62

A psicologia do rumor 62

A cadeia de grupinhos 63

Os termos usados 63

Contraponto ao oficialismo 64

Administração da rede informal 65

A rede de secretárias 65

Pesquisa de clima 66

Cada coisa no seu lugar 67

Novas ferramentas 68

Ação conjunta 68

Os novos comportamentos 69

Mudanças ambientais e os novos centros de poder 71

Estratégias e diretrizes 73

Princípios e valores 75

Objetivos 76

Programas 77

Jornalismo 77

Âmbito 78

Problemas... 78

Relações públicas.. 79

Propaganda... 80

Marketing social, cultural e esportivo.. 81

Editoração e identidade visual 81

Objetivos.. 81

Etapas do planejamento 82

Apêndice – Opinião pública   83

Termos e conceitos-chave   85

Capítulo 3
Assessoria e consultoria de imprensa   87

▷ A questão do porte empresarial.. 88

▷ Os nichos das assessorias... 89

▷ A assessoria de imprensa na administração pública 90

▷ Adequar a comunicação ao meio ambiente 90

▷ A ética profissional.. 91

▷ O conceito de verdade... 91

▷ Cuidado com a improvisação... 92

▷ Crescimento do mercado... 93

▷ Os direitos do consumidor 93

▷ Relações com a imprensa 94

▷ Roteiro para ler a mídia 95

Grupo Globo 96

Grupo Abril 96

Grupo Estado 97

Grupo Folha 97

Grupo JB 98

Grupo SBT 98

Grupo Gazeta Mercantil... 99

Grupo TV Bandeirantes 99

Rede Record... 99

▷ Escala de importância 100

▷ Sintonia com as redações... 100

▷ Assessoria externa.. 100

▷ O profissional 101

Termos e conceitos-chave 101

Capítulo 4
Nome, marca, identidade e imagem 103

▷ O nome da marca 103

▷ O campo dos significados do nome 105

▷ Circunstâncias para a mudança de nome 105

▷ Determinação e mudança do nome/marca 107

▷ Tendências e casos 109

▷ Identidade e imagem...110

▷ Embalagem 110

▷ A percepção da embalagem 111

▷ Proteção dos ativos 115

Termos e conceitos-chave 115

Capítulo 5
Comunicação na administração pública federal – a imagem dos poderes Executivo, Legislativo e Judiciário 117

- A crise da sociedade política 118
- As imagens dos três poderes: Executivo, Legislativo e Judiciário 119
  - 1. Poder Executivo 119
  - 2. Poder Legislativo 122
  - 3. Poder Judiciário 124
- Conclusões gerais 125
- Corrigindo a comunicação 126
- Funções da comunicação na administração pública 128
- Teste 129

Apêndice – Roteiro de um plano de comunicação na administração pública 131

- Introdução 131
- Parte I 132
  - A) Objetivos do Plano Diretor de Comunicação 132
  - B) Valores 132
  - C) Objetivos da política de comunicação 132
  - D) Diretrizes da comunicação 132
  - E) Estratégias 134
- Parte II – Redes e fluxos de comunicação 134
  - Fluxos 135
- Parte III – Estrutura de comunicação da autarquia e os programas 136
  - Imprensa 136
  - Produtos da área 137
  - Editoração 137
  - Produtos da área 138
  - Publicidade 138

Produtos da área... 139

Relações públicas internas 139

Produtos da área... 139

Relações institucionais.. 139

Produtos da área... 140

Públicos-alvo 140

▷ Parte IV – Projetos 140

Comunicação interna 140

Comunicação externa.. 141

Esquema de mobilização... 142

Esquema de articulação... 143

▷ Parte V – Elaboração do plano 143

Termos e conceitos-chave 143

Capítulo 6
Comunicação na administração pública – marketing governos e prefeituras 145

▷ O ABC do marketing permanente... 148

1. Compor o conceito/identidade 148

2. Compor o conceito visual 148

3. Alterar/corrigir o conceito... 149

4. Pesquisar as expectativas da população................................. 149

5. Organizar um sistema orgânico de distribuição 149

6. Formar um sistema de articulação institucional.................... 150

7. Adensar a articulação política 150

8. Promover contato com as multidões 151

9. Harmonizar a linguagem administrativa............................... 151

10. Prestar contas à população 151

11. Aprimorar o marketing pessoal do administrador................ 151

12. Organizar a estrutura adequada de comunicação
    e marketing 152

▷ Ameaças e oportunidades 152

Apêndice – Planejamento de marketing e comunicação para Governo de Estado **153**

- Marketing do governo 154
  - Identidade 154
  - Preparo do discurso verbal 154
  - Modelo de gestão 155
  - Ajuste de identidade – programa – discurso 156
- Programa de comunicação 156
  - Imprensa 156
  - Publicidade 157
- Articulação 158
  - Articulação regional 158
  - Articulação política 159
- Estrutura de comunicação 159
  - Secretário de comunicação 159
  - Imprensa 160
  - Publicidade 160
  - Mobilização, articulação e eventos 161
  - Pesquisa 161

Termos e conceitos-chave **162**

Capítulo 7
Comunicação na área associativa **163**

- Quatro vertentes 164
- O papel da comunicação 166

Termos e conceitos-chave **168**

Capítulo 8
Comunicação e marketing de campanhas eleitorais — 169

- Conceito de marketing 169
- Modelo da comunicação 171
- Vetores do marketing 173
  - Delineamento do mercado 173
  - Motivações do voto 173
  - Emoção e razão 173
  - Ajustamento 174
  - Planejamento da comunicação 175
  - Eventos de massa 176
  - Materiais jornalísticos 177
  - A linguagem dos canais 177
  - Distribuição 178
- O eleitor quer soluções imediatas 182
- A escolha do partido 182
- O foco deve ser o candidato 183
- O marketing vertical 184
- O eleitor e os estímulos 184
- Valores 186
- Conteúdo e forma 187
- A política como espetáculo 188
- Planejamento e metáforas do discurso 190
  - Eu tenho um sonho 192
- Alavancas do discurso 193
- O raciocínio: técnicas e procedimentos 194
- Como o discurso entra na mente 195
- A importância das pesquisas 197
- Ataque e contrapropaganda 198
  - O primeiro profissional de marketing 198
- Princípios estratégicos 199

Apêndices 204

A) O marketing político de Hitler 204

B) O marketing político no Brasil – três casos 209

1. JK: o presidente sorridente.. 209

2. JQ: um ícone do marketing irreverente.................................... 210

3. AA: o verde da esperança 212

Termos e conceitos-chave 216

Capítulo 9
Marketing pessoal 219

Do valor da vida.. 219

▸ O grande desafio: interagir com a realidade 219

▸ 30 conceitos-chave.. 221

Amor-próprio 223

Apêndices – Estratégias, artimanhas e táticas na política e nas guerras 229

▸ Pensamentos de Sun Tzu em *A Arte da Guerra*........................ 229

Comentário... 230

Pensamentos de Miyamoto Musashi em *Um Livro de Cinco Anéis* 231

Comentário... 232

▸ Pensamentos de Nicolau Eymerich em *Manual dos Inquisidores* 233

Comentário... 234

▸ Axiomas do cardeal Mazarino em *Breviário dos Políticos* 235

Os cinco preceitos básicos de Mazarino 236

Comentário... 237

▸ Pensamentos de Maquiavel em *O Príncipe* 237

Comentário... 239

▸ Pensamentos de Karl von Clausewitz em *Da Guerra* 240

Comentário 242

▷ Pensamentos de Liddell Hart em *As Grandes Guerras da História* 242

Comentário 245

Termos e conceitos-chave 246

Capítulo 10
O poder da palavra 249

▷ A palavra como baliza da história 249

▷ A força da expressão 252

▷ Pequena gramática sobre o poder da palavra 253

▷ Valores e princípios 259

Coragem 259

Humildade 259

Cumprimento do dever 260

Crença/ideal 260

Equilíbrio/versatilidade 261

Esperança/sonho 261

Honestidade 261

Persistência 262

Autoconfiança 262

Viver o presente 262

Termos e conceitos-chave 263

Capítulo 11
O Brasil sociopolítico 265

▷ O marketing do vitupério 265

▷ O despertar das elites 267

▷ A esquerda pragmática 268

▷ O caráter da elevação 269

- Governos cansados 271
- O território, o país e a nação 272
- A democracia da fé 274
- Lembranças de um país biforme 275
- Do povo, pelo povo e para o povo 276
- Propostas para o país 279
- O Brasil entre dois mundos 280
- Identidade e imagem 281
- Olhem para o PIBInf 283
- Os frutos da crise política 284
- O chifre do diabo e as asas de anjo 286
- O ciclo de vida de um político 287
- Áulicos e "santos da casa" 288
- A crise é o grande confessionário 290
- Raposas e leões 291
- O sol é novo a cada dia 292
- O náufrago não tem escolha 294
- Partido é parte e não montaria 295
- Uma vassoura no país 296
- Quem tem carisma? 297
- A escalada social 298
- O novo coronelismo 300
- A política e o homem público 301
- Sísifo, Mané e a flor no pântano 303
- Termos e conceitos-chave 305

Bibliografia 309

O AUTOR

Gaudêncio Torquato é pioneiro do marketing político no país e um dos maiores especialistas brasileiros em marketing político e eleitoral, tendo escrito as primeiras obras sobre o tema. Professor titular da Universidade de São Paulo, livre-docente e doutor em comunicação, Gaudêncio Torquato coordenou e operou campanhas políticas majoritárias (governos de Estado e prefeituras) e proporcionais em diversos estados. Consultor de marketing político, consultor de comunicação organizacional e jornalista. Escreve semanalmente um artigo de política na edição dominical de *O Estado de S.Paulo*, reproduzido em cerca de 60 jornais brasileiros e escreve a coluna Porandubas, no *site* Migalhas. Gaudêncio Torquato tem sete livros publicados: *Marketing Político e Governamental* (1985 – Editora Summus); *Comunicação Empresarial/Comunicação Institucional* (1986 – Editora Summus); *Jornalismo Empresarial – Teoria e Prática* (1987 – Editora Summus); *Periodismo Empresarial* (Editorial Mendez – Lima/Peru); *Cultura, Poder, Comunicação e Imagem – Fundamentos da Nova Empresa* (1992 – Editora Pioneira); *A Velha Era do Novo – Visão Sociopolítica do Brasil* (2002 – GT Marketing e Comunicação); *Gaudêncio, meu Pai – Memórias de um Tempo* (2008 – Gaudêncio Torquato).

INTRODUÇÃO

Este livro busca exprimir o objeto de duas profissões que deram significado à minha vida: o magistério e o jornalismo. A militância continuada nas duas áreas e a experiência como consultor nos campos de organizações privadas e públicas e na atividade política permitiram-me a imodéstia de querer atravessar uma vasta e densa floresta, com retidão, sem temer a sinuosidade dos caminhos. A ideia central deste livro é relatar as pequenas lições do magistério, as experiências como consultor político, as tarefas empreendidas como consultor de comunicação, as histórias ouvidas, os casos pesquisados, dentro de uma moldura de interesse prático para o universo de leitores. Diferente de outros livros de minha autoria, cada um deles dedicado a temas específicos, este tem a intenção de ser uma síntese do discurso, pesquisado e usado, em mais de três décadas de atividades profissionais.

Esta nova edição acrescenta um novo capítulo, dedicado ao poder da palavra, tema recorrente em minhas palestras e de grande interesse para os participantes dos universos produtivo e político. Além disso, apresento novas abordagens e informações nos Capítulos 1 e 2 na perspectiva de expandir a visão sistêmica com a qual me identifico.

Confesso que, depois de tanto lidar com os fenômenos aqui descritos, não foi difícil costurar os fios da rede de conceitos e situações. A literatura de apoio foi de extrema utilidade para amparar a lógica e a sequência dos capítulos. Ajudou-me uma das máximas de Descartes, a segunda. Ela recomenda que o viajante não fique perambulando de um lado para outro no meio da floresta, mas que ande sempre o mais reto que puder na mesma direção, não modificando o rumo. Assim, foi possível adotar um caminho lógico, partindo de uma análise panorâmica das áreas descritas, passando pelos segmentos da comunicação nos setores privado e público, até chegar à arena política e ao campo do desenvolvimento das habilidades pessoais. No Capítulo 10, apresento uma coleção de pequenos conceitos e possibilidades sobre o poder da palavra. Na verdade, sigo a lógica que adotei em minha vida profissional. Percorri longo caminho, desenvolvendo trabalhos acadêmicos e projetos práticos de comunicação organizacional, prestando Consultoria a empresas privadas e públicas, planejando e coordenando campanhas políticas, atividades que exerço até hoje.

A vida acadêmica, cuja motivação inicial devo à luz incandescente do pioneiro dos estudos da comunicação no Brasil, o professor Luiz Beltrão, e ao chamamento imperioso do professor e amigo José Marques de Melo, apresenta-se na proposta de informar, argumentar, ilustrar, orientar e formar. As experiências de consultoria nas áreas privada e pública apresentam-se nos exemplos, nos diagnósticos, nos roteiros de planejamento e na interpretação mais aguda das realidades do mercado. Procurei adicionar novos ingredientes ao *menu* da comunicação organizacional, inserindo os densos e problemáticos espaços das comunicações gerenciais e administrativas. A comunicação nas Administrações Públicas, tanto na esfera federal quanto no âmbito de estados e prefeituras, avança e ganha condições de dar grandes passos no sentido de aproximar Governos e comunidade política. Mas carece de fortes mudanças. Os espaços da assessoria de imprensa expandem-se na esteira da modernização institucional, configurando posições mais vanguardistas, como a de consultor político, cujo perfil está sintonizado com as novas demandas da sociedade.

Algumas premissas alimentam os 11 capítulos deste livro: o amplo mosaico da comunicação política e organizacional tem uma base conceitual estruturada em eixos recorrentes como poder, planejamento, estratégias, táticas, recursos, comando, identidade e imagem, substância e forma do discurso, entre outros. Tais conceitos aparecem como fios condutores, nas mais diferentes situações, balizando ideias, fatos e casos, sustentando pontos de vista, marcando forte presença na densa e vasta bibliografia que percorre os terrenos da sociologia política, psicologia organizacional, antropologia, filosofia e lógica, moral e ética, administração e planejamento, recursos humanos, história antiga e contemporânea, história do Brasil, teoria da linguagem, marketing e comunicação. As visões multidisciplinares, em intenso processo simbiótico, marcam encontro à sombra da grande árvore do poder. Em torno do poder, desenvolvem-se as grandes questões que, seguramente, balizam motivos e causas dos conflitos vivenciados pelas organizações sociais

> ... a comunicação integra o escopo das múltiplas formas de designação do poder...

e políticas. O poder é a máquina que movimenta a História. Percorro os caminhos do poder no início, no meio e no fim deste livro.

Como não se trata de um exercício acadêmico, as abordagens não foram construídas com a lupa do rigor científico. Simplesmente passaram pela lapidação do corte do consultor político e do jornalista. Esse olhar mais descontraído permitiu, por exemplo, que eu pinçasse curiosidades na arena das guerras e selecionasse axiomas e ideias centrais de autores que reputo importantes e úteis para o entendimento das estratégias usadas na conquista do poder e, consequentemente, para a compreensão do comportamento humano diante dos desafios inexoráveis da sobrevivência. Debruçar-se sobre essa espessa textura é, de certa forma, envolver-se na análise dos fenômenos da comunicação, dos mais simples aos mais complexos. Afinal de contas, a comunicação integra o escopo das múltiplas formas de designação do poder, sendo ela, como subsistema, um componente do próprio sistema do poder.

O roteiro para o aperfeiçoamento profissional – aqui designado por marketing pessoal – apresenta-se como afunilamento de uma intenção a todo tempo buscada neste livro: dar utilidade e praticidade às ideias expostas. Ajusta-se à concepção de que a grande revolução a que uma pessoa pode aspirar, se esse termo ainda pode ser aplicável na esfera das ações individuais, começa na própria estrutura pessoal. Trata-se da revolução que começa com a reestruturação mental. Se não realizar, ela própria, um bem planejado programa de vida, não irá longe. O alcance do cume da montanha carece de um fator fundamental: a conquista do autoconhecimento. Somos o que pensamos, reza uma sentença budista. Assim, poderemos ser sempre mais, na extensão do aprimoramento do nosso saber.

Por fim, este livro quer significar modesta contribuição às pessoas que buscam compreender, operar e administrar, de maneira eficaz, espaços e atividades nos campos da comunicação, do marketing institucional, pessoal, político e eleitoral, enfrentando o permanente desafio de buscar o sucesso na vida profissional.

Gaudêncio Torquato

O PODER DA COMUNICAÇÃO

Miguel Jorge

No Brasil, há cerca de duas décadas, em grande parte das empresas, a comunicação limitava-se à produção de jornaizinhos para os funcionários e ao envio de *releases* burocráticos às redações para anunciar um novo produto ou explicar uma decisão empresarial. Em um país econômica e politicamente fechado, as corporações e instituições viviam de costas para a sociedade: não respeitavam o consumidor, consideravam a preservação do ambiente uma fantasia que poderia colocar em risco a lucratividade e negavam à opinião pública o direito de ser informada sobre suas atividades. No caso particular da administração pública e das estatais, até a informação mais prosaica era tratada como questão de segurança nacional e, portanto, sonegada ao público.

O mundo mudou. O universo corporativo vem passando por profundas transformações e esse processo continuará nos próximos anos, com consequências ainda imprevisíveis, tal a velocidade e a natureza das mudanças. Novos conceitos, novas formas de gestão e novas tecnologias impõem novas configurações às empresas, alteram a estrutura dos mercados, o comportamento dos consumidores e as relações entre capital e trabalho, impactando a vida social, os valores, a política e a cultura.

Antes, na vida corporativa, todas as decisões, discussões e o fluxo das informações partiam de cima para baixo, seguindo uma hierarquia rígida, departamentalizada e balizada pela estrutura de poder; criavam-se feudos e a centralização dentro das corporações. Era muito mais fácil controlar as informações. Atualmente, ao contrário, elas vêm sendo compartilhadas e as discussões tornam-se cada vez mais coletivas, influenciando mesmo as decisões mais estratégicas. Com a internet, esse processo amplia-se ainda mais. A gestão do conhecimento e da informação tornou-se pedra de toque da gestão do negócio.

Embora conviva com graves e seculares problemas sociais que, em muitos pontos, ainda mantém-no amarrado ao Terceiro Mundo, o Brasil também mudou com a democratização, com a abertura e desregulamentação da economia e com a reforma do Estado, que ainda estão em curso. Por sua vez, a sociedade busca novas formas de organização e mobilização, muito além dos partidos políticos, parlamentos e sindicatos.

Nesse novo cenário, a comunicação organizacional passou a ser ferramenta essencial não apenas para estabelecer o diálogo entre as empresas e instituições e seus diversos públicos, mas, sobretudo, para dar musculatura a um novo modelo de cidadania. Corporações e instituições, públicas, privadas ou do terceiro setor, descobriram que o sucesso dos empreendimentos e de suas atividades, assim como sua boa reputação e imagem, estão vinculados à sua participação e ao papel político que desempenham dentro da sociedade.

Há décadas, Gaudêncio Torquato estuda a comunicação organizacional a partir de um observatório privilegiado, construído com a militância acadêmica e com sua vasta experiência como consultor político e de organizações de diferentes portes e perfis. Em livros e artigos de leitura obrigatória, vem propiciando reflexão à prática dos profissionais de comunicação, muitas vezes apressada, empírica e nem sempre planejada, mas que possui áreas de excelência e está se impondo como das melhores do mundo globalizado.

Em seu projeto mais ambicioso, *Tratado de Comunicação Organizacional e Política*, Gaudêncio atravessa, em suas próprias palavras, uma "vasta e densa floresta", clareando caminhos e abrindo trilhas novas para explicar os mais diferentes aspectos da comunicação.

É um dos mais abrangentes tratados do mercado, abordando a comunicação nas organizações privadas, nos poderes e nas administrações públicas, passando pelo marketing político, pessoal e gerenciamento de marcas. Além de uma visão histórica da comunicação organizacional no Brasil, oferece, como apêndices, o marketing de Hitler e três casos de marketing político no Brasil (campanhas de Juscelino Kubitschek, Jânio Quadros e Aluízio Alves, que criou a maior estrutura política e de poder no Rio Grande do Norte). Por fim, pinça e comenta assertivas, axiomas e ideias de alguns autores que trataram o poder e a política e formularam conceitos de comunicação, concluindo com uma abordagem sobre o poder da palavra.

Uma das qualidades da obra é ancorar-se tanto na reflexão teórica como no desenvolvimento e análise de modelos práticos, como os roteiros de planejamento que oferece, o que amplia consideravelmente o público a que se destina: leigos, estudantes, empresários que desejam conhecer melhor a importância da comunicação como ferramenta estratégica para o sucesso dos negócios, políticos que querem entender os mecanismos da persuasão e profissionais de comunicação em busca de aperfeiçoamento.

Outra qualidade é permear todo o livro com uma bem-estruturada análise do poder, já que, nas suas palavras, a comunicação integra o escopo das múltiplas formas de designação do poder, sendo ela, como subsistema, uma componente do próprio sistema do poder.

Tratado de Comunicação Organizacional e Política, do consultor e professor Gaudêncio Torquato, tem vocação e importância para ser livro de permanente consulta.

Miguel Jorge, jornalista, foi vice-presidente de Assuntos Corporativos do Grupo Santander Banespa, sendo hoje Ministro de Estado do Desenvolvimento, Indústria e Comércio Exterior.

Panorama da comunicação organizacional e política

> "Mil caminhos existem, que ainda não foram palmilhados, mil saúdes e ocultas ilhas da vida. Ainda não esgotados nem descobertos continuam o homem e a terra dos homens."
>
> (Friedrich W. Nietzsche, *Assim falou Zaratustra*)

Começo com uma explicação. Em meus trabalhos e pesquisas, no início da década de 70, empregava a expressão "comunicação empresarial". Com o desenvolvimento da área, a evolução dos modelos e a multiplicação das estruturas de comunicação, passei a usar, inclusive em cursos de graduação e pós-graduação, a terminologia "comunicação organizacional". Tratava-se, afinal de contas, de reconhecer a irrefutável realidade: a comunicação resvalava para outros terrenos e espaços, ampliando o escopo e adicionando novos campos ao território da comunicação empresarial. Sindicatos, associações, federações, confederações, agremiações, escolas, clubes e partidos políticos passaram, de maneira intensa, a usar as ferramentas da comunicação. A área pública avançou muito no sentido da profissionalização de suas estruturas de comunicação e, já em meados da década de 80, a comunicação política também passou a ganhar impulso. As campanhas de 1986, para governos estaduais, abriram um intenso ciclo de marketing político. Não há mais sentido, portanto, em se restringir a comunicação ao exclusivo mundo das empresas. A organização – sindical, associativa e partidária – tornou-se a designação mais abrangente e apropriada para essa realidade.

Portanto, registro neste livro a extensão do conceito.

Abro agora, no Capítulo 1, uma análise panorâmica da comunicação organizacional nas últimas quatro décadas. Na primeira parte, estão descritos os principais avanços da comunicação organizacional. Na segunda, apresenta-se um esboço dos movimentos, eventos e situações que contribuíram para a expansão da comunicação política, deixando-se para o capítulo do marketing político exemplos de campanhas.

Do jornal de empresa à comunicação organizacional

Os primórdios, na transição dos anos 1960 para os 1970

A história da comunicação organizacional no Brasil se confunde com a do desenvolvimento econômico, social e político nas últimas décadas. Eis um pouco dessa história. No princípio havia o verbo, mas faltava a verba. Depois, os verbos se multiplicaram e as verbas se dividiram. Foi mais ou menos assim que se desenrolou a história da comunicação organizacional no Brasil nos últimos 40 anos. No final da década de 60, na esteira da industrialização do Sudeste, descortinava-se o panorama da comunicação organizacional pela fresta do nicho que designei de "jornalismo empresarial". As empresas iniciavam um processo profissional de interlocução com seus públicos. Davam-se conta da necessidade de uma forte relação com os consumidores. Percebiam que o ato de compra de produtos e bens pela clientela deveria embutir a "compra" do conceito, da identidade, do renome, da fama da empresa. Ao adquirir um relógio, o consumidor supunha adicionar à compra o valor da marca. O vendedor argumentava que os produtos adquiridos pelo consumidor eram de boa qualidade. E as empresas abriam o leque expressivo para se dizerem honestas e merecedoras de confiança. Na esfera interna, no chão de fábrica, as organizações preocupavam-se em convencer os empregados de que deveriam se orgulhar do lugar onde trabalhavam.

Mas o dinheiro era curto, e não dava para fazer comunicação interna e externa com o mesmo *budget*. O surto industrial e o crescente ingresso das multinacionais no país contribuíram para sofisticar e ampliar os modelos de expressão e suas estratégias persuasivas, ensejando a estruturação, em áreas, dos programas de comunicação, ao mesmo tempo em que se iniciava a era do fortalecimento conceitual e do adensamento e divisão das verbas. Como resultado desse impulso inicial, o país apresenta hoje alguns dos mais aperfeiçoados sistemas de comunicação organizacional do mundo globalizado, podendo exibir exemplos de excelência técnica: as campanhas publicitárias.

Um olhar para o passado revela os passos iniciais de um longo processo de aprendizagem. O primeiro momento contemplou o jornalzinho com feição de colunismo social, malfeito e saturado de elogios aos dirigentes empresariais. O discurso laudatório tinha a ver com o clima autoritário da época, na esteira dos idos de 1968. Em 1967, a Aberje foi criada, pelo entusiasmo do gerente de comunicação interna da Pirelli, Nilo Luchetti, e fez sua primeira convenção. Inicialmente denominada Associação Brasileira de Editores de Revistas e Jornais de Empresa, depois transformada em Associação Brasileira de Comunicação Empresarial, a Aberje colocou, desde o princípio, a comunicação interna como o eixo central de suas preocupações. Nesse momento, começava a se esboçar o primeiro contorno do profissional de Relações Públicas (RP), um perfil bem composto e próximo ao presidente da empresa. O bem aparelhado sistema de Relações Públicas dos governos militares, polo emissor de um sistema de comunicação ufanista que balizou a linguagem grandiloquente da comunicação empresarial nos primórdios da década de 70, procurava interferir nas pautas dos meios de comunicação – alguns deles submetidos à censura prévia. Era um tempo de contundente disputa entre os profissionais de RP, escudados em seus Conselhos Regionais, e os jornalistas, amparados pelos sindicatos profissionais. Ambas as profissões, aliás, haviam sido regulamentadas por decreto-lei do governo autoritário. O problema se deu quando os jornalistas começaram a ocupar espaços que os profissionais de RP consideravam seus. A disputa interna nas empresas girava sobre o comando da área da Comunicação – imprensa ou relações públicas?

Jornalismo empresarial, o primeiro mercado

No meio da intensa polêmica entre jornalistas e profissionais de RP, surgiu a Proal, a primeira assessoria de jornalismo empresarial montada em bases profissionais. Faço um parêntesis para dizer como isso ocorreu. A ideia foi de Manuel Chaparro, exemplo de grande jornalista, com quem tive a alegria de conviver em uma das mais interessantes experiências do jornalismo brasileiro – os "Suplementos Especiais" da *Folha de S. Paulo*. Chegávamos a São Paulo em maio de 1967, vindos da sucursal da *Folha de S. Paulo* no Nordeste, sediada em Recife e chefiada por Calazans Fernandes, inteligência aguda e espírito empreendedor. Ante o sucesso dos "Suplementos" nos jornais, Octávio Frias de Oliveira convidou Calazans a criar e a comandar a área na *Folha*, feito que teve início com a edição do caderno "A Grande São Paulo: o Desafio do Ano 2000", com que o diário da Barão de Limeira inaugurava seu primeiro equipamento de impressão a cores. Após edições históricas – com temas específicos e regiões brasileiras – a *Folha* decidiu fechar os "Suplementos", fato atribuído, na época, a fortes divergências entre os sócios Octávio Frias e Carlos Caldeira Filho.

Com a extinção dos "Suplementos", fomos instados a buscar um nicho especializado no mercado. Assim, começamos a engatinhar, em 1970, na seara dos jornais e revistas de empresa. Na Proal, juntamente com Chaparro, passei a construir o primeiro arcabouço teórico do jornalismo empresarial brasileiro. Fizemos os *Cadernos Proal*, experiência pioneira no campo do jornalismo empresarial, transformados, em uma segunda fase, em *Cadernos de Comunicação*. Em 1968, por ocasião da II Convenção Nacional da Aberje (naquela época a entidade restringia-se ao eixo do jornalismo empresarial), fiz a primeira incursão teórica no país a respeito da modalidade jornalística, por meio de um trabalho intitulado "Jornalismo Empresarial – Objetivos, Métodos e Técnica", trabalho que originou o primeiro *Caderno Proal*. Posteriormente, o ensaio integrou a série Jornalismo, editada pelo Departamento de Jornalismo da Escola de Comunicações e Artes (ECA) da USP (1971). Ali, procurei sistematizar o conceito, a partir de definições e escopos para jornais, boletins e revistas empresariais. Dava-se nome a uma modalidade que viria abrigar os quadros que saíam das academias. De fato, o jornalismo empresarial foi a área que mais se expandiu nas décadas de 70 e 80.

A USP foi pioneira na criação da disciplina "Jornalismo Empresarial", sob minha responsabilidade. Estava lançada a semente de uma floresta que iria germinar árvores frondosas, frutos diversificados e muita discórdia. Uma grande polêmica instalou-se no mercado e nas academias. Jornalistas eram acusados por profissionais de RP de "invadirem" territórios que consideravam seus, no caso, a produção de publicações de empresa. Até a área de assessoria de imprensa era motivo de disputa entre os dois campos. Nos domínios do Sindicato dos Jornalistas e dos Conselhos de Profissionais de Relações Públicas desenvolvia-se feroz discussão em torno do jornalismo empresarial. Confesso que, desde os primórdios, sempre tive a resposta na ponta da língua para esta questão: "quem tem competência se estabelece, seja profissional de RP, seja jornalista". Considerava adjetiva esta questão. Substantiva mesmo devia ser a tarefa de ampliar os limites da comunicação empresarial.

Caminhos da profissionalização

Em 1973, defendi a primeira tese de doutoramento na América Latina no campo do jornalismo e da comunicação empresarial, que ampliava o escopo do ensaio anteriormente publicado pela série Jornalismo, da ECA–USP. O mercado brasileiro começava a oferecer boas perspectivas. De um lado, sentia-se a necessidade de as empresas desenvolverem publicamente a identidade, na tentativa de criar imagens compatíveis e adequadas ao surto de modernização. De outro, impunha-se a meta de integração interna, tradicionalmente perseguida pelos programas do setor de recursos humanos, mas não necessariamente com a eficiência que o mercado e a sobrevivência da empresa requeriam. A partir dessa dupla escala de necessidades, desdobravam-se os esforços e, em consequência, as visões diferenciadas em torno das estruturas capazes de assumir com maior competência as missões corporativas de planejamento e execução das ações de comunicação.

Em função de raízes históricas, as relações públicas concentravam-se prioritariamente na área externa, planejando e operando as estratégias de projeção de imagem. A área de recursos humanos, bem articulada, comandava os programas internos de comunicação. Por muito tempo, o endomarketing esteve sob a alçada das estruturas de recursos humanos, abrindo fortes tensões junto ao setor de relações públicas. O Brasil deixava um período autoritário. O medo ainda reinava nos ambientes internos e as estruturas de recursos humanos controlavam os profissionais contratados. Vivia-se, portanto, sob o signo do medo e da comunicação vigiada.

Em meados de 1970, o mercado de trabalho jornalístico dava sinais de saturação. O grosso dos profissionais de imprensa ainda vivia um clima de "jornalismo revolucionário", que atraía jovens interessados em abrir frentes de batalha contra os "imperialistas", o poder econômico e as estruturas empresariais. Nos espaços de formação de opinião, a discussão girava em torno da dicotomia do mundo dividido entre bons e maus, oprimidos e opressores, esquerda e direita. Nas camadas intelectuais, a mesma discussão incorporava a comparação entre antiquados e modernos, "apocalípticos" e "integrados", conceitos descritos pelo escritor italiano Umberto Eco para perfilar os contingentes inseridos na moderna comunicação de massa e seus opostos. Os meios jornalísticos banhavam-se de preconceitos. Quem trabalhava, então, na área da comunicação empresarial, era irremediavelmente jogado na vala da subordinação ao capitalismo internacional, uma indecência. Ser assessor de imprensa, na época, equivalia a ter estampado na testa o selo "vendido aos capitalistas".

Sob essa moldura, tive a ousadia de enfrentar o "paredão da moralidade", na verdade o conjunto de preconceitos contra o capital. Não se aceitava facilmente que alguém da universidade pudesse emprestar seus esforços à área privada. Na época, a clivagem ideológica ainda era regida por padrões antigos: pregava-se a luta de classes e as relações capital-trabalho apresentavam-se como um jogo de soma zero; a vitória de um deveria empatar com a morte do outro. Parceria e integração eram verbetes abolidos das páginas da negociação coletiva. Os manuais de trabalhadores e empresários tinham alfabetos opostos. Era, portanto, um desafio inimaginável alguém da área acadêmica optar por um exercício reflexivo na área empresarial. Mais ainda quando a reflexão abarcava o terreno da comunicação e, pior, quando esta se dava na esfera do maior centro de produção científica do país, um polo da excelência do pensamento, a Universidade de São Paulo.

Foi exatamente na ECA, levado pelo professor José Marques de Melo, o mais completo, sistemático e denodado pesquisador brasileiro dos fenômenos da comunicação, que ousei realizar meus trabalhos acadêmicos de doutorado e livre-docência, orientados inicialmente para a sistematização do jornalismo e da comunicação empresarial e, posteriormente, para a construção de modelos integrados de comunicação como definidores da eficiência e da eficácia organizacionais. A partir daí, seguiu-se um longo percurso na área da formação de alunos (graduação) e de professores (pós-graduação) nas áreas afins da comunicação empresarial e assessoria de imprensa. Disciplinas específicas passaram a ser criadas em outras universidades. Essa incursão acabou gerando dissertações e teses acadêmicas. O mercado de trabalho passou a receber corpos funcionais mais preparados e alguns de seus integrantes galgaram postos elevados nas estruturas profissionais corporativas. A comunicação empresarial ganhava *status*.

Nova visão: comunicação empresarial/comunicação estratégica/ comunicação organizacional

Nas décadas de 70 e 80, a comunicação adquiriu gradualmente importância nas estratégias das organizações. No final dos anos 1970, estas davam ênfase aos valores do associativismo e da solidariedade como forma de "esquentar" o clima interno. A função da comunicação como alavanca de mobilização aparece como eixo da estratégia de arregimentação dos trabalhadores em torno da meta de dar o melhor de si à organização. Do ponto de vista externo, a propaganda continuava a lapidar a imagem institucional. Notava-se, ainda, forte disputa entre as diversas áreas – recursos humanos, relações públicas, marketing, vendas e jornalismo – para comandar o sistema de comunicação. Os primeiros modelos corporativos surgem.

Um a um, os velhos preconceitos foram caindo. As disputas entre relações públicas e jornalistas refluíram, principalmente porque o corporativismo dos respectivos

setores cedeu lugar ao fator competência. As empresas passaram a contratar seus empregados pelo critério da qualidade profissional, não mais exigindo qualificações exclusivas das áreas de comunicação. Os modelos comunicacionais tornaram-se complexos com a emergência de subáreas no sistema da comunicação. Os setores de marketing, historicamente arredios, aproximaram-se da comunicação organizacional em função da necessidade de conceber e executar programas e projetos em parceria. Por fim, até os mais renitentes e resistentes "pensadores" contrários à atividade da comunicação empresarial foram obrigados a rever posições. Alguns deles, inclusive, ingressaram em órgãos públicos para desenvolver os programas que anteriormente abominavam.

Se na década de 70 a comunicação chegava a um alto patamar de valorização nas organizações, na de 80 investiu-se no conceito estratégico. A era da estratégia prima pela necessidade de a organização ser a primeira do mercado ou, no máximo, a segunda. O foco é o posicionamento. As grandes corporações e os modelos eram plasmados a partir da ideia de centralização das chamadas funções-meio (planejamento, recursos humanos e comunicação) e descentralização das chamadas funções-fim (fabricação, vendas e distribuição). A profissionalização se consolidava e os quadros do jornalismo das redações dos grandes jornais e revistas assumiram funções importantes nas corporações. O ingresso dos jornalistas nas empresas deu novo ritmo à comunicação organizacional e as universidades foram obrigadas a reforçar o conceito, dando vazão a cursos específicos.

Em 1983, defendi minha tese de livre-docência, que esboçava um modelo sistêmico para abrigar as áreas da comunicação empresarial. Já não me conformava em tratar exclusivamente de jornalismo empresarial, um único dedo entre os dez abarcados pela comunicação. Vislumbrei esta hipótese e passei a desenvolvê-la na academia e no mercado. Na Corporação Bonfiglioli, que possuía 40 empresas, estabeleci um modelo sistêmico de comunicação, incorporando os nichos clássicos da comunicação social – jornalismo empresarial, assessoria de imprensa, relações públicas (eventos, endomarketing), propaganda (institucional e mercadológica), editoração (livros e folheteria), sistema de pesquisas etc. Desenhava-se, assim, um dos primeiros modelos corporativos da comunicação em organizações complexas.

Base conceitual da comunicação nas organizações

Este trabalho amparava-se conceitualmente no paradigma do poder expressivo, que adicionei à tipologia de poderes adotada por Amitai Etzioni em suas análises sobre o poder nas organizações complexas. Ou seja, ao lado dos poderes remunerativo, normativo e coercitivo, procurei demonstrar que o poder da comunicação era fundamental para as metas do engajamento e participação e obtenção de eficácia. Abro um parêntesis para explicar as bases dessa proposição: se o poder é a capacidade de uma pessoa para influenciar outra, para que uma aceite as razões da primeira, isso se dá, inicialmente, por força da argumentação. A relação de poder se estabelece em decorrência do ato comunicativo. O poder da comunicação se apresenta ainda no carisma, esse brilho extraordinário que os líderes exprimem, e que se faz presente na eficiência do discurso, na maneira de falar, na gesticulação e na apresentação pessoal. O carismático possui imensa capacidade para integrar e harmonizar o discurso semântico e estético. E, ainda, detém a condição de animar os ambientes, atrair a atenção e a simpatia de ouvintes e interlocutores.

Nas organizações, a comunicação é usada de diversas formas. Desenvolve-se, de um lado, um conjunto de comunicações técnicas, instrumentais, burocráticas e normativas. E, em paralelo, ocorrem situações de comunicação expressiva, centrada nas capacidades, habilidades, comportamentos e posturas das fontes. Esta humaniza, suaviza, coopta, agrada, diverte, converte, impacta, sensibiliza. Quando o teor das comunicações instrumentais é muito denso e rígido, as organizações se transformam em ambientes ásperos e áridos. De outra forma, quando as comunicações expressivas e, por meio destas, a cultura organizacional, conseguem reverberar nos fluxos da informalidade, as organizações dão vazão a climas alegres, cordiais, humanizados. A comunidade é mais descontraída e solidária.

Esta comunicação expressiva é a alavanca de mobilização interna, voltada para as operações e atividades rotineiras e para a animação dos ambientes das empresas. A comunicação se transforma em vitamina homeostática, promovendo o equilíbrio interno. O engajamento, a concordância e os níveis de motivação dependem do sistema de comunicação. Os fluxos de comunicação descendente e ascendente funcionam como veias abertas que fazem o sangue correr para os lados, para cima e para baixo. Se uma veia estiver entupida, o organismo morre. A comunicação é o sistema de desentupimento de veias. A imagem é útil para se entender os gargalos do sistema organizacional. Há uma tendência nas organizações de se reter informação nos níveis intermediários, ou seja, os chefes, em nível de gerência, não gostam de passar informações para os subordinados, pois, assim o fazendo, estariam compartilhando poder com eles. Prendem a bola no meio do campo e estrangulam processos. Um sistema de comunicação aberto funcionará como aríete para romper as dobraduras, os estrangulamentos.

Não se pode esquecer, ainda, que o poder também é exercido pelo boato, pelos rumores. Os boatos aparecem como forma de atemorização e ameaça. Correndo pela rede informal, podem desestabilizar climas internos e extrapolar para os limites externos, sensibilizando a opinião pública. É preciso identificar de onde partem e quem são seus beneficiários. Eis a razão pela qual é importante identificar o poder dos feudos. Na maioria das grandes empresas desenvolve-se uma tendência para a criação de compartimentos fechados. Pessoas enclausuram-se em grupinhos defendendo privilégios. Os feudos são como tumores que precisam ser lancetados, sob pena de deixarem o tecido contaminado, doente, amortecido.

Destaca-se, ainda, a força do poder do líder informal, a pessoa que não detém cargos formais, não carrega o poder da estrutura, da hierarquia. Com elas, muitos vão se aconselhar. Essas pessoas precisam ser valorizadas, porque seu poder tem condições de melhorar os climas e equilibrar os ambientes, tornando-os mais saudáveis e agradáveis. O engajamento profissional tem muito a dever à capacidade de convencimento e persuasão dos líderes informais. Esses foram alguns dos vetores de força analisados.

Procurei implantar no mercado o modelo apresentado na universidade, ao mesmo tempo em que, na academia, ajustei as questões e abordagens usadas na experiência profissional. Ganhava curso, assim, a expressão comunicação empresarial, fruto da tese de livre-docência sobre Comunicação e Organização.

Nos anos 1990, a expansão da perspectiva estratégica

O posicionamento mais elevado do profissional caracterizou a década de 90. Na verdade, ele tem sido um eficaz intérprete dos efeitos da globalização, principalmente no que se refere ao foco do discurso e à estratégia para conferir nitidez à identidade e à imagem organizacional. O comunicador passou a ser um leitor agudo da necessidade de a empresa interagir estrategicamente com o meio ambiente e competir em um mercado aberto a novos conceitos e demandas. A globalização propiciou, ainda, a abertura do universo da locução. Os discursos empresariais se tornaram intensos, passando a provocar mais ecos.

A mídia especializada, por sua vez, começou a exigir novos comportamentos e atitudes por parte das empresas. Não se aceitava a postura do encolhimento. A comunicação com os poderes ganhou intensidade, porque as grandes decisões nacionais entraram na agenda das instituições políticas. Os *lobbies*, mesmo aguardando a tramitação no Congresso de projeto que prevê sua legalização, deram lugar a um novo nicho: a articulação e assessoria política. O mercado da comunicação ensejava novas oportunidades para os consultores políticos. Na esteira, emergiu o perfil do diretor de relações institucionais, cuja atenção se voltava para o Congresso Nacional, o Poder Executivo e o Judiciário.

Ainda nos anos 1990, certos fenômenos se fizeram sentir de maneira intensa. Com a sociedade mais organizada, as entidades intermediárias tornaram-se fortes. O universo associativo ganhou força em função, ainda, do descrédito do setor político e da administração pública. Organizações não governamentais, disseminadas por todo o país, elegiam bancadas parlamentares como a dos religiosos, a dos advogados, a dos policiais, a dos ruralistas. As ONGs, abrindo espaços, fortaleceram-se no meio social, ditando pautas para a mídia e expandindo influência junto aos poderes organizados.

As empresas também se modificaram, quebrando redomas. Os empresários deixavam as salas refrigeradas e pisavam no chão de fábrica, enquanto novas relações com o consumidor ganhavam densidade. Estavam em jogo a competitividade acirrada, a busca de qualidade, as novas relações com o consumidor e as estratégias de aproximação junto aos Poderes. Na comunicação interna, as empresas dirigiram o foco para o clima organizacional. A pesquisa interna se fortaleceu. Antes de definir e adotar políticas de comunicação externa, a empresa decidia examinar o grau da temperatura interna. A pesquisa passou, assim, a mapear expectativas, anseios, angústias, alegrias da comunidade e distúrbios gerados pela questão salarial, pelo ambiente físico da empresa, pelo tipo de cultura e de gestão. Do ponto de vista da comunicação externa, a exigência deu-se em torno dos conceitos de transparência e visibilidade. A competitividade tornou-se aguda e a disputa para se fazer uma comunicação mercadológica por meio da publicidade ganhou intensidade. Na sequência, assistimos ao desenvolvimento da comunicação política nas empresas. A sociedade organizada deve procurar fazer valer, por todos os meios e maneiras, seus interesses e pontos de vista junto ao Parlamento – o que é legítimo.

Os efeitos da globalização

A década de 90 também foi fértil no campo da gestão. As multinacionais refizeram-se, fabricando produtos por meio de uma reengenharia operacional, cujo princípio definidor consistia na junção de partes ou de componentes, fabricados em lugares distintos, reunidos e montados em um espaço centralizado, para formar um todo. Certos componentes, dependendo do setor fabril, eram e ainda são importados do exterior.

Outro desafio do final da década esteve relacionado aos efeitos da globalização. Respeitar ou não as especificidades regionais, preservar ou não as culturas locais, conservar ou não a identidade global da organização e, ainda, como compatibilizar tais conceitos? Estes eram os temas em ebulição. As organizações, no momento, defrontam-se com duas grandes revoluções, cujas consequências determinam o modelo de comunicação contemporâneo: a revolução na informação e a revolução no sistema de vendas e distribuição. Os consumidores, atualmente, têm acesso aos produtos sem a necessidade de ir até o ponto de venda. As opções são várias, vão desde as compras em um supermercado até a aquisição de aparelhos médicos sofisticados. As duas revoluções têm gerado efeitos interessantes e impactantes, como a queda acentuada da propaganda clássica, o aumento das despesas com promoção, o maior conhecimento sobre o consumidor e a maior seletividade por parte deste.

No âmbito internacional, podemos dizer que duas grandes fases marcaram a evolução da comunicação organizacional: a década de 50, que praticamente se concentrou na ênfase ao produto, deixando a imagem das organizações para segundo plano; e a década de 60, considerada a era da imagem pelo grande publicitário americano David Ogilvy, um dos papas da publicidade moderna, que cunhou a expressão: *"um anúncio é um instrumento da marca em longo prazo"*. Essa definição fez com que houvesse um realinhamento na linguagem publicitária e se passasse a trabalhar de modo mais efetivo o conceito das organizações. Percebia-se que os consumidores exigiam não apenas informações a respeito do produto, mas também uma ideia da organização, não lhes interessando apenas saber se o relógio adquirido era bom. Eles queriam saber quem fabricava o relógio. Consolidava-se o sistema híbrido entre imagem de produto e imagem de organização. A imagem institucional cobria a imagem dos produtos e vice-versa.

Dentro dessa moldura, desenvolve-se hoje a comunicação organizacional no Brasil. Mas ainda há algo a pensar e a realizar em curto prazo – e esse é um movimento que deve unir os profissionais: trata-se da adoção de uma nova abordagem para a comunicação organizacional. Infelizmente, profissionais e mestres de comunicação, por acomodação, preguiça e mesmo insensibilidade, não perceberam que novas fronteiras estão sendo abertas, todos os dias, pela comunicação organizacional.

Refiro-me aos amplos, densos e estratégicos limites que estão sendo ocupados pela comunicação administrativa, responsável pela folheteria à disposição dos padrões e normas da hierarquia organizacional, e pela comunicação gerencial, que compreende os fenômenos das relações interpessoais e intergrupais, e cuja importância se mostra nos fluxos das comunicações descendentes, ascendentes e laterais. Trata-se de formas de comunicação que os profissionais não dominam por inteiro, tanto pela ausência de escopo conceitual nas escolas quanto pela dispersão dos setores que cuidam dessas ferramentas nas organizações. Estas formas de comunicação estão apresentadas no Capítulo 2 deste livro. Ao lado dos canais de interação imediata (internet, intranet), estas ferramentas tendem a ganhar importância no cenário organizacional.

De qualquer maneira, o sistema de comunicação organizacional está consolidado – nas estruturas, na linguagem, na forma dos veículos, nas estratégias, na definição de programas e, ainda, na profissionalização dos quadros. Certa confraternização passou a coroar as relações entre profissionais de relações públicas e jornalistas. Hoje, com exceção de uns poucos que teimam em conservar o bolor dos velhos baús, profissionais de todas as correntes se integram e se reforçam. Percebo que a velha lição dos primórdios da profissionalização do jornalismo empresarial produziu efeitos: o jogo de forças é sempre ganho pelo valor da competência, e é o que vemos atualmente.

A atividade do setor se sofisticou, ampliando o raio de ação. Nos últimos tempos, a comunicação se fortaleceu no âmbito das administrações públicas – nos níveis municipal, estadual e federal – e na área política. O avanço ocorre na esteira do fortalecimento de um novo espírito de cidadania, nascido de uma sociedade civil mais organizada e consciente de direitos e deveres.

A área acadêmica: campo aberto

Os trabalhos acadêmicos nas décadas de 80 e 90 foram praticamente inspirados e guiados pela tônica jornalística, abrangendo questões de forma e linguagem, tipologia da comunicação organizacional, abrangência temática etc. Infelizmente, grandes ausências ainda se fazem sentir. Muita coisa deixou de ser feita, e lacunas se abriram, como pesquisas para investigar a necessidade de programas de reengenharia organizacional e, dentro dela, a importância da comunicação para o equilíbrio dos ambientes internos. Seria conveniente investigar mais e melhor a ligação entre a cultura, o clima e a comunicação. Pouco se investiga sobre os níveis de recepção da comunicação. Sente-se necessidade de pesquisar sobre culturas internas, o que representam, como se desenvolvem, e qual é a influência da comunicação no clima organizacional. Tais visões ainda não receberam a devida atenção pelos pesquisadores brasileiros.

Outra demanda se relaciona à especificidade de outras formas de comunicação. Um erro de análise é o costume de transferir modelos entre organizações. Trata-se de uma hipótese enviesada. As situações e demandas organizacionais devem ser estudadas em espaços próprios e restritos. Pouco se sabe, por exemplo, sobre os grupos formais e informais que constituem a empresa e como reagem às formas de comunicação. Da mesma forma, urge descobrir o espaço das novas linguagens que ganham acesso nos ambientes internos e estudar as redes corporativas de computadores que passam a utilizar informações jornalísticas. Trata-se, enfim, de ampliar as possibilidades da comunicação eletrônica nas organizações informatizadas, abrindo os horizontes de nichos tradicionais ocupados pelas comunicações gerenciais, administrativas e sociais. O campo está aberto.

Um novo profissional

Em função do panorama anteriormente descrito e dos novos espaços a serem descobertos, apresenta-se também como relevante o estudo do perfil do novo profissional. Nos últimos anos, ganhou projeção a figura do generalista, o profissional que, possuindo conhecimentos específicos, reúne condições e potencial para estabelecer abordagens abrangentes da sociedade e da empresa. Lembre-se que o generalista era considerado um profissional não muito respeitado pelo fato de "querer saber de tudo" e, no fim das contas, "não saber de nada". Sua imagem, porém, ganhou consistência. O conhecimento holístico, capaz de integrar as partes no todo, constitui uma exigência do mundo competitivo e globalizado. As análises simplistas começam a ser rejeitadas. Um dos mais imperiosos desafios do profissional reside na capacidade de saber ler os cenários e projetar situações. A comunicação é um sistema-meio que se espelha na moldura ampla dos ambientes social, político e econômico. Os generalistas são figuras que integram tal conceito. Com visão abrangente, passam a ser disputados no mercado.

São eles que estão mudando o pensamento das cúpulas empresariais a respeito da importância da comunicação. Convém lembrar que, no Brasil, a relação comunicação/eficácia/produtividade sempre esteve muito relacionada ao lucro. Comunicação, na visão da maior parte dos empresários, deve dar lucro, resultados imediatos. A percepção da comunicação como fator estratégico, de efeitos em longo prazo, só ganhou volume mais recentemente. Em função da abertura da sociedade, dos novos horizontes que se abriram com a quebra dos padrões autoritários, os empresários começaram a aparecer nos meios de comunicação e a marcar presença nos jornais por meio de entrevistas e artigos, nos quais defendem ideias e conceitos. Em resumo, as políticas amparadas no conceito *low profile* (baixo perfil), bem aceitas no ciclo autoritário, foram ultrapassadas por um novo clima social. A clareza e a abertura inspiraram o novo clima da comunicação organizacional. Hoje, quem quer dissimular, esconder casos negativos e fugir da exposição é condenado pela mídia e pela sociedade. Os novos profissionais reciclam o pensamento empresarial.

Uma pergunta, porém, coloca-se frequentemente na mesa do debate: "Como fazer avançar a profissionalização no universo da comunicação organizacional, procurando vencer preconceitos e mudar conceitos?" Resposta: paciência, planejamento e disciplina, estudo e muita determinação. Essas são as ferramentas para os avanços. No momento em que os profissionais ascendem a patamares superiores, a organização também muda de posição. A tecnocracia de ontem está sendo mais humanizada. A inserção da comunicação na cultura organizacional tem conseguido imprimir ao empresário e aos funcionários maior consciência sobre a responsabilidade social. Os comunicadores ingressam em um novo ciclo: a alta consultoria e o aconselhamento político. Nessa condição, estão bem posicionados, geralmente junto à alta administração das empresas. Trata-se de fato importante a ser avaliado. A tendência, pois, é de profissionalização crescente do sistema de comunicação e de maior qualificação do nível profissional, que ganha reforço com o trabalho de assessorias e consultorias externas. O empresário precisa enxergar no comunicador mais do que um operador, precisa ver nele o estrategista, um assessor próximo, cuja contribuição será decisiva para a articulação de um discurso adequado e de uma identidade organizacional compatível com os negócios.

A comunicação política

A política nas organizações

Neste milênio, a sociedade organizada – em quase todas as partes do mundo – procura fazer valer, por todos os meios e maneiras, seus interesses e pontos de vista junto aos Poderes Públicos. Afinal de contas, é ela, sociedade, que transfere a eles, mandatários de funções públicas, o seu poder. E as organizações, tanto privadas quanto públicas, finalmente se descobrem como integrantes da sociedade, como entes sociais que também precisam ter voz e vez na democracia. Dessa forma, descobrem na comunicação a ferramenta para atingir o meio social, dando informações exigidas pelos cidadãos e auscultando permanentemente seus anseios. Pode-se dizer, então, que as organizações privadas também passam a desenvolver uma orientação de marketing político, pautando sua conduta pela leitura ampla dos movimentos sociais, participando ativamente da vida social e política, promovendo análises de conjuntura e fazendo pressão sobre o Congresso Nacional no intuito de defender seu ideário.

Significa aduzir que as organizações descobriram a política. O termo "político", nesse caso, tem o sentido de inserção da organização na comunidade política. Com a expansão do universo da locução, da palavra e das ideias, organizações, administrações, governos e políticos foram compelidos a aperfeiçoar linguagens e abordagens, com o fito de melhorar a imagem e a visibilidade. As organizações brasileiras de tamanho variado, e praticamente de todos os segmentos, na esteira do crescimento do conceito de participação, desenvolveram um papel político mais significativo na sociedade, fazendo-se mais presentes no panteão da cidadania. Os empresários saíram das redomas, abrindo o pensamento à mídia, defendendo posições fortes em prol da modernização política e institucional e discutindo a eficiência das políticas públicas. Representantes dos setores produtivos, enfim, decidiram encarnar um papel político. A comunicação organizacional, portanto, banha-se de uma visão política.

Entenda-se que a empresa faz marketing político quando transporta seu pensamento para a sociedade com o intuito de fixar identidade, defender-se ou tomar uma posição. Ocorre que no Brasil o termo "político" foi muito contaminado, e é quase sempre identificado com a velha política partidária. Será preciso, por isso, resgatar esse "novo-velho" sentido do político, dando-lhe o significado adequado.

A interlocução com a sociedade

No Brasil, como em todo o mundo, percebe-se o arrefecimento das oposições, o declínio geral da força dos parlamentos, ao mesmo tempo em que se observa o fortalecimento das estruturas tecnocráticas e do Poder Executivo. De certa forma, tais fenômenos conferem à comunicação o posicionamento de funil, ou seja, um grande sistema emissor, formado pelos governos (as estruturas tecnocráticas), os políticos e os grandes grupos econômicos, transforma a malha de comunicação em mera esteira transmissora do pensamento das elites. Os resultados de uma comunicação essencialmente descendente (de cima para baixo da sociedade) são visíveis, denotando forte concentração de meios e discursos. A base da sociedade não tem o espaço que merece. Essa é uma questão que a comunicação organizacional há de eleger como discussão prioritária dentro da perspectiva de se abrir, no país, os fluxos da comunicação ascendente, periférica e marginal.

As organizações têm muito a ver com essa questão, se analisarmos as posições que assumem no cotidiano dos cidadãos. As comunicações provenientes da malha organizacional constituem, de certa forma, uma espécie de voz multifacetada da sociedade. Principalmente se levarmos em conta a extensa rede de pequenas, médias e grandes organizações, em todos os espaços da sociedade. As comunidades que as integram são extensões da população. Logo, podem expressar um contraponto, um ponto de vista contrário, ao discurso da grande mídia.

Mas há outras maneiras de trabalhar a questão. Uma delas é a tentativa de se procurar melhorar o desempenho da comunicação por meio do conceito de desconcentração cultural. E essa meta pode ser atingida com o aumento dos polos de comunicação na sociedade, aprimorando-se as ferramentas já disponíveis, adensando-se as entidades intermediárias e fortalecendo-se os mecanismos de comunicação do chamado universo institucional.

Observamos no país um vácuo entre o setor político e a sociedade. De um lado, é fato que declina o poder dos parlamentos, e o caso brasileiro está aí para mostrar a força do Executivo sobre o Legislativo, por outro vê-se a sociedade passar por um período de intensa organização. Sua estrutura orgânica está, agora, assentada em pilares mais firmes e em processo de consolidação. As organizações intermediárias estão ocupando esse espaço, ou seja, a sociedade se dispõe em grupos, em setores, em categorias, que se juntam em torno de organizações, e estas passam a defender seus interesses.

Os índices da racionalidade crescem no Brasil, fato que contribui para fortalecer o universo institucional. Portanto, expandem-se os pequenos polos de poder e de comunicação, fortalecendo, em consequência, a comunicação organizacional. Urge, portanto, olhar para a comunicação das organizações intermediárias como espaço em franco crescimento. Costuma-se entender por "comunicação" apenas a atividade desenvolvida no interior das grandes empresas ou quando operada pela mídia massiva, mas a comunicação ocorre, também, no universo das instituições, independente do seu tamanho. Se essa tendência se confirmar, no futuro, poderemos prever um funil de comunicação que, bem devagar, poderá transformar-se em um grande tubo, cuja entrada e saída terão a mesma largura. Um tubo em que a comunicação que entra é igual à que sai, e vice-versa. Esse estágio mais evoluído de comunicação é o sonho de uma sociedade mais igualitária, menos sujeita aos impulsos e fluxos da grande mídia.

Em conclusão: há uma vasta malha de comunicação em expansão na sociedade brasileira, decorrente da expansão da organicidade social.

A figura do assessor de imprensa ou do consultor de comunicação institucional projeta-se nesse cenário de crescimento, devendo ganhar espaço no grande território das entidades intermediárias da sociedade. Sua missão será a de planejar e operar estratégias, posições bem mais consistentes que o simples estreitamento de relações com a imprensa. Trata-se de uma competência que lhe propiciará ascender ao patamar de estrategista e, assim, exercer funções mais elevadas, extrapolando sua interferência no ambiente da organização e tornando-o um agente político na construção de uma sociedade mais consciente de direitos e deveres.

O primeiro momento: mistificação e massificação

Cabe, agora, abrir um espaço para analisar a moldura histórica da comunicação no ambiente político. Na análise dessa modalidade de comunicação é preciso considerar, inicialmente, o que se pode chamar de ciclo da descoberta da comunicação como ferramenta dos agentes políticos. Nesse caso, transforma-se em instrumento de popularização dos próprios atores. Ao longo da história, a defesa de um ideal por líderes carismáticos, de qualquer fé e doutrina, sempre contou com elementos que, hoje, vinculam-se ao conceito de marketing político, como o encantamento/mistificação das massas, as formas do discurso, o contato com as multidões, os aparatos litúrgicos dos eventos, a utilização de *slogans*, símbolos e música, a passividade das plateias e a engenharia de dominação atuando sobre a estrutura psíquica das massas. Este contexto recebeu descrição precisa no *Estado-Espetáculo*, obra do sociólogo francês Roger-Gérard Schwartzenberg. Nela, vamos encontrar os fundamentos da atualidade política, onde se inserem os fatores da carnavalização política, o artificialismo discursivo, a publicização do Poder Executivo, a construção e a desconstrução de heróis e o estiolamento das funções clássicas dos Parlamentos.

Indo longe, vamos encontrar os primeiros fundamentos do discurso político para mistificação das massas na história romana. No ano 64 a.C., Quinto Túlio Cícero enviava ao irmão, o grande tribuno e advogado Cícero – protagonista de episódios marcantes por ocasião do fim do sistema republicano e implantação do Império Romano –, uma carta que pode ser considerada o primeiro manual organizado de marketing eleitoral da história. Ali, Quinto Túlio orientava Cícero sobre comportamentos, atitudes, ações e programa de governo para o consulado, que era o pleito disputado, sem esquecer as abordagens psicológicas do discurso, como a lembrança sobre a esperança. Este valor tão "marketizado" no Brasil e que se constituiu eixo, por exemplo, da primeira eleição vitoriosa de Luiz Inácio Lula da Silva. Dizia ele: *"três são as coisas que levam os homens a se sentir cativados e dispostos a dar o apoio eleitoral: um favor, uma esperança ou a simpatia espontânea"*. E passava a discorrer sobre cada valor.

Um dos grandes vendedores de esperança do século XX foi Hitler, exemplo arrematado de marketing levado às últimas consequências, apesar de, na época, ser conceituado como mera propaganda política. O ditador usou todos os instrumentos, métodos e processos para formar reflexos condicionados nas massas e estabelecer sua política de dominação. A cruz gamada – multiplicada por todos os cantos – inspirava a ideia do trabalho produtivo. Ao som de tambores, reforçava o efeito das palavras. Palavras que preenchiam as lacunas e necessidades apontadas pelos quatro mecanismos natos que formam a estrutura dos seres biológicos: o impulso combativo (luta contra a morte, contra o perigo); o impulso alimentar (sem alimento não se vive); o impulso sexual (certeza de continuidade da espécie) e o impulso paternal (voltado para os valores dos grupos, como solidariedade, integração, amizade, carinho, amor etc.). Os dois primeiros impulsos agem sobre a base da conservação do indivíduo e os dois últimos funcionam como mecanismos de conservação da espécie. Lutar pela formação de uma raça ariana, pura, forte, avançada e pela ideia da nação mais poderosa do mundo – assim se resume o escopo do marketing hitlerista.

No Brasil, pesquisando-se sobre os primeiros movimentos, recai-se obrigatoriamente no ciclo getulista e em sua política de massas. Getulio Vargas, ao modelar o Estado Novo, plantou as bases de um sistema de comunicação direcionado a glorificar as razões do Estado, a fazer a comunicação direta com as massas e a construir um perfil que o projetou como um dos mais populares presidentes de nossa história.

No Brasil, o surgimento de um líder das massas, Getulio Vargas

A comunicação política no país com efeitos pirotécnicos fixou um marco na era Vargas. As raízes da comunicação governamental e do marketing político remontam aos anos 1930. Os alicerces começaram a ser fincados a partir da estratégia de centralização do Estado Novo, que se posicionava acima das regiões, dos partidos e dos grupamentos. A ditadura abafava todos os impulsos libertários, sufocando as oposições. A ação do Estado, abrigando medidas de sustentação da produção agrícola e industrial, criou órgãos de consulta e execução, estabeleceu novas relações entre as classes produtoras e o governo, intensificou e aprofundou, na visão do historiador Edgard Carone, a dependência do operariado em relação ao Estado, descortinando o campo do peleguismo, que se manifestava nas comemorações do Primeiro de Maio, na promulgação de leis como a CLT e o salário mínimo.

Entre 1930 e 1937, a maior parte da legislação trabalhista foi codificada, tudo sob o controle do Ministério do Trabalho. A partir de 1943, a CLT se transformou no principal instrumento de intercâmbio de interesses entre assalariados e empresários. A política de massas se consolidou na esteira do "distributivismo" getulista, funcionando, na expressão do sociólogo e professor Octavio Ianni, como técnica de organização, controle e utilização da força política das classes assalariadas. Getulio impôs uma "democracia funcional", inspirada no conceito de obras de caráter econômico e administrativo (em Volta Redonda, a Companhia Siderúrgica Nacional, por exemplo). E passou a defender a necessidade de "abolir os intermediários entre o povo e o Governo", na medida em que considerava os partidos políticos "formas ambíguas e falsas".

Para "vender" o ideário, o Governo Provisório de 1930 fundou, em 2 de julho de 1931, o Departamento Oficial de Propaganda, transformado, em 1934, em Departamento de Propaganda e Difusão Cultural e, depois, em Departamento de Imprensa e Propaganda (DIP), dirigido por Lourival Fontes que, depois de uma visita à Itália, onde foi recebido por Mussolini, implantou aqui as técnicas de propaganda do ditador e da maquinaria psíquica engendrada por Goebbels, na Alemanha. Moldava-se o perfil de Getulio: estadista, magnânimo, corajoso, nobre, conhecedor profundo dos homens, seguro, clarividente, pai dos pobres.

Falando sozinho, sem ninguém para contestar, o governo construiu um mito. Jornais censurados, o Estado Novo ganhava apenas notícias favoráveis. O DIP criou a Hora do Brasil, em 1930, entre as 19h00 e 20h00, para dar todos os recados. O primeiro programa, transmitido pela Rádio Guanabara, foi apresentado pelo locutor Luiz Jatobá, e irradiado em cadeia por oito emissoras brasileiras. Os estados criaram os seus Departamentos Estaduais de Imprensa e Propaganda, subordinados ao DIP central. Os partidos foram fechados, em 1937, por ocasião do golpe que instituiu o Estado Novo. A Carta Magna de 1937 delimitou o prazo de seis anos após o golpe para a realização de um plebiscito. Em 1945, iniciou-se a redemocratização, com o ressurgimento dos partidos e a realização de eleições presidenciais e para a formação de uma Assembleia Nacional Constituinte. Com a deposição de Vargas, acabou-se o DIP. Mas a imagem do ditador como pai dos pobres, de perfil nacionalista, sem esquecer o inseparável charuto, está seguramente associada ao "marketing" da época, no caso, uma intensa bateria de propaganda, muita censura e uso aguçado da intuição e do improviso nos discursos. Bater em um lado só do bumbo da comunicação é a equação da eficácia dos ditadores. Dá certo enquanto o governo vai bem.

Na comunicação redemocratizada, fortes antagonismos

Dois dos mais fortes candidatos às eleições presidenciais em 1945 foram o general Eurico Gaspar Dutra, apelidado de "o catedrático do silêncio" pelo PSD (depois também pelo PTB), e o brigadeiro Eduardo Gomes, pela UDN, que fez a campanha com os *slogans* "O preço da liberdade é a eterna vigilância" e "Lembrai-vos de 1937". Demonstrando falta de sensibilidade, o brigadeiro, acusando as lideranças petebistas de corrupção, afirmava: "Eles comem na marmita". Imediatamente, Dutra se apropriou do termo e passou a adotar a marmita como símbolo de campanha. Foi eleito em uma das campanhas mais democráticas de nossa história política. Os partidos puderam expor abertamente seus programas, mesmo o partido comunista, cuja legalidade durou apenas dois anos. A Constituição de 1946 estabeleceu o regime de partidos nacionais. Eurico Gaspar Dutra (que trocava o "c" e o "s" pelo "x", sendo motivo de chacotas) assumiu o Governo para administrar de 1946 a 1951, sendo pressionado a extinguir a Hora do Brasil. Em setembro de 1946, o programa passou a se chamar Voz do Brasil, agora produzido pelo Departamento Nacional de Informações, sucessor do DIP.

Vargas, no entanto, empunhando a bandeira de "O petróleo é nosso", aparece como a grande liderança de um novo ciclo que se abria, caracterizado pela ruptura entre a sociedade urbano-industrial e a sociedade agrária tradicional. Foi reconduzido à Presidência em eleições democráticas, realizadas em 3 de outubro de 1950, para inaugurar o ciclo do nacionalismo desenvolvimentista, amparado na Campanha do Petróleo, entre 1947 e 1953. Nesta campanha presidencial, o chamado espírito de marketing começou a se infiltrar no corpo político. Em Mossoró (RN), Getulio fez um dos grandes comícios de sua campanha, destacando, sobretudo, a identificação da cidade com as salinas.

Ao percorrer todos os Estados brasileiros, fazendo pronunciamentos que expressavam a realidade imediata das localidades, demonstrando conhecer as demandas das populações locais, Vargas se apresentava como precursor do marketing contemporâneo. Foi um mestre na arte de dizer bem as mensagens para as massas certas no lugar adequado, um dos segredos do marketing. Exímio até na ênfase que deu ao personalismo. Em São Gabriel, no Rio Grande do Sul, no comício de 29 de setembro de 1950, dizia: *"eu não venho, propriamente, em nome de partidos. Eu fui chamado pelo povo e venho em nome do povo para a defesa de seus interesses, só tendo compromissos com este povo"*. Reconduzido à Presidência, governava em clima de ufanismo. "Bota o retrato do Velho, outra vez, no mesmo lugar. O retrato do velhinho faz a gente trabalhar", cantava, em 1951, para as "marias candelárias" e os barnabés das repartições públicas, o popular cantor Francisco Alves, conforme conta Isabel Lustosa, em suas *Histórias de Presidentes*.

Neste segundo mandato – 1951 a 1954 – Getulio preocupou-se com a inserção da economia nacional nos sistemas políticos e econômicos mundiais. Em 1953, nasceu a Petrobras. O segundo período getulista foi marcado por crises intermitentes causadas, especialmente, pelas propostas governamentais de se taxar a remessa de lucros ao exterior e de garantir à Petrobras o monopólio na exploração do petróleo. As Forças Armadas ocupavam o centro do cenário político. A crise explodiu em fevereiro de 1954, quando João Goulart, ministro do Trabalho, propôs aumento de 100% para o salário mínimo. A reação da imprensa, das lideranças e de parcelas das Forças Armadas foi enorme. Jango foi demitido, mas em 1º de maio, o próprio Getulio decretou o aumento de 100%, reajustável a cada três anos. O atentado contra o jornalista Carlos Lacerda, na Rua Toneleros, no Rio de Janeiro, que acabou matando o major da Aeronáutica Rubens Vaz foi a gota d'água. Acusou-se Gregório Fortunato, o guarda-costas de Getulio. E a imprensa passou a culpar o presidente. Pregava-se sua renúncia.

O momento era de intenso antagonismo entre a corrente nacionalista e os defensores do desenvolvimento com amparo internacional. Lustosa narra:

1   *"Na última reunião ministerial, a amarga e triste indiferença. A drástica decisão talvez já tomada. O olhar da distância para o companheiro de tantos anos: Oswaldo Aranha; para o fiel ministro Tancredo Neves; para a diligente e querida filha Alzira. A farsa da licença armada pelos ministros militares, em que nem ele mesmo acredita. Silenciosamente assina um papel que guarda no bolso. Dá a caneta a Tancredo, como lembrança daqueles dias. É inútil.*

    O dia amanhece. Os primeiros raios de sol brincam nos cristais da sala de banquetes, iluminando rostos cansados. Concede, por fim, a licença. Mais para desfazer-se das companhias do que por crer que fará uso dela. Retiram-se todos.

2   *O passo cansado o carrega, escada acima, rumo aos aposentos. Já de pijama – o pijama de listras – atende a Beijo (Beijo era o irmão de Vargas que cuidava da segurança): Getulio querem que vá depor no Galeão. Diz aos oficiais:*

3   *Beijo não vai agora, só amanhã.*

4   *Vai ao gabinete e apanha o revólver. Volta ao quarto, senta-se e atira. Justo no lugar que o filho Lutero ensinara. Um tiro no coração. Cai de mansinho sobre o travesseiro. Agora descansa."*

A deposição e o suicídio de Vargas, em 24 de agosto de 1954, significaram, de certa forma, a vitória da corrente internacionalista, sendo a carta-testamento um testemunho do desencanto do presidente. Portanto, a avaliação da comunicação política do ciclo Vargas está atrelada ao movimento populista que ele criou e que deixou de herança para o sucessor. Uma herança que ele, de forma trágica, celebrizou na carta-testamento que deixou. Lá se podia sentir o pulsar da política populista que inspirou sua trajetória: *"Se as aves de rapina querem o sangue de alguém, querem continuar sugando o povo brasileiro, eu ofereço em holocausto minha vida... Quando a fome bater à vossa porta, sentireis em vosso peito a energia para a luta por vós e vossos filhos. Quando vos vilipendiarem, sentireis no meu pensamento a força para a reação. Meu sacrifício vos manterá unidos e meu nome será a vossa bandeira de luta. Cada gota de meu sangue será uma chama imortal na vossa consciência e manterá a vibração sagrada para a resistência... Lutei contra a espoliação do Brasil. Lutei contra a espoliação do povo. Tenho lutado de peito aberto. O ódio, as infâmias, a calúnia não abateram meu ânimo. Eu vos dei a minha vida. Agora ofereço a minha morte. Nada receio. Serenamente dou o primeiro passo no caminho da eternidade e saio da vida para entrar na História"*.

A emergência de novos líderes carismáticos

O governo seguinte, de Juscelino Kubitschek, mineiro de Diamantina, médico, Nonô para os íntimos, eleito pela coligação de forças populistas PSD-PTB, cuja campanha será analisada mais adiante, no capítulo do marketing político, deu, de certa forma, continuidade à política de massas getulista, com a diferença de que foi este presidente simpático e carismático o responsável por uma base desenvolvimentista amparada na internacionalização da economia. O modelo getulista era centrado no desenvolvimento econômico em bases nacionalistas. Juscelino imprimiu ao desenvolvimento o selo internacional. O Plano de Metas foi uma tentativa de recuperar a dimensão econômica garantida por Getulio, indo mais além.

No que se refere ao aparato de comunicação política, objeto central dessa visão, pode-se dizer que, no ciclo Kubitschek, o estilo foi o homem. Juscelino sabia comunicar-se com as massas, trabalhando muito bem as estratégias de mobilização. Figura das mais simpáticas da política brasileira, era jovial, alegre, encarnando o Brasil moderno. Em 1959, o palhaço Carequinha popularizou uma batucada de Miguel Gustavo: *Dá um jeito nele, Nonô* (*"Meu dinheiro não tem mais valor./Meu cruzeiro não vale nada./Já não dá nem pra cocada./Já não compra mais banana./Já não bebe mais café./Já não pode andar de bonde./Nem chupar picolé./Afinal, esse cruzeiro é dinheiro ou não é?"*). O clima era de descontração, como demonstra esta historieta gráfica da revista *Careta*: *"Juscelino: 'Preciso de divisas, ouro, seu Alkmim, para as realizações do meu governo'. O ministro: 'Ouro, seu Juscelino?! Eu sou Alkmim, não sou alquimista'"*. José Maria de Alkmim era o ministro da Fazenda.

JK, o peixe vivo da modinha mineira, inaugurou uma proposta de campanha mais estruturada, com eixo forte no discurso ("50 anos em 5" – Plano Quinquenal), deslocamentos rápidos pelo território a bordo de um DC-3, ampla mobilização das massas e, ainda, uma caminhada cívica pelo país regada de simpatia e emoção, ingredientes presentes no largo sorriso e nos abraços acolhedores que repartia com todos. Ponho ênfase na emoção, pela forte presença desse fator nos episódios e campanhas políticas que se arrastam no Brasil, desde a década de 50, e que chega exaurido nesse começo de terceiro milênio. Juscelino usava muito a Voz do Brasil para difundir seu Plano de Metas guiado pelo lema "50 anos em 5". Mas a sua consagração veio com Brasília, cuja ideia ele confessa ter tido como *"resposta a um pedido feito em um comício em uma cidadezinha do sertão de Goiás"*. Em 21 de abril de 1961 o sonho era realizado, com ampla cobertura, incluindo retransmissão da inauguração pela Rádio Vaticano. O papa João XXIII parabenizou os brasileiros, segundo registra Lílian Maria F. de Lima Perosa, em sua dissertação de mestrado "A Hora do Clique", uma análise do programa de rádio Voz do Brasil.

O estilo de comunicação seguinte – do breve período Jânio Quadros – está inserido em uma moldura que tem como centro a própria figura presidencial. Jânio, pode-se garantir, foi o mais intuitivo e criativo dos nossos presidentes em matéria de marketing político. Figurava nos espaços da mídia quando queria, pois sabia engendrar versões para os fatos (no apêndice do Capítulo 8 abro um espaço para a análise da comunicação política de Jânio Quadros).

A renúncia de Jânio, considerada traição aos 6 milhões de eleitores que confiaram nele, deu lugar ao vice, João Goulart, ensejando a concentração da política de massas e as grandes mobilizações sociais, pano de fundo para o aprofundamento de rupturas estruturais, consideradas, na época, indispensáveis para a execução de uma política internacionalista de esquerda. Jango recebeu um governo de poderes limitados, por meio da implantação do sistema parlamentarista, negociado e aprovado pelos dois grandes partidos da época, o PSD e a UDN. Mas João Goulart, identificado com o petebismo, decidiu implantar um conjunto apreciável de reformas, que tinham como vértice a concentração do populismo e o fortalecimento do capitalismo nacional. Suas reformas abrangiam as áreas agrária, bancária, administrativa, fiscal, tributária etc. As reformas, porém, sofriam oposição do Conselho de Ministros. Em 23 de janeiro de 1963, caiu a emenda parlamentarista e Jango assumiu o governo com a força do presidencialismo. Apresentou ao país um Plano Trienal. A mobilização do povo para o comício do dia 13 de março de 1964 – pelas chamadas reformas de base e em oposição às tendências conservadoras do Congresso Nacional – significou o clímax da política de massas como estratégia de sustentação do poder político.

A mobilização das classes médias, a partir de São Paulo, Rio de Janeiro e Belo Horizonte, com o apoio e o incentivo das Forças Armadas, contra o comunismo e a corrupção, convergiu para a Marcha da Família com Deus, pela Liberdade, esteio do golpe de 31 de março de 1964. Os militares, que já haviam participado dos golpes de 1937, 1945 e 1955, apareceram mais uma vez em cena, dessa vez para comandar um ciclo que foi de 1964 ao princípio da década de 80.

A comunicação sob controle no ciclo militar

Se os breves períodos de Jânio e Jango foram tensos e balizados por um discurso de independência e bandeiras nacionalistas, o longo ciclo da ditadura militar foi de medo. A censura se abateu sobre os meios de comunicação. E a propaganda política, dentro dos mais rigorosos princípios de práticas autoritárias, que lembravam os pesados anos da simbologia nazista, deu o tom. No governo Costa e Silva criou-se a Assessoria Especial de Relações Públicas (Aerp). O auge da propaganda foi no governo do general Garrastazu Médici, amparado por vigorosa política de comunicação, que realçava os conceitos de segurança e de desenvolvimento. O modelo utilizado pela Aerp amparava-se na ideia de centralização da comunicação.

O país contava com um extraordinário avanço no campo das telecomunicações. Se, em 1960, apenas 9,5% das residências urbanas tinham televisão, esse número chegava a 40% em 1970. O Brasil foi elevado à categoria de grande potência, pela difusão ufanista da Assessoria Especial de Relações Públicas. O país era embalado pela marchinha *Pra Frente Brasil*, extensão do conceito "ninguém segura este país", que tinha como carro-chefe a vitória brasileira na Copa do Mundo. O coronel Octávio Costa, um dos mais preparados militares no campo da comunicação social, tornou-se o responsável pelo sucesso da política de comunicação dos governos militares. Foi ele que organizou os eixos dessa política, definindo os seguintes princípios: a legitimidade, a impessoalidade, a verdade, a integração, a eficiência e a liberdade de expressão.

O futebol, por sua vez, era usado como elo para popularizar o regime e amaciar a imagem de um dos mais duros presidentes do ciclo militar, o general Emílio Garrastazu Médici, cuja fama de torcedor fanático do Grêmio, de Porto Alegre, identificava-o com qualquer brasileiro que, nos finais de semana, radinho de pilha colado ao ouvido, torcia pelo time de coração. Aliás, como recorda o general Gustavo Moraes Rego, que comandou a 11ª Brigada de Infantaria Blindada, em Campinas, e foi chefe do Gabinete Militar do presidente Geisel, a derrota do Brasil na Copa de 74 influenciou os resultados eleitorais. Da mesma forma, o tricampeonato em 1970 popularizou Médici, mas não o seu governo. Há quem garanta, como o general Carlos de Meira Mattos, em depoimento a Maria Celina D'Araújo e Gláucio Ary Dillon Soares (*A Volta aos Quartéis – A Memória Militar sobre a Abertura*), que, candidato à reeleição direta naquela época, Médici seria eleito. O clima era de otimismo. Liam-se letreiros por toda parte: "Pra Frente Brasil", "Brasil Grande". Lembra o general Gustavo que Geisel foi o único que enfrentou duas derrotas na Copa: as de 74 e de 78. E os resultados ruins de 1974 resultaram na Lei Falcão, aprovada pelo próprio Congresso, que impunha limitações aos candidatos no uso do rádio e da TV. Temia-se uma imensa derrota em 1978.

O ciclo da distensão da política de comunicação começava, a partir de 1974, no governo Geisel, um general de cara muito fechada e comprometido com a ideia do desenvolvimento. Inaugurava-se o ciclo da democracia social, idealizada por um dos maiores intelectuais do Exército, o general Golbery do Couto e Silva, que se inspirou nos conceitos da sístole (compressão, fechamento) e diástole (distensão, abertura). Geisel e Golbery foram os responsáveis pela abertura lenta, gradual e restrita do regime ditatorial. O governo criou a Assessoria de Imprensa e Relações Públicas, que substituiu a Aerp, dando ênfase, como se pôde observar, ao aspecto jornalístico e não mais privilegiando o conceito de "vender imagem" positiva. Fechava-se o ciclo da comunicação ufanista.

Suspendeu-se a censura aos jornais no curso de 1975. A morte do jornalista Vladimir Herzog, em um cárcere do Doi-Codi, em outubro de 1975, criou um profundo fosso entre a sociedade e os militares. O choque abriu as portas da distensão. No final da década, registravam-se os últimos episódios marcadamente opressores, como a invasão da PUC, em São Paulo, no ano de 1977. A campanha de 1978 já contava com expressiva força de oposição. O governo seguinte, do general João Batista Figueiredo, ampliou a abertura democrática, mas aprofundou a crise econômica. Em 1979, o governo de Figueiredo criou a Secretaria de Comunicação Social (Secom), com atribuições de ministério. A ideia e a implementação couberam ao jornalista Said Farhat, e a estrutura, imitada pelos governos estaduais e municipais, deu origem ao atual modelo da comunicação governamental do país. Iniciava-se a profissionalização da comunicação no setor público. Em 1979, criou-se a Empresa Brasileira de Notícias, substituindo a Agência Nacional. O general Figueiredo, que gozou a popularidade do "João", aconselhado pelo ministro Farhat, assumiu depois uma imagem de naturalidade, advindo daí o estilo grotesco, estabanado, a linguagem desabrida, o "prendo e arrebento", o "prefiro cheiro de cavalo a cheiro de povo". Era a maneira de se identificar como general da arma da cavalaria.

A recessão de 1981 a 1983 trouxe graves consequências. O PIB de 1981 foi negativo, registrando a primeira queda desde 1947. Em 1983, o país recorreu ao FMI. E, a partir de 1984, a economia ganhou alento, puxada pelo crescimento das exportações. Em 1985, quando Figueiredo deixou o governo, o país voltava a crescer. Um ano antes, um grande movimento energizava o país: a Campanha das Diretas (pelo retorno das eleições diretas à Presidência da República); à frente, o comandante do PMDB, Ulisses Guimarães. A bomba do Riocentro, considerada por Figueiredo como "uma bomba contra mim", acabou abalando o presidente e inviabilizando mais uma candidatura militar, a do seu irmão de fé, o general Medeiros. Figueiredo recolheu-se no silêncio, desprezando as eventuais candidaturas de Andreazza, Paulo Maluf, coronel Costa Cavalcanti (seu companheiro de turma), Aureliano Chaves (a quem odiava) e José Sarney.

Nesse clima de depressão de final de governo, mesmo contra os interesses do Planalto, a candidatura de Tancredo Neves tomou corpo. A rejeição das eleições diretas gerou grande frustração social. E, na batalha do Colégio Eleitoral, Tancredo Neves, reunindo um conjunto apreciável de forças, venceu Paulo Maluf, por 480 a 180 votos, sendo eleito presidente da República, tendo como vice o senador José Sarney. A oposição chegava ao poder. Era a vitória do projeto de coalizão nacional. Tancredo não chegou a assumir. Morreu, logo depois de operado. Era 21 de abril, data da morte de Tiradentes. Sua morte entristeceu o país. Multidões foram às ruas, na última grande mobilização de massas do Brasil contemporâneo. Assumiu José Sarney, que passou a ser fustigado por Ulisses Guimarães, presidente do PMDB. Abriam-se os ciclos dos grandes confrontos entre o Executivo e o Legislativo, que permanecem até hoje.

Na redemocratização, impulso ao marketing governamental e eleitoral

O governo Sarney caracterizou-se pelas amplas liberdades públicas. Foi um governo de transição. Uma avalanche de ideias, denúncias, posições radicalizadas e acusações inundou a sociedade. Ocorreram mais de 5.000 greves. Em 1986, o país conheceu o Plano Cruzado, quando o cruzeiro foi substituído pela nova moeda (cruzado), na proporção de 1.000 por 1. O congelamento de preços foi a grande bandeira de mobilização nacional. Os "fiscais" de Sarney, consumidores que vestiam o perfil de controladores de preços nos supermercados, multiplicaram-se por toda parte. "Brasileiros e brasileiras" eram convidados a colaborar com o Plano. Pouco tempo depois, o Plano começou a fazer água. Outros se seguiram: o Plano Bresser, o Plano Verão, todos fracassados. Na campanha geral de 1986, o Brasil foi tomado pelo surto do marketing político. As candidaturas, em todos os estados, amparavam-se em esquemas de marketing. Pela primeira vez no país, estruturas e profissionais, deslocando-se dos grandes centros do Sudeste, partiram para os estados do Norte, Nordeste e Centro-Oeste a fim de planejar e operar as campanhas de governadores. O PMDB, alavancado pela estratégia de Sarney de "capturar o boi no pasto" e, assim, segurar o preço da carne, conseguiu eleger todos os governadores, com exceção de Sergipe. Fez 261 cadeiras na Câmara contra 116 do PFL.

Assim, a comunicação organizacional avançou na seara da comunicação governamental e do marketing político. Este avanço se deu na esteira do fortalecimento de um novo espírito de cidadania, nascido de uma sociedade civil mais organizada e cada vez mais cônscia de seus direitos e deveres. A comunicação política ganhava posicionamento de instrumento fundamental para o sucesso das campanhas eleitorais. O marketing político ajustava-se à esfera do marketing eleitoral. A partir de 1985/1986, ainda no governo Sarney, iniciou-se um trabalho para capacitar a aparelhagem governamental no aspecto da comunicação. Diversos ministérios receberam planos estratégicos de comunicação. Aureliano Chaves (Minas e Energia), José Hugo Castelo Branco (Indústria e Comércio) e Aluízio Alves (Administração) foram alguns dos ministros sensíveis à ideia de implantação de projetos focados para a meta de maximizar as comunicações de suas pastas.

Em 1986, acompanhando o clima ambiental e a abertura do universo da locução (grandes reportagens de denúncias surgiram nessa época), fiz questão de atuar em mais este campo da comunicação especializada, na onda de novas motivações e integração ao espírito do tempo. Escolhi o universo da comunicação governamental, até então desprovido de mapas conceituais e carente de formulações. Passei a elaborar planos diretores de comunicação para ministérios. Foi um período de novas descobertas. Durante a primeira fase do Governo Sarney, Fernando César Mesquita, chefe da Assessoria de Comunicação do Planalto, decidiu criar uma Comissão de Comunicação Estratégica, composta por 25 nomes de expressão para estabelecer as diretrizes da comunicação. As ideias brotavam, mas a execução de projetos deixava a desejar. O governo se perdia no cipoal de planos para recuperar o poder da moeda. Como secretário-executivo da Comissão, acabei sugerindo, depois de algum tempo, sua própria dissolução por constatar que não havia clima para se praticar as sugestões oferecidas pelo colegiado. Primeiro, a administração deveria descobrir o "que" comunicar. Não faltavam ao governo ideias para uma comunicação, mas projetos viáveis para a administração da conjuntura.

Esgotando a experiência, com a proposição de estratégias para os ministérios de Minas e Energia, Indústria e Comércio e da Administração, e a formulação de um modelo centralizado de comunicação governamental para o Poder Executivo, chegou a vez do marketing político. Desta feita, tratava-se de ampliar o leque da comunicação, buscando agregar a ela novos eixos – pesquisas de opinião, formação do discurso (identidade), articulação e mobilização das massas. Amparado na vivência de campanhas políticas para governos de alguns estados, juntei os conhecimentos nos dois campos especializados (reunidos no livro *Comunicação Governamental e Marketing Político*). Percebi que se descortinava, no país, um imenso território: o marketing político eleitoral e o marketing político permanente, com foco no suporte a candidatos eleitos, tanto do Executivo quanto do Legislativo nas três esferas da Federação.

O clima era convidativo. O Poder Executivo – prefeitos e governadores – abria lacunas para a instalação de estruturas de comunicação governamental, na perspectiva de ampliação de espaços de visibilidade, aperfeiçoamento da identidade e prestação de contas à comunidade política. A sensibilidade e o interesse eram movidos pela emergência do Estado-Espetáculo, que passou a exercer grande influência sobre os membros da comunidade política, representantes e representados.

As lições dos Fernandos. Com Collor, o marketing exacerbado. Com FHC, um schollar *recatado*

O Governo Sarney, como foi destacado, criou uma Comissão de Comunicação de alto nível, fez programas "marketizados" como o leite para os pobres, mas a altíssima inflação acabou corroendo qualquer resultado alcançado pelo marketing. O presidente Fernando Collor de Melo, eleito em 1989 em uma campanha altamente polarizada com Luiz Inácio Lula da Silva, foi o responsável pelo estágio em que se encontra, hoje, o nosso marketing político. Virou piloto de supersônico, um esportista jovial, vendendo exuberância, coragem, risco e avanço. O governo de Collor deu grandes sustos no país, a partir do sequestro das poupanças privadas. A linguagem barroca da ministra Zélia Cardoso de Melo gerou imensas babéis na sociedade. Poucos entendiam a proposta de choque de Collor. Depois de algum tempo, o governo, recuperado do desgaste inicial, amparou-se em um extravagante sistema de marketing, que tinha como eixo o próprio presidente, apresentado em seu perfil de esportista – atlético, ginasta, capaz de fazer *coopers* quilométricos –, arrastando admiradores pelo Brasil inteiro.

Collor usou e abusou do marketing, e isso foi um erro. Acabou o SNI (Serviço Nacional de Informações), na crença de que receberia os aplausos da sociedade. Tinha uma assessoria de imprensa eficaz, na pessoa do jornalista Cláudio Humberto, preparado, perspicaz e bem articulado. E o apoio do esforçado e competente profissional de mobilização de massas Egberto Batista, depois transformado em ministro do governo. Mas Collor se achava o gênio da raça em matéria de marketing. Ao extrapolar os limites de um plano de visibilidade – guiado pelo bom senso –, Collor foi criando "bumerangues", que se voltavam contra ele. Quando seu executivo de finanças de campanha eleitoral – P. C. Farias – foi flagrado após denúncias de corrupção, não havia mais como defender o presidente. As pontes com o Congresso haviam sido quebradas. O fato de não ter dado a devida importância ao Parlamento foi mais um erro de Collor. A confiança em si era tanta que acabou toldando sua visão. Quando despertou e começou a reagir, era tarde. Deu no que deu, o presidente teve o mandato cassado, porque marketing nenhum segura as pontas de governos estraçalhados por denúncias.

Não se pode deixar de reconhecer, no entanto, que foi Collor quem abriu as comportas para a inserção internacional do país. A abertura econômica propiciou o ciclo da modernidade e da competitividade.

O então vice-presidente Itamar Franco assumiu o comando do Brasil e seu governo pode ser colocado no ciclo do resgate de valores fundamentais ao país. A moralidade foi um deles. Mas o tom maior foi dado pelo Plano Real. Fernando Henrique Cardoso (FHC), convocado para chefiar a área da Fazenda, pilotou o Plano. O temperamento azedo de Itamar, a ciclotimia de atitudes e comportamentos, a vida pessoal meio desarrumada e os eventos folclóricos de que foi personagem acabaram por corroer espaços de imagem. Fernando Henrique, nessa transição, aparecia como um candidato preparado e comandante de uma bem-sucedida operação de estabilidade monetária. A inflação foi derrubada. Fez a mais exuberante campanha eleitoral dos últimos tempos, com recursos avançados de cinematografia. Usou, na primeira campanha, a simbologia de cinco dedos espalmados da mão, cada um representando uma área programática. Ganhou bem. Era o mais preparado contra o metalúrgico Luiz Inácio Lula da Silva. Partiu para o segundo mandato, sob os auspícios do sucesso do plano de estabilidade da moeda. Ganhou novamente.

FHC inseriu o país em uma rígida estrutura monetarista e de sólidos vínculos com o Fundo Monetário Internacional, enfraquecendo o setor social e deixando de dar a ele a força necessária para a satisfação da população. A imagem presidencial caiu. O ministério pecou pela ausência de uma linguagem homogênea. A comunicação política do governo não conseguiu articular vínculo com a sociedade. Mesmo assim, o governo Fernando Henrique Cardoso é considerado um marco na história do país por ter debelado a inflação. A figura do presidente é enaltecida por suas altas qualificações acadêmicas. FHC foi o *schollar* do poder central. Deu certo no primeiro mandato, não no segundo, quando se viu o marketing perder para o que chamo de "desgaste de material". Dois mandatos para um governante, quando não são plenos de êxito e mudanças, acabam cansando o eleitor, que, inevitavelmente, votará, a seguir, no candidato com propostas mais arrojadas.

Lula, um fenômeno de comunicação

E aí apareceu Lula com tudo que o brasileiro queria em termos de simbologia: pobre, esforçado, perdedor de várias batalhas, determinado, perseverante, o mais completo perfil embalado com o selo da esperança. Lula ganharia de qualquer maneira. O marketing apenas ajudou o eleitorado a conhecê-lo mais de perto. Ele é o próprio marketing. Usa e abusa de metáforas. Fala para as margens sociais, que o aplaudem. Construiu a mais poderosa aliança política da contemporaneidade. A sucessão de denúncias e escândalos não chega a atingir sua imagem. Trata-se de um fenômeno de comunicação.

Lula é o mais carismático presidente da contemporaneidade, o mais prestigiado das últimas décadas. Chegou com toda a pompa e circunstância, banhado de emoção, iluminado de razão, cheio de aplausos, locupletado de ética. Conquistou mais de 53 milhões de votos em 2002 e esperanças renovadas. O mais comunicativo e o que faz o marketing mais popular. Passou pelas crises e, como teflon, nada nele grudou. Ganhou um segundo mandato montado no cavalo da estabilidade econômica, costurando um gigantesco colchão social e usando o gogó para se comunicar com as massas.

Nesse ponto, é oportuno lembrar o acervo de distorções por que tem passado o marketing no país, desde Collor, e que, na campanha municipal de 2004, atinge o clímax. Primeiro, há de se destacar o que tenho chamado de *"mcdonaldização do marketing"*, que é a aplicação rigorosa dos mesmos símbolos e dos mesmos discursos em campanhas eleitorais de estados diferentes. O símbolo do coração foi usado e abusado, além de um *slogan*, que se multiplicou nas grandes, médias e até pequenas cidades: "fulano fez, fulano fará". Pequenas variações, quando existem, apontam para a mesma referência: "fulano faz melhor". Tal "pedagogia da fazeção" se transformou no próprio veneno do marketing eleitoral do Brasil. O eleitor está mais atento, é mais esclarecido e consciente e começa a participar ativamente do processo político.

Resta aduzir que o marketing político abrirá um ciclo de depuração. Serão ajustados eixos e abordagens. A ênfase publicitária, hoje presente nas campanhas, será reduzida para ceder espaço aos estrategistas, aos consultores de conteúdo, aos analistas do pensamento social. A dinâmica social brasileira conduz a uma democracia mais participativa. Por outro lado, multiplicam-se os núcleos e os nichos de referência na sociedade. Ou seja, os poderes centrífugos (Executivo, Legislativo) já dividem força e mando com os poderes centrípetos (organizações sociais). Conclusão: qualquer estratégia de marketing eleitoral e de marketing político permanente (suporte e estruturas de marketing para parlamentares e governos), doravante, haverá de contemplar a dinâmica social.

Apêndice
Uma visão sobre o poder: conceitos, formas e usos

As situações, as análises e os conceitos tratados neste livro amparam-se em uma premissa central: a questão do poder. A comunicação é um poder. Já se conhece a expressão "a imprensa é o quarto poder". Para melhor compreensão desse complexo escopo, apresentamos uma base de conceitos sobre o poder, a partir dos quais podemos compor uma análise objetiva da comunicação organizacional e política, nas esferas privada e pública.

Vamos abrir o apêndice com um pensamento do filósofo inglês Bertrand Russell sobre poder: *"O poder, juntamente com a glória, permanece como a mais alta aspiração e recompensa do gênero humano"*. Para ele, o poder é a capacidade de fazer com que as coisas aconteçam. É uma definição mais forte de que a do sociólogo alemão Max Weber, que viu o poder sob a perspectiva do resultado, sendo, assim, a possibilidade de alguém impor a vontade sobre a conduta de outras pessoas. O poder merece, portanto, ser estudado em sua complexidade e em várias abordagens. O poder está no centro da arena política e seguramente se faz presente no cotidiano das organizações privadas e de seus profissionais, ele conota conceitos como segurança, autoridade, supremacia, luta, conflito e guerra.

Poder lembra força e força expressa o conceito de luta, guerra. São comuns as metáforas bélicas usadas pelas pessoas nas conversas mais banais. E por que se usa tanto a linguagem de guerra? Por que são tão comuns na vida das pessoas expressões como "Vamos à luta"; "Temos de lutar"; "Vencemos a primeira batalha, mas não a guerra"; "Nossos adversários estão à espreita"; "Unidos, venceremos!"; "A nossa meta é a vitória!"? A resposta aponta para os mecanismos psicológicos mais profundos do ser humano. Um dos estudiosos da literatura política, Sergei Tchakhotine, em seu estudo *A Mistificação das Massas pela Propaganda Política*, esboça uma ampla compreensão sobre o tema. E, de certa forma, traça uma análise abrangente sobre questões envolvendo o poder.

Poder nas organizações

Estados relativos dos impulsos

Impulso 1

- Estados relativos ao sistema – medo, angústia, depressão, coragem, entusiasmo, agressividade, luta pelo poder e luta pela dominação.
- Armas: ameaça, encorajamento, exaltação e linguagem de guerra.

Impulso 2

- Estados relativos – vantagens econômicas e satisfações materiais.
- Formas de linguagem: quadro de miséria e promessas.

Impulso 3

- Todos os significados que abarcam o erotismo.
- Os jogos dionisíacos, folguedos populares, carnavais e danças.

Impulso 4

- Estados d'alma, piedade, solidariedade, amizade, comiseração e carinho.

Poder: uma rede e um peixe

"Consideremos o poder como o instrumento por meio do qual se obtêm todos os outros valores, qual rede usada para apanhar peixe. Muitas pessoas consideram, também, o poder um valor em si mesmo: na realidade, para alguns é, não raras vezes, o peixe capturado. Já que o poder serve ao mesmo tempo de meio e de fim, como rede e peixe, é um valor-chave em política. No entanto, é um valor-chave apenas no contexto de outros valores, pois os homens não vivem regidos por um valor único."

(Karl Deutsch – *Política e Governo*)

Mecanismos básicos do comportamento

Analisando as reações do comportamento, Tchakhotine se vale do exemplo da ameba para explicar os reflexos do ser humano. A ameba foge do perigo, absorve alimentos, multiplica-se, desenvolve quistos dentro dos quais se multiplica em um enxame de pequenas amebas. Por aí, podemos ter a primeira resposta para a questão da metáfora de guerra, tão apreciada pelos indivíduos. As pessoas, como as amebas, procuram evitar o perigo e preservar sua espécie. A natureza procura conservar a vida, de acordo com dois grandes princípios: o do soma e o do gérmen. O primeiro, o indivíduo, conduz o segundo, a espécie; o primeiro é mortal, descontínuo, e o segundo é imortal, contínuo. Para preservar o indivíduo do aniquilamento, antes que tenha cumprido a tarefa de transmitir o gérmen da espécie, a natureza o dotou de dois mecanismos especiais; e da mesma forma, para a preservação da espécie, proporcionou dois mecanismos. Vamos explicitá-los.

Para conservar-se, o indivíduo se vale de dois instintos fundamentais: o instinto de defesa ou combativo e o instinto de nutrição. Ou seja, a pessoa, para se conservar, luta contra o perigo, defende-se, ataca, procura afastar as ameaças, prevenir-se contra a morte. Ampara-se no instinto combativo. Mas precisa, também, sobreviver, garantindo o equilíbrio biológico, a satisfação do estômago; vale-se do instinto alimentar. Esses são os impulsos básicos de conservação do indivíduo. No caso da perpetuação da espécie, entram em ação dois outros mecanismos: o impulso sexual, responsável pela reprodução, e o impulso paternal, mais limitado, e que abriga o conjunto de sentimentos e valores emotivos.

Os impulsos constituem, na verdade, os mecanismos que explicam as reações e os reflexos das pessoas. É aquilo que I. P. Pavlov, o pai da escola russa, que desenvolveu a famosa teoria dos reflexos condicionados, chama de automatismos. Em suas experiências, Pavlov mostrou que se podem obter reflexos associados ou condicionados, por meio dos impulsos, seja o nutritivo (a experiência da salivação do cachorro), sejam os outros – o combativo, o sexual ou maternal. Os estados relativos a cada tipo de impulso abrangem, por exemplo, o medo, a angústia, a depressão, a raiva, a coragem, a agressividade e o entusiasmo. Em resumo, a luta pelo poder e a luta pela dominação – do homem contra o homem, do homem contra a natureza, do homem contra os sistemas institucionais – estão na base da luta pela sobrevivência e se amparam nas necessidades mais profundas do ser humano, de se conservar e de preservar a espécie, como as amebas. Portanto, essa é a visão do poder sob a perspectiva dos impulsos humanos.

A construção do discurso político

Tentando decompor mais o quadro, identificamos no impulso alimentar os estados relativos às vantagens econômicas, muito presentes no discurso político. Para ser mais claro: candidatos e políticos usam, corriqueiramente, a metáfora econômica como forma de cooptar o eleitorado. E isso ocorre quando falam diretamente ao estômago do eleitor, discorrendo sobre suas necessidades e satisfações materiais, fazendo promessas de melhoria e bem-estar. Nesse discurso, a metáfora é o combate à miséria, à pobreza, à fome, às ameaças que solapam as esperanças e corroem o sentido da vida. Os candidatos usam tais apelos para chamar a atenção e angariar apoio.

O impulso sexual abrange, evidentemente, todos os significados ligados ao erotismo: jovialidade, danças, carnaval, eventos lúdicos, festas, desfiles, rituais com apelo sexual etc. Os homens e as mulheres procuram exibir-se, mostrar partes de seu corpo, em uma liturgia de conquista e atração embalada pelo impulso de preservação da espécie. Por último, os estados da alma são traduzidos pelo impulso paternal--maternal, com seus valores de piedade, amor, solidariedade, consideração, respeito, carinho, amizade e comiseração.

Unindo os eixos dos impulsos, poderemos ter uma ideia de sua força na construção do discurso político. Um líder que pretende tornar o discurso eficiente certamente embute nele abordagens expressivas que traduzem os mecanismos fundamentais de conservação do indivíduo e preservação da espécie. O princípio-mor do discurso é o de provocar uma reação emotiva de interesse. Para tanto, há de despertar atenção. E a intensidade da atenção vai depender do teor da mensagem, do interesse efetivo que ela provoca no ouvinte e em seus estados físico e psicológico. Como se sabe, a palavra, como já dizia Pavlov, *"entra em relação com todas as excitações externas e internas que chegam aos hemisférios cerebrais, assinala-as, substitui-as e, por essa razão, pode provocar as mesmas reações que as suscitadas por esses mesmos excitantes"*.

O discurso leva em consideração, ainda, os sistemas de reações das pessoas, que podem ser fortes ou fracos, de acordo com seus temperamentos. Na divisão hipocrática dos temperamentos (Hipócrates, médico da Grécia antiga, 460-377 a.C.), há os coléricos, em que a excitação prevalece sobre a faculdade de inibição; os equilibrados, com excitação igual à inibição, que podem ter reações rápidas, e nesse caso são considerados sanguíneos, ou lentos, que caracterizam os fleumáticos, serenos e impassíveis. Por último, os tipos fracos, os melancólicos, que exibem a preponderância da inibição sobre a excitação. Formam, segundo Sergei Tchakhotine, o grande número de indivíduos que constituem as multidões e as massas, mais facilmente influenciáveis ou violáveis. Em suma, o discurso político leva em conta o ânimo social – a natureza do estado coletivo – e a tipologia comportamental dos cidadãos, agindo, com maior ou menor intensidade, sobre os mecanismos sensoriais de cada um. O discurso político é um agente poderoso de poder.

O poder das organizações

Outra forma de compreender o poder é por meio de sua operacionalidade no âmbito das organizações. O sociólogo italiano Amitai Etzioni, que escreveu diversas obras sobre o universo organizacional, em seu livro *Análise Comparativa de Organizações Complexas*, classifica as organizações em três modalidades: as organizações utilitárias, comerciais e industriais; as organizações normativas, que se amparam nos valores da crença, da doutrina, da fé, dos princípios, de ideologia, enfim; e as organizações coercitivas, como os cárceres.

O objetivo das primeiras – comerciais e industriais – é auferir lucro. Como se dá esse processo? Por meio da compra do trabalho. E esse processo começa com o consentimento. Os trabalhadores consentem em trabalhar. Depois de consentirem, concordam com as normas da empresa; a seguir, engajam-se no processo e, por meio do engajamento, participam assiduamente das atividades produtivas. Há, portanto, um fluxo que se inicia com o consentimento, a concordância, o engajamento e, por fim, a participação. A participação pode ser negativa – e, nesse caso, é alienação – quando as pessoas agem de maneira automática, como se fossem peças de um mecanismo tecnológico. Não sentem mais o que fazem.

O objetivo do processo, no entanto, é obter participação positiva, com intensidade moral. Para se chegar a essa meta, usa-se um conjunto de poderes. Em primeiro lugar, o poder remunerativo, o poder do dinheiro, o poder da compra do trabalho. Esse é o sistema de poder básico usado pelas organizações comerciais e industriais. Em segundo lugar, usa-se o poder normativo, o poder da crença, da norma, dos valores, dos princípios; trata-se do poder inerente às organizações normativas, aos credos e às igrejas, às universidades e escolas. O engajamento ocorre, portanto, pela fé, pelo apego às normas. E há um terceiro tipo de poder, o poder coercitivo, o poder da violência, da coerção, do castigo, característico das prisões.

As organizações usam todos esses poderes. Em uma empresa privada, mesmo que o poder remunerativo seja o principal elemento de cooptação, as pessoas se engajam também pelas normas internas e ainda pela pressão e receio de perder o emprego. Há casos em que o poder normativo se sobrepõe ao poder remunerativo. Conhece-se aquele exemplo no qual um funcionário afirma: "Eu gosto da empresa, não quero sair de lá, mesmo que eu não ganhe bem". Quando o poder coercitivo é muito forte, a pessoa acaba indo embora. Os poderes são dosados, amalgamados, de acordo com a cultura organizacional. Ao líder cabe usar esses poderes, de forma harmônica e na dosagem adequada, sabendo das implicações e dos riscos dos abusos de um ou de outro.

A visão de Galbraith

Quando se procura apresentar um painel em torno do poder, não se pode deixar de citar o economista norte-americano, ex-embaixador na Índia, que foi assessor do presidente John Kennedy, professor J. Kenneth Galbraith. Entre seus livros, está o que descreve o poder, *Anatomia do Poder*. Ele estabelece a tríade do poder: o poder condigno ou coercivo, o poder compensatório e o poder condicionado. O primeiro é usado para tentar impor preferências e usar a forma da ameaça. Procura demonstrar as consequências negativas e desagradáveis, os resultados adversos quando uma pessoa não concorda com a linha de argumentação. Já o poder compensatório se dá por meio de recompensas positivas, compra de apoio, distribuição de cargos, concessão de contratos públicos, fisiologismo. O poder compensatório, entre nós, existe desde as antigas capitanias hereditárias, quando se distribuíam as capitanias a uns poucos eleitos e está, hoje, na base do coronelismo, do caciquismo, do ainda presente feudalismo grupal. E o poder condicionado trabalha com o estoque de convicções, persuasão, educação e comunicação.

Esses poderes são usados e manipulados por três tipos de fontes. A primeira é a personalidade, seguindo-se a propriedade e a organização. Sobre personalidade, há de se lembrar que uma pessoa pode ser rica apenas em termos de ideias, de preparo, de respeitabilidade intelectual. Trata-se das somas genéticas, educacionais e sociais, aí inseridas as características das pessoas como a inteligência, a criatividade, o carisma, a tenacidade, a rebeldia, a audácia etc. Essas cargas integram o eixo da identidade das pessoas, formando-lhes o perfil. Perfil que aparecerá de forma acentuada no estabelecimento e na expressão do discurso. A propriedade, por sua vez, representa o poder compensatório, o poder da compra. Trata-se de um poder sempre questionado diante da emergência dos valores espirituais, do poder das ideias. Mais pertinente é falar de controle de recursos, não apenas de propriedade. A organização, enquanto fonte de poder, atua com os poderes condicionado, compensatório e condigno. Uma boa organização difere de outra, deficiente, ou da falta de organização. Um ator social até pode ter pleno controle de recursos, mas pode não ter perícia para manipulá-los com eficácia. Faltam a esses conceitos aspectos importantes como a motivação da paixão, que amplia as energias e capacidades de um ator, e as ciências e tecnologias, que conferem vantagem sobre métodos e processos obsoletos. Foi com paixão que Ulisses, amarrado ao mastro do barco para resistir à tentação das sereias, chegou a seu destino. E quanto às tecnologias, basta lembrar que a conquista europeia da América teria sido malsucedida não fosse a superioridade tecnológica dos conquistadores. Na era moderna, o poder tecnológico é ferramenta vital da estratégia militar e política. Com paixão e tecnologia, o Japão recuperou-se de sua fragorosa derrota na Segunda Guerra Mundial.

Há alguma relação entre poder e grandeza física? As pessoas não precisam ser grandes, fisicamente, para expressar um conceito de poder. O líder da história contemporânea chinesa, Deng, tinha um metro e meio de altura e um enorme poder. Em compensação, Hércules, Pedro, o Grande, e De Gaulle foram figuras dominadoras, não apenas em função da força e do mando que representavam, mas em função do porte físico. Já Napoleão era um baixinho muito poderoso e dominador. Os grandes líderes da humanidade souberam maximizar o uso do poder condicionado, fazendo fiéis e adeptos, mobilizando multidões e climatizando ambientes.

O poder das entidades

O poder está presente, ainda, na esfera das representações sociais, particularmente no âmbito das organizações intermediárias da sociedade. Como todos sabem, a queda do muro de Berlim, o desmoronamento do ideal socialista, a globalização e a competitividade, com seus eixos de eficiência e eficácia, projetaram no mundo uma nova ordem de valores. Os sistemas ideológicos e doutrinários amalgamaram-se, os antagonismos clássicos se arrefeceram, as oposições clássicas tornaram-se tênues, os parlamentos declinaram em prestígio, enquanto cresceu a força dos Poderes Executivos e das tecnocracias. Os partidos políticos, nessa quadra de mudanças geradas pela globalização e interpenetração de sistemas econômicos e culturais, também entraram em crise.

No Brasil tem-se observado um vácuo entre o setor político e a sociedade, que está sendo preenchido pelas organizações intermediárias. Esse universo organizacional se expande e se fortalece em função de um fluxo de organização social. Ou seja, a sociedade se organiza em grupos, em setores, em categorias, que se juntam em torno de organizações, e estas passam a defender seus interesses. São as associações de classe, os sindicatos, as federações, os clubes de mães, as comunidades de base, os movimentos ecológicos, de etnias – dos negros, das mulheres, das colônias –, de defesa do consumidor, o Movimento dos Trabalhadores Sem-Terra.

A micropolítica, a política das entidades, passa, portanto, a substituir a macropolítica que, por muito tempo, inspirou o discurso dos grandes partidos. Os cidadãos se tornam mais conscientes de suas necessidades e de seus direitos. Trabalham de maneira mais racional a política, querem participar ativamente dos processos decisórios, procuram, de alguma forma, resgatar a cidadania perdida. Os velhos líderes se aposentam, arquivando seus níveis de deterioração e desgaste. Surgem novas caras. Queremos dizer que aparece, sorrateiro, um Brasil forte, que começa a ser construído por lideranças emergentes, que estão presentes, sobretudo, no campo das instituições intermediárias. Trata-se de um processo lento, mas em vigor.

Na moldura da organização social, certas organizações detêm apreciáveis cotas de poder, como os credos, as igrejas e as religiões. A mídia massiva, por sua vez, continua a exercer também extraordinário poder, criando imensas estruturas de pressão, principalmente junto ao sistema político. A malha organizativa abrange, ainda, grandes federações, sindicatos e associações de empregadores e funcionários.

À guisa de encerramento deste Apêndice, seleciono um pensamento do sociólogo Robert Lane a respeito do poder: *"A fim de ser bem-sucedida em política, uma pessoa deve ter suficiente habilidade interpessoal para estabelecer relações efetivas com outras e não precisa deixar-se consumir por impulsos de poder a ponto de perder o contato com a realidade. A pessoa possuída por um ardente e incontrolável desejo de poder afastará constantemente os que a apoiam, tornando, desta forma, impossível a conquista do poder"*.

O poder que embriaga acaba sendo o próprio antídoto.

Termos e conceitos-chave

- A força da palavra
- Clima organizacional
- Competitividade

- Comunicação ascendente
- Comunicação corporativa
- Comunicação descendente
- Comunicação empresarial
- Comunicação interna
- Comunicação organizacional
- Comunicação política
- Comunicação ufanista
- Cultura organizacional
- Descentralização
- Discurso político
- Distensão política
- Entidade intermediária
- Especialista
- Estado Novo
- Funções-fim
- Funções-meio
- Generalista
- Globalização
- Identidade
- Jornalismo empresarial
- Líder informal
- Marketing exacerbado
- Marketing governamental
- Mecanismos do comportamento
- Mídia massiva
- Modelo getulista
- O poder das organizações
- Poder
- Poder compensatório

- Poder condicionado
- Poder condigno
- Racionalidade
- Redemocratização
- Representação social

CAPÍTULO 2

A COMUNICAÇÃO NAS ORGANIZAÇÕES PRIVADAS

> "Neste mundo, os otimistas vencem, não porque estejam sempre certos, mas porque são positivos. Mesmo quando erram, são positivos, e esse é o caminho da realização, correção, aperfeiçoamento e sucesso. O otimismo educado, de olhos abertos, compensa; o pessimismo só pode oferecer a consolação vazia de estar certo."
>
> (David S. Landes – *USP 70 anos: Imagens de uma história vivida*)

A comunicação organizacional é povoada de mitos, versões, falsas interpretações e muito preconceito. O principal mito – a comunicação faz milagres – pode transformar o conceito de uma organização, de forma a substituir aspectos negativos por aspectos positivos, alterando radicalmente a imagem. Entre as versões e falsas interpretações, as mais comuns estão presentes nos bordões e refrãos: "Comunicação, ah, coisa de jornalista, fofoca!"; "Comunicação é notícia de jornal, TV, rádio."; "Comunicação na empresa é 'jornalzinho interno'."; "Comunicação na empresa? Existe?"; "Comunicação na empresa é a bajulação do presidente pelo jornalzinho."; "Comunicação é oba-oba, festinhas, promoções..."; "Falta comunicação. Falta informação!"; "O gerente fez uma ótima comunicação. Ele fez uma boa palestra."; "A coisa tá ruim porque está faltando comunicação".

Ora, a comunicação, vista sob esses ângulos, é confundida em suas formas e, consequentemente, tal confusão propicia erros de avaliação, projeção e planejamento. A comunicação é um processo multidisciplinar e abrangente.

Como tal, precisa ser caracterizada e entendida nos espaços específicos abrangidos por suas diferentes formas, processos e canais. Nas organizações privadas, confunde-se muito a comunicação administrativa com os meios e as formas de comunicação social. E até os problemas de comunicações unilaterais de gerentes com a comunicação social em seu sentido amplo. Por isso mesmo, urge avaliar, estudar e planejá-la nas organizações de maneira mais acurada.

As formas de comunicação nas organizações

A comunicação organizacional é comumente entendida por meio de uma forma: a comunicação social, caracterizada por ser um processo indireto, unilateral e público. É a comunicação de jornal, rádio e televisão. A mensagem é veiculada por um meio indireto, unilateralmente por uma fonte, para uma massa, uma coleção de indivíduos heterogêneos e especialmente difusos. Dirige-se a todos indistintamente. É necessário abrir a visão sobre outras formas, como a comunicação cultural. Quando as pessoas falam umas com as outras, estão estabelecendo uma relação no segundo nível da comunicação. Existe uma área de **comunicação cultural**, que normalmente não é estudada e trabalhada operacionalmente pelos profissionais, a qual comporta os climas internos. Se um gerente ou um diretor quer saber o que está se passando ao seu redor, deve medir a temperatura do clima organizacional, aferida a partir da cultura interna, que é o arcabouço dos costumes, das ideias e dos valores da comunidade.

Há uma segunda dimensão de comunicação na organização também não percebida: é a **comunicação administrativa**, que reúne os papéis, as cartas internas e os memorandos. Em muitos momentos, a comunicação administrativa entope os canais da organização, prejudicando as operações. Expliquemos: as informações, em vez de chegarem ao último profissional da linha, estacionam no meio, em função de problemas gerenciais, do acúmulo administrativo e da excessiva quantidade de canais de comunicação. Em uma pesquisa que realizamos para uma instituição financeira de grande porte, concluímos que cerca de 85% dos materiais impressos produzidos não eram consumidos de maneira eficaz pelo corpo funcional.

> Quando as pessoas falam umas com as outras, estão estabelecendo uma relação no segundo nível da comunicação.

A terceira forma de comunicação dentro de uma organização é a **comunicação social**, envolvendo as áreas de jornalismo, relações públicas, publicidade, editoração e marketing. É a mais desenvolvida, tanto do ponto de vista conceitual quanto dos pontos de vista operacional e tecnológico. E há uma quarta forma, conhecida como **sistema de informação**, que agrega as informações armazenadas em bancos de dados.

Por que todas são estratégicas? Porque a comunicação, em todas as suas formas – cultural, administrativa, social e de sistema de informação –, deve funcionar como uma orquestra, na qual metais, cordas e percussões, para tocar uma melodia harmônica, hão de estar em completa afinação. Uma forma influi na outra. Um

Comunicação empresarial – formas

Laço — Criar sentimento de unidade.

Clarim — Trombetear as empresas e os negócios.

Diapasão — Criar uma linguagem homogênea.

Apito — Motivar participação no jogo.

Boca — Cochichar nos ouvidos do top – assessoria estratégica.

Orquestra completa

Metais, cordas e percussões em completa afinação. Uma visão sistêmica. Laço, clarim, diapasão, apito e boca.

---

clima organizacional maltrabalhado, mal administrado, gerará ruídos na comunicação social; um jornalzinho bem-feito, programas de relações públicas bem elaborados não vão resolver questões de clima que dependem de salários, do entrosamento interdepartamental. As quatro formas de comunicação se afetam.

A comunicação organizacional é, portanto, a possibilidade sistêmica, integrada, que reúne as quatro grandes modalidades descritas anteriormente, cada uma exercendo um conjunto de funções. Entre essas, a de **laço**, por meio da criação de um sentimento de unidade, com todos se sentindo irmanados em um mesmo grupamento. Trabalhando com o conceito de orquestra, a comunicação também tem a função de **clarim**. Nesse sentido, ela trombeteia para anunciar aos públicos externos os negócios e a imagem da empresa. Há a função de **diapasão**, que procura compor uma linguagem homogênea. Registra-se, ainda, a função do **apito**, quando a comunicação convoca os participantes para atuar no jogo organizacional. A comunicação empresarial também se assemelha a uma **boca**. A metáfora da boca representa a função da comunicação organizacional por meio do cochicho, dos aconselhamentos. Cada vez mais, a comunicação ganha **status** de consultoria estratégica, que se desenvolve por meio de funções de orientação, de leitura do meio ambiente, de interpretação de cenários e de assessoria aos sistemas decisórios, principalmente em momentos de crise.

Comunicação gerencial

Ora, o maestro dessa orquestra é a fonte primária da comunicação. O insucesso do ato comunicativo deriva, portanto, do primeiro elo da equação da comunicação – a fonte. Lembremos o modelo clássico da comunicação: F + M + C + R – Fontes (F) transmitem Mensagens (M), por meio de Canais (C), para Receptores (R). Como a comunicação é um processo que envolve, integradamente, cada um dos componentes listados, a eficácia do ato comunicativo, em sua globalidade, dependerá da eficácia do comportamento das partes que o compõem. Há de se averiguar, desse modo, cada componente do sistema de comunicação a fim de distinguir seus níveis de ruído. Parcela ponderável dos problemas de comunicação organizacional situa-se, por exemplo, na esfera das fontes e não no âmbito dos canais ou das linguagens, como costumeiramente se considera.

E por que isso ocorre? Porque as fontes não estão preparadas para maximizar a eficácia das mensagens que transmitem. Expliquemos essa questão.

No caso das organizações, para efeito de referência comum, a fonte mais expressiva é o gerente. Ele, regra geral, se posiciona como linha intermediária da organização, sendo um polo emissor e receptor de informações, transmitindo-as para baixo e para cima, para subordinados e chefes.

Existe, por conseguinte, um volume apreciável de comunicação nas organizações concentrado na figura do gerente. Designamos esse conjunto de **comunicação gerencial**. Ela constitui uma das mais fortes estruturas de comunicação nas organizações, principalmente nas empresas de grande porte, com certo grau de complexidade operacional e técnica.

E onde se situam os problemas que agravam as comunicações gerenciais? Em diversas esferas, como veremos a seguir.

Atitudes

A eficácia/ineficácia das comunicações depende de um conjunto de fatores. O primeiro fator diz respeito às atitudes.

- Atitudes para consigo.
- Atitudes para com o assunto.
- Atitudes para com o receptor.

O ato da comunicação se banha do clima das circunstâncias, cuja influência sobre as atitudes e as predisposições das pessoas é marcante. Se uma fonte, por alguma razão, está contrariada, insatisfeita, infeliz, a mensagem emitida, no momento de conturbação pessoal, acabará sendo "contaminada". A predisposição negativa para consigo mesmo, portanto, afeta a qualidade da mensagem. Nos climas empresariais, são comuns os ruídos provocados por atitudes negativas das fontes para com elas mesmas. Um gerente que não tem confiança em sua capacidade, não gosta de seu trabalho, acaba tendo uma imagem negativa de si próprio. Acabará passando tal imagem para outras pessoas.

Eficácia da comunicação

→ Clara definição de objetivos.

→ Capacidade de codificação/expressão.

→ Domínio psicológico/empatia/carisma.

→ Capacidade de compreender o meio ambiente.

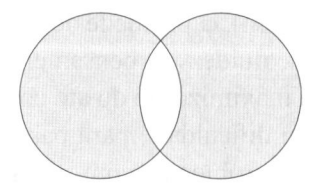

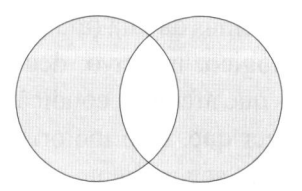

Pequeno entrosamento entre fonte e receptor	Médio entrosamento	Grande entrosamento, boa comunicação

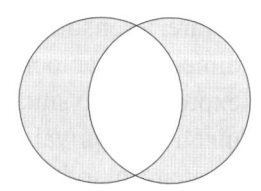

Da mesma forma, se a fonte não está devidamente afinada com as temáticas a serem abordadas, nas comunicações interpessoais ou grupais, o resultado do ato comunicativo será precário. Há assuntos que a fonte não domina, outros que rejeita, enquanto determinados temas gozam de sua preferência. Isso significa que, dependendo da predisposição da fonte para com a temática, a eficácia do ato comunicativo será maior ou menor. Ocorre, frequentemente, falta de sintonia entre fontes e temas, provocando falhas, distorções e prejuízos nas comunicações. Certos conferencistas, por exemplo, perdem-se ao longo de suas exposições, afetando o interesse dos participantes. Quando um gerente discorre sobre um determinado tema que em absoluto não domina, a fragilidade é logo percebida. Exemplo de fragilidade é a leitura de palestras técnicas que não recebem interpretação adequada dos palestrantes.

Por último, as atitudes negativas também se voltam contra os receptores. Basta um pequeno exercício mental para descobrirmos que determinadas pessoas não são bem-aceitas pelo nosso circuito de interesses. Certos interlocutores deixam a fonte nervosa, instável, enquanto outros induzem a fonte a comportamentos negativos, a agressões e a atitudes de rejeição. Quando alguém, em um auditório, provoca o palestrante, e a provocação gera aplausos, o palestrante acaba se descontrolando. Se não tiver sangue frio, a palestra poderá ser um desastre. A predisposição negativa para com o público influirá na eficácia da palestra. Em função desses jogos psicológicos, a comunicação sofrerá perda ou aumento de qualidade. Por isso mesmo, nos ambientes organizacionais, há departamentos, áreas, divisões e setores mais afinados, mais integrados, e outros mais afastados e compartimentalizados.

Níveis

Em segundo lugar, os problemas das fontes estão relacionados aos quatro níveis da comunicação.

A. Nível intra – Diz respeito à capacidade de o gerente operar (codificar/decodificar) internamente a comunicação, ou seja, suas condições pessoais – físicas, psicológicas – determinam a eficácia do ato comunicativo. Defeitos/ruídos no sistema de codificação/decodificação (dificuldades e problemas de natureza sensorial), problemas da fala (afasia, gagueira), capacidade de entendimento e raciocínio (lógico, indutivo, dedutivo), fluidez de pensamento e expressão são situações que afetam a condição e a maximização do ato comunicativo. Equivale a dizer que, se o motorista tem dificuldade para passar a primeira marcha do carro, seguramente ele vai ter problemas com o engate das outras marchas. Em suma, as habilidades das fontes são fundamentais – habilidades no trato da palavra escrita e da palavra falada; habilidades de raciocínio, com alta capacidade de leitura, audição e interpretação.

B. Nível inter – Trata-se da comunicação entre dois interlocutores. É a chamada comunicação direta, bilateral, recíproca e privada. Nesse nível, o ato da comunicação não apresenta maiores problemas, principalmente quando os interlocutores estão desenvolvendo uma interlocução no mesmo campo de interesses, usando praticamente códigos e referências muito próximos. Quando dois gerentes se comunicam entre si, não há grandes dificuldades e ruídos. Quando um gerente se comunica com um subordinado, a taxa de ruído já pode apresentar alguma variação para mais ou para menos, mas, no plano comparativo, o volume de problemas é menor que o do ato da comunicação entre um gerente e seu superior. Nesse caso, elementos inibidores podem prejudicar a eficácia da comunicação.

C. Nível grupal – Este nível abarca as reuniões, quando as comunicações ocorrem de maneira lateral (grupos de gerentes), e as palestras, quando um expositor apresenta um conjunto de informações/análises/argumentos/opiniões para um grupo de pessoas. Os problemas da comunicação, nesse nível, relacionam-se com a monotonia dos encontros, repetições, discussões intermináveis, palestras desinteressantes, falta de sintonia entre grupo e apresentador, longa duração dos eventos etc.

D. Nível coletivo – Neste nível, gerentes, superintendentes e diretores usam os meios clássicos de comunicação organizacional – boletins, jornais, revistas – para transmitir mensagens a públicos específicos ou gerais. Ocorrem muitos ruídos pela distância entre fontes e receptores. As comunicações gerenciais, nesse caso, bifurcam-se com as comunicações administrativas, ocasionando um apreciável conjunto de distorções, que serão analisadas mais adiante.

Fluxos

Os fluxos da comunicação exercem grande influência sobre a eficácia do processo. São eles que constituem os caminhos, os desvios e os degraus pelos quais passa a comunicação. Sua complexidade depende do tipo de organização, podendo-se aduzir que empresas complexas, com graus variados de hierarquia, apresentam mais ruídos no processo comunicativo. A recíproca é verdadeira.

A. Fluxo descendente – No fluxo descendente, de cima para baixo, as comunicações gerenciais são formais e, frequentemente, em excesso, ocasionando entupimento dos canais. As comunicações descendentes entre a cúpula – diretores e superintendentes – e os níveis gerenciais intermediários são mais eficazes do que as comunicações entre os gerentes e as chefias subordinadas. Existem menos patamares de comunicação e as linguagens usam referenciais mais homogêneos aos polos de comunicação. As comunicações para as bases da organização apresentam mais problemas, em função da dispersão dos públicos-alvo e da heterogeneidade sociocultural.

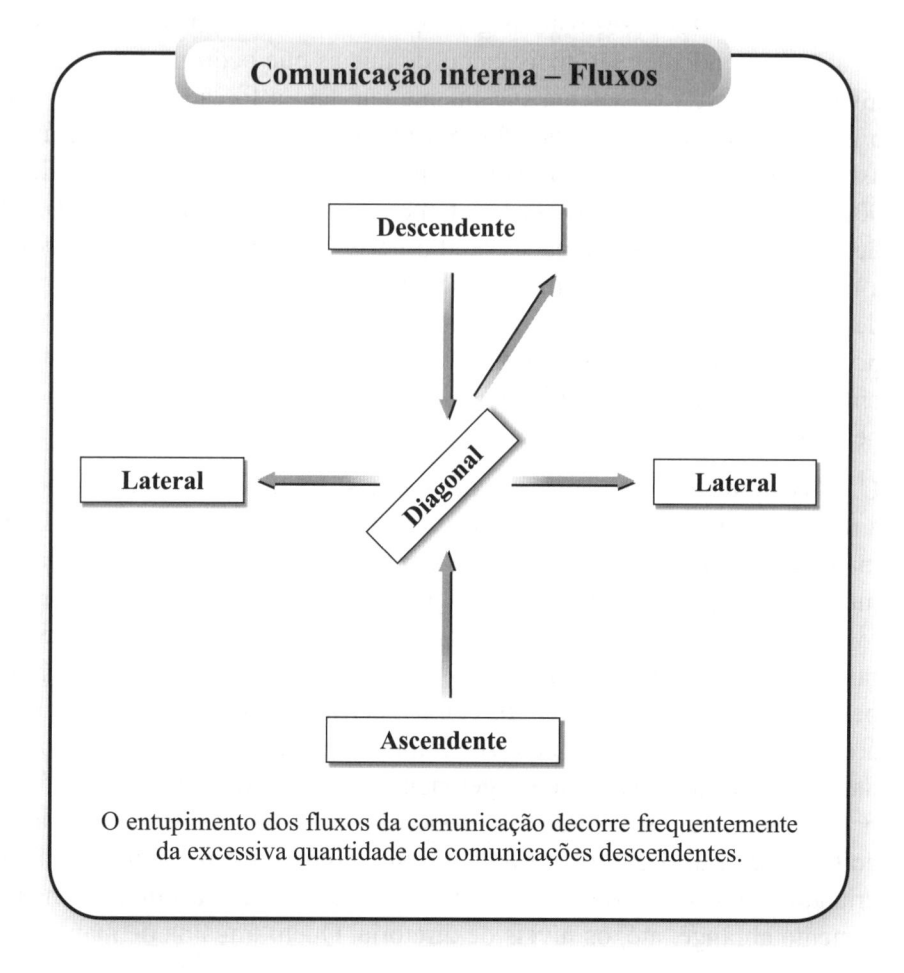

Comunicação interna – Fluxos

O entupimento dos fluxos da comunicação decorre frequentemente da excessiva quantidade de comunicações descendentes.

Um dos maiores entraves do sistema de comunicação gerencial diz respeito à retenção das informações pelas gerências e chefias intermediárias. Sabe-se que os "donos da informação" detêm poder. E quanto mais informação possuem, mais poder conseguem. Por conseguinte, generaliza-se em muitas organizações a prática de "prender a bola no meio de campo", evitando que os outros jogadores a recebam. Não é preciso ir longe para se avaliar os prejuízos que esse tipo de comportamento acarreta para as organizações. Time que não joga integrado, com o meio de campo e linha de ataque tendo os mesmos objetivos e a bola correndo no campo, arrisca-se a perder o jogo. Ou seja, para fazer o gol, o atacante precisa das boas jogadas de retaguarda e de bons lances do meio de campo. A eficácia do jogo é uma equação que depende do desempenho coletivo. Se alguém prende a bola no meio de campo, a linha de ataque é inviabilizada. Esse vício existe até em organizações que cultivam os valores da integração, solidariedade e comunhão de princípios. E a explicação é única: as gerências e chefias intermediárias imaginam que, repartindo o que sabem com os subordinados, dividem o poder com eles por meio da partilha da informação. Por isso, prendem a informação. Essa prática merece um tratamento de choque. O técnico só tem uma alternativa: mudar o jogador, se ele continuar renitente e reativo.

B. Fluxo ascendente – As comunicações ascendentes – de baixo para cima – tendem a ser menos formais e estão a serviço do sistema de controle das organizações. Das bases para as gerências e chefias intermediárias, as comunicações ascendentes são mais lentas do que as que ocorrem entre essas e os níveis superiores. O sistema ascendente não tem a força do sistema formal, e grande parte das mensagens flui por meio de canais informais, escapando, assim, ao controle. Em termos quantitativos, pode-se prever cerca de 80 a 90% de informações fluindo no sistema descendente e entre 10 a 20% pelo fluxo ascendente. As chamadas "rádio-peão" e "rádio-corredor" constituem a base da rede informal. Muitos veículos informais são de iniciativa pessoal de grupos ou de funcionários, sendo disseminados de maneira desordenada pelas bases. Os planos de sugestões, os boletins de resultados de tarefas e os círculos de controle de qualidade constituem algumas formas que respondem pelo fluxo ascendente.

C. Fluxo lateral – As comunicações laterais – entre níveis hierárquicos com a mesma posição no organograma – constituem importante maneira de sistematização e uniformização de ideias e informações. Por isso, o fluxo lateral é muito estratégico para efeitos de programas de ajuste e integração de propósitos com vistas à consecução de metas. Entre as queixas relativas ao fluxo lateral, aparecem considerações sobre o "esconderijo" de informações, explicado pela tática de não se fornecer aos companheiros tudo o que se passa em certas áreas e setores. O acobertamento de informações tem a ver com a competitividade e emulação entre os níveis gerenciais: "Se abro o meu jogo para os companheiros, estou diminuindo meu poder competitivo. Assim, escondo alguma coisa". Ou seja, o efeito "redoma" existe, compartimentalizando as áreas e criando "feudos" internos. Esse é um sério problema, a postura de enclausuramento abrange, até, os níveis de diretoria. Quem trabalha de maneira mais aberta, coparticipativa, tem menos problemas de comunicação, tanto no fluxo lateral quanto nos fluxos descendente e ascendente.

D. Fluxo diagonal – O fluxo diagonal trata de mensagens trocadas entre um superior e um subordinado localizado em outra área/departamento. Ou seja, abrange as comunicações diagonais, comuns em organizações mais abertas, menos burocráticas e com forte peso nos programas interdepartamentais. Pontos positivos do fluxo informal: rapidez, tempestividade no sistema decisório e transparência. Problemas: ruídos provocados pelo *by pass* (termo inglês, que já deu origem ao neologismo "baipassar", significando passar por cima, ultrapassar a chefia imediata). Exemplo: quando o chefe de um setor pede algo a uma pessoa subordinada a outro chefe, está "baipassando" seu colega de chefia. Ou quando um subordinado se comunica com o chefe do seu chefe imediato para informar, pedir ou sugerir algo, também está passando por cima da hierarquia. Isso gera problemas, a não ser que a empresa cultive esse tipo de atitude.

Mensagens

Outra área que envolve problemas da comunicação gerencial abrange o próprio sistema das mensagens. Frequentemente, as fontes têm dificuldades em dominar os temas. Ou não entendem profundamente do tema ou não sabem expressar ideias a respeito dele. Tais dificuldades se apresentam, assim, nos seguintes eixos: código, conteúdo e tratamento. O código é o território da linguagem, em que se inscrevem os conceitos semânticos e estéticos, o domínio da expressão falada e escrita, a denotação e a conotação, enfim, todas as regras gramaticais. O desconhecimento de determinados elementos do código linguístico é fatal para as comunicações gerenciais. E se o domínio do código é condição básica, a mesma coisa se exige em relação ao domínio do conteúdo. Quem não conhecer e, mais que isso, demonstrar relativo desconhecimento ou mesmo ignorância sobre o que discorre, será desmoralizado pela plateia. Quanto ao tratamento, a indicação é no sentido de usar as abordagens mais adequadas e convenientes, procurando-se aproximar as figuras de linguagem – a criatividade, a simbologia, as metáforas – aos tipos de conteúdo, aos climas e circunstâncias que cercam o ato comunicativo e, sobretudo, ao gosto/preferência dos receptores.

Canais

Na sequência das questões que interferem na eficácia da comunicação das fontes, aparecem os canais. São visíveis e apreciáveis as diferenças técnicas entre os canais de comunicação. Uns são tempestivos (como os e-mails via internet), rápidos (como os boletins noticiosos), simultâneos (como as conversas pessoais ou telefônicas); outros são mais lentos e complexos (como os canais impressos, os jornais e as revistas). Alguns permitem ampla visibilidade, difusão e sentido de atração (reuniões gerais, eventos, convocações, comunicados oficiais de impacto etc.); outros são seletivos, destinando-se a receptores específicos e privilegiados (relatórios técnicos e confidenciais para determinada faixa de público). Quando um gerente escolhe um canal errado para transmitir sua mensagem, seguramente não terá êxito na comunicação. Escolher um quadro de aviso para uma comunicação de impacto ou um relatório técnico é um erro. E isso é muito comum nas organizações. A febre tecnológica tem induzido as fontes a preferir canais ágeis, que propiciam rapidez e simultaneidade às comunicações. No entanto, esses canais tecnológicos (a própria internet) nem sempre conseguem ser eficazes, porque se deixa de lado, frequentemente, a cultura do receptor, que não está ainda muito acostumado às novas tecnologias. Será que os receptores aos quais se destina determinada mensagem têm acesso aos canais selecionados? Os canais, por sua vez, possuem características técnicas próprias, algumas específicas, como tamanho, formato, massa, volume, qualidade de recepção, localização, distribuição, facilidade de acesso etc. A fonte precisa ter razoável noção sobre as características técnicas dos canais.

> Quando um gerente escolhe um canal errado para transmitir sua mensagem, seguramente não terá êxito na comunicação.

Receptores

Por último, cabe ressaltar a importância do circuito dos receptores. Se um gerente não conhece a natureza – perfil, gostos, atitudes, expectativas, vontades, a realidade cotidiana – dos receptores com os quais se comunica ou quer se comunicar vai provocar ruídos em sua comunicação. A indicação mais adequada para as fontes é a de procurar situar seus objetivos e suas expectativas, projetando-os nos objetivos e nas expectativas dos receptores. Quanto maior o nível de conhecimentos sobre o estado geral do receptor, trabalhando com os valores antes apresentados – sistemas culturais, normativos, compensatórios –, quanto mais estreito o campo de experiência comum entre fonte e receptor, mais eficaz será a comunicação. Ou seja, quanto mais a fonte e o receptor ingressarem no laço da empatia, mais eficazes serão suas comunicações. Os atos de comunicação mais interessantes são aqueles desenvolvidos por interlocutores próximos e que mantêm intimidade. Essa condição implica predisposição positiva da fonte em relação ao receptor. Maior aproximação, melhor entrosamento, campos de experiência imbricados acabam gerando empatia da fonte. E a empatia é um ponto culminante a ser alcançado pelo ato comunicativo. No caso das comunicações gerenciais, o que se observa é certa taxa de desinteresse por parte dos receptores, principalmente quando as fontes utilizam determinados veículos – boletins técnicos, – para enviar mensagens das áreas da administração central.

Desafios do corpo gerencial

Diante do panorama da comunicação gerencial, surge a questão: como o corpo gerencial pode melhorar suas comunicações? Eis um pequeno repertório de sugestões e conselhos:

> **Coragem para gerenciar** – o gerente deve buscar o ponto de equilíbrio entre a aceitação e a rejeição de riscos, o desempenho da empresa e a segurança pessoal.

- **Buscar amplitude e profundidade** – o gerente de mudança deve ser um generalista, com capacidade de compreender inter-relações complexas e com conhecimento multidisciplinar.

- **Focar a gerência pela orientação para pessoas** – deve ser um profissional antropológico, capaz de reconhecer valores pessoais e organizacionais.

- **Ter orientação global e antevisão de futuro** – deve voltar-se para a problemática global de forma permanente, ter uma postura proativa com vistas à identificação e análise de ameaças e oportunidades.

- **Ter conhecimento relativo de todas as coisas** – ante a impossibilidade de assimilar as crescentes informações relevantes disponíveis, o gerente deve saber correlacionar fatos diversos.

- **Deter conhecimento tecnológico específico** – não há meio para se fugir do impacto tecnológico. Não se pode esperar do gerente plena competência tecnológica, mas a detenção do conhecimento específico em sua área é imprescindível.

- **Compreender os conceitos básicos de comunicação** – o gerente precisa dominar os elementos que formam a equação da comunicação e estudar as variáveis que geram eficácia, traduzindo os valores para as suas rotinas e procurando exercitar as condições e premissas para o aperfeiçoamento.

- **Saber escolher formas e canais de comunicação** – grande parte das distorções se deve ao uso inadequado de formas e canais de comunicação. A compreensão da natureza da mídia organizacional ajudará o gerente em suas comunicações, contribuindo para sua eficácia.

- **Identificar ruídos/problemas** – o gerente não deve passar por cima dos problemas. Sua identificação e catalogação se fazem necessárias para a devida correção.

- **Corrigir linguagens** – as linguagens gerenciais são, costumeiramente, herméticas ou muito recheadas de tecnicismo. O desafio é o de transformar o recheio técnico em "algo palatável", de fácil assimilação pelos diversos níveis organizacionais.

- **Aperfeiçoar habilidades comunicativas** – trata-se, nesse caso, de ajustar as questões relativas à codificação/decodificação com todos os problemas de expressão/locução; interpretação/leitura/audição/atitudes (para consigo, com os temas e com os receptores); domínio temático etc.

- **Saber escolher alvos** – as comunicações gerenciais pecam pela difusão ampla e heterogênea, perdendo o foco central. Nesse sentido, o gerente precisa escolher alvos principais e alvos secundários e terciários.

- **Ter senso de oportunidade** – ter senso de oportunidade significa saber escolher o momento certo para a expressão da ideia e veiculação da mensagem. Tempos errados e circunstâncias inadequadas acabam atenuando e até "matando" as ideias básicas do projeto comunicativo.

▷ **Identificar recursos de comunicação disponíveis** – as organizações dispõem de formidáveis recursos de comunicação, frequentemente esquecidos ou mesmo desconhecidos pelas fontes gerenciais. Identificar tais recursos é lição primeira do corpo gerencial.

▷ **Atualizar-se constantemente** – não há tempo para iniciar ou tempo para acabar de estudar. Todo tempo é um bom tempo. O gerente precisa saber aproveitar parte de seu tempo para se requalificar/reciclar, inclusive nas áreas técnicas da comunicação (*media trainning*, por exemplo, conceito que designa o programa de treinamento do corpo gerencial para enfrentar os meios de comunicação).

▷ **Definir bem o que comunicar** – se o gerente tem dúvidas sobre o conteúdo da comunicação fará melhor se não se comunicar. Quando não se sabe bem o que comunicar, a comunicação será contaminada pelo vírus da improvisação e da confusão. O gerente mancha sua imagem.

▷ **Aceitar sugestões/críticas** – a modéstia é uma grande qualidade. Modéstia não significa humilhação; é um poder superior, o poder de saber que um profissional deve aprender todas as horas com as pessoas ao seu redor, das mais simples às mais importantes da organização.

▷ **Ser flexível** – só quem nasce torto, por problemas genéticos, tem pouca capacidade de mudar (a frase original do pensador e escritor espanhol Ortega y Gasset é esta: *"Só os imbecis nascem tortos porque não têm condições de mudar."*). O gerente precisa ter jogo de cintura para mudar de acordo com uma nova ideia, um bom conselho, uma sugestão positiva para o aperfeiçoamento.

▷ **Dar valor ao processo de comunicação** – o gerente acaba pecando muito em suas comunicações por não perceber a importância do processo para sua vida pessoal e profissional e para a própria evolução da organização em que trabalha. É fundamental que conheça os benefícios do sistema de comunicação.

▷ **Conhecer ou procurar conhecer a si mesmo e aos outros** – o princípio socrático nos aconselha: *"Conhece-te a ti mesmo"*. Sun Tzu, um marco na história das estratégias de guerra (seu pensamento será abordado no final deste livro), produziu este grande pensamento, expresso em sua conhecida obra *A Arte da Guerra*: *"Se você conhece o inimigo e conhece a si mesmo, não precisa temer o resultado de 100 batalhas"*.

Comunicação administrativa

A comunicação administrativa abrange todos os conteúdos relativos ao cotidiano da administração, atendendo às áreas centrais de planejamento e às estruturas técnico-normativas, com a finalidade de orientar, atualizar, ordenar e reordenar o fluxo das atividades funcionais. Trata-se do suporte informacional-normativo da organização. E por se constituir no eixo principal de locomoção do trabalho rotineiro – normas, instruções, portarias, memorandos, cartas técnicas, índices, taxas, acervos técnicos – é o que demanda maior complexidade, transformando-se, por conseguinte, em uma das maiores fontes de problemas e ruídos das organizações. No entanto, não tem merecido tratamento de alta prioridade, como seria desejável. A desatenção sobre a comunicação administrativa se deve ao desconhecimento do sistema, à profusão dos centros emissores de comunicação – que acaba repartindo responsabilidades e ofuscando a função das fontes – e à carência de profissionais no mercado com formação adequada para tratar e administrar os elos da cadeia.

> "Se você conhece o inimigo e conhece a si mesmo, não precisa temer o resultado de 100 batalhas."

As mensagens da comunicação administrativa dividem-se entre os seguintes tipos:

- Normas, instruções, políticas comerciais/negociais, políticas de desenvolvimento de pessoal, políticas de promoção, políticas salariais, políticas de gestão/organização/modernização, regulamentos, portarias, avisos, informações sobre novos lançamentos, programas, produtos e/ou serviços, mudanças institucionais e programáticas, projetos de expansão/racionalização da rede, movimentos negociais, resultados de campanhas.

Problemas

Entre os problemas, distorções e falhas comuns no sistema de comunicações administrativas, os fatores abaixo são os mais apontados tanto por gestores quanto por usuários:

- **Indefinição clara de responsabilidades** – quando não há transparência e clareza sobre a tipologia e qualidade das comunicações cotidianas e as responsabilidades funcionais das áreas sobre o processo informativo, elas acabam sendo duplicadas por fontes diversas ou, ao contrário, deixam de ser veiculadas, pela crença dos setores de que a função não integra seu escopo. As empresas que não têm um manual de funções e responsabilidades das áreas acabam permitindo que elas mesmas façam as suas normas. O prejuízo é grande.
- **Falta de conhecimento pleno do negócio** – parcela ponderável do corpo gerencial não possui pleno conhecimento do negócio da organização. Muitas empresas produzem um leque amplo de produtos. O sistema de comunicação precisa "vendê-los", apresentá-los aos públicos internos. E alguns produtos não são conhecidos como deveriam ser. Obviamente, esse é um dos impedimentos à eficácia da comunicação administrativa. E a falta de comunicação estratégica traz sérios prejuízos. Muitos negócios

podem deixar de ser realizados por falta de informação adequada e no tempo certo. Pesquisas feitas em grandes organizações têm mostrado que nem todos os corpos de linha e *staff* conhecem os negócios do grupo.

- **Dissonâncias normativas** – as próprias normas e instruções a serem transmitidas não apresentam clareza, dificultando a compreensão e a interpretação dos próprios codificadores das mensagens. Não se pode esperar boa comunicação de quem não compreende muito bem a coisa a ser comunicada.

- **Excesso de informações** – a quantidade excessiva de normas, instruções e informações de todos os tipos acaba prejudicando o manuseio, a decisão de leitura, a assimilação, o arquivamento e a posterior recuperação das informações. Trata-se de uma das maiores queixas dos corpos funcionais. Há excessiva comunicação de controle. A comunicação se excede na abordagem operacional.

- **Defasagem tecnológica da comunicação** – certas organizações assentam sua estrutura de comunicação sobre uma base predominante de meios impressos. Isso significa que o sistema de comunicação administrativa não está consoante com o porte físico e tecnológico da empresa.

- **Planejamento inadequado do consumo informativo** – os receptores de algumas áreas recebem massas exageradas de informações, enquanto, em outras, a cobertura é insuficiente. Assim, o excesso deixa de ser consumido – em algumas organizações financeiras, cerca de 85% das mensagens enviadas deixam de ser consumidas – enquanto parte dos corpos funcionais é desatendida. E, mais ainda, alguns assuntos são repetitivos. O mesmo tema sai em vários veículos de comunicação.

- **Maior segmentação** – as temáticas de alguns canais frequentemente entram em canais inadequados. Deveriam ser mais agrupadas, melhor distribuídas por grupos de público, por regiões ou por famílias de veículos. Ou seja, há temas que deveriam entrar no boletim e não no jornal e vice-versa, na internet e não em veículos impressos, e assim por diante.

- **Ausência de tempestividade** – as informações não chegam no momento adequado, demorando até chegar aos públicos-alvo. E a falta de tempestividade, de rapidez na transmissão de informação, acaba amortecendo o poder informativo, criando desinteresse e desmotivação para leitura.

- **Má administração do tempo** – parte ponderável da comunicação se perde pela falta de planejamento do uso do tempo de leitura. Em muitas organizações, a cultura de consumo de informação não é homogênea. Há pessoas que, ao chegarem ao ambiente de trabalho, já encontram as mesas cheias de documentos. Não há tempo hábil para consumir as massas informativas, frequentemente, por má administração do tempo.

- **Inadequação de canais** – comumente, as mensagens usam canais inadequados. Um boletim técnico é usado de maneira equivocada, um jornal chega atrasado e com notícias ultrapassadas, os relatórios são muito técnicos etc. A inadequação se deve a condições técnicas dos canais, caracterizadas por baixa visibilidade, difícil acesso, falta de intimidade do receptor para com o canal e periodicidade indefinida (sem regularidade), desvirtuamento das funções do canal. Além disso, falta criatividade em alguns canais, são quadrados, obtusos, muito formais.

▷ **Desvios na direção dos canais** – alguns canais de comunicação são direcionados de maneira difusa e indistinta, atingindo grupos de usuários que não necessitam deles. Enquanto isso, há grupos de receptores que se consideram marginalizados do processo de comunicação.

▷ **Inadequação de linguagens** – as linguagens são frequentemente inadequadas, por excesso de tecnicismo, formalismo, rebuscamento, expressões desconhecidas e herméticas, prolixidade e erros gramaticais. A ausência de objetividade e clareza afasta os leitores, comprometendo o entendimento das informações, causando múltiplas interpretações e dificultando a execução dos procedimentos. Usa-se, constantemente, a linguagem de sistema, desprovida de coloquialismo, de senso estético apurado.

▷ **Morfologia inadequada** – o discurso morfológico-estético dos canais é fator de atração e legibilidade. Quando inadequada, a disposição visual das massas – textos, gráficos, ilustrações, fotografias – prejudica e inibe a leitura.

▷ **Sistema de distribuição inadequado** – a distribuição tempestiva, rápida e destinada aos públicos-alvo adequados é fundamental para a eficácia das comunicações administrativas. Polos diferentes de distribuição acabam

Valores e princípios de cultura interna

- Lentidão
- Agilidade
- Fluxo dos Canais
- Acomodação - Reatividade / Proatividade
- Profissionalismo
- Solidariedade
- Fragmentação Compartimentalização
- Coerência
- Descontinuidade Administrativa

A cultura interna impregna-se de valores, princípios e atribuições relacionados aos modelos de gestão, à tipologia organizacional, à composição dos recursos humanos e aos processos de comunicação, entre outros fatores.

gerando desorganização no sistema, confundindo os leitores e resultando em informações repetidas e, às vezes, conflitantes. É preciso saber se a informação chegou ao usuário.

▷ **Ausência de critérios editoriais** – as comunicações administrativas ressentem-se, ainda, da falta ou da pouca clareza de critérios editoriais. Por que determinados fatos/eventos/situações são veiculados e outros, não? O que, afinal de contas, determina a importância da mensagem e sua veiculação? São questões que carecem de melhor tratamento para a sistematização das comunicações administrativas.

▷ **Falta de especialistas** – para implantar um programa de comunicação com prioridades, são necessários especialistas capazes de entender as complexidades temáticas e dominar as linguagens. Sendo assim, as empresas precisam abrir mais espaços para especialistas em comunicação, repórteres, redatores, revisores e editores.

▷ **Ausência de previsibilidade** – percebe-se que o processo de comunicação precisa ser mais ordenado, previsível, nele constando prioridades e pautas temáticas consentâneas com os anseios dos usuários. A palavra-chave, então, é **planejamento**. A maior parte dos problemas corrige-se com o planejamento sistêmico de todas as áreas de comunicação.

Programa de aperfeiçoamento

Em função das questões anteriormente descritas, as organizações podem estabelecer um programa de aperfeiçoamento de suas comunicações administrativas, com o foco voltado para:

▷ **Informatizar a comunicação** – a ideia básica é compatibilizar o programa de comunicação com as novas tecnologias, evitando a distância, as diferenças entre o passado da cultura impressa e o presente da cultura eletrônica.

▷ **Enxugar as massas informativas** – limpar os excessos, racionalizar os processos, agrupar informações por áreas temáticas e planejar a distribuição de acordo com os interesses dos públicos-alvo.

▷ **Segmentar temáticas** – por grupos, regiões e espaços, racionalizando os fluxos informativos com a finalidade de aproveitar melhor o tempo dos usuários.

▷ **Preparar os corpos funcionais** – preparar as bases internas para a modernização da comunicação administrativa.

▷ **Disponibilizar um sistema de fontes e gestores** – preparar especialistas – jornalistas – para dar fluência, expressividade e eficácia às massas informativas.

▷ **Aperfeiçoar o grafismo/estética das linguagens** – melhorar os padrões morfológicos e estéticos dos canais, com diagramação e editoração eletrônicas de bom nível.

- **Conferir maior tempestividade** – oferecer maior rapidez a certos canais, principalmente àqueles de veiculação de informações para uso cotidiano.

- **Redefinir identidade** – reprogramar a feição gráfica e editorial de alguns canais de comunicação.

- **Uniformizar/massificar conhecimento** – desenvolver e consolidar uma cultura homogênea, a partir da massificação das informações de interesse geral.

- **Aprimorar comunicações ascendentes** – estabelecer interação mais estreita entre a cabeça e os corpos funcionais, a partir das bases.

Exercícios e reflexões para teste dos sistemas de comunicação gerencial e comunicação administrativa

(Os exercícios podem ser aplicados a grupos de gerentes e chefes de nível intermediário.)

Laboratório: frases para comentários

1 Aqui, na organização, a comunicação não é boa porque cada gerente fica em sua redoma, em seu feudo. O gerente omite informações para preservar seu poder.

2 Os problemas de comunicação na empresa começam pelo alto escalão. Se ninguém de cima transmite a informação, os níveis intermediários também não transmitem.

3 Nós temos, aqui, uma cultura muito autoritária. Todo mundo tem medo. Ninguém quer se expor. Por isso, a comunicação só vai melhorar quando a cultura for mais aberta. Por enquanto, ninguém tem vontade de dar sugestões, pedir explicações, propor medidas de aperfeiçoamento no serviço.

4 Acredito que a empresa pode resolver a questão de comunicação nos níveis gerenciais. Esse tipo de reunião de conscientização e análise pode ser um bom começo.

5 Jamais esta empresa vai resolver as dificuldades de comunicação em suas linhas porque é uma empresa muito fria, enérgica e fechada.

6 Não costumo ler os papéis que recebo. São tantos, que me perco. É tanta coisa parecida. Tem muita repetição.

7 O corpo gerencial poderia ter melhores canais de comunicação, como reuniões setoriais, um boletim gerencial, algo que pudesse criar um espírito de equipe e unidade.

8 Quando tenho dúvidas sobre procedimentos, fico na minha. Não tomo decisões imediatas. Prefiro esperar por uma norma mais clara.

9 O maior problema de comunicação nesta organização está no fluxo lateral. Falta integração entre níveis hierárquicos de mesma posição.

10 Nosso presidente se comunica muito bem. Por que não procuramos adotar sua postura?

11 O volume de papéis que vem de cima é muito grande. Por isso, os canais ficam entupidos.

12 Deveríamos ser mais informais em nossas comunicações para criarmos um ambiente mais solidário, aberto e saudável.

13 As comunicações informais, as fofocas e os boatos acabam poluindo o ambiente em nossa empresa. Por isso, deveríamos ter comunicações mais formais.

14 As dificuldades e os problemas de comunicação que temos decorrem da ausência de conhecimento sobre o papel da comunicação como ferramenta gerencial.

15 Vou continuar mantendo a mesma postura fechada. Afinal de contas, não vou mudar meu estilo de comunicação.

16 Acredito que a cultura do meio ambiente, o momento que vive o país, as dificuldades da empresa são fatores que atrapalham a boa comunicação entre nós.

17 De agora em diante, temos de assumir o compromisso de melhorar nossas comunicações. Vamos nessa, pessoal!

18 Quando ocorre uma dúvida a respeito de uma norma da empresa e tenho de tomar uma decisão urgente sobre sua aplicação, prefiro decidir e aplicar a norma, mesmo que minha interpretação esteja errada. O pior é não decidir.

19 Quando deparo com uma norma confusa e pouco transparente, fico esperando que outra venha esclarecer os pontos obscuros. É bom ter cautela. Afinal de contas, cautela e canja de galinha não fazem mal a ninguém.

20 É preferível guardar sigilo em torno de uma informação estratégica sobre mudanças radicais na organização. Se eu passar adiante, pode ser que rapidamente a notícia se propague, criando balbúrdia e gerando expectativas.

21 Não consigo distinguir o que é uma informação estratégica; não consigo distinguir, aliás, o que é importante, pois são tantas as informações que recebo diariamente que acabei por nivelar todas. O destino de todas elas é o arquivo.

22 Quando meu pessoal mostra alguma expectativa, apresenta sinais de nervosismo e passa a fazer reivindicações, acabo com tudo isso em dois tempos: passo um esculacho nos líderes do movimento e ameaço-os com a demissão.

23 Não passo informação para meus subordinados, porque sei que ninguém, aqui, faz isso. Por que eu, então, iria fazê-lo?

24 O time, aqui, não toca nenhuma música de comunicação; os gerentes não conversam entre si; como iriam se comunicar com seus subordinados ou chefes?

25 Acredito que a organização jamais resolverá essa deficiência de comunicação que existe nas linhas; as coisas ficam emperradas, não correm. Todos se acomodam.

Comunicação social

A área da comunicação social da organização envolve os atos da comunicação indiretos, unilaterais e públicos. Ou seja, as ações da comunicação coletiva ou de massa, por meio de jornais, revistas, rádio e televisão. A irradiação das mensagens se volta tanto para os circuitos internos quanto para os circuitos externos.

Entre os objetivos gerais da comunicação social apontam-se: projetar um conceito adequado das organizações perante seus públicos, consistente com suas políticas, crenças e valores; criar, manter e desenvolver formas de comunicação que contribuam para a melhor operacionalidade dos sistemas e das atividades; desenvolver harmoniosamente o espírito de equipe; projetar junto a centros irradiadores de opinião e poder o pensamento ideológico da organização; acompanhar e influenciar o meio ambiente, criando e desenvolvendo representações junto aos poderes institucionais do país.

Os principais programas de comunicação social estão circunscritos às áreas de:

- Jornalismo empresarial.
- Assessoria de imprensa.
- Relações públicas.
- Articulação institucional e relações corporativas e *lobby*.
- Marketing cultural e eventos.
- Publicidade institucional e comercial/industrial.
- Editoração e identidade visual.
- Redes sociais na internet (Twitter, Facebook, Orkut, YouTube etc.).

A terminologia pode mudar, de acordo com as visões de pesquisadores e profissionais, mas, na essência, são essas as áreas básicas da comunicação social. Uma questão tem sido recorrente, publicidade comercial/industrial não faz parte do marketing? Ora, claro que faz. Mas a publicidade enquadra-se na equação geral da comunicação de massa, termo também usado como sinônimo de comunicação social. Suas mensagens dirigem-se a massas heterogêneas, amorfas e anônimas (em relação às fontes), emitidas por fontes (empresas, anunciantes), por meio de canais massivos (meios impressos e eletrônicos). Por que, então, o seu posicionamento dentro do marketing? Porque o marketing é um conceito mais amplo, na medida em que agrupa outros sistemas, além do sistema de comunicação, como as estruturas de pesquisa, a promoção de vendas e a mobilização de consumidores e os vastos sistemas físicos de distribuição (cadeias do varejo etc.).

Apesar de estar bem evidente, pelas explanações anteriores, a diferenciação entre as comunicações gerenciais e administrativas e a comunicação social, podem-se agregar, ainda, em complementação, certos fatores que pesam na balança da comparação. Há, por exemplo, três fatores importantes que afetam a natureza das comunicações em uma organização. O primeiro é a variável Tecnologia – que agrupa o sistema tecnológico da organização, os equipamentos e os procedimentos que lhes são concernentes; o segundo é a variável Instituição, aqui compreendida como a identidade normativa – normas, processos, sistemas de trabalho, políticas, princípios, valores organizacionais; e o terceiro é a variável Sentimento, que se relaciona aos padrões, às atitudes e aos comportamentos das comunidades internas. Cada variável influi ou determina linguagens específicas. Assim, a Tecnologia influi sobre as comunicações administrativas, definindo seu território e seus padrões; a variável Instituição está presente nas comunicações gerenciais e na comunicação social, tendo em vista que o ideário organizacional é o eixo daquelas formas de comunicação. Percebe-se, pois, uma tipologia comunicacional na qual três tipos de comunicação prevalecem: as comunicações de informação de dados (Sistema Tecnológico), as comunicações normativas (Sistema Instituição) e as comunicações expressivas (Sistema Sentimento) – mais frequentes nos canais de comunicação social. Não significa, porém, que essas variáveis ajam isoladamente, trabalhando, cada uma, canais próprios. O que se verifica é uma interpenetração das variáveis, cada uma influindo, com pesos e margens diferentes, nas modalidades das comunicações organizacionais.

Outra maneira de visualizar os padrões de cada forma de comunicação está na comparação entre as condições e os fatores que balizam os comportamentos de uma **comunidade de públicos** e de uma **sociedade de massas**. É claro que teremos de fazer a redução sociológica adequada para interpretarmos os valores dos dois espaços conceituais ao microuniverso organizacional. Pela visão clássica, uma comunidade de públicos é caracterizada pelos seguintes fatores, entre outros: consciência individual; harmonia de interesses; discussão racional – opinião ditada pela razão; receptores agindo e reagindo corretamente e adequadamente; as fontes e os receptores tendo praticamente a mesma igualdade no aspecto quantitativo; o *feedback* imediato entre fontes e receptores; e autonomia operacional dos atores, ou seja, condição para agir e decidir de forma autônoma. Na sociedade de massas, as variáveis são outras: o universo das fontes é, quantitativamente, menor do que o universo dos receptores; a banalização dos fatos pela mídia acaba nivelando as situações e os perfis, atenuando as identidades; o *feedback* dos receptores é quase sempre retardado; há poucos controles sobre a recepção; as massas não têm autonomia em relação às instituições-fontes.

> Há três variáveis importantes que afetam a natureza das comunicações: a Tecnologia, a Instituição e o Sentimento.

Pode-se dizer que as comunicações gerenciais valem-se das condições da comunidade de públicos e a comunicação social se ampara nos fatores que regulam a sociedade de massas. Ou seja, os receptores são agentes na comunidade de públicos; e são simples mercados na sociedade de massas.

Comunicação interna (endomarketing)

Analisemos, agora, a primeira das duas colunas da comunicação social: **a comunicação interna**. Ela se desenvolve no âmbito dos três subsistemas apresentados. Gerar consentimentos e produzir aceitação devem ser dois dos principais objetivos da comunicação interna. Trabalhando na direção de obter consenso sobre o sistema de valores da organização, a comunicação, em determinados momentos, é vital para encaminhar soluções e para se atingir as metas programadas.

A **missão básica** da comunicação interna é:

- Contribuir para o desenvolvimento e a manutenção de um clima positivo, propício ao cumprimento das metas estratégicas da organização, ao crescimento continuado de suas atividades e serviços e à expansão de suas linhas de produtos.

Essa missão será atingida pela consecução integrada de metas temporais – definição de intenções a serem implantadas em espaços de tempo – e pela realização de diversos objetivos, dentre os quais se inserem os seguintes:

- Motivar e integrar o corpo funcional na cadeia de mudanças organizacionais, estabelecendo mecanismos e ferramentas de informação, persuasão e envolvimento.

- Criar climas favoráveis à mudança de realidade, tornando a organização sensível às transformações, graças à energia criativa de seus recursos humanos.

- Direcionar as ações para as metas principais, racionalizar esforços, priorizar situações e tomar decisões ágeis e corretas.

- Contribuir para a alavancagem dos potenciais humanos, construindo as bases de uma cultura proativa e fundamentalmente direcionada ao foco negocial.

- Cristalizar os ideais de inovação e mudanças, pela apresentação ordenada e sistemática dos conceitos e princípios da integração sistêmica.

- Criar elementos de sinergia intersetores, contribuindo para o desenvolvimento do conceito do trabalho cooperativo.

- Aperfeiçoar processo e técnicas operativas, por meio de comunicações claras, transparentes e ágeis que permitam ao funcionário captar, absorver e internalizar os *inputs* (as entradas, as mensagens) dos sistemas normativo, tecnológico e operativo.

- Reforçar o sistema de decisões, por meio de um conjunto de informações que sirvam para melhorar padrões e critérios decisórios na organização.

- Apoiar os novos conceitos que impregnam o modelo de gestão, destacando-se entre eles o conceito de unidades de negócios (modelo descentralizado que propicia aos departamentos e setores certa autonomia para a realização de metas e objetivos).

- Abrir as comunicações ascendentes, permitindo maior capacidade de vazão aos potenciais e energias criativas do corpo funcional, maximizando a força produtiva da organização.

- Despertar sentimento de vitória e orgulho em todos os segmentos, fazendo-os conscientes de que o sucesso da organização dará a cada um a contrapartida para o sucesso pessoal.

- Apresentar a linha de produtos de forma que funcionários de todos os níveis conheçam os produtos de sua organização.

- Permitir aos níveis gerenciais maior compreensão, melhor acompanhamento e interpretação das tendências sociais e uma leitura crítica mais adequada dos cenários políticos e econômicos, por meio de comunicações especializadas.

- Oferecer maior transparência aos objetivos e às metas da organização, facilitando a apreensão das abordagens e promovendo maior engajamento de setores, áreas e departamentos.

- Exibir imagem forte, pela passagem de um conceito de fortaleza em movimento capaz de superar as dificuldades e os problemas.

Conceitos-chave da esfera emotiva: **motivar**, **integrar**, **criar climas favoráveis**, **transformações**, **energia**, **imagem forte**, **fortaleza em movimento**, **integrar áreas**, **agir como grupo**, **vitória**, **orgulho** e **sucesso pessoal**.

Conceitos-chave da esfera racional: **impulsionar vendas**, **meta principal**, **direcionar ações**, **priorizar decisões**, **conceito de organização**, **apresentar produtos** e **abrir comunicações**.

Linhas de mensagens e valores

Os comunicadores sociais carecem, frequentemente, de conceitos, linhas de mensagens e valores da psicologia organizacional para embasar os programas e os projetos de comunicação. A ineficácia da comunicação tem a ver com a ausência de uma proposta de valores. Eis uma pequena amostra de conceitos que podem ser embutidos nas campanhas de comunicação social:

- A organização é forte; nós somos fortes; nós somos fortes quando agimos em grupo.

- Você trabalhou muito bem; você conseguiu; mas você pode conseguir muito mais.

- Vivemos um novo tempo; a realidade é outra; o futuro chegou; com nossa experiência, nossos casos de sucesso, seremos capazes de estar à frente em qualquer época. Porque somos fortes, os melhores entre os melhores.

- Devemos concentrar esforços para atingir o alvo; no passado, era mais fácil. Atirávamos em muitas direções e acertávamos. Hoje, é preciso mirar o alvo com mais precisão e, claro, acertar.

- Temos uma grande força: a nossa união.
- Você sabe qual é seu objetivo? Para onde ir? Como chegar até lá?
- Você é um leão, um elefante, uma pantera, um samurai; sim, você tem garra, vontade, determinação. Mas isso só não basta, é preciso saber usar a força, o momento de usar, a quem atacar, o objetivo a atingir, os recursos a serem usados, é preciso *feeling*, instinto. E lógica, também. Emoção e saber.
- A energia concentrada é a mola das grandes transformações. Nós somos exemplares da melhor energia. Mas devemos buscar um ponto de concentração.
- A fortaleza de nossa organização foi construída por gente competente. E gente competente transforma o tradicional no moderno, no avançado. Gente competente sabe como construir o futuro.
- Nossa força de vendas está conseguindo vencer os desafios. É preciso que ela tome consciência disso. E que outros percebam essa realidade e continuem a nos respeitar.
- Todos os nossos colaboradores precisam conhecer a linha diversificada dos nossos produtos.
- A fortaleza de nossa organização depende do apoio dos nossos consumidores, do preenchimento de suas expectativas. Por isso, precisamos acompanhar e saber o que eles pensam todo o tempo a respeito de nós e de nossos produtos.
- A verdade sempre aparecerá. Devemos ter cuidado para não criar falsas ilusões.

Os canais

Os canais da comunicação social da empresa estão a serviço dos subsistemas técnicos e funcionais da organização, promovendo ação de grande utilidade para o reforço e a eficácia dos programas de segurança e higiene industrial, integração interna, relações trabalhistas, desenvolvimento organizacional, aperfeiçoamento dos recursos humanos, relações públicas externas, campanhas de produtividade e o controle de qualidade, entre outros.

Os canais efetivos da comunicação social são: jornais, revistas e boletins periódicos e programas de rádio e TV em circuito interno. Esses canais – é oportuno esclarecer – enquadram-se nas características que determinam a condição jornalística: a **atualidade**, a **periodicidade**, a **universalidade** e a **difusão coletiva**, entendendo-se as duas últimas como a abrangência temática dos conteúdos, a dispersão geográfica e a circulação das mensagens para uma coletividade, com características massivas. A questão é: que canais escolher?

A escolha dos canais está associada ao porte da organização, à dimensão espacial de suas unidades centrais e periféricas, aos tipos de público que se quer atingir e à periodicidade das mensagens. O planejamento estratégico da comunicação levará em conta a natureza dos canais jornalísticos e sua integração aos canais das comunicações gerenciais e administrativas. Isto é, deve-se levar em conta a realidade de todas as formas de comunicação na organização.

Canais de comunicação internos	Problemas mais comuns
Jornais e revistas	• Temas muito descendentes.
	• Linguagem imprópria e fria.
	• Visual inadequado.
	• Retrato pouco convincente da instituição.
Boletins/folhetos/memorandos/comunicados	• Muito normativos.
	• Pouco envolventes.
	• Pouco explicativos.
	• Incompletos.
Quadros de avisos/murais	• Pouco atraentes.
	• Acesso precário.
	• Inatuais.
Reuniões/encontros	• Cansativos e longos.
	• Falta de clareza e de objetivos.
	• Exposições fracas.
	• Pouca motivação.
Conversas individuais com funcionários	• Poder normativo e coercitivo maiores que o poder expressivo.
	• Pouca empatia.
	• Falta de credibilidade.
Programas de "portas abertas", caixas de sugestões, fluxo ascendente	• Receio do poder coercitivo.
	• Incredibilidade.
	• Indefinições sobre resultados das sugestões (*feedback* fraco).
	• Pressão do grupo de referência.
	• Pressão do macroambiente.
Programas de promoção profissional	• Promoção de determinadas categorias funcionais ou distinções salariais que geram insatisfações internas.
Rede intranet	• Rede interna usada como infovia. Restrita ao ambiente da corporação/grupo empresarial.
	• Excesso de controle do sistema hierarquizado.
	• Conteúdos muito fechados, pouco expressivos.
Portal corporativo	• Apresentação da empresa. Estrutura – processos – produtos – gestão – políticas – valores e princípios (usos interno e externo).

As publicações jornalísticas

É um erro pensar que as publicações internas – jornais, revistas, boletins – servem apenas ao fluxo de comunicação descendente. Na verdade, a publicação interna é muito mais do que um veículo de projeção de imagem. Peça central de um programa de comunicações escritas, a publicação interna deve servir a todos os fluxos – descendente, ascendente e horizontal. É o instrumento mais apropriado para resolver problemas gerados pela burocratização, estabelecendo pontos informais entre os funcionários. Suas vantagens podem ser medidas sob diversos ângulos. Em primeiro lugar, o público interno é o grupo que está mais próximo à empresa. O seu comportamento no ambiente desempenha um papel decisivo em sua vida. Qualquer mensagem que diga respeito ao seu trabalho influencia seu comportamento. A publicação interna é o único veículo de comunicação que traz mensagens cujas fontes podem ser os próprios funcionários. Mensagens que interessam também às famílias. Lendo a publicação, o funcionário pode formar um estado psicológico favorável ao bom desempenho de suas atividades operacionais. E a empresa tem em mãos um instrumento para estímulo funcional, transformando-o no porta-voz de benefícios, promoções, serviços sociais e no melhor meio para o estreitamento das relações humanas.

As mensagens

A mensagem na publicação interna deve abranger os mais diferentes conteúdos e tipos de matérias, envolvendo as áreas de jornalismo, educação, lazer etc. Exemplo:

1 **Matérias institucionais** – normas, regulamentos, portarias, avisos, produtos, serviços, projetos de expansão, recordes de produção etc.

2 **Matérias de motivação** – planos assistenciais, benefícios, promoções, concursos, prêmios e planos de sugestões.

3 **Matérias de orientação profissional** – segurança, higiene, saúde, conselhos úteis e programas de treinamento.

4 **Matérias educativas** – história, geografia e conhecimentos gerais.

5 **Matérias associativas** – esportes, festas, concursos, bailes, casamentos, nascimentos e falecimentos.

6 **Interesse feminino** – culinária, conselhos de beleza e moda.

7 **Entretenimento** – cruzadas, quadrinhos, curiosidades, adivinhações e testes.

8 **Matérias operacionais** – processos de fabricação e inovações técnicas.

9 **Família do funcionário** – além das matérias de interesse feminino, concursos infantis etc.

A comunicação e as campanhas internas

A comunicação social funciona como grande alavanca das campanhas internas. A força irradiadora e persuasiva de suas linguagens é fundamental para o sucesso dos projetos de mobilização da comunidade. Entre as áreas apropriadas para uma ação direta da comunicação estão as seguintes:

- **Campanha para a mudança de padrões culturais** – a organização sente a necessidade de mudar práticas e costumes tradicionais. Por exemplo: o costume de usar papéis em abundância, a rotina de acumulação de papéis e a má administração do tempo. A comunicação é uma ferramenta eficaz para introduzir novos conceitos. Trata-se de um empreendimento a ser desenvolvido em médio e longo prazo. Os projetos de comunicação, nesse caso, precisam incorporar os valores e princípios da nova ordem cultural.

- **Campanhas de prevenção de acidentes** – o uso da comunicação, por meio de canais apropriados – boletins, jornais, revistas – além de canais promocionais e publicitários – cartazes, panfletos, *spots* publicitários – assegurará a eficácia das campanhas internas de prevenção de acidentes.

- **Campanha de integração interdepartamental** – a tendência de "feudalização" da empresa, com a criação de "feudos" e "redomas", pode ser combatida diretamente por meio de campanhas de integração, com o apoio maciço da comunicação.

- **Campanhas de competitividade** – a emulação interfuncional (despertar o sentido de competitividade entre os setores e as funções), quando amparada em metas claras, pode transformar-se em forte alavanca da produtividade. Nesse sentido, a comunicação poderá ser útil ao procurar desenvolver um espírito sadio de competição entre áreas e setores.

- **Campanhas de aperfeiçoamento profissional** – a formação, a requalificação e a reciclagem dos quadros devem constituir-se em objetivos permanentes das organizações. E a comunicação pode oferecer apoio aos departamentos de recursos humanos para a implantação de suas metas e estratégias.

- **Campanhas de estímulo à criatividade** – as organizações tendem a ingressar em estados prolongados de letargia, induzidas pela monotonia da repetição de tarefas e afazeres. É imprescindível "acender" as partes da organização, vitaminando e energizando as equipes. Programas de estímulo à criatividade constituem eixos importantes para o "despertar" organizacional, e a comunicação se presta muito bem a essa meta.

Comunicação externa

O sistema de comunicação externa é responsável pelo posicionamento e pela imagem da organização na sociedade. Por isso, seu foco é a opinião pública. E como é passível de constantes mudanças, em face da dinâmica das circunstâncias, o acompanhamento das tendências de opinião pública constitui dever prioritário do comunicador. Dentro do amplo espectro da opinião pública, merece destaque o posicionamento do consumidor. Mais que isso: é importante compreender os mecanismos que explicam a lógica do consumo.

O consumidor recebe influência direta dos processos sociais, econômicos, culturais e políticos. Como ele se comporta, quais são os fatores que influenciam suas decisões? Para entender a lógica do consumidor, é preciso discorrer sobre os valores que compõem e influenciam o ambiente de consumo. O consumo tem lógica própria: de um lado, apoia-se na necessidade de troca entre fornecedores e consumidores – **processo de significação e comunicação**; de outro, na capacidade de distribuir valores e conceitos às pessoas – **processo de classificação e diferenciação social**. Assim, o consumo tanto permite que o sistema de trocas seja realizado quanto proporciona certo tipo de *status* a quem nele se engaja. Os produtos, além de consumidos, representam sinais e símbolos de diferenciação entre os indivíduos. Portanto, urge compreender o que leva um consumidor à decisão de comprar.

A lógica do consumo reparte-se entre necessidades fundamentais do indivíduo e satisfação psicológica, tornando distinto o processo individual de satisfação do processo de diferenciação social. Sob outro prisma, o consumo tem significados abrangentes. Para o economista, nada mais é que o sentido utilitário, o desejo do consumidor de possuir determinado bem específico, de acordo com preferências estabelecidas pelas leis do mercado e pelo conjunto diferenciado dos produtos em oferta. Para o psicólogo, o consumo é uma questão de motivação, de satisfação do **ego**; para o sociólogo, a questão do consumo pode ser visualizada sob o ângulo eminentemente sociocultural, quando, então, é avaliada sob o padrão consumista e as influências dos sistemas políticos e econômicos. Para o antropólogo, trata-se de necessidade vital do indivíduo, que é levado pela natureza a satisfazê-la.

A mistura dessas posições explica o comportamento do consumidor. É difícil identificar os ângulos mais acentuados da composição do consumo. Mais fácil é argumentar que a lógica do consumo, amalgamada pela visão multidisciplinar, põe à mostra um homem que luta, desesperadamente, pela sobrevivência, de acordo com o impulso combativo. Ou seja, a luta pela sobrevivência implica a procura do alimento. Depois, aparece a batalha humana pela conquista da felicidade. Nesse caso, o consumidor dá preferência, em sua busca incessante, a objetos que lhe proporcionem o máximo de satisfações. Tais objetos, produtos ou insumos constituem uma fonte de equilíbrio, mesmo que não forneçam completa e integral satisfação. Insatisfeito, o consumidor reinicia a procura. O ciclo do consumo se efetiva, gerando a renovação de produtos voltados para a satisfação e diferenciação social, fazendo brotar ideias originais, provocando o aumento dos ganhos, a proliferação dos bens e, em alguns setores, a melhoria da qualidade. O resultado final é o crescimento econômico.

Comunicação e administração de crise – rumores e ruídos, boatos, rádio-peão, rede informal e os gargalos da comunicação organizacional

A psicologia do rumor

Os rumores, o boato, a rádio-peão, que integram as redes informais nas organizações, não podem e não devem ser tratados sob a ótica do combate ostensivo e contundente. Trata-se de uma expressão legítima da comunidade e, como tal, merece uma análise séria e profunda. Farei algumas considerações a respeito do tema. Começo lembrando que os ambientes organizacionais são propícios ao desenvolvimento de rumores, provocados em função da instabilidade e insegurança dos tempos de crise. Tais fatores se originam em causas como a ameaça de demissão, a perda de poder de níveis de direção, gerência e chefias, as promoções de determinados chefes em detrimento de seus pares, a nomeação de novos comandos, a tensão gerada pelo fechamento de unidades, as expectativas criadas nos momentos de aumento salarial ou por ocasião dos períodos de negociação coletiva etc.

O próprio ambiente social e político conturbado, que retrata uma moldura recessiva, com aumento das taxas de desemprego, principalmente nas áreas urbanas dos grandes centros, determina certos padrões de comportamento dos grupos organizacionais, adensando as redes informais. Portanto, aos fatores endógenos juntam-se aspectos exógenos, externos às empresas, formando o ambiente ideal para o zum-zum-zum: alguém que ouviu dizer que fulano disse ter ouvido de sicrano que, por sua vez, soube as coisas por beltrano... E assim por diante.

O rumor atende a uma necessidade humana, que reúne as expectativas e ansiedades. A pessoa quer saber o que está acontecendo a seu redor ou até um pouco mais longe. Essa curiosidade inata está na base de sua segurança. Quer dizer, sabendo o que ocorre, a pessoa pode se equilibrar, harmonizar-se, fica feliz em saber que está salva, livre de ameaças. E quando se informa que o perigo também está perto de si, procura, por todos os meios, precaver-se. E a melhor maneira para isso é buscar o escudo da informação.

Como se sabe, as pessoas agem e reagem de acordo com quatro mecanismos, dois relacionados à conservação do indivíduo (impulsos combativo e alimentar) e dois que se ligam à conservação da espécie (impulso sexual e paternal). Os primeiros levam em conta o conjunto de necessidades básicas enfeixadas na luta pela vida. Tudo que ameaça a pessoa – demissão, falta de alimento, limitações materiais e condicionamentos e conflitos psicológicos – leva-a a reagir por meio de automatismos, que constituem os mecanismos que estão na base das reações ou dos reflexos inatos. A insegurança provocada pelo trabalho em uma organização aciona frequentemente esses automatismos. O medo, a angústia, a depressão, a coragem, o entusiasmo, a agressividade, a luta pelo poder, a dominação, a luta por cargos e salários, a ameaça, o encorajamento são alguns dos sentimentos e valores que acionam os mecanismos inatos das pessoas. Essa é uma base psicológica para explicar a teia de relações das redes informais, a partir das operações que ocorrem nos centros nervosos de cada pessoa.

A cadeia de grupinhos

E como se desenvolve a cadeia do rumor, o sistema de transmissão da rádio-peão? O rumor se desenvolve nos elos de uma cadeia sociológica de grupinhos, pequenos núcleos. Uma pessoa encontra-se com duas outras e começa a conversar. Desse núcleo inicial, saem as pessoas, que se encontram com mais três ou quatro. Uma delas diz: "Você sabe o que está acontecendo? Puxa vida, está acontecendo isso e aquilo, uma bomba... Então, é bom que a gente fique atento." Do segundo grupo, saem as pessoas para iniciar novas conversas com grupos de três ou mais pessoas. A partir desses núcleos, vai se formando uma cadeia horizontalizada, com fofocas de todos os lados. No oitavo grupo, a lagartixa já está do tamanho de um jacaré.

O mecanismo, agora, é o da adição de novos fatos. As pessoas vão preenchendo os espaços informativos com as cargas emotivas, filtradas por seus interesses particulares ou de seu grupo de referência. Ao lado do fator de acréscimo, faz-se também a elipse, ou seja, o corte, a eliminação de partes que não satisfazem o sistema cognitivo. A pessoa vai cortando o que não interessa, deixando a história na conformidade da recompensa que espera pela interpretação dos fatos. Com elipses e acréscimos, a rádio-peão transmite seus programas rotineiros, sem hora marcada, tendo como interlocutores todos os colaboradores e funcionários em condições de ver, sentir e ouvir. O interesse é geral. Até os níveis mais altos desejam saber que tipo de rumor ou mesmo fofoca está acontecendo lá embaixo, no chão de fábrica ou nas salas dos escritórios.

Os termos usados

A coisa funciona como uma espécie de telefone sem fio, cada pessoa vai jogando na cadeia comunitária seus sentimentos, suas angústias, suas alegrias, suas frustrações e suas raivas. Forma-se, assim, um denso acervo sentimental, codificado e decodificado e reinterpretado diversas vezes por essa cadeia sociológica de grupinhos. A verdade inicial sai da letra A e chega à letra Z, passando por todo o alfabeto. Há um ditado que diz: a verdade acaba, mas a história continua. Pois bem, com a rádio-peão, a verdade vai se acabando logo nos primeiros grupos, mas a história continua até o último dos grupos de uma organização. Esta é uma explicação mais ou menos didática para mostrar o fluxo do rumor na empresa. O rumor assume, frequentemente, o conceito de fofoca.

Fofoca tem mais um sentido depreciativo. Quando alguém usa o termo é porque o assunto está se transformando em questão menor, entrando no terreno da galhofa, da brincadeira. O termo fofoca se aplica de maneira mais intensa às temáticas envolvendo relações entre os gêneros masculino e feminino, quem está saindo com quem etc. Resvala pelo lado pessoal.

Os rumores organizacionais ou boatos tratam, como foi acentuado, dos problemas que geram insegurança interna. E quanto ao termo rádio-peão, vale a pena um esclarecimento. Este termo surgiu dentro do ambiente industrial no ABC paulista, na esteira dos movimentos sindicais. A rádio-peão é o termo que mostra uma intrínseca relação entra a peãozada e sua capacidade de se "antenar" com a sociedade. É rádio no sentido de que realmente existe uma emissora informal na organização, que se contrapõe à rádio formal, oficial, a rádio normativa, a rádio dos memorandos, a emissora dos ofícios, das ordens e dos relatórios. Trata-se do canal da peãozada, com uma audiência muito maior, mais fiel e mais efetiva. Essa rádio nasceu e se desenvolveu no bojo das intensas reivindicações trabalhistas dos sindicatos do ABC paulista. No movimento sindicalista, a partir da década de 70 e começo dos anos 1980, o perfil de Lula cresceu e se fortaleceu, no comando daquela massa. Aquilo era uma imensa Torre de Babel efervescente, com discursos candentes, a ditadura prendendo, os trabalhadores procurando uma luz, uma antena com a sociedade. A rádio-peão se apresentou como uma tuba de ressonância para responder à restrição da locução determinada pela ditadura. Ou seja, o trabalhador passava de ouvido para outro ouvido, como em um cochicho, sua versão para os fatos.

Contraponto ao oficialismo

Nesse sentido, a rádio-peão serviu como contraponto para responder às grandes falas oficiais. Foi uma espécie de grito preso na garganta, que se opunha ao fechamento, aos anos de chumbo, à repressão e à boca fechada. Sua importante tarefa era a de integrar os trabalhadores, unindo-os em torno das bandeiras e propostas sindicais. A rádio-peão, com sua força e eficácia, conseguiu a integração do movimento dos trabalhadores, servindo aos objetivos das entidades e, de alguma forma, sendo um grande palanque para as categorias de trabalhadores. Obteve um desempenho extraordinário no sentido de criar uma comunidade mais unida e solidária.

De lá para cá, o que se viu foi um esgarçamento dos movimentos trabalhistas, com a repartição das categorias pelas grandes Centrais Sindicais, a partir da Força Sindical e CUT, e o arrefecimento ideológico-doutrinário. É oportuno lembrar que o conflito clássico entre capital e trabalho deixou, há muito tempo, a esfera das ruas, entrando no ambiente mais comportado da interlocução, da negociação, nas casas do patronato e nos próprios sindicatos e centrais. Em uma época, as negociações ocorriam nas mesas da Fiesp, com Lula aparecendo como principal interlocutor por parte dos trabalhadores. Havia, portanto, outro patamar de negociação, ao contrário dos tempos da Vila Euclides, quando a luta se dava nas ruas e nos estádios. A interlocução ganhou foro mais fechado. Na verdade, isso se deveu à própria evolução dos conceitos de socialismo, liberalismo/capitalismo, socialdemocracia etc.

Hoje, pode-se dizer que a concepção de rádio-peão não se impregna do antigo estigma. Mas é claro que, atualmente, esse tipo de veículo serve para extravasar os sentimentos de angústia, frustração, insegurança, coisas que jamais serão abolidas da qualidade humana. O canal aberto dos trabalhadores continua a funcionar com outros parâmetros, procurando, agora, equilibrar mais a comunidade. O termo equilibrar, aqui, tem o sentido de promover catarse, ajustar, acertar os ponteiros psicológicos das massas. Se não houvesse, no Brasil, rádio-peão, futebol e cachaça (a esse conjunto, pode-se acrescentar a paquera), a caldeira de pressão social já teria explodido. As sociedades precisam garantir a existência de suas estruturas de consolação. Futebol, rádio-peão, cachaça e paquera estão por trás do perfil do brasileiro cordial. Carregam a simbologia do grito que as gargantas querem soltar para pacificar o coração e azeitar a cabeça. Não houvesse essa válvula de escape, a sociedade, a partir das massas desorganizadas, estaria voltando suas energias para acender fogueiras e tocar fogo em florestas cultivadas por classes dos andares de cima.

Administração da rede informal

É importante saber lidar com os rumores na organização. Os profissionais de Recursos Humanos e os comunicadores são os mais diretamente ligados à administração das redes informais nas organizações, onde se desenvolvem os rumores e boatos. Para começar uma reflexão nesse campo, dou a sugestão: todo esforço deve ser empreendido para usar a rede informal a favor das políticas internas. O combate à rede informal pela via ortodoxa pode se transformar em bumerangue. Combater pela via ortodoxa significa tentativa de reprimir, condenar, repreender funcionários, demitir etc. O combate indireto, mais efetivo, leva em consideração a realidade de uma rede informal, cujos fluxos podem e devem ser utilizados para passar as informações corretas e do interesse da empresa.

Trata-se de uma questão complexa e bastante interessante. O setor de recursos humanos precisa considerar a importância dos líderes informais na empresa. No campo da propagação de ideias e "espalhamento de brasa", tais lideranças informais têm um poder de fogo maior do que as lideranças formais. Portanto, vale o esforço para considerá-las como elos importantes na cadeia de articulação da rede de comunicação interna. Quando se trabalha apenas com as chefias organizadas, sem considerar a teia de líderes informais, a política ou o programa estará fadado ao insucesso. Então, o que pode ser feito? Primeiro, identificar, de maneira equilibrada e suave, sem barulho, as lideranças informais. Segundo, procurar convencer tais lideranças, com boa argumentação e objetividade, que as empresas têm boa vontade para resolver todos os problemas gerados no ambiente organizacional. Terceiro, argumentar que as soluções exigem um tempo e um fluxo de prioridades, sem deixar de apresentar as dificuldades que a organização está passando e convocando os líderes informais a integrarem o esforço para se encontrar a solução mais justa e adequada.

O pano de fundo de uma negociação com esse formato é o de um mundo em crise em todos os campos do trabalho. A tecnologia toma conta dos ambientes. Os postos de trabalho escasseiam. O trabalhador, hoje, se vale de outros parâmetros ante a mudança de paradigma no campo do trabalho. Por isso, o conceito de parceria deve ser bem exposto. O insucesso da empresa será o insucesso de cada um. Objetividade, argumentos racionais e sólidos, usa de linguagem coloquial, aberta, sincera, interativa, capaz de traduzir sentimentos reais. Dessa forma, o interlocutor de Recursos Humanos poderá convencer as lideranças informais a entrar no circuito da comunicação e, consequentemente, diminuir ou até eliminar pontos de atrito e impactos de uma agenda conflituosa.

A rede de secretárias

Há um subsistema que não pode ser deixado de lado na administração da rede informal das organizações. Trata-se do núcleo das secretárias. As secretárias são os olhos, os ouvidos, a cabeça e o coração, enfim, os sentimentos de uma organização. Elas traduzem os discursos que fluem de todas as aéreas em todos os momentos. Assemelham-se a um pulmão que oxigena o corpo: se forem deixadas de lado, podem contaminar o corpo organizacional com sangue sujo ou contaminado. Ou seja, com rumor pesado ou até fofoca agigantada. As secretárias são canais importantes de transmissão e recepção de informações. Em um dos meus livros – *Cultura, Poder, Comunicação e Imagem*, faço esse destaque, ao formular as funções da rede de secretárias. Elas têm um forte poder. É preciso trabalhar bem com elas, que simbolizam o cartão de visitas de uma empresa. A maneira como uma secretária atende um visitante acarreta em simpatia ou antipatia para a empresa. Secretárias são como imã, que atraem as partes, ou como polo negativo, que afasta as pessoas.

Por isso, a secretária deve ser interpretada e usada como canal de comunicação para captar fielmente o sentido do discurso, as abordagens da linguagem, os eixos das falas, as ênfases dos comunicados oficiais e procurar traduzir de maneira muito objetiva e correta os sentimentos e desejos da empresa, de seu setor e de seu chefe. Essa é a razão pela qual o gerente ou diretor de RH deverá dar mais importância à função da secretária como canal de comunicação. Ele precisa ter a noção de que uma empresa é feita por seres humanos que precisam ser respeitados, ser ouvidos e que podem se transformar em excelentes canais de comunicação, quando orientados e aperfeiçoados nesse campo.

Pesquisa de clima

Há um instrumento que também precisa ser inserido na planilha do planejamento e administração das redes informais. Trata-se da pesquisa de clima organizacional. Sobre esse assunto, começo lembrando que ela é uma espécie de mapa do segredo da empresa. A pesquisa de clima organizacional, quando bem realizada, aferindo todos os segmentos de todas as áreas e setores, com amostras significativas, exibe a realidade "sem tirar nem por" da organização. É um espelho que deveria ser usado periodicamente para que a empresa saiba onde estão os gargalos, os tumores, as doenças e ameaças ao corpo organizacional. Em termos médicos, podemos dizer que se trata de uma tomografia feita com aparelhos muito avançados.

Coisas que a pesquisa revela: constatações feitas por simples intuição são passíveis de erro. Por exemplo: questões de comunicação. Há uma tendência para se debitar à "falha de comunicação, ausência de comunicação" um apreciável conjunto de problemas organizacionais. As insatisfações, angústias, relacionamento entre setores dependem de muitos fatores, entre os quais a própria comunicação. Mas ela, sozinha, não pode ser considerada o "bode expiatório" das mazelas empresariais. Portanto, é bom olhar para as pesquisas de clima organizacional e a verdade que apontam.

Cheguei a fazer pesquisas de clima organizacional em algumas empresas e foi isso que constatei. Repito: parcela formidável dos problemas de comunicação apontados não era de comunicação. Era de gestão. Confunde-se comunicação com gestão. Postura gerencial tem a ver com comunicação, mas com uma área de comunicação que é a comunicação gerencial. Por isso, o tratamento deve ser feito por meio da ferramenta da educação, ou seja, por meio de cursos específicos e não pela via da criação de mais instrumentos de comunicação. Nos meus trabalhos, tenho observado que os apontamentos, meios, recursos e formas de comunicação são frequentemente defasados.

Cada coisa no seu lugar

Há um *gap* entre o potencial dos meios e a realidade comunicativa exibida. Ou seja, os meios não são utilizados em sua plenitude. Muitos pertencem à categoria da comunicação administrativa. Nesse caso, o problema dizia respeito, por exemplo, à falta de clareza normativa, à indefinição de metas e objetivos, aos estrangulamentos nos fluxos verticais (ascendentes/descendentes) e horizontais (entre chefias do mesmo nível hierárquico) da comunicação. Por isso, um alerta: é preciso esclarecer muito bem o que é comunicação organizacional. A comunicação organizacional não pode ser entendida apenas como comunicação social, o conjunto de veículos de comunicação coletiva, como jornais, revistas, TV, rádio etc. Há uma parcela formidável de comunicação, que pertence ao grupo da comunicação administrativa (a papelada, relatórios, *folders*, folhetos, bilhetes, cartas e memorandos), além de outras formas que abrangem as comunicações interpessoais e, nesse caso, pertencem ao núcleo que chamo de comunicação gerencial, onde se multiplicam as encruzilhadas e os estrangulamentos, a partir de uma questão central: a retenção do fluxo informativo pelos níveis intermediários que, receosos de perder poder, prendem as informações, evitando passá-las para os níveis inferiores.

Que as coisas fiquem bem claras: cada tipo de comunicação no seu devido lugar. Uma coisa é analisar, planejar e executar formas de comunicação social via canais clássicos da comunicação coletiva; outra coisa é trabalhar a comunicação administrativa, via materiais que implicam produção de normas, instruções, ordens etc; e a terceira coisa é trabalhar com a comunicação gerencial. A visão correta sobre os limites de cada setor propicia o encontro de caminhos e soluções. Há apenas um imenso problema: o mercado ainda não entendeu isso. Os comunicadores brasileiros são defasados de cultura comunicacional sistêmica.

Cada grupamento especializado de comunicação, infelizmente, pensa apenas nos produtos e nos espaços apreendidos em salas de aula de cursos defasados de comunicação. Relações públicas, relações institucionais/governamentais, publicidade mercadológica, publicidade institucional, jornalismo, jornalismo empresarial, assessoria de imprensa, endomarketing, editoração, identidade visual, pesquisa, rádio, TV, internet, intranet, redes informais, comunicação interpessoal e grupal constituem formas de comunicação que se unem e se integram dentro do arco sistêmico da comunicação organizacional. E este arco possui três grandes territórios: comunicação social, comunicação administrativa e comunicação gerencial. Não são departamentos estanques. Ora, o mercado faz a divisão, as empresas contratam especialistas de setores específicos, mas o principal profissional – o profissional sistêmico, com visão generalista e domínio de cada setor especializado – não aparece nos organogramas, pois ainda não está disponível, há muito poucos no mercado.

Os profissionais de Recursos Humanos são muito esforçados e têm histórias de sucesso. Infelizmente, não possuem domínio amplo sobre os campos da comunicação. Devagarzinho, repetindo, repetindo, começo a perceber que a minha toada em torno da comunicação organizacional abre espaços para uma pequena floresta de ideias e conceitos. Os trabalhos que tenho realizado como consultor de comunicação organizacional trazem o selo da comunicação sistêmica. Em suma, as pesquisas de clima organizacional devem abrigar questões e perguntas que expressem as áreas que acabo de referir a fim de apontarem a especificidade dos problemas a serem medidos. Se não há compreensão adequada sobre o que prospectar, o diagnóstico será passível de vieses e distorções.

Novas ferramentas

Destaco, agora, a importância das novas ferramentas tecnológicas na área da comunicação. A tecnologia facilitou o processo de disseminação das informações, tanto para dentro como para fora da empresa.

A tecnologia ajuda, quando bem usada, e desajuda, quando usada de maneira burra. A internet e as intranets são ferramentas de grande efeito, muito eficientes quando usadas de maneira racional. O uso irracional ocorre quando serve para entupir as caixas de entrada de informação dos usuários.

Pequenas regras básicas: é preciso definir o que comunicar, para quem comunicar, como usar a linguagem e, ainda, como controlar as comunicações enviadas e recebidas. O primeiro ciclo da internet foi o da descoberta. As caixas se entupiram, inclusive com vírus. Todo mundo entupindo todo mundo, como se fosse uma batalha onde o vitorioso será aquele que mais e-mails transmitir. É como se todos estivessem em uma batalha e recebessem uma arma moderníssima. No campo de batalha, todo mundo atirando em todo mundo. Ora, quem não sabe usar a arma adequada, acaba morrendo. É preciso saber lubrificar a arma, conhecer seu potencial, distinguir o inimigo etc.

Agora a internet está entrando no segundo tempo, estamos começando a abrir o ciclo de maior racionalidade para essa ferramenta tecnológica. Nesse caso, o uso racional vai selecionar melhor o que, quem, como, onde e por que comunicar. A empresa não pode medir sua comunicação por quilo. Algumas chegam a produzir entre 5 a 10 quilos, e o receptor/consumidor não tem condições (tempo, interesse etc.) em consumir 1 quilo por dia. Se as pessoas imprimissem o que recebem, o peso seria grande.

Ação conjunta

Por último, destaco a necessidade de se trabalhar a comunicação dentro de uma visão sistêmica. Recursos Humanos e comunicação devem procurar parceirizar suas ações, principalmente em determinados campos do endomarketing.

Comunicação é um sistema-meio, não é um fim em si mesma. Trata-se de uma ferramenta que todas as áreas empresariais deveriam usar para maximizar os seus recursos e aperfeiçoar suas técnicas. Se for assim, a comunicação precisa servir a todas as áreas. É suporte, é apoio, é meio, é veículo, é modelo de emissão e recepção. Há áreas que têm afinidade maior com o sistema de comunicação, por exemplo, RH, que trata do ser humano e com o ser humano. A comunicação é inerente ao conceito de Recursos Humanos. Quando duas pessoas interagem, estão promovendo uma relação humana, que é, fundamentalmente, uma relação de comunicação. Portanto, quem administra conceitos como comportamentos, atitudes, expectativas, valores, princípios, virtudes, qualidades, está administrando também fatores de comunicação. A comunicação é uma ferramenta fundamental para o bom desempenho dos Recursos Humanos.

Sob o prisma de subordinação, entendo que a comunicação deve estar atrelada ao topo superior da empresa. Todas as áreas precisam da comunicação. Logo, o ferramental para atender os objetivos de cada área deve estar sempre disponível e não sujeito aos mandos de um departamento de linha. Quanto mais em cima, perto do comando central, mais eficaz será o sistema de comunicação. Nesse caso, os conflitos rotineiros deixarão de ocorrer ou diminuirão.

Os novos comportamentos

O processo de globalização, a interpenetração das economias mundiais, a expansão das entidades da sociedade civil e a consequente expansão das taxas de organicidade social, a participação mais ativa dos cidadãos nas lutas políticas, as exigências e pressões inerentes à vida moderna constituem, entre outros, fatores que modelam o perfil do novo consumidor. Quais são suas regras e como ele se comporta? Primeiro, não se arrisca tanto como antigamente. Ele seleciona melhor produtos e bens. Regra-se pela lei das grandes necessidades. Já não adquire, como no passado, tantos bens com a finalidade exclusiva de procura de *status*.

Há, evidentemente, consumidores que procuram conjugar todos os aspectos, ajustando os tipos de interesses, como os jovens, que são "induzidos" pelo charme da propaganda e o "*merchandising*" das novelas.

Maior seletividade significa maior esforço do consumidor, maior barganha, mais pesquisa e, ao final, mais exigência de qualidade. O **risco calculado** impede, sem dúvida, a aquisição de bens que possam comprometer o amanhã. Em épocas de crise, a poupança é o sinal mais que representativo de insegurança social. O sentido de acumulação de bens financeiros, em momentos de tensão e grande eletricidade, expressa uma postura diferenciada do consumidor, seja ele de produtos de massa, de bens duráveis ou de serviços. As pesquisas de tendência sociocultural têm revelado contornos que mostram um consumidor seriamente preocupado com a realização profissional, buscando ardentemente equilíbrio no emprego. Em sua vida doméstica, procura meios para viabilizar a ideia de simplicidade, pela aquisição de aparelhos que facilitem a composição e as atividades do lar.

O contexto social permite concluir que o consumidor deseja mudanças, expectativa que o conduz a realizar compromissos e quebrar tabus. Em função da pressão das grandes cidades, aumenta seu grau de indignação contra as autoridades. Revolta-se porque percebe que as políticas públicas não têm acarretado melhoria social. Tanto por uma questão econômica, que viabiliza a homogeneidade de modelos culturais (vestimentas unissex) quanto por uma influenciação direta da **mídia** ou mesmo pela aceitação paterna, a diferença dos sexos já não é tão importante e significativa, mesclando-se os comportamentos de rapazes e moças.

O esforço maior para enfrentar as crises tem aumentado a criatividade do consumidor, despertando nele mais ideias e indicações de soluções. Exemplos dessas situações são os negócios próprios, desenvolvidos com ideias originais e implantados com muito esforço, determinação e persistência.

Observa-se criatividade até nas vestimentas, com os toques pessoais. As crises intermitentes levam as pessoas a um comportamento de **lazer recolhido**, denotando tal fato maior exposição dos consumidores aos meios de comunicação, principalmente eletrônicos. A exposição à TV explica a tendência de maior automanipulação dos consumidores. Outra forma de preencher o tempo está na conservação da forma física, postura que tanto pode ter explicações ante a influência dos modelos televisivos (inclusive os videoclipes) quanto pela necessidade de ajuste psicossomático. As tensões urbanas, consequência das imensas concentrações populacionais, necessitam de tratamento permanente, principalmente em momentos de insegurança e intranquilidade.

Pode-se divisar, ainda, um consumidor altamente preocupado com a manutenção e a preservação da natureza, inseguro ante as investidas da violência urbana, apostando nos jogos de sorte e azar (loterias), buscando os espaços do mágico e irracional, na esperança de resolver os problemas.

Esse novo consumidor, resultante do composto cultural e social retratado, é, hoje, sobretudo um homem que se guia pelo que podemos chamar de "autogestão técnica", define parâmetros para sua vida, estabelece metas, organiza-se de acordo com os riscos calculados, questiona a qualidade, é mais racional e exige mais do que exigia no passado. Pleiteia, faz piquetes, participa de passeatas e denuncia os produtos contaminados sob o olhar da televisão. Não aceita passivamente a mistificação. E mais: sabe distinguir a mistificação da verdade na mídia. Como se sabe, a mídia tem sido utilizada pelas empresas para tornar as escolhas dos consumidores simplesmente uma questão de persuasão. Persuasão pela informação convincente (jornalística); persuasão pela argumentação sólida, racional, lógica, ou pela sugestão/indução subliminar, de caráter emotivo (mensagens publicitárias); persuasão pela identificação de valores entre empresas e públicos, tornando simpáticos e favoráveis um conceito e uma identidade empresarial (Relações Públicas). A rigor, algumas técnicas, principalmente as publicitárias, têm contribuído para certas distorções e exageros. Sabe-se que cada produto tem uma vida útil frequentemente desvirtuada pela indução para a substituição e troca. O aparelho de barbear antigo é substituído, por exemplo, pelo aparelho descartável, cuja vida útil se encerra com a lâmina imprestável. Mas antes mesmo de encerrar seu tempo de utilidade, o aparelho de barbear é trocado, graças à compulsão do consumidor para comprar e substituir seus equipamentos. Quem se lembra da lâmina de barbear antiga, amolada em uma pedra lisa, que durava meses? A sociedade de consumo fragmenta, rompe, abole a natureza dos produtos, ao refazer seu tempo de vida. Mas o consumidor moderno começa a perceber os limites do exagero.

Em suma, ao se desfigurar o real, substitui-se o concreto pelo abstrato, fragmentando-se a lei das coisas naturais. Levado o pensamento para um corpo mais abrangente de situações, poder-se-ia dizer que os mecanismos de persuasão despolitizam a política, desnaturam a cultura e, de certo modo, dessexualizam o corpo, homogeneizando casos, planificando situações diferentes, padronizando coisas, amortecendo posições fortes, fortalecendo posições fracas, dourando a pílula, narcotizando o consumidor. Há, hoje, um conflito entre a racionalidade do consumidor, cada vez mais atento às armadilhas das técnicas de envolvimento, e a passividade. O consumidor passivo tem sido historicamente o alvo dos mecanismos de persuasão. Mas ele procura libertar-se da engrenagem, até porque passa a receber uma defesa consistente de órgãos de defesa do consumidor.

Os novos tempos mostram o despertar do consumidor, agora transformado em questionador, em homem exigente, em agente de transformação. Tal posicionamento é uma espécie de resgate das tradições humanísticas do culturalismo europeu, que acentua, por exemplo, o sentimento e disposição para a preservação dos alimentos em estado natural. O novo consumidor não aceita mais as explicações em torno de descasos, desconsiderações e desleixos, oferecidas pelas organizações pública e privada. Nesse contexto deve-se posicionar a estratégia de comunicação externa. O eixo é o acúmulo de conhecimento pelo novo homem.

A comunicação externa necessita aprumar seu discurso à procura de pontos que possam justapor os interesses dos consumidores e das empresas, sem se desviar dos compromissos éticos da verdade e do perfil dos consumidores. Os novos tempos sugerem que a política de "contar o que aconteceu" deve ser a marca dos compromissos empresariais. A ética dos negócios, nesses tempos de mudança, não pode passar por cima dos valores mais nobres do homem, principalmente quando ele se conscientiza de seus direitos de cidadão. Essa abordagem é importante para se restaurar a responsabilidade social das organizações, aqui entendida não apenas como capacidade de gerar empregos, mas como obrigação de oferecer produtos honestos, de qualidade, o dever de reconhecer erros, omissões e desleixos. Não se trata de falso moralismo. Trata-se de considerar a nova realidade social, estruturada na dinâmica de mudanças e no sopro de renovação que se irradia por todo o mundo.

Em países de economia em desenvolvimento, com largas diferenças regionais e contrastes absurdos, o ajustamento das políticas de comunicação externa torna-se prioritário, sob pena de flagrarmos, mais uma vez, modelos que não correspondem à nossa imagem e semelhança.

Mudanças ambientais e os novos centros de poder

Nas últimas décadas, as organizações passaram por profundas mudanças no aspecto das relações com os poderes públicos. Viveram por longos anos à sombra daqueles poderes, usufruindo de benesses, conquistando espaços, administrando interesses grupais. A ampliação dos espaços da redemocratização, no Brasil, e a abertura do universo da locução, que recebeu dos meios de comunicação formidável sustentação, contribuíram para a definição de novos parâmetros organizacionais. As empresas tiveram de alterar suas posturas, entre as quais o posicionamento *low profile* (baixo perfil) que, por muito tempo, funcionou como esconderijo organizacional.

Há de observar, ainda, que as transformações sociais e as situações operadas nos eixos políticos, econômicos e sociais, a partir do desmoronamento dos regimes comunistas e a globalização das economias, ditaram aceleradas mudanças no universo organizacional. A competição passou a ser mais acirrada, as empresas tornaram-se mais orientadas para resultados e melhor equipadas do ponto de vista dos quadros.

O mundo globalizado determina novos centros de poder, cuja base se assenta nos eixos da sociedade **tecnetrônica**, mistura da **tecnologia** e da **eletrônica**.

Nessa sociedade, são bastante visíveis alguns fenômenos:

- Ascensão das tecnoestruturas e a consequente irrupção de problemas técnicos, dando corpo ao que se pode chamar de democracia das organizações. São visíveis os espaços conquistados pelos tecnocratas que, ganhando força nas democracias contemporâneas, conseguem empurrar os parlamentos para uma tomada de decisões consentâneas com seu ideário burocrático. É o que se chama de organodemocracia, a democracia dos órgãos públicos.
- Osmose das tecnoestruturas – uma tecnoestrutura econômica com uma tecnoestrutura política (imbricação dos eixos políticos e econômicos). A organodemocracia tem uma banda fincada nos tecnocratas do sistema político.
- Progressivo declínio das estruturas tradicionais (parlamentos, partidos políticos, entidades governamentais) ou, ainda, a desvitalização das instituições políticas, consequência da pulverização de interesses da sociedade pós-industrial. Os grupos atomizados da sociedade passam a adensar suas forças, criando organizações não governamentais, que passam a funcionar como estruturas de contrapeso às instituições políticas tradicionais.
- Ponderável declínio das oposições (menos competição ideológica e banalização das atividades partidárias).

Esses fenômenos têm balizado o desenvolvimento de uma política que se reparte em duas direções: a **micropolítica**, com seus *inputs* voltados para baixo – as regiões, as associações, os sindicatos, os grupos etc.; e a **macropolítica**, que se volta para o campo geral dos costumes, dos comportamentos e da moral, que usa a mídia como tuba de ressonância de toda a sociedade (uma espécie de *ombudsman* social).

Ora, nessa nova ordem, o poder se torna muito impessoal, a ponto de se constatar que a força de um presidente da República se torna, por exemplo, bastante relativa. Ele manda fazer e as coisas não são feitas; dá ordens que nem sempre são cumpridas. A malha tecnoburocrática acaba canibalizando, atrasando ou atenuando suas decisões. O poder pessoal fica difuso, quase anônimo. Como decorrência, constata-se certa desumanização da autoridade.

Os centros de poder começam a dividir espaço com outros polos de influência e força, como os grupos e os *lobbies*. O discurso da louvação e engrandecimento da cidadania inspira as locuções públicas. Quer dizer, a política tradicional refunde-se, redistribui seus elos e posições, repartindo forças.

Essa é a moldura global sob a qual deve estruturar-se a comunicação externa das organizações. No plano interno, outros aspectos precisam ser considerados. A meta de inserção do país no *ranking* das nações desenvolvidas tem, por seu lado, congregado esforços do governo e dos setores produtivos, particularmente nos aspectos de melhoria de qualidade de produtos, produtividade, eficiência e eficácia.

As mudanças têm acompanhado a dinâmica da sociedade, que passou a espelhar-se nos valores de denúncia, transparência, clareza, agilidade, profissionalismo das estruturas e equipes, fluidez nas comunicações e permanente prestação de contas à sociedade. Os espaços da autonomia foram ampliados. A moldura nacional deixa ver os seguintes contornos:

- Intensa e crescente organização social, grupos e *lobbies*.
- Repartição do poder político tradicional com outros poderes da sociedade.
- Queda da imagem dos políticos tradicionais.
- Abertura escancarada da locução.
- Mídia extremamente atenta e, também, exagerada na cobertura de determinados setores, praticando o marketing do denuncismo exacerbado.
- Movimentos regionalistas em ascensão.
- Esfacelamento doutrinário e amalgamento de partidos políticos.
- Disputa por hegemonia com base em simples aritmética partidária.
- Maior acompanhamento do sistema político.
- Eleitor mais racional e menos emotivo, com maior interesse em participar da política e mais engajado e participativo.
- Cobrança social mais forte em torno dos serviços das instituições; exigência de maior clareza, mais profissionalismo, mais agilidade e menos burocracia.
- Alianças táticas entre parceiros do poder político para defender interesses circunstanciais.

Estratégias e diretrizes

Diante dos novos desafios e do novo cenário ambiental (internacional e nacional), as organizações passaram a abrir janelas mais largas para o meio ambiente social e a avaliar de maneira cuidadosa as atitudes dos consumidores e usuários de bens e serviços. As novas estratégias de comunicação das organizações voltam-se para as seguintes providências e ações:

- Acompanhar mais de perto as tendências sociais.
- Procurar encontrar um eixo e definir claramente seu papel.
- Evitar adotar a postura *low profile*.
- Saber defender-se no momento certo com um discurso adequado.
- Preparar melhor seu sistema de porta-vozes, para evitar surpresas.
- Desenvolver um eficiente sistema de articulação com o universo das entidades.
- Ser mais ágeis nas respostas e no atendimento às demandas.

- Ter flexibilidade (diplomacia) no encaminhamento das demandas de natureza política, preservando, é claro, a identidade técnica.
- Evitar entrar no fogo das discussões acaloradas, mantendo-se acima das visões personalistas e de defesa de interesses grupais.
- Planejar com muito cuidado o lançamento de programas, projetos e eventos, para evitar interpretações distorcidas por parte da mídia.
- Buscar parcerias no campo de trabalho, dentro da lógica da racionalização de estruturas e serviços.
- Amparar-se na terceirização de serviços.
- Preparar forte programa de marketing institucional, com ênfase na articulação com os Poderes Constitucionais (Executivo, Legislativo e Judiciário) e no marketing social.
- Desenvolver **cultura de excelência** (busca permanente de qualidade) de produtos e serviços.
- Zelar pelo conceito.
- Consolidar imagem de envolvimento social.

Canais de comunicação externos	Problemas mais comuns
Press-release	• Frieza – unilateralidade.
	• Ausência de exclusividade.
	• Enaltecimento – publicidade.
Entrevistas individuais	• Distorções/frases pinçadas de contextos diferentes.
	• Emissão impensada de conceitos.
Entrevistas coletivas	• Casca de banana.
	• Dificuldades no nível de expressão para clarificar temáticas técnicas para o grupo.
	• Interesses heterogêneos.
Artigos	• Pouca legibilidade.
	• Hermetismo conceitual na área técnico-financeira.
Cursos para jornalistas	• Pequeno engajamento – disponibilidade de tempo.
Encontros informais/almoço	• Círculo muito restrito.
Conversas em *off*	• Perigo de vazamentos.
Redes sociais na internet	• Práticas de comunicação via internet com foco na participação dos receptores no sistema de comunicação tecnológica. Fóruns, blogs, fotoblogs, os sites de redes sociais externos, as teias de conexões de indivíduos, servindo, dessa forma, como expressão de grupos, pessoas e instituições. Abrigam as comunidades do Orkut, do Facebook e do miniblog Twitter, entre outros.

Princípios e valores

Levando-se em consideração as mudanças socioambientais, a política de comunicação externa há de incorporar um ideário que traduza um conceito da organização consentâneo com os novos padrões valorativos da sociedade. Eis alguns parâmetros que podem balizar os programas de comunicação:

Verdade – a verdade é a fonte básica da credibilidade. A empresa precisa conduzir-se com firmeza de propósitos, traduzida na ética profissional, no respeito à coisa pública, à ordem social e jurídica, ao direito do consumidor. Apoiada nessa premissa propiciará confiabilidade às informações, preservando a fidelidade e a grandeza de sua missão.

Qualidade – a qualidade de serviços e produtos é valor fundamental para viabilizar o desenvolvimento de negócios.

Adequação – a empresa precisa inspirar-se na necessidade de adequar seus serviços e produtos às reais demandas do progresso e bem-estar nacionais e aos anseios legítimos de produtores e consumidores.

Confiança/credibilidade – a organização deve posicionar-se como fonte de confiança e credibilidade, valores que realçam o conceito.

Clareza – as ações, intenções e programas devem ser expostos com a máxima clareza, a fim de evitar distorções. A transparência das informações se insere em um quadro social que clama por informações sobre o desempenho das instituições.

Equilíbrio – evitar-se-á exposição exagerada da organização, tendo em vista a permanente necessidade de ajustar os produtos informativos às demandas, de acordo com critérios de bom senso, racionalidade, moderação e exigências circunstanciais.

Rapidez – a eficácia da comunicação implica, também, o pronto atendimento a demandas socialmente significativas e importantes para a preservação da identidade e conceito da organização. Há de se considerar a variável **tempo** como determinante de sucesso.

Oportunidade – a procura do momento exato constitui importante ingrediente para a maximização de projetos de comunicação. Nem sempre a divulgação de mensagens ajusta-se às demandas, tendo em vista, sobretudo, a imprevisibilidade das circunstâncias.

Prevenção – a harmonia e o equilíbrio de uma política de comunicação exigem que o foco esteja direcionado a programas preventivos, que possam, ao longo do tempo, desenvolver condições para a interação da organização com todos os seus públicos. As situações emergenciais indesejáveis tornam-se, com a dimensão preventiva, uma questão menor.

Cordialidade e respeito – a marca da cordialidade deve guiar as relações entre a organização e a sociedade, dentro do entendimento de que a organização tem a obrigação de prestar contas, e os meios de comunicação, o direito de indagar, questionar, criticar, preservadas as regras do respeito recíproco.

Impessoalidade – a comunicação da organização privilegiará fatos, informações substantivas, na perspectiva do atendimento às finalidades centrais da instituição, sem favorecimentos a dirigentes ou funcionários.

Uniformidade e coerência – procurar-se-á obter a uniformidade de posições e pontos de vista, quando se tratar de exposição pública da organização, evitando-se a fragmentação de conceitos e linguagens, que pode ser perniciosa para a unidade que se pretende dar ao conceito global da organização.

Direcionalidade – a procura do centro e dos alvos da comunicação estará presente na formulação dos programas, tendo em vista a necessidade de se atingir, correta e adequadamente, os segmentos de públicos integrantes de cada programa.

Responsabilidade social – o valor-síntese é a responsabilidade social, que consiste na condição de servir aos altos propósitos e anseios da sociedade brasileira, por meio da oferta de empregos, serviços e produtos que alicerçam o desenvolvimento e a melhoria de vida de seus funcionários e colaboradores.

Objetivos

São objetivos da comunicação externa:

- Divulgar a missão da organização, estabelecendo correto e adequado posicionamento, assegurando uma identidade técnica que possa conferir à organização o respeito e o reconhecimento da sociedade.

- Criar atitudes favoráveis às atividades da organização, melhorando sua posição e ampliando as bases de consentimento sobre a meta de modernização.

- Despertar nos públicos externos sentimentos de que a modernização da organização é fundamental.

- Propiciar visão clara de aspectos, programas e atividades da organização, junto aos poderes constituídos, estreitando o relacionamento com o poder legislativo.

- Assessorar as áreas da organização nas tarefas de implantação de mudança e inovações relevantes.

- Valorizar os recursos e potenciais humanos da organização, enaltecendo seu trabalho e reconhecendo, quando for o caso, sua efetiva contribuição para o aperfeiçoamento e engrandecimento da organização.

Programas

Os programas de comunicação externa repartem-se nas seguintes modalidades:

Jornalismo

O primeiro bloco é o do jornalismo empresarial (jornais, revistas e boletins, rádio e TV).

O jornalismo empresarial é o conjunto das formas jornalísticas. São as que reúnem as características básicas do jornalismo, apontadas pelo teórico alemão Otto Groth para respaldar cientificamente o jornalismo (**atualidade**, **periodicidade**, **universalidade** e **difusão coletiva**) e, consequentemente, para conceituar a notícia.

As publicações empresariais, enquanto veículos jornalísticos, portanto, que conduzem a notícia, devem ter periodicidade, isto é, devem aparecer em intervalos sucessivos e regulares. Precisam investir-se dos fatos da atualidade, que formam o presente da empresa (o presente na empresa não é o presente no jornalismo diário). Para assumir seu atributo de universalidade, as publicações podem apresentar informações sobre quaisquer áreas ou programas de interesse da empresa e de seus públicos. Por último, necessitam chegar ao público ao qual se destinam, devendo, para isso, ser difundidas.

Nas organizações, fatores inerentes às conveniências da conjuntura empresarial influenciam o processo de informação. Daí a razão para se "tratar" a notícia da empresa. A universalidade, por exemplo, deve ser entendida como todo acervo de mensagens, em quaisquer áreas, que possa interessar à empresa ou à coletividade empresarial. Nem toda mensagem que interessa à comunidade pode ser transformada em mensagem jornalística e publicada pelos canais empresariais. Um movimento grevista, por exemplo, pode ser a grande notícia no jornalismo diário, mas não o é na empresa. Os atributos inerentes à notícia, como o imediatismo, a veracidade, o interesse humano e a importância, assumem, na empresa, significações particulares. Se um dos critérios utilizados pelas empresas jornalísticas para determinar o valor da notícia é a chamada "Política Editorial", o indicador mais seguro para determinar o conceito de notícia na empresa é a própria filosofia empresarial da organização.

A política de comunicação empresarial determina o conceito de notícia. Por princípio, essa política procura evitar toda espécie de mensagem jornalística sensacionalista, escandalosa, ou informações que possam provocar dúvidas quanto à integridade da empresa ou das pessoas, ou que ponham em dúvida as normas empresariais. A informação jornalística não deve causar prejuízo aos interesses da organização e de seus membros. Apenas em casos excepcionais poderá ocorrer a divulgação de fatos sensacionais que escapem ao controle da empresa.

Requer, também, tratamento especial a questão da atualidade. A atualidade da notícia empresarial perde aquela concepção de rapidez que marca as informações nos veículos jornalísticos. Os fatos atuais da empresa podem ser os já acontecidos no intervalo de três meses anteriores ao aparecimento de uma edição ou podem ser os acontecimentos que ocorrerão no mês vigente ou nos meses seguintes. O mesmo ocorre com o conceito de difusão que, nas grandes organizações, é dificultada pela dispersão geográfica das unidades e pelos esquemas tradicionais usados (distribuição feita em determinados locais fixos, que tornam difícil o acesso simultâneo de muitas pessoas).

Âmbito

No âmbito externo, a comunicação empresarial objetiva fazer conhecer e promover uma empresa, com vistas à obtenção de atitudes favoráveis por parte dos públicos externos.

É claro que o jornalismo empresarial, em um primeiro plano de análise, pretende atingir esses objetivos pela informação. E aqui ela se diferencia da mensagem da publicidade. Não se trata, pois, da clássica publicidade institucional, exaltando os méritos de uma empresa. Trata-se da mensagem que enaltece, pela informação jornalística, o trabalho de uma empresa, entidade econômica que deve ser apresentada com lugar definido na economia de uma nação. Trata-se, na verdade, de desenvolver a fundo uma imagem de empresa, levando-se em consideração que a imagem criada pela publicidade é, frequentemente, artificial. Trata-se de congregar e unificar o conjunto de atividades de uma empresa (a publicidade ou promoção de vendas apresentam não mais que uma imagem parcial).

Trata-se, enfim, de criar um clima de boa vontade entre diversos participantes da ação comercial, por intermédio da informação, mesmo que essa informação, explicitamente, seja apresentada de forma persuasiva.

Dentro desse contexto, o objetivo básico das publicações jornalísticas externas é:

▷ Estabelecer, pela informação e promoção dos produtos e atividades da empresa, uma sincronização de iniciativas e interesses entre a empresa e seus agentes diretos e indiretos de produção e vendas.

Problemas

A implantação de um projeto na área do jornalismo empresarial esbarra em alguns problemas. A título de ilustração, eis alguns pontos que poderão contribuir para o insucesso de projetos nessa área:

Indefinição de objetivos – quando os objetivos não são bem definidos, o projeto está fadado ao fracasso.

Indefinição de responsabilidades – quando muitas pessoas, de diferentes áreas, participam e divergem sobre o projeto, o produto poderá retratar as incongruências. A responsabilidade sobre o projeto deverá ficar explícita.

Dimensão da empresa – a dispersão espacial (geográfica) das unidades pode fragmentar a política de harmonização da empresa. Resta a dúvida: como atender os públicos de unidades diferentes de uma empresa?

Linguagem – a empresa abriga uma coleção de indivíduos de níveis socioculturais e linguísticos diferentes. Como atender, ao mesmo tempo, em uma publicação interna, o operário e o engenheiro por meio de um mesmo projeto?

Seleção dos meios – qual o tipo de canal que melhor se adapta à empresa? Por quê? É preciso analisar as características técnicas dos canais sob os aspectos de custos e operacionalidade, legibilidade, atualidade, universalidade, facilidade de difusão etc.

Publicidade – desaconselhável sob todos os aspectos a veiculação de anúncios de propaganda nas publicações de empresa. Exceção talvez para as revistas de associações que defendem interesse de *pool* de empresas. A publicidade em publicação interna provoca muitas distorções: o funcionário considera-se agente de produção intelectual da publicação, não admitindo a ideia de que a empresa está procurando ganhar dinheiro (ou compensar gastos) à sua custa; há ainda o perigo de que o comando da publicação caia em mãos de anunciantes (troca de favores em textos).

Relações públicas

A área de Relações Públicas tem mudado muito de feição nos últimos tempos. Primeiro, em função da própria organização das atividades de Relações Públicas nas empresas. A postura clássica era a de "dar cobertura", sempre positiva, aos fatos empresariais e, na sequência, aos dirigentes. Atualmente, as Relações Públicas trabalham no sentido de ajustar o objeto da comunicação aos interesses dos diversos públicos da organização. Nesse sentido, passaram a atuar de maneira mais realista e objetiva.

É importante acentuar o caráter estratégico da atividade, tão defendida pelos profissionais do setor. Assim, vale dizer que as Relações Públicas trabalham com valores, conceitos e princípios voltados para a construção da identidade e da imagem organizacional.

Uma das principais ferramentas do profissional de relações públicas é a pesquisa de mercado, necessária para mapear o perfil dos públicos-alvo. A partir da pesquisa, definem-se as estratégias e as ações básicas de comunicação. Portanto, já se foram os tempos em que o profissional era enquadrado na categoria de "organizador de festinhas". Suas atividades estão voltadas para a formulação e implantação de políticas internas e externas. E tem uma atuação importante na assessoria ao corpo dirigente da organização. O profissional de relações públicas atua em conjunto com equipes de editoração e jornalistas, na medida em que os veículos de comunicação são importantes ferramentas de apoio, ao mesmo tempo em que eventos de relações públicas podem servir de fonte primária para a atividade jornalística.

Para atuar dentro desse quadro, exige-se que o profissional tenha uma visão sistêmica, com bagagem cultural ampla. Há alguns anos, os Conselhos de Relações Públicas (Conreps) exigiam que o sistema de comunicação fosse comandado por um profissional da área. Hoje, esse pleito está superado diante da competição do mercado e do conceito de excelência. Quem é o melhor, o mais preparado, o mais adequado para a função acaba ganhando o comando da comunicação.

Propaganda

A importância da propaganda cresce na vertente de um fenômeno a que os profissionais de marketing prestam cada vez mais atenção: o fracionamento do mercado de massa, a tendência para a multiplicação dos minimercados ambientais, para a personalização dos produtos e, consequentemente, o micromarketing. Esse fenômeno, que obriga as empresas a diversificar intensamente a sua linha de produtos, a ponto de criar modalidades diferenciadas para a mesma linha (*coke, coke classic, cherry coke, diet cherry coke, diet coke, caffeine-free coke, caffeine-free coke classic, caffeine-free diet coke* etc.), gera um desafio: fidelizar a marca, fazer com que os consumidores continuem fiéis a ela. A erosão da fidelidade constitui um dos maiores problemas do marketing contemporâneo e, nessa moldura, situa-se a estratégica posição da propaganda.

Portanto, a função clássica da propaganda – estimular as demandas potenciais de um determinado mercado e obter do consumidor a motivação e a decisão de compra sobre o produto – está sendo redimensionada. Trata-se de direcionar o consumidor para a marca, o que implica estratégias de marketing individualizado, criação de formas de interação com o consumidor, exigências de uma economia centrada basicamente na informação.

Esses desafios ultrapassam, portanto, a antiga lição de conseguir, com rapidez e economia, atingir o universo de consumidores e manter a diferença subjetiva simbolizada pela imagem de marca. O perfil do mercado precisa ser muito bem elaborado, o que exigirá profundos conhecimentos e eficácia na implantação dos tradicionais instrumentos a serviço do **marketing-mix**, como a pesquisa, o programa de conscientização (que objetiva criar a imagem e o posicionamento do produto no mercado), o banco de dados, a promoção de vendas, a seleção da mídia, observando-se, sobretudo, as novas mídias de interação (internet, programas de TV destinados a vendas de produtos etc.) com o consumidor, as mídias de apoio (folheteria, catálogos de lojas e de vendas), o *merchandising* de marca.

A propaganda mercadológica brasileira é considerada das melhores, mais criativas e eficientes do mundo. Basta ver as premiações obtidas por campanhas desenvolvidas pelas grandes agências de propaganda.

A estratégia e o plano diretor de comunicação da organização precisam contemplar, ainda, a propaganda institucional. Nos últimos tempos, essa modalidade tem-se fortalecido. E a razão pode ser entendida quando, ao lado do fenômeno assinalado – profusão de marcas e necessidade de criar elementos de diferenciação – coloca-se o papel da organização no contexto sociopolítico. As responsabilidades de uma empresa ultrapassam as funções de fabricar e vender bens e serviços, contratar pessoas e atender as demandas do mercado consumidor. No mundo competitivo e globalizado, as organizações que desejam criar elementos de diferenciação investem nas funções sociais, assumindo e patrocinando programas com finalidades promocionais e assistenciais. Desse modo, as necessidades sociais passam a receber a contrapartida das empresas. E essa contrapartida aparece frequentemente na propaganda institucional, cujo objetivo maior é o de sinalizar os valores éticos e culturais das organizações. Ao fazer propaganda institucional, uma empresa parte do princípio de que o consumidor não quer saber apenas se o produto é bom, confiável, mas se a empresa que o fabricou merece respeito e consideração. A propaganda institucional se insere nesse nicho.

Marketing social, cultural e esportivo

A propaganda institucional, portanto, ampara-se no eixo do marketing social. Entendamos melhor essa área de atuação do marketing. A sociedade contemporânea desenvolveu mecanismos muito fortes de defesa. Banhou-se de uma cultura de autogestão, pela qual os grupamentos sociais deixam de ser meros consumidores de bens e serviços para transformar-se em núcleos ativos e participativos dos processos decisórios na política e na administração, tanto privada quanto pública. E o resultado de todo esse processo de reculturação se faz presente na expansão dos valores da crítica, da denúncia, da cobrança de transparência e maior participação política. Ou seja, tem-se adensado o sentido da cidadania.

Dentro desse novo cenário, as organizações viram-se impelidas a direcionar o foco da imagem para as demandas mais expressivas da sociedade. E essa estratégia tem funcionado bem. Por seu intermédio, estabelece-se uma sintonia fina com as comunidades. As empresas deslocam parcela de seus programas e recursos para atender às necessidades cotidianas de grupos próximos às fábricas e matrizes da organização. Nascem, assim, os programas de marketing social. Neles, desenvolvem-se campanhas de alta envergadura nas áreas de saúde, saneamento, preservação do meio ambiente, educação, esportes e lazer. Para essas duas últimas áreas, os recursos são destinados a patrocinar eventos artísticos e carreiras de atletas amadores e profissionais. Trata-se de investimentos com alto poder de retorno, já que tais eventos e perfis recebem costumeiramente forte cobertura da mídia.

Editoração e identidade visual

O processo de editoração apoia-se em um conjunto de canais impressos e eletrônicos que funcionam como suportes dos programas. Trata-se do conjunto que, normalmente, abriga os produtos integrantes da rede formal, que objetivam esclarecer, informar, atualizar posições, emitir juízos de valor e produzem como resultado a compreensão de situações e a preservação de conceitos fundamentais para a identidade do grupo.

Objetivos

- Planejar e desenvolver a linha de materiais impressos – periódicos ou de interesse permanente – para suporte das atividades de comunicação.

- Orientar as diversas áreas da empresa (entidade) em suas necessidades de comunicação impressa e eletrônica.

- Propor formas novas e diferenciadas de comunicação, em termos de materiais e produtos, com o objetivo de criar impacto, aumentar a visibilidade e aperfeiçoar a legibilidade dos textos.

- Zelar pelos padrões técnico-visuais dos materiais impressos e eletrônicos, contribuindo para a formação de uma linguagem homogênea e sinérgica que leve ao pronto reconhecimento, de acordo com um Programa de Identidade Visual (PIV) da entidade. O PIV integra o rol dos programas da comunicação social, servindo para homogeneizar as linguagens dos grupos empresariais, vestindo as empresas com cores, processos e padrões gráficos uniformes.

- Avaliar permanentemente o PIV com a finalidade de sua modernização, atualização e aperfeiçoamento.

- Estudar as possibilidades de racionalização e unificação de propostas gráfico--editoriais e eletrônicas, maximizando seu uso e diminuindo seus custos.

- Avaliar a eficácia dos projetos gráfico-eletrônicos, por meio de pesquisas sistemáticas de aceitação de linguagem e conteúdos junto a públicos-alvo.

- Coordenar e supervisionar a produção ou edição de todas as publicações da entidade.

Produtos principais: meios eletrônicos (correio eletrônico); relatórios anuais; *folders*; cartazes; comunicados; resoluções; circulares e cartas-circulares; boletins; manuais; cartilhas; catálogos; prospectos; avisos; folhetos; volantes; revistas; vídeos; filmes; brochuras; canal de voz; tabloides e cartões de visita.

Etapas do planejamento

Todos os programas das áreas anteriormente descritas devem obedecer regularmente ao crivo do planejamento.

O planejamento da comunicação organizacional passa por um conjunto de etapas lógicas. Eis as principais:

1 **Planejamento e/ou revisão da situação atual**

   Definição de todos os aspectos a serem planejados ou levantamento e revisão de instrumentos, políticas e procedimentos utilizados pela organização no âmbito do clima e da comunicação.

2 **Levantamento das necessidades e expectativas**

   Pesquisar o mercado, os concorrentes, os anseios e as expectativas dos dirigentes a respeito do clima, da cultura e da comunicação.

3 **Desenvolvimento do modelo conceitual**

   Descrever o modelo conceitual de comunicação a ser revisado/adotado, com base nas necessidades organizacionais e levando-se em conta expectativas da comunidade interna e dos públicos externos.

4 **Planejamento da implantação do modelo**

Estabelecer estratégia de implantação do modelo, definindo prioridades e sequência dos programas, formas e canais de comunicação a serem adotados.

5 **Preparação da análise de impacto na organização**

Identificar os impactos positivos e negativos que afetarão a organização, bem como os custos decorrentes da implantação do novo modelo de comunicação.

6 **Estabelecimento do plano de instalação**

Preparar o plano de instalação/reprogramação do modelo, determinando prazos, esforços, custos e recursos materiais necessários.

7 **Aprovação da diretoria**

Submeter o conteúdo final do projeto à aprovação da diretoria/presidência para continuidade de seu desenvolvimento.

Apêndice – Opinião pública

Opinião pública – eis a chave para compreendermos a natureza de muitos fenômenos sociais. A opinião pública funciona como salvaguarda da sociedade, é de suas criações mais importantes para o próprio desenvolvimento e ajuste social, é uma arma de defesa contra as ameaças de sistemas autoritários, uma ferramenta de avanços e mudanças e uma câmara de eco das grandes demandas sociais. Como nasce a opinião pública? Nasce das ideias e crenças individuais, que vão se aglomerando em núcleos, expandindo-se de maneira vertical (nas classes sociais) e horizontal (nos espaços geográficos), conduzida pelos meios de comunicação, que funcionam como tuba de ressonância dos fatos. Em certo momento e em espaços imprevisíveis, vão surgindo ondas que se encadeiam, difundindo e multiplicando, de acordo com as circunstâncias, a complexidade dos fatos, as peculiaridades dos atores sociais envolvidos e as características do momento e do lugar.

A opinião pública é determinada, então, por fatores de ordem psicológica, sociológica e histórica. Os fatores psicológicos abrigam as atitudes pessoais e grupais, as crenças e ideologias, os campos das emoções e da razão. Há nas pessoas uma base em que estão devidamente guardados e arquivados as suas crenças, estereótipos, valores e princípios e, consequentemente, as suas propensões para aceitar e/ou rejeitar outras crenças e valores. Inconsciente e consciente mesclam-se no exercício rotineiro de percepção, interpretação e valoração de acontecimentos e pessoas.

A integração interpessoal e/ou grupal e a interpenetração das bases psicológicas individuais geram novas ondas, que recebem influência de eventos e fatores distintos, como a geografia ambiental e a configuração de elementos de natureza econômica (escassez, excesso de demanda, excesso de oferta, fatores macroeconômicos de ordem internacional), de natureza grupal (etnias, sexo, idade) e de natureza ecológica (preservação da natureza). Ou seja, as cadeias de opinião reagem aos fatos ambientais, determinando novas posições, dispersando-se por todos os espaços, difundidas pelos meios de comunicação. As crises políticas e econômicas são mediadas pelo fenômeno da opinião pública. Constantemente, os governos lançam "balões de ensaio" para testar suas decisões importantes junto à opinião pública.

A opinião pública é um fenômeno dinâmico. Acompanha a idade, os valores e a ética de cada tempo. Por isso mesmo, conserva uma base temporal, que vai se adaptando aos ciclos históricos, determinando novas direções, atenuando ou adensando conceitos e preconceitos. Por exemplo, a percepção social sobre moda, sexo e casamento conserva uma base tradicional, cuja passagem pela dinâmica do tempo funciona como fator de lapidação e moldagem de novas percepções. A posição muda de acordo com a região, a classe social, os padrões e as normas vigentes.

E que elementos entram na química de formação da opinião pública? Em primeiro lugar, as necessidades determinadas pelos impulsos básicos: os impulsos combativo e nutritivo, que explicam a necessidade de o homem lutar para se conservar e sobreviver; e os impulsos sexual e maternal, relacionados à perpetuação da espécie e aos valores humanos de solidariedade, amor, paixão, integração, vida em grupo etc. (ver apêndice do Capítulo 1 sobre mecanismos básicos do comportamento). A leitura sobre o campo de abrangência dos impulsos denota a conjunção de necessidades materiais e espirituais dos indivíduos e dos grupos. Por exemplo, a escassez de energia, pelo impacto que cria, aciona os mecanismos do comportamento grupal, acendendo críticas e estabelecendo formas de defesa individual e social. Os impactos negativos gerados por uma crise de energia funcionam como elementos de defesa e mobilização social.

Mas a opinião pública inexistiria se não houvesse uma tuba de ressonância a propagar as ondas de pensamento. Portanto, a grande base de lançamento da opinião pública é a estrutura da indústria da comunicação, composta pelos canais de televisão, emissoras de rádio, jornais e revistas, a indústria do lazer – integrada pelo cinema, teatro e eventos culturais – e, ainda, pela cadeia gigantesca de entidades intermediárias, que se organizam para proteger grupos e setores da sociedade. Essas entidades possuem os próprios meios de comunicação, mobilização e articulação, de forma que se somam à força da mídia de massa.

O fenômeno da opinião pública e as consequências que provoca são inerentes à sociedade de massas, que se caracteriza pela mobilidade, pela heterogeneidade e também por sua dispersão no espaço. Identifica-se, ainda, na massa, certa propensão para o conformismo, apesar de já termos identificado, em partes anteriores, o despertar de uma nova sociedade. Portanto, para o comunicador, é de fundamental importância identificar a reação da massa diante dos fatos. Não deve confundir, por exemplo, a reação de determinado grupamento social, uma comunidade localizada, conferida, identificada, com a reação da massa amorfa, heterogênea, dispersa e que se refugia no anonimato. Uma comunidade de públicos exerce uma consciência crítica, tem harmonia de interesses, discute racionalmente as questões, e seus interlocutores integram-se no *feedback* da comunicação simultânea. Na sociedade de massas, essas condições são impossíveis. A massa não tem autonomia em relação às fontes e o discurso massivo não permite *feedback* imediato. Esses conceitos são básicos para o estabelecimento dos alvos nas políticas de comunicação.

Termos e conceitos-chave

- Atitudes
- Campanhas internas
- Canais
- Centros de poder
- Comunicação administrativa
- Comunicação cultural
- Comunicação e crise
- Comunicação gerencial
- Comunicação social
- Comunidade de público
- Editoração e identidade visual
- Endomarketing
- Envolvimento
- Fluxos
- Fontes
- *Lobbies*
- Macropolítica
- Marketing social/esportivo e cultural
- Marketing-mix
- Mensagens
- Micropolítica
- Níveis de comunicação
- Novo consumidor
- Opinião pública
- Programas de comunicação
- Propaganda
- Publicações jornalísticas
- Receptores
- Relações públicas
- Sistema de informação
- Visão sistêmica

CAPÍTULO 3

ASSESSORIA E CONSULTORIA DE IMPRENSA

"A própria liberdade de informação encontra um direito à informação que não é pessoal, mas coletivo, porque inclui o direito de o povo ser bem informado."

(Freitas Nobre, *Imprensa e Liberdade – os Princípios Constitucionais e a Nova Legislação*)

A Assessoria de Imprensa é a área nobre do sistema de comunicação externa das organizações. Está consolidada como conceito, como atividade e como suporte estratégico. Nos últimos anos, as assessorias de imprensa – chamadas, ainda, de assessorias de comunicação, designação mais ampla – tiveram um crescimento extraordinário em todo o país. Esse crescimento deriva de alguns fatores. Em primeiro lugar, a expansão dos negócios, principalmente no âmbito das grandes empresas. Passamos a ver, nos últimos tempos, incorporações, fusões, enfim, um adensamento de organizações. E quanto mais crescem os negócios, maiores são as organizações e maior é a necessidade de comunicação. Cresce a quantidade de assessores de comunicação internos e externos, em função, primeiro, do crescimento dos negócios. Em segundo lugar, a expansão das assessorias de comunicação se deve à abertura do universo da locução nas últimas décadas.

A partir da década de 70, os meios de comunicação no Brasil começaram a se abrir, fazendo com que o discurso autoritário cedesse lugar ao discurso democrático. Com essa mudança, os jornais passaram a denunciar escândalos e corrupção, não só nas malhas da administração pública como também nos negócios ilícitos das empresas privadas. Portanto, o monitoramento das administrações pública e privada, de certa forma, obrigou as empresas a ser mais transparentes para a sociedade. As posturas *low profile* (baixo perfil) cederam lugar às posturas *high profile* (alto perfil). O terceiro fator é o próprio fenômeno da globalização. Cada vez mais, as empresas e os negócios tornam-se transnacionais. Os países não têm mais fronteiras do ponto de vista político e econômico, e esse fato determina a necessidade de uma teia de comunicação global, uma malha de organização mais abrangente. As empresas devem reagir rapidamente aos fenômenos de mercado. Um exemplo: uma seca, em uma região na Ásia ou em regiões brasileiras, afeta a economia e as empresas, que, por sua vez, têm de reagir rapidamente a tais fenômenos, estabelecendo uma cadeia de intercomunicação. Esses fatores reforçam a consolidação e a profissionalização das estruturas de comunicação.

Por outro lado, o mercado de assessorias se profissionalizou com a melhor qualificação dos quadros, muitos dos quais egressos dos meios de comunicação tradicionais – jornais, rádios, revistas e televisões. A consolidação das estruturas de comunicação e a maior conscientização pelos empresários da importância da comunicação para o equilíbrio da imagem organizacional aumentaram o grau de importância dos profissionais. Em consequência, o mercado começou a conviver com a figura do consultor de comunicação, hoje mais que um operador de assessoria de imprensa. Tornou-se um conselheiro, um estrategista, um profissional capaz de efetuar leituras corretas sobre o meio ambiente e tirar conclusões sobre a maneira como o empresário deve comportar-se diante de fatos políticos, sociais e econômicos. O consultor de comunicação é o perfil mais elevado da área e esse profissional, geralmente com vasta experiência, passa a acompanhar as cúpulas dirigentes em missões mais elevadas, de contatos com autoridades públicas, de reivindicação de soluções para os problemas dos setores produtivos, de gestão junto ao universo de entidades para efeito de trabalhos em parceria. O consultor de comunicação passou a desenvolver atividade de articulação político-institucional para as organizações.

> **Os países não têm mais fronteiras do ponto de vista geoeconômico, e esse fato determina a necessidade de uma teia de comunicação global.**

A questão do porte empresarial

É como ouvir a recorrente questão: a partir de que tamanho justifica-se a assessoria de imprensa? É claro que as grandes organizações, em função de sua complexidade, maior número de funcionários e maior volume de negócios, necessitam mais da comunicação organizacional. Do ponto de vista interno, a comunicação é necessária para ajustar o discurso, criar uma linguagem solidária, sistêmica, harmônica e integrada ao objetivo de efetuar a aproximação entre os objetivos da empresa e os de seus participantes. Do ponto de vista externo, a necessidade reside em tornar a empresa mais conhecida no mercado, para atender os consumidores. Mas as pequenas empresas também carecem da assessoria de imprensa, pois precisam mostrar produtos e possibilidades. Quem não se comunica não tem condições de abrir nichos negociais. Cada tipo de empresa, evidentemente, demanda um tipo de comunicação. Portanto, há que se distinguir a assessoria de imprensa de outras formas de comunicação. A comunicação nas pequenas empresas é simples e pode contribuir para atrair consumidores em um mercado delimitado. A necessidade de comunicação, hoje, é global. Dentro da sociedade moderna, cada vez mais massificada, plena de símbolos e ícones, o consumidor se confunde na "barafunda" provocada pelos signos da comunicação. Em consequência, as empresas se encontram diante do desafio de criar diferenciais de comunicação para gerar sinais visíveis ao consumidor. Quem adotar a postura de "avestruz" não aparecerá, portanto tenderá a fenecer.

Voltemos à questão: a partir do momento em que nasce, a empresa carece de comunicação. Quando uma empresa é formada, precisa dizer a que veio. A empresa é uma integração de fatores: capital, trabalho, fator tecnológico e pessoas. Eles se unem para gerar um produto, que pode ser um bem de consumo de massa, como um sorvete, ou um bem durável, como um automóvel. Tais produtos devem chegar ao consumidor. Quem os fará chegar ao consumidor? O sistema de comunicação, cuja finalidade é mostrar que o produto existe e pode ser adquirido nas lojas. Seja em um sistema de comunicação simples, em que o produto é vendido de porta em porta, seja em um sistema de comunicação complexo, no qual é colocado nas gôndolas dos supermercados. O produto só passa a existir quando aparece nos cartazes publicitários, *outdoors*, no rádio e na TV. Por isso, no momento em que uma empresa passa a existir, surge sua necessidade de comunicação.

Os nichos das assessorias

As empresas de grande porte, da área automobilística ou da área das telecomunicações, são as que mais demandam atividades de assessoria de imprensa. Outras empresas, dos ramos de produtos de massa, bens de consumo duráveis e não duráveis, apresentam demandas sérias de comunicação. Também as empresas de serviço estão motivadas a trabalhar com a imprensa. Portanto, a pequena confecção de roupas precisa de comunicação, mas não, necessariamente, de assessoria de imprensa. A clientela é mais específica do que a de uma concessionária de automóveis, que precisa mostrar que o produto é melhor do que o de outra concessionária. Bancos, por exemplo, precisam de forte comunicação porque todo fator bancário é igual – cheque, fila de banco e tecnologia. É necessário, nesse caso, um diferencial. O campo simbólico se presta à criatividade das campanhas para exibir o diferencial bancário. Por seu meio, moldam-se as imagens do banco do grande cliente, do banco da pessoa física, do banco da pessoa jurídica, do banco que se parece mais com um supermercado e daquele que se parece mais com uma casa refinada. Cada banco precisa criar uma identidade. Portanto, quando as empresas são idênticas, trabalham com produtos congêneres, é necessário planejar um forte programa de comunicação para tipificar produtos e serviços diferenciados.

A assessoria de imprensa na administração pública

A comunicação é sempre um bem necessário. Na administração pública, a mentalidade é muita arcaica. Parcela significativa dos funcionários públicos do Brasil pensa de maneira ortodoxa, considera suas repartições um baú velho, e seu trabalho, uma obrigação. Estão ali, mas adormecem mental e psicologicamente no serviço, como se fossem extensões das máquinas. Não se entusiasmam e não usam a criatividade. A comunicação, portanto, padece dessa mazela, a doença da acomodação, a paralisação da malha pública. As instituições públicas são máquinas burocráticas, frequentemente inertes, paquidérmicas, sofrendo a comunicação com os efeitos das estruturas obsoletas. O desafio da comunicação na instituição pública é aproximar seus serviços da sociedade. Ocorre que a comunicação sozinha não faz milagres. Se o serviço público é ruim, a comunicação não vai consertar a imagem da administração.

As estruturas de comunicação dos governos, em nível federal, estadual ou municipal, devem ser profissionalizadas. Em primeiro lugar, tais estruturas devem possuir profissionais qualificados. Depois, precisam trabalhar com produtos bem delineados nas áreas de comunicação jornalística, editoração, relações públicas, propaganda, pesquisa, articulação com a sociedade e eventos. É preciso que as estruturas trabalhem com um conceito sistêmico de comunicação, evitando a disparidade de linguagens. Observa-se que o setor de relações públicas às vezes está distanciado da área de imprensa que, por sua vez, está afastada da editoração e da publicidade, e assim por diante. A estrutura deve ter comando único para preservar a harmonia das linguagens.

Adequar a comunicação ao meio ambiente

A informação é vital para as organizações; sem informação, uma empresa não sobrevive. Ela precisa receber informações dos consumidores e do mercado para ajustar-se. Por isso, todo trabalho de assessoria de imprensa há de se balizar pela realidade ambiental. Ao fabricar um carro, uma empresa precisa saber qual é o gosto do consumidor, sua tendência, as cores da moda, as cores mais atraentes, a mecânica mais adequada a cada país. A altura de um carro no Brasil, por exemplo, deve ser maior do que a de um carro na Europa ou nos EUA, pois as estradas europeias e americanas são perfeitas, enquanto as brasileiras apresentam, na maioria das vezes, problemas, com exceção das rodovias concessionadas. O produto há de se adequar à realidade. E essas demandas do consumidor precisam chegar à organização. Por outro lado, as empresas precisam saber o que está ocorrendo na sociedade – no campo político e no campo econômico – para poder ajustar suas filosofias e práticas. Portanto, uma empresa passa a consumir informações do mundo social, do mundo político e do mundo econômico para adequar suas estratégias, táticas, processos e métodos. Nesse contexto, a informação constitui matéria-prima essencial para desenvolver a identidade e projetar a imagem organizacional.

A ética profissional

Os profissionais, no desempenho de suas tarefas de assessoria, precisam desenvolver e aperfeiçoar uma cultura ética. O que isso significa? Primeiro: passar informações verdadeiras; segundo: reconhecer que a organização errou quando realmente cometeu falhas. Quando ocorre uma distorção, a empresa deve, imediatamente, reconhecer a falha. Quanto mais a esconde, maior problema vai gerar. Admitir o erro é mais saudável que tentar encobri-lo. Se a empresa fabrica um produto com falhas, deve reconhecer que fabricou errado e providenciar o *recall* (a chamada para conserto) do produto para as devidas substituições. É comum, hoje, a chamada geral para troca de peças defeituosas de carros. Se uma empresa de transporte de combustível derrama óleo no mar, deve providenciar a imediata limpeza, procurando a melhor tecnologia, reconhecendo e pedindo desculpas à sociedade. Procurar tapar o Sol com a peneira não vai adiantar. A Petrobras tem *know-how* avançado nesse problema. A população está cada vez mais exigente, participante e reclamando a verdade. Portanto, a postura do profissional deve ser a de prestar informação clara, transparente, objetiva e concisa. Os interesses da sociedade hão de prevalecer sobre os interesses da empresa.

O conceito de verdade

Antes de abordar a temática da verdade, é oportuno recordar uma frase do escritor e poeta inglês Gilbert Keith Chesterton (1874-1936) pronunciada em 1912, para definir a imprensa, e que ainda é muito atual: *"A imprensa é a arte de dizer que Lord Jones morreu a quem nunca soube que Lord Jones existiu. Com o passar do tempo, a imprensa passou a ser também a arte de dizer que Lord Jones disse o que realmente disse; e ainda a arte de dizer que Lord Jones disse o que não disse. E também a arte de não dizer que Lord Jones disse o que Lord Jones disse e, finalmente, a arte de fazer de conta que Lord Jones nunca existiu para um público cada vez mais informado."* Ou seja, a imprensa assume diversos papéis em relação a um mesmo fato.

Na moldura dessa ácida crítica ao papel da imprensa, precisamos saber lidar com o papel da verdade. A verdade, já disse o escritor alemão Bertolt Brecht (1898--1956), "tem cinco lados", mas a verdade mais verdadeira sempre aparecerá. Temos a verdade de **quem diz** – a fonte com seus sentimentos e valores; a verdade de **quem ouve** – o receptor com sua interpretação valorativa, que depende do conhecimento que tem do tema, os preconceitos para com a fonte, fatores que contribuem para alterar o que escuta, além dos códigos linguísticos e dos valores de cada interlocutor da mensagem. A terceira versão da verdade é dada pelo **momento**. Uma palestra noturna para ouvintes cansados terá efeitos diferentes dos de uma palestra matutina. As grandes reuniões têm mais eficácia quando realizadas pela manhã.

Outra "verdade" é determinada pelo **lugar**. Uma coisa é uma informação passada em um ambiente de uma sala de reunião, com espaços mais adequados para a audição e a visão. Outra coisa é a informação transmitida perto de um aeroporto, com aviões fazendo barulho. Há muita distorção e muito ruído na comunicação; perde-se muita coisa do que está sendo falado. A geografia do lugar, o espaço, influi na comunicação. Por exemplo, o inverno no Nordeste é chuva, no Sudeste é frio. Os conceitos mudam de acordo com a geografia, com os espaços geográficos. E a verdade é balizada, ainda, pelas **circunstâncias**. Os climas conjunturais influem tanto na intensidade quanto na percepção da verdade. A falta de luz, em época normal, é percebida de maneira diferente da falta de luz em crise de energia. O valor do fenômeno é diferenciado. A verdade maior sempre vai aparecer, mesmo que tenha cinco lados. São raríssimos os crimes encobertos. Como se diz que o criminoso sempre volta ao lugar do crime, a verdade acaba aparecendo.

Costumo usar, ainda, um conceito simbólico e aparentemente anatômico em torno do tema da liberdade para mostrar a relatividade das coisas. Digo que a liberdade está circunscrita a dez prisões: a prisão da audiência (que determina a amplitude ou redução do tema); a prisão dos donos da flauta (aqui significando os proprietários dos meios de comunicação); a prisão interposta pelos intermediários da comunicação (produtores, animadores, editores); a prisão do meio (a cosmética da mensagem na TV é bem mais atraente que no jornal); a prisão das circunstâncias (a verdade depende dos momentos e climas); a prisão do receptor (a cultura do receptor relativiza a mensagem); a prisão dos códigos normativos (leis, portarias, regulamentos); a prisão dos interesses subjacentes (*lobbies* que dão angulações diferentes à verdade); a prisão de significações da fala (denotação/conotação); e a prisão do tempo (maior ou menor tempo influi na substância da mensagem). É comum, ainda, ouvir a questão: a liberdade, como a verdade, é uma utopia? Quem concordar que a resposta é sim é um idealista romântico. Para ele, vale qualquer esforço para alcançar a liberdade.

Sendo assim, não há alternativa melhor para uma empresa que o compromisso com o escopo da verdade maior. A sociedade está cada vez mais exigente, mais acurada, participativa e consciente politicamente. Temos até um código de defesa do consumidor, apesar de ser frequentemente desobedecido, reconhecido como um dos mais avançados do mundo. A conscientização está chegando ao consumidor final, não apenas dos segmentos médios, mas também até do "povão". Os comunicadores devem trabalhar com a informação exata e, por isso mesmo, as empresas estão criando estruturas de atendimento ao consumidor, os chamados Serviços de Atendimento ao Consumidor (SAC). Na área de alimentos, as grandes empresas possuem tais estruturas.

Cuidado com a improvisação

O mercado de assessorias de imprensa não está totalmente profissionalizado. Há estruturas profissionais de alta qualidade, principalmente no Sudeste do país, onde se destaca o estado de São Paulo. E existem pequenas estruturas que trabalham de maneira ortodoxa. A tipologia de produtos merece um redesenho como, por exemplo, o *press-release*, que hoje serve para encher cestas de lixo. É aconselhável trabalhar com sugestões de pauta, pré-pautas para jornais, informações qualificadas, priorizando as informações, selecionando melhor os ângulos, criando uma estratégia de aproximação com os jornalistas. Em resumo, os *releases* devem ser aperfeiçoados quanto à qualidade da informação e ao ponto de vista da angulação. Deve ser considerado como indicação para uma matéria a ser feita – contendo indicação de fontes, abordagens etc. –, e não como matéria a ser veiculada pela imprensa.

Deve-se, a todo custo, evitar a cooptação com dinheiro ou recursos ilícitos. O bom jornalista quer informações qualificadas. A proliferação das assessorias de imprensa tem como causa a enorme quantidade de profissionais que chegam ao mercado e não são absorvidos pelas formas tradicionais – jornais, rádios, revistas e televisões. Muitos procuram os campos especializados da comunicação. Como a procura é maior que a oferta de trabalho, os profissionais de assessorias acabam aceitando o rebaixamento das condições de trabalho. As levas de jornalistas recém-formados, que saem de escolas sem tradição, colaboram para a degradação do mercado de trabalho.

Crescimento do mercado

A tendência é que o mercado acabará absorvendo os profissionais qualificados. Quem tem competência se estabelece. Quem não tiver competência será excluído. Há carência de bons profissionais que tenham visão sistêmica e estratégica. Isso porque a comunicação organizacional passa a integrar o conjunto estratégico das organizações. É preciso salientar que o conceito de comunicação como jornalzinho – "boletinzinho" – é coisa do passado. A comunicação está cada vez mais concentrada como um processo de integração entre a organização e a sociedade. Essa é a razão pela qual comunicação interna e comunicação externa devem integrar-se.

O tratamento deve ser profissional. Profissionalismo significa o entendimento do negócio, o ajustamento entre os interesses da empresa e os interesses sociais. O profissional qualificado sabe respeitar os valores morais, espirituais e de ordem material dos consumidores. Precisa fazer sempre leituras adequadas dos comportamentos sociais, a fim de estabelecer estratégias compatíveis com demandas e circunstâncias.

Os direitos do consumidor

As linguagens organizacionais – particularmente nas áreas da assessoria de imprensa, propaganda e promoção – hão de levar em consideração os direitos do consumidor. Por exemplo, os rótulos dos produtos e as embalagens são formas de comunicação. Logo, precisam fornecer as informações que os consumidores querem. Observa-se certo exagero nas informações emitidas pelas empresas, que colorem e enaltecem exageradamente seus produtos, marcas e conceitos. O personalismo exacerbado nas informações prejudica a qualidade e a objetividade e, em vez de ajudar a comunicação organizacional, cria desconfiança. "Elogio em boca própria é vitupério", diz o ditado. É preciso compatibilizar o direito do consumidor com a política de informação. Há muito que fazer para integrar os interesses do consumidor e os interesses empresariais.

Relações com a imprensa

No trato com a imprensa, as relações devem ocorrer dentro de uma diplomacia de respeito e intercâmbio constante. Se a empresa tem algo a comunicar precisa criar uma sintonia fina com a opinião pública. Se os jornais procuram as empresas é porque o negócio empresarial tornou-se notícia. Antigamente, percebíamos que os jornais e as revistas fechavam seus espaços para as empresas. Hoje, os produtos e, principalmente, os lançamentos são bem-aceitos pela mídia. A estrutura tradicional de cooptação da mídia pela pressão, pelo dinheiro e favorecimento não funciona mais. As relações entre empresa e imprensa levam em consideração o interesse pela informação.

Novas dimensões, em suma, compõem a postura de relacionamento com a imprensa. Eis algumas delas:

- Evitar cooptação da imprensa à base de fisiologismo. A imprensa quer informações. O bom assessor sabe muito bem que está ultrapassada a ideia de considerar a imprensa como algo que pode ser tutelado.

- Evitar ênfase ao dirigente – tem sido comum enfatizar os perfis de dirigentes. A informação sobre o negócio, a empresa e o produto tem prevalência sobre a abordagem personalista.

- Evitar angulações que procurem expressar o conceito de empresa como ilha de felicidade, paz e progresso, cercada por maremotos e turbulências.

- Evitar comunicações inócuas – substituir o envio de informações inoportunas, desnecessárias e desinteressantes por informações socialmente significativas.

- Substituir a improvisação pelo profissionalismo.

- Trabalhar de modo mais profundo a identidade da organização.

- Reconhecer os problemas e as dificuldades vividas pela organização.

- Substituir o monólogo pelo diálogo.

- Criar eficiente articulação com as pontes da imprensa, amparada nos valores da amizade, do respeito, da confiança e, em certos casos, da exclusividade noticiosa.

Com quem tratar no veículo de comunicação? – Eis a questão. Isso vai depender do nível e da complexidade dos problemas. É preciso saber qual a pessoa mais indicada para criar um bom relacionamento ou mesmo conversar sobre uma questão específica: o proprietário do veículo, o diretor de redação, os editorialistas, os editores-executivos ou secretários de redação, os editores de áreas, os repórteres especiais e os repórteres. O assessor de imprensa deve cultivar especial relação com os colunistas. As colunas integram as áreas de mensagens mais lidas e eficazes da mídia impressa. E os colunistas vivem à cata de exclusividade. É claro que estão sempre à procura de notícias interessantes, bastidores, fatos pitorescos e, se possível, situações que possam provocar impacto. As colunas especializadas constituem espaço privilegiado para notícias em primeira mão e ainda servem como bastião de luta na guerra da contrainformação. Mas é preciso descobrir, também, o perfil do jornalista a ser contatado. Há perfis variados: o ambicioso, a vestal, o acomodado, o amigo, o que batalha por uma boa informação, o solidário, o corrupto, o especializado. É conveniente sempre classificar o jornalista dentro dos padrões de ética, dignidade e seriedade. Até que ele prove o contrário.

É comum a pergunta: com que frequência o dirigente ou a empresa precisam aparecer na mídia? Resposta: sempre que for necessário. Não adianta forçar a barra para colocar o dirigente de qualquer maneira nos espaços de imprensa. É aconselhável, ainda, pulverizar a mídia, ou seja, inserir a empresa, o dirigente ou o político em jornais e revistas diferentes.

Outra questão é o conteúdo. Políticos, dirigentes ou executivos obtêm bons espaços por meio de artigos de qualidade, bem redigidos, com bons e sólidos argumentos. As entrevistas precisam ser preparadas a fim de se evitar o "achismo" ("eu acho que, penso que"). Declarações fortes sobre temas da atualidade, anguladas de modo criativo, e participação em programas de debate em emissoras de rádio e TV são formas interessantes de se fazer presente na mídia, de forma eventual.

Roteiro para ler a mídia

Um aspecto nem sempre muito estudado e avaliado diz respeito à filosofia editorial dos meios de comunicação. Todo cuidado é pouco na leitura da mídia. O que se deve saber a respeito da imprensa? É fundamental compreender o posicionamento e o ideário de cada meio de comunicação. E como se pode chegar a esse conhecimento? Por meio de uma análise de suas posições a respeito de temáticas e questões centrais. É interessante avaliar as posições dos meios de comunicação concernentes a aspectos da realidade social, política e econômica. Por esse caminho, pode-se encontrar o nicho de cada veículo. Eis um breve roteiro:

- Abertura da economia.
- Abertura moderada (com freios).
- Nacionalização/estatização.
- Quebra de cartórios/subsídios.
- Defesa dos valores cristãos.
- Reformas e mudanças constitucionais.
- Defesa do capital estrangeiro.
- Antiesquerdismo.
- Condenação às práticas dos "fundões do país" (regiões menos desenvolvidas politicamente).
- Ligação com o poder.

- Ligação com o empresariado.
- Ligação com a esquerda.
- Ligação com entidades da sociedade.
- Defesa do programa de privatizações.

Como os grupos de comunicação podem ser caracterizados? Tentemos uma leitura.

Grupo GLOBO

- Internacionalista.
- Alta ligação com o poder.
- Alta ligação com o empresariado.
- Maior densidade política.
- Grande poder concentrado na família do proprietário.
- Diversificação de interesses negociais.
- Aproximação dos grandes núcleos de formação de opinião.
- Maior capilaridade de discurso (capacidade de fazer chegar as mensagens ao maior contingente de pessoas).
- Alta tecnologia no processo comunicativo.
- Estabilidade dos quadros internos.
- Valorização dos padrões tradicionais de sociabilidade, como a família e a Igreja.

Estilo: direto e objetivo; preocupação com o uso correto da língua; linguagem jornalística tradicional.

Equipe: estabilidade dos quadros internos; cúpula afinada com os proprietários (família Marinho); boa retaguarda em Brasília.

Grupo ABRIL

- Alto poder de informação.
- Imensa ligação com bastidores do Executivo Federal.
- Certa independência redação/comercial.
- Baixa visibilidade do proprietário.
- Uso maquiavélico da informação.
- Interesses negociais em expansão.
- Seriedade no trato das informações e análises da área de empresas/negócios.

- Visão essencialmente paulista.
- Corpo técnico de alta qualidade.
- Referencial para comportamento e lazer.

Estilo: depende do veículo. Veículo mais importante: Revista *Veja*, de estilo mais criativo, interpretativo, aberto. Matérias de investigação.

Equipe: certa estabilidade nos veículos principais – *Veja* e *Exame*. Boa retaguarda nas sucursais, a partir de Brasília.

Grupo ESTADO

- Internacionalista.
- Visão clássica/conservadora.
- Defesa aberta da economia de mercado.
- Condenação às práticas políticas do Norte/Nordeste.
- Defesa intransigente de São Paulo.
- Patrocínio de causas e campanhas.
- Forte ligação com o Poder Judiciário.
- Forte ligação com o poder econômico de São Paulo.
- Condenação das mazelas do Congresso.
- Defesa de valores básicos da cultura:
  - Moralidade.
  - Transparência.
  - Ética.

Estilo: busca dar tratamento imparcial à notícia; denso, pesado. Pauta forte na economia. Área internacional bem trabalhada.

Equipe: grupo redacional estável. Mudanças têm aberto novos caminhos. Valoriza o profissional. Renova quadros com estagiários. Tem bons colunistas e articulistas. Procura investir em qualidade.

Grupo FOLHA

- Marketing do arco ideológico (a estratégia é a de abrir espaços para todas as tendências ideológicas e doutrinárias); lógica editorial ditada pelo lucro.
- Sem compromisso com grupos (aparente).
- Jornalismo apressado ("marketing do barulho").
- Patrocínio de bandeiras sociais.
- Suporte de pesquisa – apoio editorial.

- Nervosismo das equipes – rodízio.
- Imprevisível/arrebatado.
- Proprietário carismático dá o tom; não aparece nas páginas editoriais.
- Alto poder de leiturabilidade/legibilidade.
- Grande penetração nos segmentos médios/setores avançados.

Estilo: busca manter premissas básicas: imparcialidade, ouvir o outro lado, ser crítico. Estilo investigativo em boa parcela das pautas. Jornalismo apressado. Suporte de marketing: "Rabo preso com o leitor".

Equipe: grande rotatividade; média na faixa etária redacional é baixa; equipe deve absorver regras rígidas da casa. Tem bons colunistas.

Grupo JB

- *Jornal do Brasil* perdeu antigo prestígio.
- Cobertura com foco no Rio de Janeiro.
- Perdeu leitores no país.
- Destaque para o colunismo.
- Formato tablóide do jornal fragmentou identidade.
- Ciclotomia editorial.
- Pouca visibilidade do atual proprietário.

Estilo: linguagem clara, didática; boa divisão em boxes e retrancas; facilidade de leitura.

Equipe: mudanças na composição acionária com repercussão na equipe redacional; equilíbrio entre veteranos e novos.

Grupo SBT

- Linha mais popular/emotiva.
- Influência em diversas regiões.
- Alta visibilidade do proprietário.
- Defesa do consumidor.
- Sem brilho criativo/tecnológico.
- Mudanças constantes na grade dos programas.
- Equipes de comunicadores populares e programas de grande audiência.
- O modelo de gestão é mutante e ciclotímico.

Estilo: populista, emotivo, com foco para classes médias baixas e classes C, D e E.

Grupo GAZETA MERCANTIL

- Influência no grande empresariado e no corpo diretivo.
- Informações de qualidade.
- Compromissos com modernização e mercado exportador.
- Melhor cobertura da microeconomia.

Estilo: denso, pesado, alta qualidade informativa e técnica.

Equipe: grande estabilidade interna; corpo redacional de alto nível.

Grupo TV BANDEIRANTES

- Influência – programas específicos.
- Influência estadual.
- Jornalismo de rotina.
- Aparato tecnológico fraco.
- Experimentalismo na programação.
- Forte influência da emissora de rádio do Grupo (programas jornalísticos de boa audiência).

Estilo: linguagem média, polêmico, cultiva grandes debates, tradição nos esportes.

Rede RECORD

- Grande cobertura nacional.
- TV amplia audiência – 2º lugar no ranking.
- Linha jornalística entre média e forte.
- Influência política – bancada religiosa.
- Domínio dos bispos evangélicos (Igreja Universal).
- Consolidação do império evangélico.
- Extensão com poder político (bancadas evangélicas).
- Equipes profissionalizadas.
- Atualização tecnológica.

Estilo: em parte, informativo-opinativo; em parte, populista e diversional; emotivo, religioso.

Escala de importância

Outro aspecto a considerar na avaliação da mídia são os pesos relativos das mensagens em cada veículo. Esses pesos e impactos variam de acordo com a mídia. Considerando a natureza da audiência dos canais eletrônicos e impressos e a força de cada veículo, podemos estabelecer a seguinte escala de impactos, em uma ordem de 0 a 10:

1. Denúncia em uma rede como a Globo 9,5
2. Denúncia na grande imprensa 8,0
3. Denúncia em TVs e jornais (ao mesmo tempo) 10,0
4. Informação de passagem no texto de reportagem de TV. 8,0
5. Informação de passagem no texto de reportagem de jornal/revista ... 6,0
6. Informação em coluna de jornal 8,0
7. Artigo de jornal 6,0
8. Editorial de jornal 5,0
9. Entrevistas em páginas de economia .... 4,0 a 6,0
10. Informação em revista de informação .... 7,0 a 8,0
11. Informação em revista especializada .... 3,0 a 4,0
12. Informação em rádio .... 6,0 a 9,0
13. Informação em mídia própria .... 2,0 a 3,0

Sintonia com as redações

Os profissionais das assessorias fariam bem se tomassem um "banho de redação", inteirando-se sobre as funções de editor, repórter, chefe de reportagem, diretor de redação, enfim, da moldura completa de uma redação. Compreendendo o interesse do jornal ou da revista, absorverão melhor a filosofia do veículo: o clima nas redações, os momentos de fechamento, os momentos instantes para se falar com os repórteres e com os diretores. Há certos momentos em que o assessor não consegue falar com a redação. No final do dia, por volta das 17h30 e 18h, é quase impossível alguém falar com os jornalistas, pois é hora de fechamento do jornal. E, nas revistas semanais, a partir de quinta-feira à noite já não se fala com a redação. O conhecimento integral e pleno do funcionamento da filosofia e do clima das redações é fundamental.

Assessoria externa

Uma organização que tem assessoria de imprensa externa, ou seja, opta pelo serviço terceirizado, ganha em profissionalismo, em flexibilidade e na compreensão mais sistêmica do meio ambiente. Pode perder, em um primeiro momento, no aspecto da climatização do assessor com os temas da empresa. Para sentir o clima de uma empresa, a estrutura terceirizada demora um pouco. Dentro de dois meses, a assessoria externa capta o clima de uma organização e passa a realizar um trabalho adequado aos objetivos organizacionais. As empresas ganham também no aspecto da neutralidade, porque uma estrutura interna de comunicação fica subordinada a determinada área, gerando ciúmes em outras áreas, às quais ela não é subordinada. Já uma estrutura externa terceirizada procura atender, de maneira imparcial, a todos os setores da organização. Para tanto, sua subordinação deve ser ao *top* da organização.

O profissional

Quem pode tomar conta desse **acervo estratégico**? O perfil do profissional de comunicação no início do novo milênio comporta alguns valores e atributos. O profissional precisa assumir a postura de um estrategista político, ser um articulador, juntar as partes da empresa, quebrar arestas, ter bom relacionamento com a imprensa, relacionar-se com o sistema político, conhecer as lideranças que influem na vida da empresa. Precisa saber gerenciar conflitos, trabalhar bem os climas interno e externo, saber fazer planejamento, dominar as áreas clássicas da comunicação e possuir a compreensão de que, sob seu comando, deve haver um grupo de operadores eficazes.

Onde pode ser encontrado esse profissional? Há poucos profissionais com visão sistêmica da comunicação e, mais que isso, com visão política. Nos últimos anos, a politização da sociedade, pela elevação dos níveis de informação e abertura do universo da locução, trouxe certa densidade política aos setores produtivos. Os eixos entre o governo, o Parlamento e as empresas tornaram-se mais próximos. Em consequência, as empresas desenvolveram um discurso com certa tonalidade política. Passaram, de certo modo, a fazer política, a praticar um relacionamento institucional voltado para a integração com o centro do poder. Os profissionais ganharam *status* com tal posicionamento. Muitos adquiriram novos conhecimentos, frequentando cursos de pós-graduação, desenvolvendo dissertações de mestrado e teses. Os mais requisitados saem das redações de grandes veículos de comunicação.

Termos e conceitos-chave

- Alto perfil
- Articulação
- Assessoria de imprensa
- Assessoria externa
- Baixo perfil
- Campo simbólico
- Cultura ética

- Direitos do consumidor
- Estrategista político
- Leitura da mídia
- Nichos negociais
- Porte empresarial
- *Press-release*
- Redações
- Relações com a imprensa
- Tendências de mercado
- Verdade

CAPÍTULO 4

Nome, marca, identidade e imagem

"O símbolo é a representação que evoca, instantaneamente, uma ideia ou uma doutrina, o sinal automático que sugestiona as pessoas, integrando-as em torno de uma causa."

(S. Tchakhotine)

Um dos maiores patrimônios da organização é constituído pelo seu nome, pela marca dos produtos e pela imagem que projetam. Pela importância dessa temática para a organização, sugerimos atenção especial a essas questões. Uma empresa ou um produto, pertença ele à categoria de bens de consumo ou à de bens duráveis, possui uma identidade e uma imagem. Ao se comunicar com os consumidores, uma empresa está levando a mensagem de seu nome. E quando adquire um produto, na verdade, o consumidor está adquirindo o conceito globalizante de identidade e imagem.

O nome da marca

Comecemos pelo nome. O que ele representa? Representa a identidade de uma organização e a projeção pública de sua imagem. Expresso em um **logotipo** (*designação verbal*) ou **logomarca** (*designação verbal-icônica*), o nome é a marca – a roupagem pública e simbólica da organização. Atualmente, vivemos sob o "**império das marcas**", em decorrência da oferta de produtos similares com preços e qualidades paritárias. Com custo-benefício equiparado, os produtos e serviços precisam consolidar a sua marca para um consumidor cada vez mais exigente e crítico. Por isso **associar a marca a um produto/serviço confiável é um grande desafio e a escolha do nome é tão significativa**. Um ativo como as marcas **Coca-Cola** e **Marlboro** é avaliado, hoje, em mais de US$ 100 bilhões.

A força da imagem expressa pelo nome/marca está na razão direta da intensidade e do tempo de exposição pública (*lei da redundância*), dos volumes e densidades publicitárias e das verbas investidas (*lei da difusão e da visibilidade*) e ainda da homogeneidade gráfico-visual das manifestações impressas (*lei da coerência e da homogeneidade*).

Hoje, fica cada vez mais evidente a diferença entre a marca e o produto. O produto é o que a empresa fabrica; o consumidor acaba comprando a marca.

Há quatro categorias de marcas:

> NOMES PESSOAIS – o nome da empresa está vinculado a pessoas ou às ações dessas pessoas – Light Co., primeira empresa a trazer eletricidade para as residências, foi formada em 1879 como Edison Electric Light Co.

> NOMES TOPONÍMICOS – os topônimos (nomes próprios de lugar), nomes de cidades e regiões incorporam-se ao nome da empresa. Leite Paulista, Banco do Brasil etc.

> NOMES DE PRODUTOS E DE PROCESSOS – que conferem ênfase ao produto ou ao processo produtivo. General Electric, Corn Products, Eletropaulo, além de toponímicos, inserem-se nessa categoria.

> NOMES DE MARKETING – o foco é na criação das marcas diferenciadas com logomarcas e logotipos. Caso da Apple e Mont Blanc.

A escolha da marca deve conjugar alguns aspectos, como **funcionalidade** – a capacidade de gerar confiança junto ao consumidor; a força **simbólica** – envolvendo, nesse caso, conotações emocionais e mapas cognitivos com fortes apelos junto ao consumidor; o **nome da marca** – com todas as possibilidades de propiciar sua extensão para áreas de expansão futuras; os valores da **concisão e precisão** – que se relacionam à capacidade de expressão adequada, com termos corretos e precisos, enfeixando perfeita relação pensamento/conceito/expressividade, como forma de garantir ao consumidor boa memorização; **aspectos legais** – necessários para evitar danos e para proteger esse patrimônio, que, para muitas empresas, constitui-se o mais importante ativo.

> A escolha da marca deve conjugar aspectos como funcionalidade, força simbólica, nome, concisão, precisão e aspectos legais.

O campo dos significados do nome

A mente funciona por meio de conceitos. Ao perceber o nome de uma empresa, a atenção seletiva da pessoa estabelece uma filtragem, aceitando, rejeitando, estabelecendo conceitos e comparações entre produtos, marcas e construindo imagens. E essa atenção é maior ou menor de acordo com o grau de envolvimento do consumidor com o produto. Nesse caso, a atenção é balizada por níveis de percepção, tais como identificação e satisfação da fantasia/sonho/ambição; objetivo que proporciona comparação do produto ou do serviço com outros e nível de preocupação, aqui entendido como tentativa de encontrar respostas e soluções para problemas e necessidades. Em suma, a seleção de produtos, serviços e ideias leva em consideração as necessidades funcionais do consumidor, suas crenças e valores e os níveis de satisfação emocional gerados por eles.

As empresas de serviços prestam atividades cuja característica é a intangibilidade, não resultando delas a posse de um bem físico. Portanto, os consumidores procuram sempre sinais que avalizem a qualidade de determinado serviço. O nome e o logotipo devem sugerir o conceito que se deseja "vender" ao consumidor, como modernidade, eficiência ou rapidez.

Ao perceber a signagem de um nome (logotipo), o consumidor faz duas leituras: uma, consciente, que relaciona a marca ao produto; outra, periférica, que contempla o fundo, a matéria subliminar. E nesse campo, inserem-se arquétipos emocionais, com seus estados de pré-consciência (apelos ao instinto, apelos à razão, apelos à autoestima e fatores de integração da pessoa com as realidades que a cercam).

Por exemplo: o nome *Light* está associado imediatamente ao produto **energia**; e, ainda, embute conceitos, valores e posicionamentos construídos pelo consumidor ao longo de sua história, das experiências e das expectativas em relação à empresa. Nesse caso, podem figurar no mapa cognitivo conceitos e valores como: **qualidade**, **excelência**, **tradição**, **solidez**, **grandeza e porte**, **credibilidade**, **respeito ao consumidor**, **alta tecnologia**, **agilidade**, **demora**, **descrédito**, **coisa antiga**, **internacional**.

Circunstâncias para a mudança de nome

Algumas organizações, diante de crises, fusão, incorporação ou mesmo venda, veem-se diante do dilema: mudar ou não o nome da empresa? É uma decisão estratégica que demanda profunda avaliação. Eis algumas posições e variáveis a serem consideradas:

A variável declínio/saturação – assim como no ciclo de vida de um produto, as empresas também passam por uma fase de declínio. Seus produtos estão em queda, sua imagem desgastada, sua identidade canibalizada pela concorrência. Um programa de revitalização certamente haveria de incluir a questão do nome (o Laboratório Schering Plough foi confundido com a Schering do Brasil, que distribuiu pílulas do anticoncepcional Microvlar inócuo. O intenso desgaste na mídia e a tentativa de esclarecimentos sem impacto junto ao público consumidor não deixaram outra alternativa senão a mudança de nome).

A variável absorção de novos produtos/mercados/tecnologia – quando ocorre a incorporação de novos mercados e novos produtos, a empresa pode querer interpretar, com um novo nome, as mudanças em seu **portfólio**. Isso ocorre, ainda, quando a empresa passa a atuar no âmbito internacional.

A variável linguística – quando o nome da empresa apresenta dificuldades de natureza semântica (tamanho e/ou compreensão do significado), estética (grafismo inadequado) ou fonética (dificuldade de pronunciação ou extensão fonética inadequada), o nome pode ser alterado.

A variável mudança de proprietário/controlador – quando uma empresa passa para outro proprietário ou controlador (aquisição, fusão/incorporação), admite-se efetuar a mudança, principalmente quando a força do nome do novo proprietário é maior que o nome usado pela empresa. Um nome restritivo pode ofuscar ao público a nova dimensão, o novo formato e a nova força da empresa. Nesse caso, pode-se estudar a mudança, agregando-se valor e peso do novo grupo controlador à empresa. Caso da Parmalat, que adquiriu pequenas empresas de laticínio.

A variável alteração na identidade – quando uma empresa altera sua identidade, deixando, por exemplo, de ser uma empresa estatal para assumir uma propriedade privada, também pode alterar o nome. Nesse caso, a alteração objetivará sinalizar ao mercado consumidor que, a partir daquele momento, a empresa estará sob nova gestão. A transferência do controle estatal para o controle privado sugere, entre outros, os seguintes atributos: maior qualidade, mais agilidade, profissionalismo, competitividade, agressividade negocial, valorização do consumidor, maior abrangência e maior leque de serviços.

Exemplo da conjugação das **duas últimas variáveis** (proprietário/controlador e alteração na identidade): Telesp para Telefônica.

Tem-se observado, em termos de tendência, que empresas ativas, dinâmicas e participativas são as que mais necessitam e promovem pequenas adaptações morfológicas em seus nomes. Conforme se expandem, vão deixando para trás as identidades antigas do início de suas operações. Defrontam-se com a necessidade e o desafio de projetarem novos valores que melhor reflitam os ideais da modernidade. Um nome diferenciado, distinto e de fácil memorização pode ser um instrumento poderoso para ajudar uma empresa a se posicionar melhor no mercado e atingir objetivos e metas.

Mas não se pode esquecer que há empresas que modificam seus nomes e acabam criando mais problemas, em vez de resolver os antigos. Por isso mesmo, a mudança do nome exige um cuidadoso estudo sobre as conveniências e um planejamento adequado, que inclui a **avaliação dos atributos, forças e potenciais** e, ainda, **a montagem completa da logotipia**.

"Uma mudança de nome, sozinha, não irá modificar a identidade de uma empresa. O novo nome é apenas uma parte de todo um programa de identidade de uma organização, ainda que seja uma mudança muito perceptível." (*In: Harvard Business Review*, Lippincot & Margulies, 1987.)

Determinação e mudança do nome/marca

O processo de mudança do nome de uma empresa deve se submeter a determinados critérios. É o que recomendam os analistas de imagem e os estudiosos do problema.

Abaixo, resumimos os **principais aspectos** que devem ser considerados em uma decisão sobre **mudança de nome**:

- Em primeiro lugar, há de se determinar e avaliar os *pontos fortes* e *fracos* da empresa; em segundo lugar, sugere-se examinar *como o consumidor vê a empresa*; terceiro, é preciso avaliar a *atual realidade da empresa e a projeção de seu porte/tamanho dentro de cinco ou dez anos*.

- O nome deve corresponder ao *objeto principal* (*produto*) da empresa (*lei da contiguidade*).

- O nome deve expressar o objeto de maneira **simples e direta** (*lei do foco*).

- O nome deve ser de **fácil designação**, eliminando-se quaisquer dificuldades semânticas.

- Devem-se examinar as questões de pronunciação, conotação e capacidade de memorização. O nome deve ser fácil de **compreender**, **pronunciar**, **soletrar** e **memorizar**. Deve-se associar a significados e conter elementos mnemônicos e palavras vividas.

- O nome deve sugerir as qualidades do serviço prestado. A Walt Disney Company não vende apenas entretenimento. Os visitantes veem na Disneyworld um oásis de limpeza e simpatia diante de cidades cada vez mais sujas, violentas e desorganizadas. No caso de uma empresa de energia elétrica, seriam serviços eficientes, alta tecnologia, custo justo da iluminação, novos procedimentos técnicos; **energia é desenvolvimento**.

- Nomes complexos, longos e inconvenientes causam problemas de comunicação. São difíceis de memorizar e não causam impactos visuais (os nomes complexos tendem a ser mais simples. A General Electric transforma-se em *GE*, a International Business Corporation fica sendo *IBM*, a Tokyio Tsuhin Kogio Companhia torna-se *Sony*). Em alguns casos, simplifica-se o nome pelas iniciais – *Banespa* (Banco do Estado de São Paulo), *Bemge* (Banco do Estado de Minas Gerais).

- O nome deve conter atributos próprios, evitando-se nomes neutros. Pesquisas norte-americanas constatam que empresas com primeiros nomes do tipo *First*, *National*, *Federal*, *General* tendem a permanecer anônimas.

- O nome deve suportar um **símbolo** ou *slogan*.

- O nome deve sugerir associações desejáveis.
- O nome deve ser **original**, não devendo ser confundido com nomes concorrentes.
- O nome deve ser **disponível** e legalmente **protegível**.
- Nomes associados a locais e regiões podem dificultar a expansão da empresa em termos nacionais ou internacionais ou criar limitações para os analistas de investimentos. Nomes com ênfases estaduais/nacionais podem ser geograficamente limitadores à sensibilidade de investidores internacionais. O nome **deve ser linguisticamente estudado** para penetrar em países e culturas diferentes.
- Nomes transnacionais, fortes e apropriados, ultrapassando limites linguísticos e culturais, podem fortalecer o conceito da empresa em um contexto de globalização. As marcas aceitas internacionalmente possuem mais valor do que as nacionais ou regionais.
- O nome deve ser a assinatura gráfica da empresa.
- O nome pode ser concluído por um **signo icônico** (*figurativo*), arrematando o **logotipo**.
- Pesquisas mostram que as pessoas adultas continuam a preferir as marcas de que gostavam na infância.
- Há casos em que o nome da empresa fica sendo o de toda uma categoria. É o que se chama de marca **prototípica**. Coca-Cola, Omo, Bombril.

Avaliados esses critérios e princípios, há de se ponderar, para efeito de uma decisão sobre mudança do nome da marca, um conjunto de fatores, alinhados em algumas interrogações centrais, a saber:

- A marca tem altos índices de lealdade por segmento? Satisfaz completamente os consumidores/usuários? Como é comparada com os concorrentes?
- A marca é muito conhecida, razoavelmente conhecida ou pouco conhecida? Seu conhecimento tem problemas no mercado?
- A marca passa conceito de qualidade e como essa qualidade é percebida? Os preços e as margens estão sendo corroídos?
- Que imagens a marca estimula? Quais as vantagens competitivas geradas pela marca?

Só depois de convenientemente avaliadas e respondidas tais questões é que se pode partir para um processo de tomada de decisões a respeito da mudança de nome da marca.

Tendências e casos

Quando um nome possui associações que são prejudiciais ou limitativas, ou quando novas associações são incompatíveis com o antigo nome, a tendência é a de se arranjar um novo nome.

Cerca de 2 mil nomes de corporações são mudados, anualmente, nos Estados Unidos, porque já não refletem mais o negócio das empresas.

A *International Harvester*, em 1985, estava com uma péssima imagem de fabricante de equipamentos agrícolas. Mudou o nome para *Navistar*. Gastou US$ 13 milhões na campanha de mudança.

A *Allengheny Airlines* possuía um nome geograficamente restritivo. Passou a se chamar *US Air*, com abrangência no país inteiro.

A *Consolidated Foods* mudou o nome para *Sara Lee*. O nome não refletia o objeto da empresa, mas era bem conhecido e apreciado. Foi bem recebido pelos investidores.

A *American Express* e a *Eastern* achavam que tinham nomes restritivos. Eram **nomes consolidados no mercado**. Pesquisas demonstraram valores tão fortes ligados aos dois nomes que as restrições geográficas ficaram minimizadas. Em vez de novos nomes, desenvolveram novos logotipos, com *design* forte e marcante.

A *Allied Chemical Corporation* tinha um nome relacionado à fabricação de produtos químicos. Removeu a restrição semântica com o nome *Allied Corporation*.

A *Internorth* passou a substituir o nome *Northern Natural Gas*, que se referia à época em que trabalhava com gás natural.

O nome *Consolidated Mining and Smelting Company of Canada Ltd.* era **muito extenso** e escondia as verdadeiras esferas de ação da empresa. Deu lugar ao nome *Cominco*, criado com base nas palavras do antigo nome. Um nome de **fácil memorização**, podendo ser pronunciado facilmente em um país bilíngue.

O nome *National Railroad Passenger Service*, muito extenso, não ajudava a promoção de transporte ferroviário. O nome *Amtrak*, com uma linha vermelha e azul de seu logotipo, refletindo um visual forte e de fácil memorização, foi a solução.

The Former Eaton, Yale and Towne, difícil de ser lembrado, virou *Eaton*. A empresa *Olin Mathieson Chemical Corporation* virou simplesmente *Olin*.

A *Noxzema Chemical Company*, utilizando o nome de sua mais famosa marca, virou *Noxell Corporation*.

Um caso interessante: a *Haloid Xerox Company* recebeu a sugestão de retirar o *Haloid* de seu nome; havia ainda preocupação com a pronúncia e rejeição do nome *Xerox*, que soava estranho. Pesquisas demonstraram que o nome *Xerox* era muito bem-aceito pela população, criando associação imediata com os processos de cópias automáticas. Atualmente, a *Xerox* gasta muito dinheiro para que o seu nome seja identificado com a empresa e não com a categoria de cópia automática.

Identidade e imagem

Entende-se por identidade a soma das características físicas fundamentais do produto, da amálgama de ingredientes que formam sua personalidade e sua composição manufaturada. A imagem, por sua vez, é a projeção pública (o eco) da identidade do produto, que equivale ao território espacial em que circulam as mais diferentes percepções sobre o produto, os valores que imantam seu conceito, as manifestações e apreciações sobre suas qualidades intrínsecas e extrínsecas.

A identidade se refere ao plano dos conteúdos lógicos, concretos, apreendidos pelo nível do consciente. A construção de uma identidade há de levar em consideração valores e critérios, tais como o foco, a essência; a capacidade de permanência; a singularidade, que preserva a especificidade e a unicidade, que garante a coerência. Ou seja, a identidade é o conceito-mor que define os limites, os contornos e as possibilidades do posicionamento da marca. A imagem se refere ao plano dos simbolismos, das intuições e conotações, apreendidas pelo nível do inconsciente. A identidade se projeta na imagem, graças ao estabelecimento de uma marca para "carimbar" o produto e ao desenvolvimento de técnicas de comunicação e marketing (marketing-mix) voltadas para posicionar o produto na mente do consumidor.

Portanto, a marca constitui a roupagem pública e simbólica do produto, geralmente externada por meio de um logotipo (designação verbal) ou logomarca (designação verbal-icônica para o produto). A imagem de marca será tanto maior e mais consolidada quanto maiores forem seu tempo de exposição pública (lei da redundância), os volumes e as densidades publicitárias e as verbas investidas (lei da difusão e da visibilidade) e a homogeneidade gráfico-visual das manifestações impressas a respeito do produto e da marca (lei da coerência e da homogeneidade).

Os veículos costumeiramente usados para difundir uma marca e estabelecer uma imagem são a televisão, o rádio, o cinema, as vitrines de loja, as gôndolas de supermercados, os *néons*, as fotografias, os desenhos e as pinturas, jornais, revistas, livros, panfletos, *outdoors*, cartazes, placas de rua, fachadas de lojas e as embalagens.

Embalagem

As embalagens constituem canais de primeira grandeza para estabelecimento, desenvolvimento e consolidação de uma marca. Trata-se do veículo que envolve o consumidor, por meio de órgãos sensoriais que determinam códigos de apreensão diferenciados – visual (identificação pelo olho), tato (identificação pela pele) e, em alguns casos, olfato (identificação pelo nariz\cheiro dos impressos e até de alimentos).

Planejamento

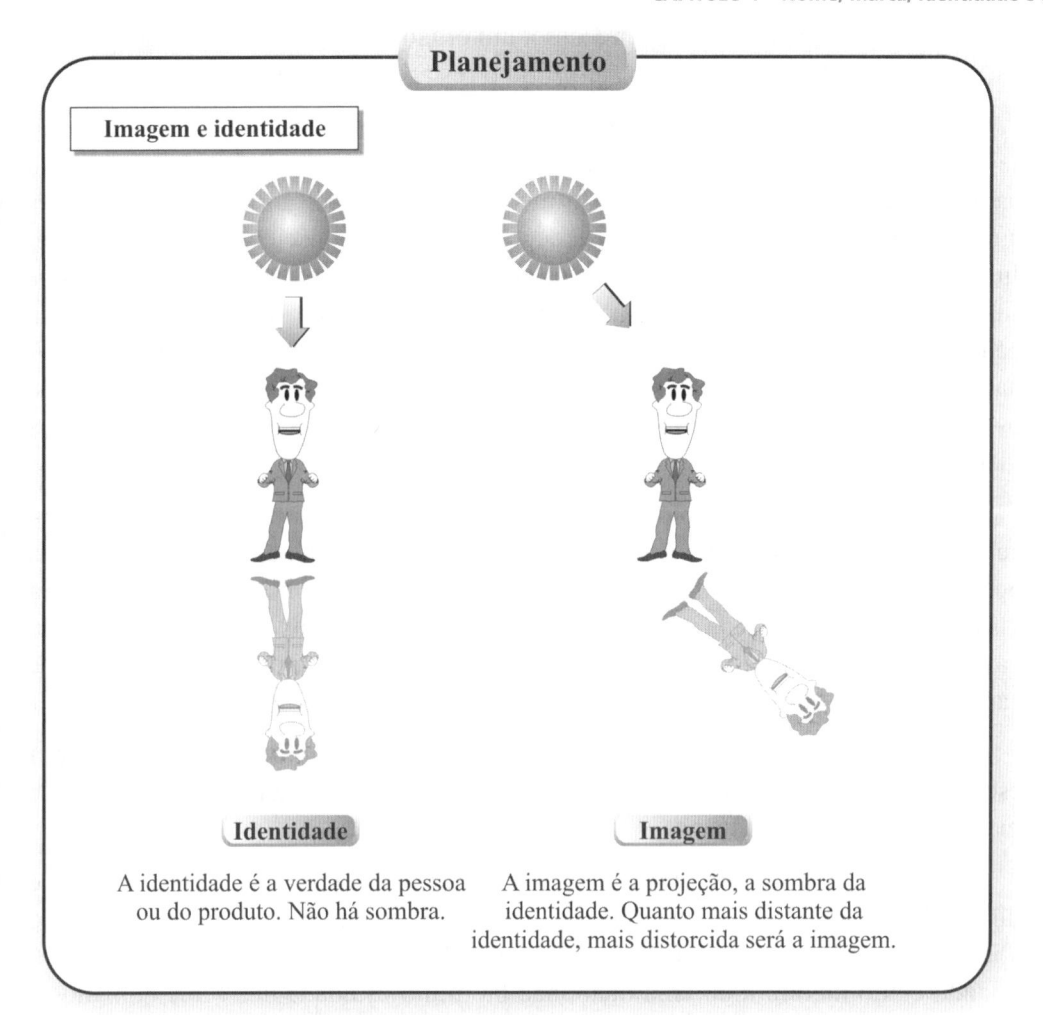

Imagem e identidade

Identidade
A identidade é a verdade da pessoa ou do produto. Não há sombra.

Imagem
A imagem é a projeção, a sombra da identidade. Quanto mais distante da identidade, mais distorcida será a imagem.

Via de regra, as embalagens usam uma configuração gráfico-visual, com formatos adequados às propriedades e características dos produtos, com a disposição equilibrada de massas tipológicas-verbais (texto) e massas tipológicas-icônicas (figuras), de acordo com um código morfológico que permita ao consumidor divisar os eixos centrais e periféricos das mensagens, códigos de redundância e cores que, ao longo do tempo, transformam-se no código mais importante para estabelecer o nível referencial básico de contato com a clientela.

A embalagem constitui o canal mais próximo do consumidor, pela facilidade do acesso e manuseio, características que permitem fechar o processo de aceitação do produto e da decisão de compra.

Como o consumidor percebe a embalagem? Quais são os elementos que atraem sua atenção e que prioridades atribui a esses elementos? Vejamos.

A percepção da embalagem

O território da percepção abrange os espaços do consciente e do inconsciente. A psicologia da Gestalt demonstra o conceito de figura e fundo como o mais primitivo processo da percepção. Por esse processo, um órgão sensorial focaliza e destaca um padrão de estímulos como figura, deixando o restante como fundo.

As pessoas recebem, ao mesmo tempo, múltiplas mensagens, mas a atenção seletiva estabelece a filtragem e focaliza um único canal sensorial, enviando o resto para o campo subliminar. O nível do inconsciente pessoal abriga as informações que extravasam os focos centrais e se depositam no subconsciente. De acordo com Jung, as rápidas intuições que geram as decisões das pessoas são fruto de conteúdos subliminares. Para C. Jung, há duas camadas no inconsciente: a individual, formada de lembranças apagadas ou recalcadas e de percepções estranhas à atenção (subliminares) e a superindividual ou coletiva, contendo as mais remotas imagens ancestrais, os **arquétipos**, que se relacionam às forças naturais, como o ciclo solar ou lunar, as ideias religiosas.

Do ponto de vista fisiológico, a percepção ocorre de acordo com a morfologia celular do olho humano, que opera dois tipos de visão: a **visão consciente**, realizada pela **fóvea**, parte central do olho, composta por células denominadas cones; e a **visão periférica**, realizada pelo canto do olho, composto pelas células denominadas bastonetes. A visão consciente tem o foco dirigido para a figura e a visão periférica capta o fundo subliminar.

Dessa forma, a mente de um consumidor, por exemplo, aprende a filtrar, a escolher, a rejeitar mensagens, a comparar, a estabelecer conceitos sobre produtos e marcas e a construir imagens.

Há de se considerar, ainda, as percepções relacionadas aos lados esquerdo e direito do cérebro: o lado esquerdo contempla os argumentos lógicos, e o direito, o apelo intuitivo. Independente de verdade científica, essa divisão acabou se consolidando como metáfora de uma dualidade há muito estudada nos seres humanos e que apresenta como opostos: *yin* e *yang*, lógica e intuição, impulso e análise, sonho e realidade, arte e ciência, fato e ficção, poesia e prosa, realismo e fantasia, pensamento linear e pensamento literal, concreto e abstrato. Na área da propaganda, essa dualidade tem sido muito usada. A propaganda de cigarro, por exemplo, é um composto que procura integrar os valores da aventura, juventude, modernidade, ambição e paixão ao prazer de fumar.

As mídias, por sua vez, criam uma cultura subliminar, em função da multiplicidade fantástica de mensagens, da rapidez do processo informativo, do acúmulo de informações que se processam na mente dos consumidores. Dessa forma, as mensagens visuais constituem matéria-prima da cultura subliminar.

A presença permanente de um produto em uma gôndola de supermercado, o contato estreito do consumidor com sua marca, a história do consumidor em relação a esse produto, a história do produto, que passa de geração para geração, acabam por formar e consolidar uma cultura subliminar em torno da marca. Por sua distribuição no ambiente urbano, as mídias publicitárias do cartaz e das embalagens conferem à mensagem visual alta subliminaridade.

A atenção de um consumidor por uma marca se dá em função da signagem própria, característica, indivisível de suas manifestações gráfico-visuais, principalmente as de uma embalagem, que constitui a vestimenta do produto.

A força de atração de uma embalagem consiste na capacidade de promover o que se chama de **intersemiose**, processo de comunicação no qual estão envolvidos signos de dois códigos diferentes, como letras e desenhos, para compor uma só mensagem.

Em uma embalagem, há duas leituras: uma **leitura textual**, consciente, que se dirige à figura (produto, marca); uma **leitura gráfica**, periférica, que contempla o fundo, a matéria subliminar. Na matéria textual, estão embutidos os conceitos, valores, posicionamentos construídos pelo consumidor, ao longo de sua história de conhecimento do produto, tais como: qualidade e excelência, tradição, solidez da empresa patrocinadora, grandeza e porte da marca, saúde, credibilidade, respeito ao consumidor, alta tecnologia, entre outros. A massa gráfico-visual é subliminar: a quantidade de textos, a ordenação dos textos, a disposição do espaço das mensagens, a escolha da família das letras, as cores da tinta, o tipo de papel, em suma, a produção gráfica e a editoração. Essa composição acaba por construir, na mente dos consumidores, a identidade e a imagem do produto, a identidade e a imagem da empresa, a identificação visual-táctil do veículo.

Ainda de acordo com conceitos da **semiótica planar** – estudo das imagens planas, bidimensionais – há duas percepções ou dois tipos de pensamento: uma que leva em consideração o chamado **eixo sintagmático**, compreendendo a formação do pensamento pela proximidade, pelos símbolos, pelo código verbal, lógico; e outra que leva em consideração o **eixo paradigmático**, compreendendo a formação do pensamento pela similaridade, pelo ícone, pelo código não verbal, analógico.

O signo icônico, segundo a ciência da semiótica, é o tipo de mensagem mais adequado à velocidade ou quantidade de informação subliminar. Porque a decodificação, a compreensão, a internalização da mensagem é global e instantânea. Em frações de segundo, o olho faz uma varredura da imagem.

E as pesquisas já comprovaram o refrão **uma imagem vale por mil palavras**.

Uma embalagem é um composto intersemiótico, ou seja, a combinação de signos diferentes: textos e ícones (desenhos, fotos, ilustrações). Mas depois de um processo histórico de visibilidade pública, de ampla massificação, acaba se transformando em um ícone, dessa forma posicionando-se intensamente como linguagem do inconsciente.

A captação de informação tem um caráter automático e inconsciente. No caso do consumidor, pode-se dizer que ele tem um repertório que obteve por intermédio da aprendizagem e da experimentação. Em um supermercado, por exemplo, ele costuma pegar os produtos que sua aprendizagem previamente já selecionou. Às vezes, leva um produto porque acha a embalagem parecida com a de outro, de uso costumeiro. Esse ato automático e inconsciente de apanhar o produto da gôndola levará, inevitavelmente, o consumidor a enganos, pois a sua informação referenciada foi satisfeita pela aparência e proximidade.

Linguistas como S. I. Hayakawa (*A Linguagem no Pensamento e na Ação*), ao discutirem abstração, elencam os elementos que contribuem para que ela se forme no homem. Entre outros fatores, ligados diretamente aos órgãos dos sentidos, os autores citam a forma, a estrutura, o *design*, a simbologia e o cromatismo como manifestações sentidas que convergem para a criação das abstrações humanas. Esses elementos trabalham para que as abstrações dos consumidores sejam operacionalizadas no momento da compra.

Na Psicologia, os autores se referem ao comportamento habitual e das ações humanas em busca de agrupamentos e semelhanças. Esses conceitos podem ser encontrados nas embalagens. O uso de figuras como **metáfora**, **metonímia** e **sinédoque** nas linguagens verbais e não verbais é muito comum nas embalagens de produtos alimentícios, por exemplo.

Georges Peninou, em sua obra *Semiótica da Publicidade*, diz que a publicidade e a embalagem, como elementos publicitários, se fazem pela significação. A decomposição de elementos contidos em embalagens mostra como, em nível denotativo e conotativo, certas empresas se apropriam de significados e significantes de embalagens de concorrentes para lançar o seu produto, fazendo-os similares não só no conteúdo como na aparência externa (embalagem), para se valer dos predicados cultivados por embalagens de produtos bem-sucedidos. A embalagem da Maizena, por exemplo, produto da Refinações de Milho Brasil Ltda., foi copiada, no país, por outro grupo de alimentos, gerando uma forte demanda judicial.

A tipologia é outro elemento que aparece em amostras de embalagens semelhantes. Os tipos usados nos nomes de produtos, por exemplo, são constantemente imitados. Portanto, um interessante estudo da área do marketing se relaciona ao mundo das embalagens e de produtos congêneres no mercado.

Por último, para concluir as ideias a respeito da percepção do produto e de sua marca, é necessário lembrar que os dois lados do cérebro têm funções diferenciadas. O lado esquerdo executa as leituras lineares, com base no raciocínio e na lógica, e o lado direito executa as leituras visuais, estabelece as analogias e trabalha com as emoções.

Uma embalagem, enquanto globalmente possui maior densidade no signo icônico, possui grande poder de atração, na medida em que estabelece mapas mentais de alta significação. O poder de atração de uma embalagem é reforçado pela característica fundamental das cores usadas, que funcionam como símbolos altamente motivacionais. Já se comprovou que as cores penetram em nossos olhos e em nossa consciência sem serem percebidas, alcançando regiões subliminares, nas quais passam a agir. A cor tem, portanto, significado.

A cor é luz e cada cor equivale a um comprimento de onda. Cada cor possui a sua unidade de medida. O amarelo, por exemplo, apresenta uma medida entre 570 e 590 nanômetros (unidade de medida equivalente à bilionésima parte de um metro). Estudos sobre colorimetria de embalagens dão conta de que a cor, frequentemente, induz uma pessoa a escolher uma embalagem na prateleira de um supermercado. Como as cores desencadeiam emoções, constituem elementos prioritários no processo de tomada de decisões dos consumidores.

O impacto da embalagem é maior junto aos consumidores se o produto já for conhecido pelo *target*, ou seja, a tecnologia subliminar tem mais eficácia quando o produto está consolidado no mercado, pois sua configuração imagética já criou sólidos espaços na mente dos consumidores.

Proteção dos ativos

É fundamental, portanto, intensificar os meios e recursos para **proteger a marca**. Uma marca não tem preço. Existe, hoje, uma série de produtos congêneres, que ameaçam derrubar os pioneiros. Recomenda-se redimensionar a comunicação e o marketing buscando formas mais pessoais de relacionamento com os clientes. No mundo globalizado, as coisas ficaram muito frias, muito artificiais, daí porque os meios de comunicação, como a TV a cabo, estão criando formas mais interativas de comunicação com a clientela, convocando a população para participar dos eventos de vendas. A comunicação para atividades promocionais começa a ganhar porcentagem maior de verba. O **marketing direto** é uma das boas alternativas, passando a se constituir no Ovo de Colombo da época da globalização. Observa-se um crescimento acentuado das promoções interativas. Aliás, o conceito de interatividade é a coisa mais avançada na TV. A propaganda de massa integra-se à propaganda interativa, potencializando as suas ações. O apelo da TV a cabo, nessa era de marketing de nichos, deve ser bem avaliado. Há quem defenda a ideia de que o futuro da propaganda estará no marketing relacional. Os anunciantes desenvolverão relacionamento quase individual com os clientes.

Outra estratégia que parece interessante está na aproximação e integração dos modelos ou das estruturas de comunicação. O modelo ortodoxo cede lugar a estruturas mais integradas. O comunicador está perto das vendas, integrando as estruturas e respeitando os profissionais. Também é estratégico implantar um sistema de informação mais completo que o atual para se produzir uma radiografia completa do consumidor. Por mais que a globalização nos traga ícones, símbolos de outras culturas, não destruirá a cara das regiões, dos lugares; motivo pelo qual as empresas multinacionais, mais que as nacionais, adaptam-se melhor às regiões pela facilidade de recursos, pela capacidade de profissionalização e contam com estruturas políticas mais fortes. A imagem institucional também está sendo trabalhada conjuntamente. Como consequência dessa estratégia, intensificam-se as parcerias. Um exemplo interessante é a concessão que a matriz da Coca Co. (EUA) fez à subsidiária brasileira para que criasse uma campanha regional. É o único caso no mundo.

Termos e conceitos-chave

- Arquétipo
- Campo dos significados
- Categorias de marcas
- Eixo paradigmático
- Eixo sintagmático
- Embalagem
- Força da imagem
- Identidade

- Imagem
- Lei da coerência
- Lei da contiguidade
- Lei da difusão
- Lei da redundância
- Lei do foco
- Leitura gráfica
- Leitura textual
- Logomarca
- Logotipo
- Marketing direto
- Mudanças de nome
- Nomes
- Proteção da marca
- Semiótica planar
- Signo icônico
- Símbolo
- *Slogan*
- Tipologia
- Visão consciente
- Visão periférica

CAPÍTULO 5

COMUNICAÇÃO NA ADMINISTRAÇÃO PÚBLICA FEDERAL – A IMAGEM DOS PODERES EXECUTIVO, LEGISLATIVO E JUDICIÁRIO

"Este país, com suas instituições, pertence ao povo que nele habita. Sempre que ele se cansar do governo existente, pode exercer o direito constitucional de o reformar, ou o seu direito revolucionário de o desmembrar ou derrubar."

(Lincoln)

Começamos este capítulo com uma premissa: a comunicação pública, no Brasil, passa pela questão mais geral da administração nos órgãos públicos, sendo sua fragilidade uma decorrência da precariedade das estruturas públicas. A comunicação é um sistema-meio. Como tal, há de obedecer ou de se ajustar aos parâmetros mais gerais do sistema-fim. E como pode ser visualizado o sistema público? Hélio Jaguaribe, em *Sociedade, Estados e Partidos*, ao expor a problemática do Estado brasileiro, identifica um perfil burocrático, parasitário e incompetente, em que se alastra um alarmante processo de corrupção que, nas três órbitas da Federação, entre outras ilicitudes, torna rotineira a cobrança de comissões, frequentemente astronômicas, em quase todos os contratos públicos.

E expõe as principais deficiências: a precária governabilidade, sempre a depender do bom relacionamento entre os poderes Executivo e Legislativo; a conversão de princípios programáticos em disposições normativas, ou seja, a incorporação de princípios programáticos na Constituição, transformados, erroneamente, em disposições normativas; e, consequentemente, o excesso de detalhes regulamentadores;

o cartorialismo, com a manutenção de benesses e privilégios a regiões e categorias profissionais; o nacionalismo de meios, que, nos últimos tempos, é enfrentado pelo programa de privatizações; a inadequada repartição de recursos e encargos entre União, estados e municípios; e a ausência de parâmetros reguladores das autonomias dos três Poderes, que usam sua independência de maneira descontrolada, o que implica gastos excessivos e estruturas sem controle.

Portanto, quando se coloca em pauta o planejamento da comunicação para o sistema público, deve-se considerar a grave realidade de um Estado que deixou de ser capaz de planejar ("Governar é prever", ensina o mestre Celso Furtado) e executar consistentemente qualquer política. A hipertrofia do Estado é fruto tanto de fatores endógenos – como a propensão da burocracia para cair nas malhas da acomodação, a incapacidade de controlar resultados – como de fatores exógenos (fisiologismo dos partidos políticos, o compadrismo na contratação de quadros, o clientelismo, o familismo amoral e o mandonismo regional, entre outros fatores).

A crise da sociedade política

Outro olhar capaz de ajudar o entendimento sobre a nossa realidade política e identificar as causas das mazelas na administração pública contempla a crise global pela qual passa o universo político, no ciclo da sociedade pós-industrial. Entre os fenômenos indicados como corresponsáveis pela crise da sociedade política, tão bem-identificados por autores de sociologia política, como Roger-Gérard Schwartzenberg, estão o fortalecimento da tecnodemocracia, aqui conceituada como a democracia que finca seus alicerces em uma tecnocracia emergente em quase todas as regiões mundiais; a monopolização da informação pelo aparelho tecnoburocrático; o declínio dos partidos políticos; o declínio dos parlamentos e o arrefecimento geral das oposições em todo o mundo.

> **Fatores da crise da sociedade política: a tecnodemocracia, a monopolização da informação pelo aparelho tecnoburocrático, o declínio dos parlamentos e o arrefecimento das oposições.**

Na sociedade pós-industrial, vemos a expansão de uma vasta cadeia de organizações complexas, hierarquizadas e assentadas sobre uma base racional. Elas infiltram seu poder no ambiente político, mancomunando-se com os interesses particularistas da representação parlamentar. E, de certa forma, passam a ter formidável poder político. Nas malhas administrativas, seus interlocutores passam a ser os grupos tecnocratas que exercem efetivamente o poder. É comum ouvir a queixa de que a decisão do presidente da República demora a ser executada ou é mesmo sabotada pelos escalões intermediários da administração. A tecnocracia exerce poder. E junta a sua força aos políticos e aos círculos de negócios, gerando um triângulo de mandos, composto pelo poder político, pela alta administração federal e pelos grandes empreendedores privados. Por aí tem-se ideia do domínio da política e a consequente expansão da tecnodemocracia.

Outro fenômeno é o monopólio informativo, cuja inspiração é o axioma: o saber é fonte de poder. Nesse caso, os detentores de informação do aparelho tecnoburocrático utilizam o saber que detêm sobre as máquinas públicas para ampliar seu poder, usando, frequentemente, desse expediente para usufruir vantagens e perpetuar domínio.

A democracia representativa tem perdido força. A base de representação já não consegue preservar seu ideário, os compromissos assumidos com os eleitores nem defender os valores fundamentais da política. As razões contemplam até o enfraquecimento dos partidos, que se veem às voltas, a cada ciclo legislativo, com a perda de substância doutrinária. Um sistema de trocas e recompensas canibaliza as ideologias e as doutrinas. Vale lembrar, ainda, que o mundo pós-Berlim praticamente arquivou no baú das memórias os conflitos de classe. A clivagem ideológica assumiu novos contornos. Acabou-se a luta de classes. Os conceitos de esquerda e direita, revolucionário e contrarrevolucionário perderam o sentido clássico. O dimensionamento do arco ideológico passou a comportar as configurações pontuais dos ciclos sociais e econômicos, as circunstâncias ambientais e a nova natureza da política, estribado em conceitos como pragmatismo, política de resultados, micropolítica, espaço real, imediatismo e tempestividade.

Os parlamentos também veem estioladas suas funções legislativas, invadidos que foram por forças e pressões dos conjuntos tecnocráticos que se formam ao redor dos Executivos. Na esteira das mudanças, as oposições foram empurradas para um espaço de acomodação, obrigadas a conviver e aceitar práticas que sempre combateram. Uma liturgia de conveniências recíprocas instalou-se no sistema político, definindo o fluxo e o refluxo das forças situacionistas e oposicionistas, puxando para o centro os discursos das margens do arco ideológico e concentrando-os em um grande espaço de convergência. Ou seja, para a esquerda e para a direita, para as oposições e para as situações, a menor distância entre dois pontos não tem sido mais uma reta e sim um grande centro geográfico. Essa relação analógica pode explicar o amalgamento doutrinário, o declínio das ideologias, a arrefecimento das vontades dos participantes políticos e de seus representantes e a própria desmotivação das bases eleitorais.

A imagem do Poder Público há de ser examinada, em uma primeira leitura, sob a perspectiva da crise global da sociedade política.

As imagens dos três poderes: Executivo, Legislativo e Judiciário

1. Poder Executivo

No caso do poder Executivo, a questão da imagem – o centro do nosso interesse – sempre dependeu, em primeiro lugar, do estado geral da economia. A implantação, no Brasil, do Plano Real e o consequente domínio da inflação foram responsáveis, nos últimos tempos, pela imagem positiva do poder Executivo. Mas a crise estrutural do Estado – sistema cartorial, cooptação parlamentar por meio de benesses, sistema partidário frágil, com migrações de parlamentares pelos partidos ao longo dos mandatos – deflagra a ciclotimia nos aspectos do ânimo, conceito e imagem da administração federal. A um período de baixa credibilidade sucede-se outro de recuperação de imagem. Parece até que o Executivo sofre da síndrome de Sísifo, o astucioso rei de Corinto que, por não ter cumprido a palavra empenhada com Plutão, foi condenado a um castigo eterno: rolar um bloco de pedra montanha acima e, ao chegar ao cume, ver o bloco cair no despenhadeiro, puxado pelo próprio peso. Sísifo recomeça a tarefa, que há de durar por toda a eternidade. O Executivo sai do vermelho e ingressa no azul da tranquilidade, mas, de repente, volta ao vermelho.

Crises intermitentes colocam o Executivo em permanente estado de tensão e instabilidade, não sendo raras as vezes em que o presidente da República, do alto de suas funções, chama a atenção do país para a ameaça de ingovernabilidade.

O Poder Executivo Central no Brasil vem sendo, há muito tempo, objeto de críticas, dentre as quais algumas são recorrentes e outras pontuais:

- Ampara-se no conceito do presidencialismo imperial, pela capacidade de concentrar forças e poderes, que usa, de maneira conveniente, para cooptar bases políticas.

- Inverte o conceito de sistema de governo, praticando uma espécie de "parlamentarismo às avessas", por editar e reeditar, sucessivamente, medidas provisórias, ou seja, legislando – o que é função do Poder Legislativo – e executando as disposições decretadas. Mesmo regulamentadas, as MPs continuam sendo um instrumento de força do Executivo.

- Usa o poder para liberar verbas do Orçamento, de acordo com critérios políticos.

- Carece de linguagem harmônica, que se observa pelo desentrosamento das equipes ministeriais.

- Carece de visão de planejamento em longo prazo, provocando a erosão de sistemas e processos e, por isso, adensando os fatores causais das crises sucessivas pelas quais passa o país.

- Descumpre políticas e programas apresentados nas épocas de campanhas eleitorais.

A imagem do poder Executivo é frequentemente associada à imagem do presidente, que simboliza o eixo central do conjunto de forças da administração. Ou seja, a figura do mandatário-mor acaba se impregnando das distorções provenientes da estrutura governamental. Para ter noção mais completa dessa imagem, cabe colocá-la na moldura que reúne os principais pontos de polêmica.

Precariedade dos serviços públicos – o gigantismo estatal, mesmo combatido e redimensionado por um programa de privatização, conseguiu fincar uma sólida cultura, cujos efeitos se fazem sentir nos serviços públicos desqualificados. As demandas sociais se expandem sem a correspondente *melhoria dos serviços*.

Lentidão/inércia – os corpos administrativos não se entusiasmam, deixando-se contaminar pelo arcaísmo de processos e estruturas. Tornam-se lentos e inertes, padecendo da doença da acomodação no serviço público.

Burocracia/inadequação – as estruturas funcionais continuam, em grande parte, inadequadas para atender aos novos desafios. A hierarquização nas administrações transformou-se em um sistema de compadrios, com indicações políticas que deixam em plano inferior o conceito de excelência técnica.

Corporativismo – em consequência, o corporativismo se instala nas máquinas administrativas, transformando os ambientes em espaços de feudos e senhores feudais. Em alguns espaços, a força corporativa é amparada por enclaves de partidos políticos.

Foco da mídia – determinadas estruturas e serviços alimentam as denúncias da mídia, sendo, por isso mesmo, condenados e execrados pela opinião pública. Mesmo que seu escopo seja considerado importante para a sociedade, a visibilidade negativa acaba massacrando o conceito e a imagem.

Brigas internas – são frequentes as querelas internas em função de disputas entre grupos políticos e facções partidárias. As dissensões prejudicam a funcionalidade das operações e a motivação das equipes.

Poder invisível – jogos intestinos de interesses, articulações e maquinações maquiavélicas, intervenções e pressões feitas às escondidas integram a monumental força do poder invisível que se incrusta e se instala na administração pública.

O conjunto de distorções projeta-se sobre a imagem do poder Executivo e do comandante maior da administração federal.

Poder Executivo

Associa-se a imagem do poder Executivo à imagem do governante

→ Atuante	→ Inoperante
→ Imperial/autoritário	→ Democrático/participativo
→ Centralizador	→ Descentralizador
→ Competente/preparado	→ Despreparado
→ Equipe eficaz	→ Equipe ineficaz
→ Enérgico	→ Fraco
→ Ágil	→ Lerdo
→ Ação	→ Discurso

x

A moldura imagética dos administradores do poder Executivo, em todas as esferas da administração, é completada com a qualificação pessoal dos estilos e modos de agir. De acordo com a classificação que se atribui a cada um, tem-se a radiografia completa da imagem do poder Executivo. Para se chegar ao resultado final, basta adicionar à avaliação alguns conceitos que podem qualificar os perfis. Eis um pequeno roteiro: *atuante, imperial/autoritário, centralizador, competente, preparado, eficaz, enérgico, ágil, inoperante, democrático, participativo, descentralizador, despreparado, ineficaz, frágil, lerdo, discursivo/verborrágico.*

2. Poder Legislativo

Se há uma instituição que é a cara multiforme do país, é o Parlamento Nacional. Verdadeira é a afirmação de que os 513 deputados e os 81 senadores retratam, na plenitude, a diversidade social do Brasil. Costuma-se jogar sobre as Câmaras Alta e Baixa (o Senado e a Câmara dos Deputados) todas as críticas relacionadas ao sistema político. E esse é o primeiro problema de imagem do poder Legislativo: a instituição acaba tendo sua imagem confundida com a imagem dos políticos e, para ser mais exato, de alguns políticos. E como a tendência é a de prevalecer a imagem negativa sobre a imagem positiva, o lado perverso da imagem dos representantes é costumeiramente relacionado ao espaço onde atuam. Trata-se de uma questão cultural que só será equacionada pela via educacional e a partir do aperfeiçoamento dos padrões políticos.

Feita a ressalva, há de se enfatizar certos aspectos que têm contribuído para estiolar a imagem do poder Legislativo. O primeiro fator de corrosão relaciona-se à própria erosão que se constata nas atribuições e funções do poder Legislativo. Nos últimos tempos, tem-se tornado um poder convalidante das funções do Executivo. A pauta básica do Parlamento nasce da vontade e da decisão da Administração Federal. Se calçarmos essa situação com a fragilidade partidária, sob o aspecto doutrinário, e com as mazelas da política – o fisiologismo, o sistema de repartição de benesses, o regionalismo –, chegaremos à conclusão de que o poder Legislativo depende, com muita intensidade, do poder Central.

Outra forte crítica que se abate sobre o Legislativo diz respeito à sua pequena produção. Não é verdade. O poder Legislativo precisa ser compreendido em todas as suas funções. Trata-se de um grave erro de avaliação, principalmente por parte da mídia, considerar a atuação do Parlamento apenas sob a ótica da produção legislativa. Fosse assim, deveria ser comparada a uma fábrica de refrigerantes. Ao contrário, o excesso de leis tem sido um dos principais entraves ao fortalecimento institucional. O Parlamento suíço, quando aprova seis ou sete leis por ano, provoca certa comoção. A estabilidade institucional não depende de muitas leis e sim de poucas leis, e leis que são cumpridas. No país, há leis que se atropelam, que não são conhecidas, que não se cumprem, a ponto de ser importante um trabalho de enxugamento e ordenamento normativo. O trabalho das Comissões Temáticas e Especiais do Parlamento acaba frequentemente sendo relegado a plano inferior.

Tem-se observado um crescente profissionalismo das estruturas e assessorias parlamentares, e as discussões sobre as temáticas nacionais assumem extraordinária significação para a construção e permanente reordenamento do programa nacional de desenvolvimento. Infelizmente, esse papel não tem sido engrandecido pela mídia. É preciso destacar, ainda, a importância do Legislativo na própria dinâmica da evolução social, bastando, para tanto, anotarmos suas ações decisivas por ocasião do *impeachment* de Fernando Collor, da CPI dos anões do Orçamento, das cassações de parlamentares e da renúncia de figuras de alta projeção e força política. Sobra, ao final, a imagem de corrupção, que é a projeção da imagem de algumas importantes personalidades do Congresso.

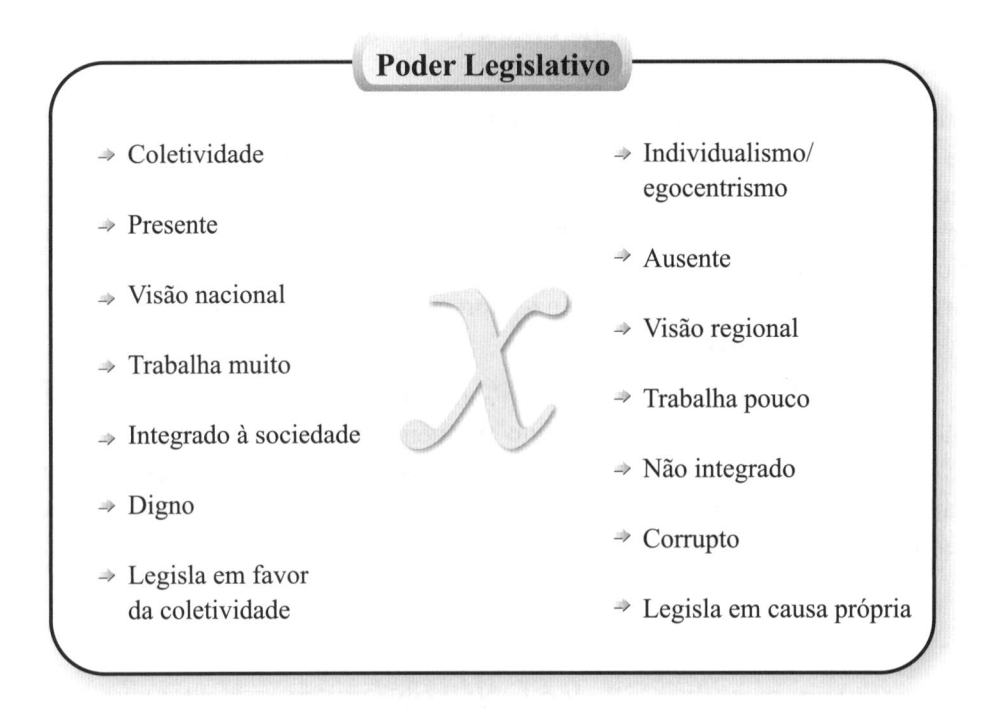

Poder Legislativo

- Coletividade
- Presente
- Visão nacional
- Trabalha muito
- Integrado à sociedade
- Digno
- Legisla em favor da coletividade

X

- Individualismo/egocentrismo
- Ausente
- Visão regional
- Trabalha pouco
- Não integrado
- Corrupto
- Legisla em causa própria

A mudança do comportamento congressual é consequência da própria mudança social. O aumento da representação parlamentar, em função da expansão das densidades eleitorais e do aumento do número de estados, a complexidade dos problemas e a pressão das demandas sociais, e a própria multiplicação das estruturas funcionais das máquinas administrativas são alguns dos fatores que explicam o redirecionamento do discurso e das formas de agir da representação parlamentar. Assim, o sentido integrativo foi substituído pelo alargamento das faixas de interesse, com maior divisão interpartidária. Os grandes tribunos do passado cederam lugar a perfis mais afinados pelo argumento técnico. A grande retórica é substituída pelo discurso pragmático e pontual, profusamente balizado pelas conveniências grupais, partidárias e pelo clima de impacto que tem tomado conta dos plenários.

As TVs das duas casas legislativas assumem a função de tuba de ressonância parlamentar, criando certa interatividade entre o agente político e seu representado. Trata-se de um mecanismo que até tem contribuído para melhorar o nível de representação e o controle da representação pelas bases.

3. Poder Judiciário

O poder Judiciário, no Brasil, está mais próximo da população. Dita assim, essa frase até pode sugerir que o acesso dos cidadãos à justiça é pleno e facilitado. Não é isso que se quer dizer. O que está em questão é um processo de aproximação da Justiça em direção aos cidadãos. Abrigando o conceito de poder fechado, intocável, onipotente, o Judiciário começa a ingressar em um espaço de democratização do acesso, e seus ministros parecem descer de um alto pedestal para chegar à planície dos mortais. Trata-se de uma agradável constatação. Os ministros já não se encastelam em suas redomas. E passam até a expressar um tom político em suas manifestações, detonando a própria evolução da sociedade em busca de práticas mais democráticas e processos mais abertos.

Mas o conceito do Judiciário contamina o conceito da Justiça: lentidão, inércia e tendência de favorecimento das classes mais abastadas. Se um não funciona direito, a justiça perde. Sofre o poder Judiciário de um conjunto de distorções – formidável aumento das demandas judiciais, ritos processuais extremamente burocráticos, uma quantidade exagerada de recursos e de graus de jurisdição, falta de recursos e de quadros, escassez de juízes, precariedade das estruturas, carência de Varas, Juízos e Tribunais etc.

A associação da imagem do poder Judiciário com a postura e o comportamento de maus juízes também tem sido frequente. Critica-se, ainda, a suntuosidade das instalações da Justiça, não condizente com o quadro de grandes carências sociais. Não combina mordomia com a rigidez ética da Justiça. As regalias de determinados juízes são lembradas pela mídia. E os casos de corrupção no setor geram

Poder Judiciário

	X	
→ Aberto		→ Fechado
→ Ágil		→ Lento
→ Despojado		→ Mordômico
→ Incorruptível		→ Corruptível
→ Imparcial		→ Parcial
→ Pacato		→ Regalias
→ Preparado		→ Despreparado
→ A favor dos mais fracos		→ A favor dos mais fortes

continuada polêmica. Frequentemente, a mídia abre espaço para denúncias envolvendo juízes em diversos Estados do país. Na verdade, uma ocorrência negativa na área do Judiciário tem mais peso do que no setor político, em função dos conceitos de ética, dignidade, imparcialidade, respeitabilidade, cultura e preparo intelectual, despojamento e incorruptibilidade que se conectam à identidade e à imagem dos representantes do poder Judiciário. Portanto, uma ocorrência na área do Judiciário vale por três na área política.

A tão propalada reforma do Judiciário não conseguiu sair do papel. Em suma, apesar de uma nova postura que se observa nos juízes, muitos tocados pelo ânimo da participação social e pelo sentimento de justiça que corre pelas veias da sociedade, o poder Judiciário ainda é o mais fechado dos três poderes. Assim, a imagem do Judiciário tem os seguintes contornos: as decisões de justiça e a jurisprudência formada não são massificadas; o poder Judiciário é o mais fechado, o mais inacessível; é intocável/enclausurado; o mais atrasado; nos últimos tempos, tem passado a imagem de grande gastador por conta de prédios suntuosos; abriga velhas estruturas administrativas; e a Justiça do Trabalho tem sido considerada um entrave à flexibilização das relações capital-trabalho.

Conclusões gerais

A partir da leitura sobre a imagem dos três poderes, chega-se facilmente à conclusão de que a melhoria da imagem daquelas instituições depende diretamente do aperfeiçoamento dos padrões de desempenho. Comunicação sozinha não opera milagres. O que se pode tentar é uma reordenação das estruturas, a reciclagem das equipes e a reorganização das atividades. O que se pode inferir como conclusão, é que a imagem dos poderes é tênue sob o aspecto de sua missão fundamental. O superficial, rotineiro, secundário, toma o lugar do principal. O detalhe acoberta a essência. O comportamento de um parlamentar ou de um juiz acaba canibalizando o conceito institucional.

No caso dos poderes Executivo e Legislativo, observa-se uma justaposição de imagens, sendo ambos jogados na vala ampla da política. E como a política não tem bom conceito entre a população, acaba prevalecendo a ideia de Executivo e Legislativo que se mancomunam na rede da politicalha e das negociatas. No caso do poder Judiciário, o fato político dá o tom, vindo a imagem da Justiça a reboque de fatos com forte componente político, como invasões de propriedade, greves etc. Já a imagem do poder Legislativo, no âmbito dos estados, está atrelada a decisões corporativistas e utilitaristas, tais como aumento de salários, vantagens e benefícios para os próprios parlamentares.

Os homens públicos têm fundamentalmente se preocupado com a imagem. Prova disso está no incremento do mercado de assessorias e consultorias de imprensa. No entanto, cometem um erro grave ao deixarem de lado seu eixo, a identidade. Ou seja, antes de se preocuparem com a imagem, deveriam atentar para o discurso, a essência e o conteúdo. A imagem é consequência, resultado.

Corrigindo a comunicação

A comunicação na administração pública comete o viés de privilegiar a pessoa e não o fato. A isso denomina-se "fulanização" comunicativa. Trata-se de uma visão distorcida, geralmente adotada por gente sem formação adequada ou por um tipo de assessoria de louvação que mais desajuda. **O fato é notícia, o agente é elemento reforçador**. Quando o fato se superpõe ao agente, a mensagem aparece de maneira mais crível e a fonte ganha em credibilidade e respeitabilidade. O texto de exaltação faz parte da cultura do passado. É útil no discurso interpessoal, não na mensagem pública. E quando isso ocorre, as fontes acabam sobrepondo-se à instituição. Os fatos noticiados carecem muitas vezes de relações e ligações conceituais que lhes deem respaldo. Falta interpretação, um sentido explicativo. A imagem da instituição se fragmenta.

Há momentos de ocorrência de muitos fatos, informações e períodos de quase completa falta de notícia, mesmo quando os poderes estão em atividade. O excesso de informação não é consumido em sua plenitude pelos públicos-alvo. Para corrigir

A comunicação dos poderes

Perfil geral

Linguagem
Predomínio das pessoas sobre os fatos.
Exaltação – tendência para a louvação.
Fonte canibaliza a instituição.
Ausência de relações entre os fatos.
Deficiência interpretativa.

Estrutura
Vastas estruturas.
Concepção antiga de assessoria de imprensa.
Cooptação.
Condenação da mídia.
Exclusão/inclusão.
Modelo burocrático de gestão.

O profissional
Perfil burocrático.
Acomodação.
Superficial.
"Político" x Técnico.

Planejamento
Ausência de visão de conjunto.
Falta de programas prioritários.
Seleção de eixos de identidade inexistente ou fraca.
Falta de planejamento na área dos fluxos informativos.

Os problemas de comunicação na administração pública podem ser avaliados por condições relacionadas à linguagem, à estrutura, ao profissional e ao planejamento.

a falha, sugere-se o estabelecimento de um fluxo informativo, com as marcações de ciclos para os eventos institucionais. A identidade institucional deve estar sempre presente na visão do comunicador e no planejamento. A identidade agrupa os conceitos-chave que se quer passar, os valores e os princípios. Por exemplo: **mudança**, **coragem**, **ruptura com métodos do passado**, **reorganização**, **modernização** e **avanço** constituem eixos centrais que poderão balizar o noticiário rotineiro de uma instituição pública. A seleção de eixos de identidade deve ser ponto de partida de um programa de comunicação para a área pública.

O planejamento eficaz sabe dispor os programas principais e os programas secundários, dando a cada um a graduação merecida e o momento certo de ser veiculado. Não é interessante passar para a reportagem fatos que serão fatalmente superados por mensagens mais impactantes, a não ser que aquelas mensagens sejam absolutamente tempestivas, momentâneas. O critério de exclusividade pode ser usado para enfoques mais amplos e profundos, como entrevistas pingue-pongue de página inteira com o presidente da instituição, reportagens especiais com ângulo de interesse mais específico de alguns veículos de comunicação.

No que se refere ao planejamento, sugere-se a realização periódica de uma pesquisa para aferir os aspectos positivos e negativos da administração, as pressões do meio e as maneiras de agir da instituição. Essa radiografia será o pano de fundo do planejamento, servindo para fixar os eixos da identidade, as estratégias para estabelecimento de imagem, os programas e ações em todas as áreas. Dessa pesquisa sairão as ideias para os quatro pilares do marketing institucional, conceito que ainda não está internalizado pelas estruturas de comunicação pública: a pesquisa, a comunicação, a articulação e a mobilização (ver esses conceitos em outras partes deste livro). Na pesquisa, o planejamento deve indicar apurações e levantamentos de seis em seis meses; na área de comunicação, sugere-se uma ampla programação no setor de canais próprios (publicações, rádio, TV etc.), os contatos com a imprensa e a participação em programas jornalísticos especiais; na área de articulação serão planejados os contatos com o universo de entidades, programas de visitas a lideranças e as formas de integração com as entidades organizadas da sociedade e, por fim, na área de mobilização, serão previstos os eventos internos e externos, os seminários e encontros, que conferem à instituição a imagem de ação, energia e liderança.

As estruturas de comunicação na administração pública federal hão de se reorganizar em função da evolução dos conceitos e das novas demandas sociais. Os profissionais precisam ser especialistas nas respectivas áreas e setores, devendo, mesmo assim, ter noção completa de todas as atividades e programas. Os modelos burocráticos de gestão estão ultrapassados. O dinamismo, a mobilidade, a agilidade, a disposição são os valores que deverão balizar as estruturas.

A relação com os profissionais da imprensa deve ser cordial, aberta, respeitosa, sem fazer prevalecer interesses de determinado jornalista ou veículo. Em tempos de intensa participação social, acompanhados atentamente pela lupa dos meios de comunicação, deve-se evitar a postura *low profile*. A administração pública, em qualquer esfera, mais que a administração privada, precisa abrir portas e compartimentos, dando vazão à transparência, à clareza e à correção de atitudes.

Funções da comunicação na administração pública

Um dos modos eficientes de planejar a comunicação na administração pública é espelhar seus programas em um leque de funções. A seguir, um pequeno roteiro com dez funções:

1. **A comunicação como forma de integração interna – diapasão**

    Função: ajustamento organizacional. Os ambientes internos, alimentados por eficientes fontes de comunicação, motivam-se e integram-se ao espírito organizacional, contribuindo de forma mais eficaz para a consecução das metas.

2. **A comunicação como forma de expressão de identidade – tuba de ressonância**

    Função: imagem e credibilidade. O poder Executivo sofre constantemente da desintegração das estruturas e equipes, o que acaba gerando dissonância na comunicação. E dissonância fragmenta a identidade governamental. A comunicação integrada e comandada por um polo central tem condições de equacionar esse problema.

    O poder Legislativo carece de um planejamento de comunicação externa voltado para traduzir todas as suas funções e atividades, salvaguardando a imagem da instituição. O poder Judiciário, o mais fechado, carece da mesma intensificação de programas de comunicação externa.

3. **A comunicação como base de lançamento de valores**

    Função: expressão de cultura. O sistema de comunicação é fonte de irradiação de valores. No planejamento, um conjunto de princípios valorativos se faz necessário para alimentar a cultura interna e projetar o conceito junto aos diversos públicos-alvo. Os valores devem estar centrados no interesse e no papel da instituição, não nos interesses do dirigente. É claro que ele irá imprimir a sua marca, mas a identidade institucional é o foco principal.

4. **A comunicação como base de cidadania**

    Função: direito à informação. A comunicação deve ser entendida como um dever da administração pública e um direito dos usuários e consumidores dos serviços. Sonegar tal dever e negar esse direito é um grave erro das entidades públicas. Os comunicadores precisam internalizar esse conceito, na crença de que a base da cidadania se assenta também no direito à informação.

5. **A comunicação como função orientadora do discurso dos dirigentes**

    Função: assessoria estratégica. Essa é uma das mais relevantes funções da comunicação. Trata-se de elevar o *status* do sistema de comunicação ao patamar estratégico de orientação das cúpulas dirigentes. Essa função exige dos comunicadores boa bagagem conceitual e cultural.

6 **A comunicação como forma de mapeamento dos interesses sociais**

Função: pesquisa. Há de se considerar a prospecção ambiental como ferramenta importante do planejamento estratégico da comunicação. Afinal de contas, a pesquisa é que detecta o foco, os eixos centrais e secundários, as demandas e expectativas dos receptores.

7 **A comunicação como forma de orientação aos cidadãos**

Função: educativa. Nesse aspecto, a comunicação assume o papel de fonte de educação, pela transmissão de valores, ideias e cargas informativas que sedimentarão a bagagem de conhecimento dos receptores.

8 **A comunicação como forma de democratização do poder**

Função: política. Compartilhar as mensagens é democratizar o poder, pois a comunicação exerce um poder. Assim, detém mais poder quem tem mais informação. Nas estruturas administrativas, tal poder é maior nas altas chefias. E quando se repartem as informações por todos os ambientes e categorias de públicos, o que se está fazendo, de certa forma, é uma repartição de poderes.

9 **A comunicação como forma de integração social**

Função: social. A comunicação tem o dom de integrar os grupos pelo elo informativo. Ou seja, quem dispõe das mesmas informações pode entender melhor seus semelhantes, dialogar, colocar-se no lugar do interlocutor. A comunicação, como a língua, exerce o extraordinário poder de integrar as comunidades, unindo-as em torno de um ideal.

10 **A comunicação como instrumento a serviço da verdade**

Função: ética. Não se deve transigir. A verdade deve ser a fonte de inspiração da comunicação pública. Até porque a mentira e as falsas versões acabam sendo desmascaradas. A comunicação precisa servir ao ideário da ética, valor básico dos cidadãos.

Teste

Como proposta final deste capítulo, apresenta-se um teste para identificação dos pontos de estrangulamento do sistema de comunicação na administração pública federal. O assessor/consultor de comunicação pode aplicar esse questionário à sua entidade. A pergunta é: com uma poderosa estrutura e rede de comunicação, por que os poderes públicos não desenvolvem uma comunicação eficaz? Atribua uma nota de 0 a 5 a cada um dos enunciados a seguir, considerando 5 o valor de maior peso. Some os 12 itens e tire a média. Uma média abaixo de 3 coloca seu sistema de comunicação em estado de alerta.

( ) **O profissionalismo deixa a desejar.**

( ) **A estrutura de equipamentos é deficiente.**

( ) **O oficialismo não é atraente.**

( ) As equipes são acomodadas.
( ) A gestão é burocrática.
( ) A instituição é obsoleta.
( ) Não há recursos.
( ) A mídia é inimiga da instituição.
( ) A diretoria não dá apoio à estrutura de comunicação.
( ) As chefias mudam constantemente.
( ) Há poucos profissionais.
( ) Ninguém tem noção da importância da comunicação.

Apêndice – Roteiro de um plano de comunicação na administração pública

Proposta: o objetivo deste roteiro é orientar os profissionais de comunicação a respeito dos elementos que integram o planejamento da comunicação.

Introdução

Imaginemos, para efeito de planejamento/replanejamento da comunicação, uma autarquia federal. A imagem da administração pública, como já se pode depreender da descrição anterior, é precária. Em determinados setores, é alicerçada em um conjunto de mazelas: empreguismo, obsoletismo, desmotivação de quadros, inércia, inadequação de funções, serviços desqualificados e ineficácia geral. Em outros casos, as instituições públicas se veem às voltas com denúncias de fraudes, escândalos e situações confusas. Os meios de comunicação elegem, periodicamente, algumas entidades como o foco central da questão da corrupção no país. E a exposição negativa dessas entidades gera efeitos altamente danosos sobre os esforços e as energias mobilizadas pela administração para reformar suas estruturas e modernizar seus serviços. A camada cinza que se interpõe sobre a imagem da entidade, em função do noticiário de fraudes, acaba cobrindo-a com uma aura de negatividade, que ameaça a implantação de programas de modernização. A imagem combalida acelera o processo de corrosão interna, fortemente amplificada por um *continuum* de questões mal resolvidas.

Em conclusão, pode-se aduzir que os ambientes externos e internos estão fortemente inclinados a desenvolver uma imagem negativa em torno das instituições públicas, podendo vir a comprometer o esforço das administrações. Nesse sentido, torna-se indispensável a alocação de uma força de comunicação capaz de trabalhar nas duas pontas do processo de imagem: os ambientes interno e externo.

Internamente, há de se recuperar os níveis de confiança das bases funcionais, engajando-as na estratégia de mobilização pela melhoria dos ambientes. As condições de sucesso para os programas que formam o conjunto de ações modernizadoras de uma entidade implicam o soerguimento do *animus operandi* do funcionalismo. Externamente, há de se reposicionar o conceito de uma entidade pública, procurando mostrar e enfatizar a proposta de sua modernização (quando for o caso), o esforço empreendido pela administração no sentido de torná-la eficiente e comprometida com os objetivos moralizadores do governo e com os legítimos interesses da população.

O eixo da força motriz de comunicação deve ser um Plano de Modernização da Entidade.

Dentro dessa moldura, podemos apresentar as bases de um Plano Diretor de Comunicação.

Parte I

A) Objetivos do Plano Diretor de Comunicação

A primeira parte compreende os objetivos. Aqui, deve ficar clara a intenção da entidade.

De acordo com o entendimento exposto, podemos traçar os seguintes objetivos para o Plano Diretor de Comunicação:

1. Recompor a confiança da sociedade na entidade, procurando fortalecer seu conceito de organismo que busca a modernização de processos, estruturas, ações e métodos de trabalho.
2. Iniciar um processo de reconstrução de imagem em torno da entidade.
3. Criar, internamente, condições propícias para o desenvolvimento de um Programa de Reformas, motivando a comunidade para a participação ativa nos programas em implantação.
4. Informar corretamente as bases funcionais sobre as propostas de mudança, procurando criar uma compreensão adequada a respeito das metas de modernização.
5. Atenuar os pontos de atrito entre as bases funcionais e a administração, estabelecendo-se mecanismos de comunicação que permitam o diálogo, o entendimento e a negociação.
6. Influenciar o corpo interno para o sentido do engajamento no processo de mudanças.

B) Valores

Deve-se apresentar, a seguir, o conjunto de valores que embasará o Plano de Comunicação. Como proposta nesse campo, sugerimos verificar a parte relativa aos princípios e valores de comunicação, descrita no Capítulo 2.

C) Objetivos da política de comunicação

Nesta parte, deverão ser descritos os objetivos da política de comunicação. Sugerimos verificar a parte relativa aos objetivos, descritos anteriormente, fazendo a adaptação para a área pública.

D) Diretrizes da comunicação

O marketing da entidade deverá planejar, coordenar, executar e controlar programas e produtos, tendo como parâmetros as seguintes diretrizes:

Zelar pela idoneidade – em suas manifestações de visibilidade e expressividade, a atenção deve ser dedicada ao zelo pela idoneidade dos padrões e métodos adotados pela instituição no tratamento de suas operações e atividades.

Privilegiar fatos e conceitos – a comunicação deve estar calcada no princípio de privilegiar o conjunto de fatos e situações que lhe dão suporte, evitando as políticas de personificação de dirigentes e autoridades do sistema.

Conceito de excelência – a instituição tem quadros de excelência, que conferem às suas atividades alto nível de qualidade. O realce dos aspectos de excelência técnica do modelo de gestão é fundamental para o posicionamento da instituição no conjunto das entidades governamentais.

Envolvimento funcional – o quadro funcional constitui relevante canal de comunicação com a sociedade, portanto as informações e os esclarecimentos aos funcionários sobre os assuntos institucionais terão tratamento prioritário.

Envolvimento social – a entidade deve manter efetivo envolvimento com a sociedade, procurando conhecer os anseios e as expectativas de seus usuários e públicos-alvo e responder-lhes, criando formas de relacionamento que permitam exata compreensão de suas finalidades e de sua missão.

Acompanhamento ambiental – o permanente posicionamento da entidade no contexto da modernidade dar-se-á por meio de adequados mecanismos de acompanhamento das tendências socioambientais (ambiente externo) e de cultura e clima organizacional (ambiente interno).

Prestação de contas – é fundamental para a preservação da integridade do conceito da entidade a prestação de contas das atividades principais da instituição, em respeito à sociedade, em geral, e aos usuários dos sistemas, em particular.

Conscientização – adotar como meta a definição clara e mais estável dos objetivos, da política de atuação na sociedade e, em relação ao corpo funcional, a conscientização dos funcionários. Restabelecer a confiança dos funcionários entre si e na instituição e, por consequência, o comprometimento deles com o objetivo da organização, para que se possa trabalhar com maior segurança e alcançar as metas estabelecidas.

Sedimentar o espírito integrativo – o fortalecimento do espírito integrativo insere-se na estratégia de geração de climas internos saudáveis e solidários com a alta missão social da entidade. A dispersão geográfica de unidades da instituição (se for o caso) tende a criar sistemas compartimentalizados, dificultando a implantação de políticas globalizantes e abrangentes, razão pela qual todo o esforço de comunicação deve ser empreendido para consolidação das metas de integração.

Incentivar a participação – a sedimentação de uma cultura compromissada com metas e objetivos implica maior participação dos níveis funcionais no sistema de gestão e decisão, razão pela qual o engajamento dos funcionários constitui valor essencial na estratégia da comunicação social.

E) Estratégias

Apresenta-se, a seguir, um conjunto de estratégias para desenvolvimento e embasamento da política de comunicação:

Implantar modelo integrativo de coordenação de comunicação, de forma a propiciar o desenvolvimento de ações sinérgicas e o uso de linguagens homogêneas.

Definir claramente as linhas de ação e as abordagens que guiarão os programas de trabalho, como suporte para assimilação das ideias e fortalecimento de uma cultura organizacional orientada para a excelência e qualificação de serviços.

Desenvolver e implantar um sistema de comunicação orientado para atender, harmonicamente, os três fluxos: da diretoria para as linhas, descendo até a ponta do sistema, daí para cima e lateralmente, entre equipes técnicas, com o objetivo de valorizar o sentido participativo.

Procurar formas ágeis de integração interna, compatibilizando as intenções e interesses das áreas, homogeneizando as linguagens com o objetivo de preparar o quadro humano para o permanente processo de intercâmbio de ideias.

Aperfeiçoar o uso da simbologia visual da entidade, de forma que o signo gráfico da instituição transforme-se em sinal de identificação de ações, programas e serviços.

Reciclar equipes internas de comunicação com o objetivo de alavancar programas de ação e incentivar a criatividade, mediante treinamento especializado.

Racionalizar sistemas internos, **priorizar** programas e **maximizar** ações de comunicação, buscando sempre o sentido da sinergia, convergência, interação e complementação de esforços.

Envolver lideranças institucionais externas, governamentais e políticas na defesa das diretrizes e do programa de mudanças.

Parte II – Redes e fluxos de comunicação

Duas redes abrigam as manifestações de comunicação da entidade:

a) **Rede Formal** – compreendida pelos canais oficiais que traduzem diretrizes, valores, normas e pensamento da instituição a respeito dos mais variados assuntos;

b) **Rede Informal** – que abriga as manifestações espontâneas e informais da comunidade e suas interpretações sobre questões de cultura e clima interno e de políticas normativas da instituição.

Para essas duas redes, o Plano de Comunicação estabelece as seguintes atitudes:

1. **Permanente preocupação** em dotar a rede formal de canais adequados, complementares ou de apoio.

2. **Atenção constante** para as manifestações informais das comunidades externas e internas, no sentido de procurar identificar pontos de distorção, desencontro ou desinformação e aclarar conceitos, posições e interpretações.

3. **Respeito à natureza da rede informal**, compreendendo sua importância para o equilíbrio e ajustamento dos climas internos.

4. **Busca de entendimento e interação** entre os objetivos da instituição e os da comunidade, com o permanente esforço para a aproximação das duas redes de comunicação.

5. **Esclarecimento imediato** a respeito de informações veiculadas pela rede informal que possam comprometer o clima de harmonia e as condições para o desempenho desejado das tarefas.

Fluxos

As redes de comunicação guiam-se pelos seguintes fluxos:

a) **Fluxo descendente**, que tem como origem a estrutura emissora das informações ou os dirigentes hierárquicos que emitem mensagens. O alvo da comunicação está sempre em patamares hierárquicos para baixo.

b) **Fluxo ascendente**, responsável pelo transporte de informações de baixo para cima.

c) **Fluxo lateral**, que permite inter-relacionamento entre estruturas e pessoas do mesmo posicionamento hierárquico.

Para esses três fluxos, o Plano de Comunicação estabelece a seguinte orientação:

1. **Valorizar o fluxo ascendente** como forma de promover e sedimentar uma cultura participativa com engajamento positivo no processo decisório.

2. **Fortalecer** os canais de **comunicação lateral**, criando uma sólida base de relacionamento entre setores, ajustando posições e corrigindo distorções de linguagem e objetivos.

3. **Evitar massificação** de informações pelo fluxo descendente, por meio de tentativa de priorizar canais, mensagens e segmentos-alvo, tornando mais fluido e equilibrado o consumo de informações.

Parte III – Estrutura de comunicação da autarquia e os programas

Esta parte contempla a estrutura de comunicação da entidade. As áreas abrangidas são as seguintes:

- Imprensa.
- Editoração.
- Publicidade.
- Relações públicas internas.
- Relações institucionais.
- Públicos-alvo.

Imprensa

A área de imprensa deverá compreender os seguintes objetivos:

- Assessorar a direção da entidade, fornecendo análises, interpretações e perfis ambientais, a partir da leitura da mídia.
- Assessorar a direção na estruturação, montagem e idealização de textos, entrevistas e artigos para os meios de comunicação.
- Divulgar informações e opiniões de interesse da entidade para os meios de comunicação internos e externos.
- Coordenar entrevistas do presidente para os meios de comunicação.
- Preparar *papers*, documentos, pronunciamentos escritos, discursos, palestras e conferências para a presidência.
- Assessorar a direção sobre interesses, tendências e perfis ideológicos dos meios de comunicação.
- Atender às demandas jornalísticas dos meios de comunicação.
- Informar, orientar e explicar as diretrizes, ações estratégicas e posições da entidade para o meio jornalístico.
- Promover relações cordiais com os meios de comunicação e seus diretores e editores e propiciar as condições para o bom desempenho das funções jornalísticas.
- Atender demandas dos leitores expressas em seções de cartas, programas de rádio etc.

Produtos da área

Apresentam-se, agora, os produtos da área de imprensa:

Assessoria à direção – análises, sugestões e ideias oferecidas pela área de imprensa à direção, a respeito de matérias da atualidade, postura e posicionamento do instituto em relação aos meios de comunicação, interpretação sobre abordagens e angulações rotineiras da imprensa e indicações sobre fatos, pessoas e instituições de interesse da entidade.

Contatos com a imprensa – articulação e contatos periódicos com jornalistas, editores e repórteres – feitos por esta área – para estabelecimento de um clima de cordialidade e troca de pontos de vista sobre matérias da atualidade.

Releases – textos informativos para a imprensa, produzidos apenas quando se justificarem.

Informes oficiais e comunicados – textos sintéticos, informativos ou opinativos com posição oficial do instituto, podendo assumir, eventualmente, o caráter de edital ou anúncio pago.

Papers – textos encomendados pela presidência sobre a posição e a imagem do instituto e aspectos relacionados ao meio ambiente externo.

Entrevistas – declarações dadas pela direção ou por seus porta-vozes credenciados para os veículos de comunicação. Classificam-se em **informativas**, quando o objetivo é indicar um dado novo ou fornecer informações sobre fatos da atualidade jornalística; **opinativas**, quando o objetivo é posicionar a entidade a respeito de questões e temas de natureza polêmica; de **esclarecimento**, quando a proposta é analisar situações e fatos que provoquem dúvidas e interpretações diferenciadas.

As entrevistas deverão ser realizadas com o acompanhamento do assessor/consultor de comunicação e com o conhecimento prévio dos entrevistados.

Artigos e análises escritas – textos opinativos, com defesa de pontos de vista, em atendimento a demandas específicas dos meios de comunicação ou quando for de conveniência da direção, diante de circunstâncias e questões que mereçam esclarecimentos e posicionamento oficial da instituição.

Editoração

Apresentam-se, aqui, os objetivos da área de editoração:

- Planejar e coordenar a produção de todos os materiais impressos e audiovisuais.
- Preparar, organizar e produzir sistemas e modelos que permitam a operacionalidade e fluidez dos canais de comunicação.

- ▷ Estabelecer e controlar fluxogramas operacionais.
- ▷ Agrupar unidades informativas, compilando e agregando partes com a finalidade de preparar as edições.
- ▷ Organizar o sistema de informações jornalísticas e banco de dados informativos para uso permanente nos canais de comunicação da entidade.
- ▷ Suprir as diretorias e os setores em suas necessidades de comunicação impressa e audiovisual.
- ▷ Propor formas diferenciadas de comunicação, estabelecendo novos meios (painéis, intranet), reformulando canais, com o objetivo de aumentar índices de leiturabilidade e legibilidade.
- ▷ Criar sistemas permanentes para racionalização e unificação dos programas gráfico-editoriais, maximizando seu uso e diminuindo seus custos.
- ▷ Produzir e editar o jornal institucional e uma *newsletter* (se for o caso) para o corpo gerencial.

Produtos da área

Jornal institucional; *newsletter*; relatórios anuais; *folders*; comunicados; cartazes; circulares; tabloides; boletins; canal de áudio; manuais; brochuras; cartilhas; filmes; catálogos; vídeos; prospectos; revista; volantes; avisos; folhetos.

Publicidade

Apresentam-se, agora, os objetivos da área de publicidade:

- ▷ Planejar e coordenar as campanhas publicitárias mercadológicas e institucionais.
- ▷ Fornecer *briefings* para as agências de publicidade encarregadas de produzir as campanhas da entidade.
- ▷ Estabelecer **interface** entre a entidade e o setor de comunicação publicitária da agência encarregada pelas campanhas.
- ▷ Controlar o desenvolvimento das campanhas publicitárias, avaliando permanentemente sua eficácia.
- ▷ Coordenar e desenvolver os programas de identidade visual, garantindo a homogeneização dos signos gráficos e o aperfeiçoamento das manifestações visuais da entidade, de acordo com a estratégia de modernização e acompanhamento das tendências ambientais.
- ▷ Dar suporte técnico, por meio de criação e produção de materiais, aos programas de comunicação.

Produtos da área

Eis os produtos da área de publicidade: campanhas publicitárias de produtos; campanhas publicitárias institucionais; materiais e peças promocionais – folhetos, *displays*, cartazes; anúncios na mídia impressa: avisos, comunicados, licitações etc.; logotipos, logomarcas, projetos de ajuste de identidade visual.

Relações públicas internas

Apresentam-se, agora, os objetivos da área de relações públicas internas:

- Planejar formas e meios que estimulem o encaminhamento de ideias, sugestões e contribuições da comunidade.
- Planejar e coordenar eventos institucionais internos.
- Planejar e coordenar formas de integração interna, com a finalidade de propiciar climas saudáveis ao bom desempenho das atividades funcionais.
- Realizar pesquisas sistemáticas de clima organizacional com a finalidade de medir os níveis de expectativa, anseios e necessidades da comunidade interna.

Produtos da área

Os produtos da área de relações públicas internas são os seguintes: eventos; pesquisas; programas de recepção; sistemas de sugestões e ideias; consultoria às áreas.

Relações institucionais

Apresentam-se, agora, os objetivos da área de relações institucionais:

- Planejar e coordenar ações de natureza institucional junto aos poderes Executivo, Legislativo e Judiciário e universos empresarial, financeiro, educacional/cultural, diplomático, sindical, militar, lideranças da sociedade civil, imprensa e polos de irradiação de opinião.
- Atender às demandas do setor político no que diz respeito a informações sobre políticas da entidade, ações e medidas.
- Estabelecer formas e mecanismos de relacionamento com o Congresso, com vistas a suprir o sistema político com informações, análises e dados sobre políticas da entidade.
- Planejar e coordenar atividades externas que assegurem uma correta leitura das ações e estratégias da entidade, propiciando perfeita compreensão de sua missão e objetivos.

Produtos da área

Os produtos da área de relações institucionais são os seguintes: eventos institucionais; contatos e intercâmbio; *papers* para o setor político; atendimento às demandas de informações e análises, com expedição de relatórios.

Públicos-alvo

Apresentam-se, agora, os públicos-alvo da entidade:

- **Sistema Interno**
  Funcionários.
- **Sistema Externo**
  Usuários da entidade: imprensa, poderes Legislativo, Executivo e Judiciário, órgãos públicos, Sistema Financeiro Nacional, associações de classe, clubes de serviço, organismos internacionais, escolas e universidades, profissionais liberais, comunidade.

Parte IV – Projetos

Nesta parte, devem ser apresentados os projetos de comunicação voltados para duas frentes:

a) interna

b) externa

Comunicação interna

A comunicação interna abrangerá as seguintes formas e canais de comunicação.

Exemplos:

Jornal interno – periódico mensal, com oito páginas, papel jornal, tabloide, estilo jornal sindical, amplamente manchetado, leve, solto, com tiragem suficiente para cobrir a população de funcionários. O jornal será o principal veículo de comunicação com todos os funcionários.

Newsletter – "Carta da Entidade" – veículo semanal, formato pequeno 21 cm x 15 cm, oito páginas, com informações de natureza técnico-normativa, destinado aos superintendentes, diretores e chefes de divisão. Cerca de 500 pessoas, aproximadamente, receberão esse canal de comunicação. Sua finalidade é suprir as linhas de comando com informações essenciais, de forma a garantir um permanente fluxo de comunicação entre o sistema de comando dos projetos e as linhas executivas.

Programa de *folders* – para apresentação dos projetos técnicos da entidade, com informações sobre diretrizes, etapas e métodos. Para efeito de harmonia, os *folders* integrarão uma família gráfica, de modo a serem distinguidos por suas cores e títulos, conservando-se, porém, a logotipia básica e o formato global.

Programa de cartazes – peças publicitárias de envolvimento do corpo funcional, atraentes, modernas, com informações básicas sobre os projetos de reforma da entidade. Funcionam como chamarizes para os programas técnicos e traduzirão o espírito de modernidade que se quer imprimir à cultura interna.

"Linha direta" – canal de comunicação direto entre os funcionários e a administração central. Funcionará por meio de um telefone *toll-free* (ligação gratuita), localizado na Administração Central, para atender a todo o país. Trata-se de uma modalidade de comunicação que se insere no espírito de abertura, desobstrução de canais, desburocratização e atendimento ao usuário, valores dos novos tempos. Uma espécie de tira-dúvidas, resposta a questões, atendimento de sugestões.

"Tele-presidente" – teleconferência feita pelo presidente da entidade para os superintendentes e diretores. A cada dois meses, o presidente fará uma teleconferência.

Programa de vídeos – para garantir melhor consumo das informações sobre os programas em ação na entidade, será produzida uma linha de vídeos. O vídeo é um canal didático, de impacto, que poderá ser efetivo instrumento de alavancagem do programa de modernização. Seu uso será direcionado a grupos específicos, em sistema de rodízio. O desenvolvimento dessa linha de comunicação poderá evoluir para a produção de vídeos participativos, em que diretores e chefes apresentem depoimentos sobre suas atividades e a visão sobre a modernização da instituição.

"Portas Abertas" – programa de encontros do presidente com áreas e setores com a finalidade de ouvir, analisar e debater questões relativas aos programas em andamento.

Comunicação externa

Porta-vozes – o Plano de Comunicação estabelece os seguintes princípios para regular a representação pública junto aos meios de comunicação:

- Quem fala pela entidade é seu presidente, considerado, dessa forma, o porta-voz oficial.

- Por delegação do presidente, os diretores podem assumir a condição de porta-vozes, manifestando-se estritamente a respeito de temas de suas respectivas funções e atribuições.

- Considera-se informação ou opinião formal da entidade apenas aquela emitida por seus dirigentes autorizados, no exercício restrito de suas funções.

▷ Análises, opiniões e interpretações emitidas na mídia ou ao correr de eventos (seminários, simpósios, congressos) por integrantes do corpo funcional da entidade não constituem posição oficial, a não ser quando autorizadas pelo presidente. Nesses casos, caracteriza-se a fonte relacionando-a à entidade.

▷ Os porta-vozes técnicos, funcionários indicados pela direção da entidade, emitirão informações sobre temas de alta importância somente após consenso interno.

▷ Em ocasiões de emergência, em que a posição institucional da entidade deva ser preservada, será constituído um grupo de porta-vozes especialmente treinado para prestar esclarecimentos aos públicos-alvo.

Revista – sugere-se a confecção de uma revista de alto nível com a colaboração de articulistas de peso, economistas, sociólogos, políticos e cientistas políticos que discorrerão sobre questões ligadas à entidade. A revista poderá ser uma ferramenta imprescindível para a consolidação de uma consciência sólida a respeito da reforma da entidade.

Campanha publicitária – a imagem da entidade poderá merecer uma abordagem institucional.

"Canal aberto" – programa de encontros, almoços e/ou bate-papos informais entre o presidente da entidade e editores de jornais e revistas, com a finalidade de ampliar climas de simpatia e cordialidade.

Logotipia – a reforma da entidade poderá ensejar uma reforma no signo visual de comando, para funcionar como alavanca simbólica da modernização. Nesse sentido, é aconselhável um estudo em profundidade para organizar as novas manifestações visuais.

Esquema de mobilização

O programa de comunicação será reforçado por meio de uma bateria de formas de mobilização interna, a saber:

▷ **Reuniões setoriais** – reuniões com grupos e setores, com os líderes dos projetos.

▷ **Visitas do presidente a regiões** – um programa de visitas gera um efeito mobilizador. Esse programa objetiva agilizar processos, transmitir palavras de ordem, arregimentar energias e integrar esforços para os programas de modernização.

▷ **Contatos com lideranças informais** – programa que objetiva conscientizar as lideranças informais da entidade sobre o andamento do programa de reformas e sensibilizar os líderes sobre a necessidade de engajamento na renovação da entidade.

Esquema de articulação

É necessário trabalhar, ainda, com um esquema de articulação junto ao Congresso Nacional. Trata-se de um programa com o objetivo de esclarecer parlamentares sobre os planos da entidade, estabelecendo-se uma corrente de simpatia e apoio às ações empreendidas pela atual gestão.

Parte V – Elaboração do plano

A política de comunicação da entidade será desenvolvida por meio de um Plano Anual de Comunicação Social, abrangendo programas e projetos, a ser estabelecido no último trimestre, para vigorar no ano seguinte. O plano será formado a partir das indicações feitas pelos diversos setores envolvidos com o sistema de comunicação, com base em pesquisas e avaliações, sendo sua consolidação uma tarefa do componente de Comunicação Social da entidade.

Para efeito de estrutura, o Plano Anual de Comunicação Social será a consolidação de todos os programas e projetos aprovados, cujo modelo deverá incluir os seguintes itens: denominação, objetivo, justificativa, público-alvo, linguagem, mensagem/estrutura de conteúdo, recursos materiais/equipamentos, formato, tamanho, tempo, equipes envolvidas, responsabilidade principal, cronograma, verbas, resultados esperados.

Termos e conceitos-chave

- Administração pública
- Cidadania
- Corporativismo
- Democratização do poder
- Expressão
- Funções da comunicação
- Marketing institucional
- Medidas provisórias
- Monopólio informativo
- Mudança social
- Plano de comunicação
- Poder Executivo
- Poder invisível
- Poder Judiciário

- Poder Legislativo
- Presidencialismo imperial
- Reforma do Judiciário
- Representação parlamentar
- Sociedade política
- Tecnocracia
- Tuba de ressonância
- Valores

CAPÍTULO 6

COMUNICAÇÃO NA ADMINISTRAÇÃO PÚBLICA – MARKETING DE GOVERNOS E PREFEITURAS

"Não sejamos muito exigentes. Melhor é ter melhores diamantes de segunda mão do que não ter absolutamente nenhum."

(Mark Twain)

Que o marketing é importante para os governos e as prefeituras ninguém nega. A exacerbação do marketing, porém, é prejudicial. O ex-prefeito de São Paulo, Celso Pitta, entre muitas promessas que fez, anunciou o Fura-fila, uma espécie de superônibus que sairia atravessando a capital de ponta a ponta sem o transtorno dos semáforos. O Fura-fila foi uma promessa de papel. Essas e outras promessas não cumpridas acabaram canibalizando o marketing da administração Pitta, cuja imagem foi ao fundo do poço. Fernando Henrique Cardoso, na primeira campanha, em seu esplendoroso programa eleitoral, apresentava os cinco dedos representando cinco grandes programas. Um deles era segurança. No segundo governo de FHC, a violência chegou ao índice de 40 mil mortos por ano, mais que duas guerras do Vietnã para os norte-americanos. Um programa prometido para a área de segurança não saiu do papel. O que está errado? O marketing de campanha, o marketing da administração ou ambos?

O marketing é importante para informar, integrar a comunidade no espírito de uma administração, preservar sua identidade. Identidade é sinônimo de caráter. Já a imagem é aquilo que um governante pretende passar para a opinião pública. Quando a imagem é exagerada, distante da identidade, forma-se um ponto de interrogação na mente das pessoas. Será que aquilo é verdadeiro? Se os exageros atingem o absurdo, o resultado é um bumerangue, ou seja, o marketing acaba corroendo o governo. Primeiro cuidado: evitar prometer em campanha o que não poderá ser cumprido. O povo acabará cobrando. O marketing da administração tem de ser feito com base em verdades.

Essas observações fazem-se necessárias para que as administrações estaduais e municipais se preocupem em calibrar e ajustar as estratégias de comunicação. Como começar? Sugere-se, inicialmente, uma abrangente e profunda análise sobre a administração, com uma lupa sobre os pontos altos e baixos dos programas, os perfis de secretários e assessores e as coerências/incoerências. Realinhar, primeiro, a administração é mais importante que fazer marketing, até porque, para ser eficiente, o marketing deve lidar com conteúdos de alto alcance social e econômico.

Em algumas regiões, o marketing funciona como agasalho de assessores e não como ferramenta de identidade do administrador. Quer dizer, peças publicitárias procuram gerar mais discussão junto aos formadores de opinião do que ajudar governantes. Certos *slogans* são ridículos, podendo ser lógicos no início de uma administração, porém inadequados no segundo mandato. É o caso dos que tratam de conceitos qualitativos como honestidade, seriedade, ética e zelo. Como fica um governante que irradia honestidade quando se comprova um escândalo monumental na administração?

Infelizmente, o marketing no país tem sido um desfile de clones. A forma tem substituído o conteúdo, para azar de governantes. Importar modelos é uma prática lastimável. Na campanha presidencial da Argentina de 1999, uma peça produzida por um marqueteiro brasileiro mostrava o candidato governista, Eduardo Duhalde, cabisbaixo, e um locutor dizendo: "Você acha justo o que estão fazendo com ele?" Para a machista sociedade argentina, um candidato que se apresenta como perdedor é uma tragédia. A peça provocou a ira implacável da mulher do candidato, Hilda. A cultura argentina não cultiva tanto a emoção quanto a brasileira. O trabalho, considerado amador, provocou a queda de Duhalde nas pesquisas, e US$ 25 milhões foram gastos em dois meses.

> **O marketing no país tem sido um desfile de clones, com a forma substituindo o conteúdo – para azar de candidatos e governantes.**

A onda do "*fulano fez – fulano faz*" e do "*rap* suburbano" – muito conhecida no Brasil – não deu certo na Argentina e só foi eficiente em algumas regiões do país porque os candidatos vencedores contavam com muito poder de fogo. Marketing sozinho não ganha campanha nem faz boa imagem. Fernando Henrique já foi colocado sobre a sela de um cavalo, chapéu de couro, fartando-se de bode assado e comendo buchada no Nordeste. Não combinava com o perfil do sociólogo. Da mesma forma, comete desatino quem marca obra cultural ou religiosa com *slogans* apropriados a obras. Em Minas, determinado governo tentou "faturar" em cima da religiosidade e foi muito criticado. Equivale a dizer que a fama de padre Cícero, por exemplo, é obra de governantes. Esse é um modelo de marketing imbecil.

A questão do marketing exige melhor interpretação das mudanças sociais. O Brasil que tem emergido das urnas, a partir dos anos 1990, exibe um perfil mais racional e comprometido efetivamente com as demandas populares. A sociedade se mostra mais organizada, os níveis de exigência crescem, os grupos sociais participam de modo mais decisivo do processo político, elegendo representantes próximos às suas demandas, e os novos governantes assumem, perante a opinião pública, compromissos que são cobrados pela população. Há uma nova ordem de ideias e posicionamentos na sociedade, visíveis nas manifestações públicas e na interpretação dos meios de comunicação. O voto está acarretando maiores exigências que no passado.

O sentido de participação, de fiscalização e acompanhamento da obra governamental é adensado pelo controle que a mídia passou a exercer nas administrações estaduais. A nova escala de valores exige dos condutores da área pública postura balizada por critérios racionais de operação da política e orientada por um programa de marketing institucional, cujas linhas estratégicas garantam comunicação eficaz do governante com as comunidades estaduais e com a opinião pública nacional.

Infelizmente, o marketing político no Brasil tem sido trabalhado exclusivamente sob a ótica do marketing de campanhas. Ou seja, os políticos utilizam as ferramentas do marketing apenas ao correr das campanhas eleitorais. Trata-se de um grave erro de visão. O correto emprego do marketing político significa o uso tanto para viabilizar candidaturas proporcionais e majoritárias quanto para estabelecer, preservar e aperfeiçoar o conceito das administrações públicas.

Mais ainda: nos últimos anos, o processo de comunicação governamental e política passou por uma evolução. Está esgotado o ciclo do processo de comunicação restrito à operação clássica de assessoria de imprensa, cujo fundamento é a cobertura de atos rotineiros do governo e da presença do governador e do prefeito nas mídias locais, por meio de entrevistas e análises. As assessorias de imprensa têm sido, normalmente, reduto de jornalistas que acabam se acomodando às rotinas, regadas de *releases* e matérias laudatórias. Esse processo está condenado ao fracasso, em função de demandas sociais diferentes e do caráter fiscalizador que passou a exercer a sociedade.

Tanto o governador como o prefeito carecem de um sistema de marketing condizente com as mudanças. O marketing político vai ajudá-lo a ampliar as pontes de comunicação com as comunidades, a prestar contas periódicas, a criar climas de aproximação e simpatia, a abrir fluxos de acesso, a identificar pontos de estrangulamento nas estruturas burocráticas, a identificar anseios, expectativas e demandas sociais e, sobretudo, a estabelecer um clima de confiança e credibilidade, fatores importantes, porém cada vez mais raros. O parlamentar, por sua vez, carece de um sistema de marketing político para alimentar as bases eleitorais, reforçar a identidade e ampliar os espaços políticos.

O que é o marketing para os governos estaduais e para as prefeituras e como ele pode ser estruturado? Essa tipologia compreende um conjunto de meios, formas, recursos e ações de **pesquisa**, **comunicação**, **articulação** e **mobilização**, quatro eixos que sustentam as atividades de marketing.

Normalmente, as assessorias de marketing e comunicação trabalham apenas com mídia, ou seja, a preocupação básica é a de levar o conceito das administrações e de parlamentares para jornais, revistas, rádio e TV. A mídia, no entanto, compreende apenas pequena parte de um planejamento de marketing. Defendemos nova conceituação para as estruturas de marketing. O marketing institucional poderá oferecer condições para que governadores, prefeitos e parlamentares administrem suas relações com o meio ambiente externo e interno. Eis alguns aspectos importantes.

O ABC do marketing permanente

Em primeiro lugar, cabe dizer que é preciso conceituar o discurso. Esse discurso comporta dois eixos: o **eixo semântico**, composto pela essência informativa e persuasiva que se extrai dos programas do governo ou do parlamentar; e o **eixo estético**, desenvolvido por meio de signos e símbolos visuais (cores, desenhos, tipos gráficos etc.).

1. Compor o conceito/identidade

O primeiro passo é a definição do conceito que se pretende fixar e passar para a opinião pública. Trata-se de estabelecer o **QUÊ**. Esse **QUÊ** abriga a identidade, a coluna vertical, que se extrai a partir de uma lupa sobre os programas prioritários. Na administração pública trabalha-se com muitos aspectos e muitas ideias. O resultado é uma colcha de retalhos. A identidade acaba sendo canibalizada pela multiplicidade de ângulos. E as administrações não transmitem a essencialidade dos programas. O varejo e as atividades rotineiras estiolam aspectos prioritários. E os governos e/ou parlamentares ficam sem diferencial de marca, de postura, de ideias, de valores. Por isso mesmo, do conjunto programático deve-se selecionar as ênfases e agrupá-las em torno de três ou quatro grandes áreas.

A seleção das áreas prioritárias gerará conceitos-chave, palavras de comando, ideias-síntese que servirão para balizar o programa de comunicação da administração. Por isso, o sistema de comunicação deve ter voz ativa nas decisões sobre o conceito da administração.

2. Compor o conceito visual

A formação do conceito é complementada com o programa de identidade visual das administrações. Aí se definem as cores, o logotipo/logomarca, o *slogan* (conceito/frase-síntese), os tipos e as matrizes de letras com suas aplicações nos materiais, previstas no plano de harmonização visual da administração. O primeiro plano de visibilidade externa é conferido pela roupagem da administração. É essa vestimenta que passará para a sociedade, em um primeiro momento, *inputs* contendo os conceitos de modernidade, agilidade, eficiência, tecnologia, ética, seriedade, harmonia e beleza plástica.

3. Alterar/corrigir o conceito

É muito comum a pergunta: pode-se corrigir, alterar ou mesmo formar o conceito no meio da gestão, por exemplo? É possível, sim, mas os custos serão mais onerosos. Quem começar antes, terá mais tempo para desenvolver e aperfeiçoar as ideias centrais. Se, depois de algum tempo, a administração ainda não conseguir estabelecer seu conceito, sugere-se imediata correção de rota. É claro que a bateria de comunicação terá de repercutir de maneira mais forte, em função do tempo menor de que se disporá para internalizar, junto à sociedade, os programas e as ideias. O custo será maior. O que não aconselhamos, sob nenhuma hipótese, é formar um conceito em cima de coisas inexistentes. O marketing se apoia em ideias, ações, fatos.

4. Pesquisar as expectativas da população

Marketing sem pesquisa é chute. Nenhum administrador, por mais competente e intuitivo que seja, pode criar um programa de governo sem auscultar a comunidade. A apuração de aspirações, anseios, vontades e expectativas da população dará ao programa de marketing o devido balizamento. As administrações podem, por exemplo, descobrir que o seu sentido de prioridades não está sendo aceito ou entendido pela sociedade e, ainda, que o governo pode estar indo na contramão dos desejos do povo. De seis em seis meses, é aconselhável uma **pesquisa de opinião**, seja qualitativa ou quantitativa, para aferição do clima ambiental.

A pesquisa qualitativa, para conferência de padrões administrativos, oferece a vantagem de maior aprofundamento de questões relativas aos rumos dos governos. Trata-se de um tipo de pesquisa praticamente inexplorado pelos governos, apesar de ser bastante usado nas campanhas eleitorais.

5. Organizar um sistema orgânico de distribuição

Trata-se, agora, de formar a **rede de distribuição**, ou seja, a malha dos canais de comunicação. Há de se ter cuidado com a distorção – muito comum nas assessorias de comunicação – de se considerar como rede de comunicação apenas o grupo de grandes jornais, revistas, emissoras de TV e rádio. Convém observar a seguinte divisão:

- **Marketing massivo** – abrange os grandes canais de comunicação (nacionais e estaduais).
- **Marketing seletivo** – abrange os canais de comunicação existentes na rede organizacional – jornais, boletins, revistas, *folders*, folhetos etc., patrocinados pelas diversas categorias de entidades. Esses canais são, geralmente, desprezados. Mas estão sempre à disposição das administrações, dirigem-se a grupos com forte poder de opinião e oferecem baixo custo de veiculação.
- **Veículos próprios** – a mídia própria das administrações comporta uma rica coleção de canais, além dos boletins, jornais, revistas, folhetos,

mapas, álbuns etc. Abriga, por exemplo, o sistema de murais nos prédios públicos, as placas de obras e de sinalização pública, os memorandos, a correspondência, enfim, os espaços oferecidos pela papelada burocrática. Esse acervo pode prestar-se à veiculação de informações normativas e de orientação técnica, às campanhas educativas e de cunho integrativo. No caso de parlamentares, a mídia própria pode agregar boletins ou jornais periódicos; cartas; envio de discursos; telegramas etc.

A correta utilização da malha própria de canais multiplica a visibilidade das administrações dos parlamentares, formando uma consciência comprometida com os valores que ela pretende passar. Por isso mesmo, vale a pena investir em um programa de modernização da rede interna de comunicação. Os jornalistas, regra geral, por uma formação profissional e acadêmica distorcida, tendem a abandonar as formas de comunicação que não sejam jornalísticas.

6. Formar um sistema de articulação institucional

Outra perna importante do corpo do marketing da administração pública é a **articulação**. A comunicação abre espaços para a visibilidade e internalização do conceito da administração, mas é a articulação que opera com as forças de apoio social. A importância da articulação torna-se maior, nessa quadra da vida brasileira, em que se fortalece a cadeia institucional. Entidades de todos os tipos – sindicatos, associações, federações, grupos organizados – avançam politicamente, formando massas extraordinárias de pressão. Conseguem, até, eleger representantes junto ao Parlamento. Portanto, o marketing da administração pública deve considerar a necessidade de um planejamento especificamente voltado para o grupo de entidades que geram influência e formam opinião no país, no estado, nas regiões, nas municipalidades.

A operação da articulação acontece por meio de uma agenda de compromissos e contatos dos administradores públicos com os líderes do universo organizacional.

7. Adensar a articulação política

A outra ponta da articulação está na área política. Mais uma vez, o marketing deverá estar presente, estabelecendo amplo programa de contatos, com despachos semanais ou quinzenais dos administradores com a classe política. Deve-se ter em mente que a **articulação política** é absolutamente necessária para criar a fluidez administrativa, para obter a aprovação dos projetos dos Executivos nas Câmaras Legislativas e o apoio junto aos políticos (a aprovação das cinco emendas da reforma econômica, na Câmara Federal, se deu graças à articulação política).

No caso de parlamentares, deve-se ampliar o circuito de apoios e círculos de amigos.

8. Promover contato com as multidões

Para o administrador público, principalmente da área executiva, o contato com as massas constitui o alimento energizador do seu organismo político. Nesse caso, ajusta-se outra perna do marketing, o contato físico com as massas, dentro de uma estratégia de visibilidade direta. O contato com as massas faz parte da psicologia do marketing político que se relaciona ao conceito do EU consciente, em que se insere o homem que sente e vê, o homem que quer amparar tudo o que sentiu e pode rever. Para que o feixe de consciência do homem se expresse é preciso que haja uma reação emotiva de interesses. E essa reação é despertada pela intensidade da atenção, provocada, por exemplo, pela presença física do homem público junto às massas. Nesses contatos, abrem-se os climas de simpatia e empatia, confiança e credibilidade, engajamento e solidariedade, valores que integram a maquinaria psíquica das multidões.

9. Harmonizar a linguagem administrativa

Esse é um dos maiores desafios das administrações públicas. Há muito ciúme e vaidade nas equipes. Uns querem ser melhores que outros, e as opiniões são frequentemente divergentes. Forma-se o conflito de ideias e, por mais que se procure administrar os feudos e casulos que se formam na malha administrativa, sobra muito espaço para fumaças, fofocas e mal-entendidos. Os administradores precisam encontrar um ponto de referência comum, **harmonizando as linguagens**, ajustando os pontos de vista. A imagem do governo acabará fragmentada, caso a administração se transforme em uma colcha de retalhos. O marketing deve buscar os pontos de confluência no discurso administrativo e atenuar os pontos divergentes.

10. Prestar contas à população

Uma das principais críticas às administrações públicas no país diz respeito à falta de clareza. Há muita suspeição e chovem denúncias de favoritismo dos administradores. Esse aspecto pode e deve ser corrigido pelos homens públicos, por meio de um **programa de prestação de contas** periódico à população. Não se trata apenas de usar imensas verbas publicitárias para veicular os resultados da administração. Trata-se, também, de adotar critérios e formas de controle da administração, com a participação da comunidade.

11. Aprimorar o marketing pessoal do administrador

É difícil e muitas vezes impossível mudar o comportamento, a postura, a identidade de uma pessoa. Mas é viável o trabalho de ajustamento de sua identidade, fazendo-se a correção de posturas, do discurso, buscando-se novas ênfases, novas propostas. Os governantes, não apenas seus assessores, deveriam submeter-se a programas de **reciclagem**, para se alimentar de informações, ideias, aprofundar conhecimentos sobre economia, política, administração. Deveriam ter outras experiências, buscar, permanentemente, criatividade e inovação.

12. Organizar a estrutura adequada de comunicação e marketing

É fundamental que o programa de marketing e comunicação seja desenvolvido dentro de uma estrutura adequada, com recursos e meios necessários para sua operação. Não adianta querer ter sucesso no marketing se não há recursos e se as condições são precárias. Marketing não é jogo de palavras, não é utopia, não é abstração. É pesquisa, é comunicação, é articulação, é promoção, é mobilização social. Isso tem um **custo**, e nem sempre baixo.

Ameaças e oportunidades

Para maximizar os programas de marketing é preciso mapear as ameaças e as oportunidades. Relacionamos, a seguir, algumas:

a) **O feijão com arroz das administrações** – há quem não se considere alimentado se não comer, diariamente, feijão com arroz. No marketing da administração pública não é bem assim. É preciso que o cardápio seja mais variado. Está provado que os administradores brasileiros com boa imagem são os que têm tido coragem de inovar, criar, avançar. As safras de governadores e prefeitos mostram que alguns são proativos e criativos, outros cozinham apenas o feijão com arroz, rotinizam-se, caem no esquecimento. A inovação dá o diferencial de imagem.

b) **O ciclo de vida da administração** – a maximização de um programa de marketing depende, também, da compreensão do ciclo de vida de uma gestão. Como no ciclo de vida de um produto, podemos distinguir seis fases:

1 **O lançamento do administrador/parlamentar** – os primeiros seis meses são dedicados ao diagnóstico e ao ajustamento do administrador. O marketing deverá procurar trabalhar com o campo das dificuldades.

2 **O ajuste da identidade** – na segunda metade do primeiro ano começam a aparecer os primeiros sinais de visibilidade e os primeiros programas de ação, é a fase propícia para ajustar a identidade.

3 **Fase de crescimento** – no segundo ano, as administrações começam a operar, de modo mais firme, seus programas, com destaque para as prioridades. O conceito da administração, por meio do marketing, emerge mais forte.

4 **A fase da consolidação e maturidade** – o terceiro ano é o ciclo das realizações, quando se procura consolidar os programas. A administração está madura, a equipe ganha experiência e o marketing terá de passar esse ideário.

5 **Clímax/auge** – o último ano é, geralmente, o ciclo mais político, com a administração voltada para programas de inaugurações e demandas políticas. Se, até o presente, a administração não ganhou um conceito, perdeu a chance. Passará em branco.

6 **Declínio** – o governante entra no despenhadeiro e joga sua imagem para as profundezas. Quando isso ocorre ao final da gestão, é muito pouco

provável que faça o sucessor. A exceção ocorre quando o sucessor consegue separar sua imagem da imagem do patrocinador.

c) **Sobrecargas informativas** – a ânsia de passar muitas informações para a mídia, por parte dos assessores de comunicação, acaba provocando o fenômeno da "canibalização informativa". Uma informação come a outra. Isso é bastante arriscado, porque o adensamento dos fluxos de comunicação pulveriza o conceito da administração. Os pontos-chave, às vezes, acabam ganhando menos destaque que aspectos sem importância. O planejamento dos fluxos comunicativos, com suas cargas informativas, é fundamental para o sucesso de um programa de marketing.

d) **Importância da assessoria** – não adianta organizar um programa de marketing se a equipe administrativa não tiver noção de sua importância. É preciso que ministros, secretários, coordenadores e chefes tenham ideias exatas do que é marketing e comunicação. Significa, por outro lado, que devem considerar os assessores como peças fundamentais na engrenagem administrativa.

e) **Estrutura adequada** – cada administração deve organizar o sistema de comunicação de modo adequado. Em princípio, as áreas básicas do marketing e da comunicação devem estar presentes na estrutura: pesquisa, imprensa, relações públicas, propaganda, articulação, promoção, mobilização e apoio administrativo.

f) **Formação de quadros** – os quadros que trabalham com marketing e comunicação precisam passar, permanentemente, por cursos de reciclagem. A administração pública provoca, mais que a iniciativa privada, a doença do amorfismo, da dormência, da conformidade. Os quadros devem submeter-se a choques de criatividade. É preciso trabalhar com arrojo.

g) **Sinalização de coisas positivas** – há governos que perdem muito tempo com diagnósticos e passam para a sociedade a ideia de que estão sempre criticando os anteriores. As populações se cansam de diagnósticos, de molduras antigas, de perfis de governos passados. Querem ver ações, coisas concretas, mão na massa. O conselho é evitar o desgaste dos discursos negativos e ganhar espaços com os discursos positivos.

h) **Aprimoramento constante do discurso** – um administrador público deve cuidar do aperfeiçoamento de seu discurso. É preciso pesquisar novos eixos, novos ganchos e motivações.

Apêndice – Planejamento de marketing e comunicação para Governo de Estado

Neste anexo, apresentamos um modelo de planejamento de marketing e comunicação para um governo de estado. O roteiro foi adaptado de um plano feito para um governo estadual.

Marketing do governo

Identidade

A identidade é composta basicamente pelo ideário do governador e de seu programa de administração. Tal ideário será estabelecido por meio de conceitos ou palavras-chave, que definam o perfil do governo e sirvam ao propósito de balizar a linguagem de toda a administração. No caso do estado X e do governador Y, a identidade poderá resultar em um discurso, com os seguintes valores e conceitos-chave: seriedade; simplicidade; objetividade; prioridade de ação; racionalização de estrutura; critério de competência; governar para todos; áreas prioritárias: educação, saúde, agricultura, funcionalismo público; busca de tecnologia; agilidade; descentralização; parceria com a iniciativa privada; zelo na aplicação dos recursos; controle dos programas.

Slogan: (foram apresentados, em documento anexo, alguns *slogans*, para a escolha de um).

Cores: o mesmo padrão visual da campanha, em novo estudo, com o *slogan* aplicado.

Preparo do discurso verbal

Apesar da grande experiência parlamentar e executiva do governador Y, impõe-se um programa de aperfeiçoamento na área do discurso verbal, a fim de que ele possa obter melhores resultados. Há, de um modo geral, três grandes áreas de discurso nas quais se defronta um governador em sua rotina:

- O discurso para categorias sociais e grupos organizados.
- O discurso para a imprensa (entrevistas para jornais, rádio e TV).
- O discurso para a massa.

Todas as áreas precisam perceber o eixo central do discurso governamental. Mesmo que as situações exijam discursos e interlocuções peculiares, será muito importante que o governador procure passar sempre (não todos) os conceitos-chave de seu governo. O discurso verbal é um meio eficiente de transferência de uma ideia e de um conceito.

No caso de encontro com determinadas categorias, o governador deverá estar bem informado sobre a especificidade das reivindicações. Se combinar com seu estilo, poderá dar soluções imediatas a questões, desde que tenham sido, antecipadamente, analisadas. A agilidade no processo decisório pode transformar-se em sinal dos mais positivos da administração. Criar interlocuções adequadas, objetivas, mostrando perfeito domínio da situação exposta – com recheio de dados e estatísticas – também é um requisito importante.

O discurso para a imprensa deve ser adensado com posicionamentos técnicos, administrativos e com abordagens conceituais. É preciso esvaziar a pauta política, depois das eleições, sob pena de o governo ficar submetido permanentemente à pauta especulativa da época de campanha.

Encher a pauta jornalística com temas programáticos dará ao governo um perfil administrativo de bom tamanho.

Modelo de gestão

Uma parcela significativa do perfil do governo e de sua identidade será fruto do modelo de gestão a ser adotado. Os novos padrões sociais, como já se acentuou, exigem dos modelos administrativos, entre outras, as seguintes decisões:

- Maior rapidez no processo decisório.
- Mais qualidade nos serviços públicos.
- Menos burocracia, menos papelada.
- Maior descentralização.
- Mais clareza na administração.
- Maior coerência entre membros da equipe.
- Maior rigor e rapidez na apuração de denúncias.
- Critérios de justiça, bom senso e equilíbrio.

O marketing governamental se impregna do estilo dos governos. Por isso mesmo, será de grande valia para a imagem do governo a adoção de um modelo de gestão que possa traduzir as demandas sociais acima descritas ou pelo menos alguns conceitos nelas embutidos.

A título de sugestão, eis algumas ideias que podem ser analisadas:

- Reunião trimestral de balanço com o secretariado – com farta cobertura de imprensa.
- Atendimento regionalizado – despachos nas regiões.
- Atendimento setorizado – dia determinado para atender a grupos e categorias.
- Adoção da figura do contrato de gestão – autonomia de ação para empresas e controle rigoroso do contrato.
- Implantação da figura do ouvidor da administração (*ombudsman*), responsável pelo apanhado geral das críticas ao governo e encaminhador de questões de cunho institucional e político.
- Rapidez nos despachos – marcação de prazos para fluxo da papelada.
- Simplificação nas comunicações administrativas, com eliminação de exigências que podem ser consideradas supérfluas ou descabidas.
- Abrir a agenda para visitas e circuladas ("incertas") em determinadas obras.
- Abrir a agenda para programa de eventos e circulação do governador junto às áreas e aos programas prioritários (educação, saúde, agricultura).

Ajuste de identidade – programa – discurso

A cada seis meses, o governo deverá realizar uma pesquisa de opinião para aferição de: identidade, programa de governo, *performance* de seus secretários, tipos de ação considerados competentes e sérios, novas demandas sociais, ajustes que precisam ser feitos e a imagem geral do governo. É preciso todo tempo ouvir o povo, por meio de uma pesquisa eficaz, em todas as regiões. A pesquisa deve ser considerada um instrumento de balizamento da ação governamental.

Em quatro anos, poderão, portanto, ser realizadas oito aferições. As pesquisas devem ser cuidadosamente analisadas para embasar a decisão governamental. Não podem ser divulgadas nem o secretariado deve tomar conhecimento, a não ser por intermédio do próprio governador (chamar, em particular, determinado secretário e mostrar a aferição sobre seu desempenho).

Programa de comunicação

O programa de comunicação do governo X deve levar em consideração os seguintes princípios e parâmetros:

a) É importante criar e desenvolver um conceito e uma imagem nacional, de forma que a imagem interna (estadual) seja reforçada pela imagem externa (nacional) – estratégia centrípeta (de fora para dentro).

b) É importante, desde logo, eleger os eixos básicos que sustentarão a imagem pública do governo, a fim de se poder trabalhar com os mesmos conceitos, a partir do início da gestão.

c) Deve-se evitar campanhas institucionais que primem pelo exagero ou que mereçam críticas exacerbadas.

d) O toque de profissionalismo e competência deve prevalecer em todos os projetos de comunicação.

e) A imagem externa que se pretende desenvolver implica ainda um esforço de articulação política e institucional por parte do governador, que será gerador de fatos de interesse da mídia nacional.

Imprensa

O pilar da comunicação do governo será o esquema de imprensa. Para que os objetivos do presente plano sejam implantados, sugerimos uma estrutura de imprensa que, a partir da capital, tenha extensões em Brasília, São Paulo e no Rio de Janeiro. Brasília é a capital política do país e São Paulo e Rio constituem os núcleos centrais da mídia nacional e centros nevrálgicos das questões econômicas e políticas.

Além da cobertura rotineira dos atos administrativos e políticos, o sistema de imprensa poderá desenvolver os seguintes tipos de ações:

- Um balanço trimestral do governo – entrevista especial (coletiva) do governador.

- Entrevistas especiais do governador sobre política nacional, desdobramentos políticos, situação e rumos do partido, acompanhamento do governo federal – jornais e emissoras de rádio do Sudeste do país (pautas desenvolvidas a partir de São Paulo, Rio de Janeiro e Brasília).

- Presença do governador em programas nacionais de destaque.

- Programa "Conversando com o Povo" (ou algo semelhante), de cinco minutos, no primeiro horário da manhã, em cadeia estadual de rádio. Frequência: duas vezes por semana.

- Um artigo especial, por mês, sobre assunto de natureza político-administrativa para inserção em uma cadeia de jornais brasileiros (jornais das capitais).

- Cafés da manhã com jornalistas (um por vez), para troca de ideias.

Publicidade

O governo deve usar campanhas publicitárias de maneira moderada, em um primeiro momento, podendo incrementá-las ao longo do mandato, de acordo com o ritmo de obras e feitos. As campanhas deverão se ater ao estritamente necessário: comunicações institucionais, editais, campanhas de esclarecimento e orientação.

O governo deve estar preparado para apresentar o estado, em termos de perfil, potencialidades e perspectivas. Para tanto, precisa dispor de um conjunto de informações atualizadas na forma de:

- Um vídeo sobre o estado, nas versões português, inglês e espanhol.

- Um prospecto de grande qualidade informativa e técnica sobre o Estado.

- Um *folder*, mais simples, com uma visão panorâmica sobre o Estado, destacando as potencialidades nos campos turístico e agroindustrial.

- Um dossiê completo, com informações em profundidade, de caráter mais técnico, sobre o Estado, com informações detalhadas sobre as regiões e condições da infraestrutura social e econômica.

- Um conjunto de cartazes mais específicos sobre programas do governo, características do Estado, aspectos culturais e turísticos.

- Filmetes propagandísticos de três minutos sobre o Estado.

Uma forma inteligente de propagar o governo está no uso das chamadas mídias próprias do governo, como a papelada, os holerites, os ofícios, as cartas etc. Esses materiais podem ser usados para veicular mensagens institucionais e conceitos-chave da administração, principalmente temas que expressem as metas de eficiência, participação, motivação dos funcionários, seriedade e zelo no trato da coisa pública e das campanhas específicas (vacinação, exigência de nota fiscal, pagamento de contas etc.).

A mídia governamental inclui, ainda, vasto arsenal de quadros de avisos em repartições e escolas. Tais espaços devem passar por uma modernização gráfica, com a finalidade de dar maior visibilidade (cores, diagramação etc.). Sugerimos a confecção de um *kit* básico para padronizar os quadros de aviso e encaminhá-lo às direções dos órgãos públicos estaduais. Mensalmente, o sistema de comunicação passará a enviar mensagens para veiculação naqueles espaços.

Orientação para operacionalizar tais mídias: selecionar as mensagens básicas do governo; elaborar as mensagens adequadas para cada mídia; definir os espaços e a maneira de veiculação.

Articulação

Por articulação deve-se entender todas as ações do governo para abrir espaços junto aos setores organizados da sociedade, além do próprio setor político.

A ideia é trabalhar, nessa área, com o conceito de marketing segmentado (diferenciado), objetivando criar linhas de apoio e laços de simpatia com os diversos segmentos da sociedade (o marketing massivo, generalizado, que se dirige a todos indistintamente, é reforçado pelo marketing segmentado).

Sugerimos o seguinte conjunto de ações para essa área:

- Uma agenda especial para recepção e atendimento aos setores organizados – sindicatos, federações, associações, clubes, grupos com interesses comuns.

- Uma agenda especial – um dia por semana, por exemplo – para atendimento à classe política.

- Um calendário de visitas aos órgãos e às lideranças expressivas da sociedade.

- Um calendário de visitas a grupos empresariais do país, com a finalidade de apresentar as potencialidades do estado e atrair investimentos.

- Um calendário de contatos com lideranças políticas de expressão nacional e do próprio partido (o governador deve sempre conciliar sua atividade de administrador com a função de líder político).

Articulação regional

O estado X tem uma vida econômica, social e cultural muito atrelada à cultura de suas regiões. Essa condição sugere uma programação social junto às regiões, como forma de o governo estar presente na vida regional. Nesse sentido, sugerimos o mapeamento das épocas mais importantes em cada região e a elaboração de um calendário de presença do governo. A sugestão ultrapassa a ideia simples de despachos regionais. A ideia básica é a de o governo, por meio de seu secretariado, instalar-se na região, em uma época oportuna, e dedicar-se não apenas a despachar, mas, sobretudo, a entender os problemas regionais. Mais do que nunca, é importante aproximar o governo do povo. Nesse sentido, sugere-se ao governador e aos seus secretários conhecer a realidade da vida no interior. De alguma forma, deve-se procurar substituir o assistencialismo paternalista pela presença amiga, pelo conhecimento da realidade, pela descoberta de potenciais, de novas lideranças, de pessoas que podem engajar-se no esforço governamental.

Os governos, cada vez mais, precisam sair de suas tocas. O povo está descobrindo que o governador é uma indicação sua, uma vontade ditada pelo voto. E passa a exigir sua presença. Quem se antecipar a esse processo, de forma natural, menos autoritária, poderá somar créditos e dividendos.

Articulação política

É importante para o governador manter permanente contato com o setor político, não apenas os representantes do estado como também de outras regiões. A defesa de causas comuns será a tônica dos próximos anos. A união de governadores (um fórum dos governadores) pode funcionar como alavanca de pressão junto à esfera governamental.

Estrutura de comunicação

Para operacionalizar as atividades e os serviços acima descritos, sugerimos a implantação da seguinte estrutura de comunicação:

- Secretaria de Comunicação (coordenadoria, dependendo do organograma da estrutura).
- Cargo:
    - Secretário e/ou coordenador de comunicação.
    - Linhas de apoio: Brasília, São Paulo e Rio de Janeiro.
    - Secretaria/administração/arquivo/*follow-up*.
- Departamentos:
    - Imprensa (um coordenador).
    - Publicidade (um coordenador).
    - Mobilização, articulação e eventos (um coordenador).
    - Pesquisa (não há necessidade de coordenador).

Secretário de comunicação

Atividades e funções:

- Planejar e coordenar as atividades e os serviços da Secretaria de Comunicação.
- Manter contatos estreitos com diretores, editores e colunistas dos meios de comunicação.

- Orientar e assessorar o governador a respeito de aspectos do discurso, posturas e maneiras de agir junto à imprensa.
- Acompanhar o governador em viagens e visitas.
- Dirigir os departamentos e as áreas de apoio da secretaria, pautando serviços e atividades, controlando, cobrando e promovendo o ajustamento de linguagens.

Imprensa

Composição: um coordenador geral.

- Coordenadoria de imprensa das secretarias que compõem a estrutura administrativa do estado – um coordenador.
- Reportagem e redação: quatro jornalistas.

Funções do departamento:

- Coordenar as atividades dos assessores de imprensa das secretarias do governo, orientando, pautando serviços, solicitando dados e informações, promovendo o ajustamento de linguagens e realizando a integração entre o Departamento de Imprensa Central e as assessorias (função da coordenadoria de imprensa das secretarias).
- Coberturas rotineiras das atividades do governador – despachos, atendimentos, visitas, inaugurações e presença nos mais diversos foros institucionais.
- Elaboração de documentos especiais, folhetos e *papers* sobre programas específicos de governo.
- Elaboração de linhas básicas para embasamento de pronunciamentos do governador.
- Elaboração de relatórios trimestrais para prestação de contas das atividades governamentais.
- Encaminhamento de materiais à imprensa.
- Respostas às demandas da imprensa, às críticas dos meios de comunicação e dos cidadãos, diretamente ou por meio de cartas aos leitores.

Publicidade

Composição: um coordenador.

Funções:

- Estabelecer o *link* com as agências de publicidade que formarão o *pool* de atendimento.
- Transmitir *briefings*, com orientação do secretário de comunicação.

- Encaminhar as sugestões do secretário de comunicação, acompanhar a realização de campanhas institucionais, corrigir roteiros, controlar prazos e qualidade dos materiais e campanhas.
- Receber e encaminhar orçamentos e acompanhar planejamento de mídia.

Mobilização, articulação e eventos

Composição: um coordenador.

Funções:

- Realizar contatos com as estruturas externas encarregadas de promover eventos governamentais, com a finalidade de acertar detalhes e aspectos.
- Orientar sobre aspectos e ângulos a serem desenvolvidos nos eventos, acompanhar o trabalho das agências externas e controlar qualidade dos eventos.
- Planejar calendário de eventos no interior e na capital, com a participação do governador, estabelecendo, para tanto, contatos estreitos e rotineiros com a secretaria pessoal do governador e da Casa Civil.
- Informar, rotineiramente, o Departamento de Imprensa sobre os eventos que contarão com a participação do governador.

Pesquisa

Funções:

- Planejar e acompanhar a realização de pesquisas sobre programas e perfil do governo.
- Ler e interpretar as pesquisas, fornecendo ao secretário de comunicação as análises e reflexões extraídas das pesquisas de imagem e conceito.
- Sugerir aspectos e abordagens para as pesquisas a serem realizadas.

Formas de atuação

a) Uma reunião mensal comandada pelo secretário de comunicação com toda a equipe, para efeito de ajustamento e acerto de linguagens.

b) Reunião semanal, às segundas-feiras, entre o coordenador do Departamento de Imprensa e os assessores de imprensa das secretarias para programação da semana.

c) Troca de contatos diários, rotineiros e por telefone, para ajustamento de posições.

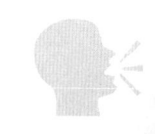

Termos e conceitos-chave

- Ameaças e oportunidades
- Articulação institucional
- Articulação política
- Conceito visual
- Eixo estético
- Eixo semântico
- Estruturas
- Fiscalização
- Gestão
- Governos estaduais
- Linguagem administrativa
- Marketing massivo
- Marketing permanente
- Marketing seletivo
- Mídia própria
- Multidão
- Planejamento de marketing
- Prefeituras
- Sistema de distribuição

CAPÍTULO 7

COMUNICAÇÃO NA ÁREA ASSOCIATIVA

"Toda manhã, na África, uma gazela desperta. Sabe que deverá correr mais depressa do que o leão ou será morta. Toda manhã, na África, um leão desperta. Sabe que deverá correr mais do que a gazela ou morrerá de fome. Quando o Sol surge, não importa se você é um leão ou uma gazela: é melhor que comece a correr." Os apologistas dessa historinha são os maiores defensores de uma sociedade esquizofrênica, voltada para a agressividade competitiva.

(Domenico de Masi)

Os passos que estão sendo dados pelo país no caminho da modernização são, de certa forma, induzidos e conduzidos pelas entidades intermediárias da sociedade, que se multiplicam por todas as partes, preenchendo um vácuo deixado pela área política, acendendo posicionamentos, energizando ambientes, influindo no sistema de decisões. O espaço associativo constitui, portanto, um dos mais promissores nichos para o desenvolvimento das assessorias e consultorias de comunicação ou, para se usar a terminologia mais abrangente, do marketing institucional.

Na esteira das intensas transformações pelas quais passa a sociedade brasileira, cresce o papel indutor, orientador e esclarecedor das entidades intermediárias, cuja atuação político-institucional tem tanta importância quanto sua missão corporativa, de defesa dos interesses das classes e categorias profissionais que representam.

Entidades importantes no cenário estão elegendo representações no Congresso Nacional, pela determinação de agir sobre o eixo político-institucional. Qualquer leitura que se faça sobre o futuro imediato há de contemplar a ação vigorosa das entidades intermediárias nas áreas de articulação e mobilização grupal e social. As mudanças sociais estão provocando alterações no conjunto das forças de instituições tradicionais. Entidades que possuíam ampla visibilidade e sólido prestígio – como Fiesp e CUT – já não contam com o mesmo poder de mobilização e pressão. Ocorre que os atores principais da economia têm-se alterado. As dimensões da sociedade pós-industrial, conforme já apontou o sociólogo norte-americano Daniel Bell, são outras, como o predomínio de uma economia de serviços (setor terciário), que desloca para um plano inferior os setores primário e secundário da economia; o nascimento da "civilização do lazer", com a diminuição das horas de trabalho e o rebaixamento da idade da aposentadoria; e a expansão do sistema de ensino, com a formação contínua, o prolongamento dos estudos e a educação permanente.

Por outro lado, a densidade ideológica da competição política, segundo ensina Roger-Gérard Schwartzenberg, é cada vez menos forte, denotando a desradicalização partidária e um progressivo declínio das estruturas de contrapeso. Soma-se isso ao declínio do desempenho dos participantes políticos e ao aumento do papel dos grupos de interesse.

Nessa moldura, alteram-se os pesos das entidades. A indústria já não é mais responsável pela maior parte do PIB dos países. Quem detém o maior poder econômico, hoje, está ainda consolidando suas entidades representativas. O espaço das novas entidades estará cada vez mais garantido pela dinâmica da organicidade social, fenômeno que, no Brasil, é bem visível no descortinar do terceiro milênio.

Observa-se no universo organizacional uma tentativa de busca de novos alinhamentos conceituais. Esse exercício é efetivado por meio de reformas internas, ajuste de estruturas, racionalização de sistemas e processos. As organizações, mesmo as grandes, passam a redefinir de maneira mais clara escopo, metas, objetivos, estratégias, táticas, planos, projetos e ações, bem como as ideias-chave, os conceitos e a sistemática operativa.

> **O espaço das novas entidades estará cada vez mais garantido pela dinâmica da organicidade social.**

Profissionalismo, ajustamento do foco, adequação de estruturas, alinhamento da linguagem, centralização das funções-meio e descentralização das funções-fim, racionalização e eficácia constituem os conceitos que estão balizando a reengenharia do universo organizacional.

Quatro vertentes

As atividades das instituições podem ser agrupadas em quatro vertentes:

1. O campo da batalha externa.
2. O campo corporativo interno.

3. O campo formacional.
4. O campo da visibilidade.

No primeiro campo, trava-se a batalha da entidade para preservar os interesses das categorias que representa e expandir sua força. E nessa batalha, que se acirra a cada vez que os setores produtivos representados pela entidade entram em colapso ou em estado de crise, as ações se desenvolvem tanto na linha de frente, na vanguarda, como na linha de trás, na retaguarda.

A **linha de vanguarda** consiste na defesa aberta dos interesses dos representados junto aos poderes constitucionais, particularmente no âmbito do Poder Legislativo e do Poder Executivo. Nesse sentido, a entidade passa a desenvolver forte atuação em Brasília, fazendo-se representar nos eventos específicos relacionados ao setor, sejam reuniões de Câmaras Setoriais, no âmbito de ministérios, seja em audiências públicas, na esfera das Comissões Temáticas e Especiais das Casas Parlamentares. Não raro, a entidade consegue fazer prevalecer seus pontos de vista, depois de levar sólidos argumentos – amparados em boa técnica legislativa – para o conjunto parlamentar. No âmbito do Executivo, o esforço tem-se voltado para a descomplicação e simplificação dos ritos processuais e burocráticos que oneram a cadeia produtiva.

Na **linha de retaguarda**, o trabalho deve-se orientar pela meta de oferecer serviços aos associados. O representado quer ser assistido em suas demandas rotineiras, razão pela qual carece de infraestrutura capaz de lhe oferecer apoio nas áreas jurídica, de orientação e consulta e de prestação de serviços sociais. Essa última, em algumas organizações, se desdobra em uma ampla estrutura de atendimento médico--odontológico que muito agrada ao corpo familiar. Na área jurídica, as pendências e demandas, resultantes do crescente arsenal normativo, carecem de orientação permanente de uma equipe de advogados. Toda essa estrutura, para ser maximizada, ampara-se em azeitada máquina administrativa e equipe profissional de gabarito.

O *sentido corporativo* é quem gera a fortaleza institucional. Quanto mais unida a comunidade, quanto mais integrada em torno de ideias e posicionamentos, mais forte será a associação. Por essa razão, a comunicação interna é fundamental para a consolidação do ideal integrativo. A comunicação, nesse caso, envolve todas as formas de relacionamento grupal e interpessoal, como reuniões plenárias, reuniões de diretoria e assembleias periódicas. O contato frequente é a mola propulsora de um corporativismo sadio. Um dos desafios mais instigantes que se apresentam aos corpos diretivos é adensar a participação dos associados, enchendo os eventos com grande quantidade de pessoas.

O terceiro eixo das instituições é a área de *desenvolvimento tecnológico* e *aperfeiçoamento profissional* dos corpos associados. Trata-se, na verdade, do eixo que cuida dos avanços das categorias representadas. Quem não consome informação e adiciona conhecimento, nesses tempos de alta competitividade e desafio de qualidade, acabará defasado e perdendo o bonde da História. É para preencher essa necessidade que as instituições devem estabelecer uma sólida e densa programação voltada para o aspecto formacional. Eventos, cursos, seminários, *workshops*, encontros e palestras com técnicos renomados integram essa área.

O quarto campo de atuação é o da *visibilidade*. A equação é simples: a instituição precisa tornar-se conhecida para ter força e poder fazer pressão. Quanto mais força adquirir, mais visibilidade ganhará nos meios de comunicação. Há, pois, uma relação de interdependência entre poder, força e comunicação, pela afetação recíproca de fatores. A comunicação comporta não apenas a consubstanciação de conteúdos e abordagens, mas a criação de um sistema de porta-vozes técnicos qualificados, o desenvolvimento e a manutenção de um sistema de geração de dados e informações sobre os setores representados pela instituição e um corpo de consultores.

O papel da comunicação

Expliquemos melhor a função da comunicação em uma associação de classe. A imagem de uma entidade é resultante de sua identidade, de suas ações e da atuação de seus dirigentes. Não há como dissociar o conceito de uma entidade da imagem que se pretende para ela. Ou seja, quando se distorce para mais ou para menos a imagem de uma entidade, gera-se uma dissonância que, mais cedo ou mais tarde, será percebida pelos seus públicos-alvo.

Comunicação ou marketing, sozinhos, não fazem milagres. Como sistemas-meio, trabalham com conceitos, dando forma e imagem aos fatos e pensamentos produzidos por uma entidade. Quando se quer criar a imagem de uma organização, sem densidade factual e objetiva, o que se consegue é gerar uma ficção que será, em seu devido tempo, desmistificada. Por isso mesmo, é necessário gerar informação, dados, radiografias técnicas sobre os setores. E a produção informativa precisa ganhar certa periodicidade para abrir espaços na mídia. Parece muito adequada a criação de uma estrutura, como um Departamento Técnico, que possa oferecer, mensalmente, planilha de dados e informações qualificadas sobre o campo de atividades. O que comunicar – o dilema recorrente das entidades – deixa de ser problema.

A comunicação é o sistema de transporte de uma ideia, de um conceito, de um corpo filosófico e das ações empreendidas por uma entidade. A imagem, para ser bem percebida e gerar efeitos positivos, há de aparecer como um conjunto monolítico, uniforme e inseparável. Um princípio elementar de comunicação é a indivisibilidade de formas e processos. Ou seja, para se preservar a homogeneidade dos conceitos e a unidade de pensamento, um sistema de comunicação deve ser integrado e uniforme. Significa que suas partes precisam estar posicionadas em um centro unificado de geração e irradiação de informação.

Nos últimos anos, o conceito mais adequado para as organizações tem sido o marketing institucional, no qual o eixo da comunicação é apenas um dos subsistemas. O marketing, como termo mais amplo, congrega os eixos da pesquisa, da comunicação, da articulação e da mobilização. Pesquisar os setores para exibir radiografias periódicas seria, por exemplo, o objetivo do Departamento Técnico. A comunicação daria ampla visibilidade às informações coletadas. A articulação junto aos universos políticos e aos corpos da burocracia governamental e do poder judiciário seria a terceira ponta. E os eventos de caráter educativo e de reciclagem profissional completariam o leque.

Qual deve ser a preocupação fundamental do marketing institucional? Dar consistência à entidade, propiciar força e preservar sua identidade. Para se atingir essa meta, três aspectos devem ser levados em consideração:

- A classe representada pela entidade.
- Os interesses do grupo dirigente.
- E a liderança dos membros do corpo diretor.

As bases que formam a comunidade – sejam empresários, trabalhadores ou profissionais autônomos – querem ver resultados, exigindo forte atuação da entidade. Se derem alguma contribuição, exigem que seu dinheiro seja bem empregado. Uma parcela da comunidade não tem ideia do trabalho institucional da entidade. Mas todos se unem, pelo menos, no aspecto da luta por direitos e na defesa dos interesses corporativos. Os associados constituem a força da entidade. Portanto, a união da categoria é fundamental para a conquista de objetivos e metas. Problemas ocorrem quando as entidades não possuem força nem representatividade perante os poderes junto aos quais fazem pressão. E a falta de condições adequadas resulta, frequentemente, da fragmentação interna.

Para alcançar os resultados esperados, a entidade há de fazer ecoar suas reivindicações e seu ideário. A alternativa é a presença na mídia. Visibilidade constitui, assim, a vitamina das instituições intermediárias. *A visibilidade não deve ser forçada; ela se abre naturalmente a partir da definição dos conteúdos e da criação do corpo de porta-vozes*. É claro que as reivindicações da classe representada estarão no centro de todo o discurso. A comunicação ganha também força com o prestígio pessoal dos dirigentes e o carisma de alguns perfis. É preciso ter cuidado com as vaidades. São comuns as discussões e as divisões internas entre facções. É preciso, no entanto, confiar no comando e preservar a confiança de que o dirigente não utilizará a posição ou o cargo em proveito próprio. Nesse sentido, é oportuna a criação de um grupo assessor da direção, cuja missão será a de ouvir os corpos associativos, prover as diretorias com informações e sugestões provenientes das bases e dar apoio ao sistema decisório.

O planejamento da comunicação para entidades deve privilegiar o contato com a imprensa, particularmente com as estruturas especializadas de cobertura do setor. Nos últimos tempos, tem-se observado uma tendência para a inserção de matérias de interesse de entidades em páginas especiais de jornais; os espaços são contratados de forma a garantir um jornal periódico – semanal, quinzenal – cuja vantagem é a de circular dentro de um grande veículo de comunicação de massa. Trata-se de critério muito válido, até porque a abrangência da mídia massiva é um fator que justifica o investimento. Não se deve, porém, imaginar que a veiculação massiva, por si só, é fator excludente de outras possibilidades, como boletins mais rápidos, revistas de alta qualidade editorial e técnica, apropriadas para a veiculação de matérias e abordagens mais verticais, especializadas.

A comunicação associativa não pode deixar de se preocupar também com a folheteria técnica, os materiais didáticos de apoio – apostilas, livretos, folhetos, *folders*, guias e malas diretas. Nesses tempos de informação em tempo real, é fundamental a criação de um *site* qualificado com uma parte aberta ao público em geral e outra destinada exclusivamente aos associados, cujo acesso se dará por meio de uma senha. Uma boa apresentação da entidade estará nos materiais impressos e em vídeo de grande apuro técnico. Para completar o circuito comunicativo, restam as campanhas promocionais, com a produção técnica de *spots* e anúncios. Há instituições que avançam na área da mídia eletrônica, criando programas de televisão em rede local e nacional, caso da Ordem dos Advogados do Brasil, Secção São Paulo.

Termos e conceitos-chave

- Aperfeiçoamento profissional
- Circuito comunicativo
- Civilização do lazer
- Comunicação associativa
- Comunidade
- Desenvolvimento tecnológico
- Dissonância
- Instituição intermediária
- Liderança
- Linha de retaguarda
- Linha de vanguarda
- Marketing institucional
- Visibilidade

CAPÍTULO 8

COMUNICAÇÃO E MARKETING DE CAMPANHAS ELEITORAIS

"A vitória tem mil pais, mas a derrota é órfã."

(J. F. Kennedy)

A proposta deste capítulo é apresentar as ferramentas que integram o planejamento do marketing eleitoral. Trata-se de um roteiro básico para trabalhar na área. Para quem quer desenvolver a atividade e mesmo para os profissionais já experimentados, sempre é um exercício de reciclagem avaliar os vetores, os eixos do marketing político e descobrir como um candidato, usando ferramentas adequadas, pode desenvolver uma campanha eficaz, atenuar os pontos fracos de seu perfil e melhorar os pontos fortes. Para maximizar a apreensão dos conceitos deste capítulo, usaremos a abordagem didática da sala de aula e, inclusive, uma linguagem mais coloquial. Esses recursos facilitarão a elaboração e a adaptação dos projetos de marketing eleitoral de candidatos a qualquer cargo político.

Conceito de marketing

Iniciaremos com um conceito de marketing. De certa forma, os textos bibliográficos são consensuais quanto ao conceito, colocando o marketing como uma avaliação das oportunidades, satisfação de desejos e conjunto de atividades dirigidas à estimulação de troca entre produtores e consumidores. Marketing são as atividades destinadas a promover relações de troca entre um *emissor* e um *receptor*, no momento certo, por meio de *canais adequados* e *mensagens apropriadas* que atinjam o foco de interesses dos *segmentos-alvo*.

As frases-chave desse conceito são:

- Satisfação de desejos.
- Avaliação de oportunidades.
- Estimular a troca entre quem produz e quem consome.

Ressaltam-se, aqui, as linhas básicas que estão por trás do conceito:

- O emissor de um lado e o receptor do outro – ou seja, o produtor de um lado e o comprador do outro.
- O momento certo.
- Canais adequados – portanto, mídia.
- Mensagens apropriadas/adequadas – mensagens que atinjam o foco dos segmentos-alvo.

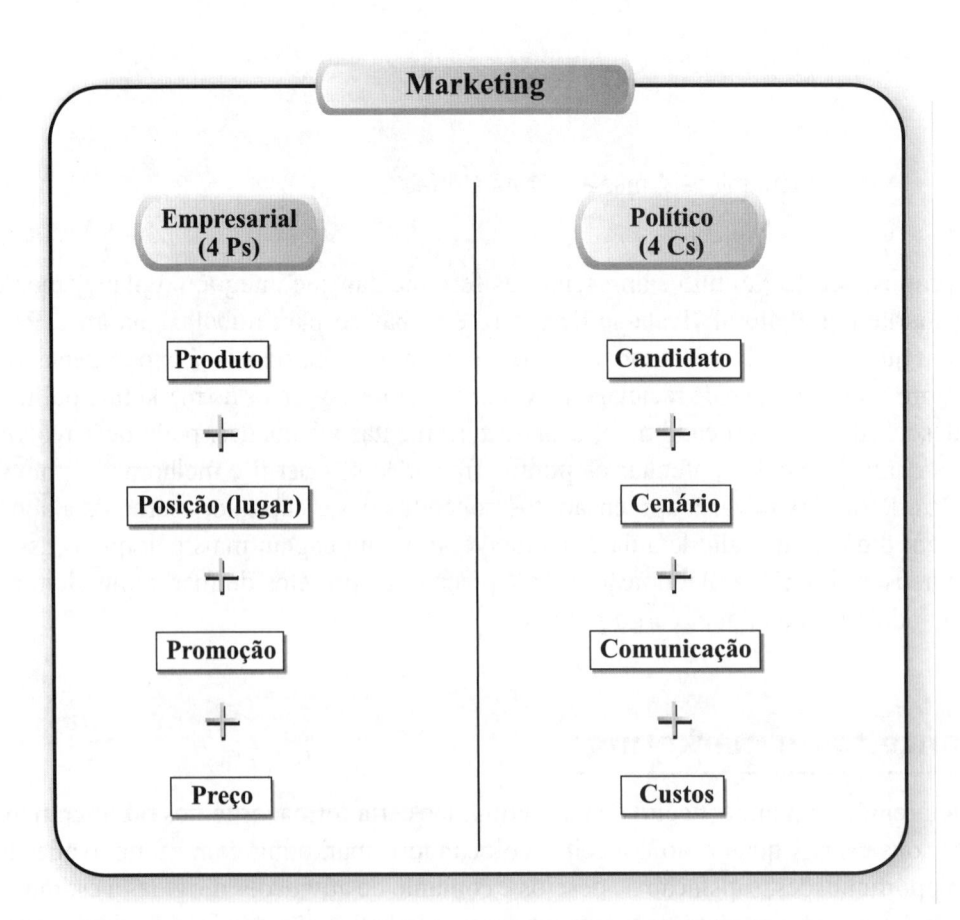

Marketing

Empresarial (4 Ps)	Político (4 Cs)
Produto	Candidato
+	+
Posição (lugar)	Cenário
+	+
Promoção	Comunicação
+	+
Preço	Custos

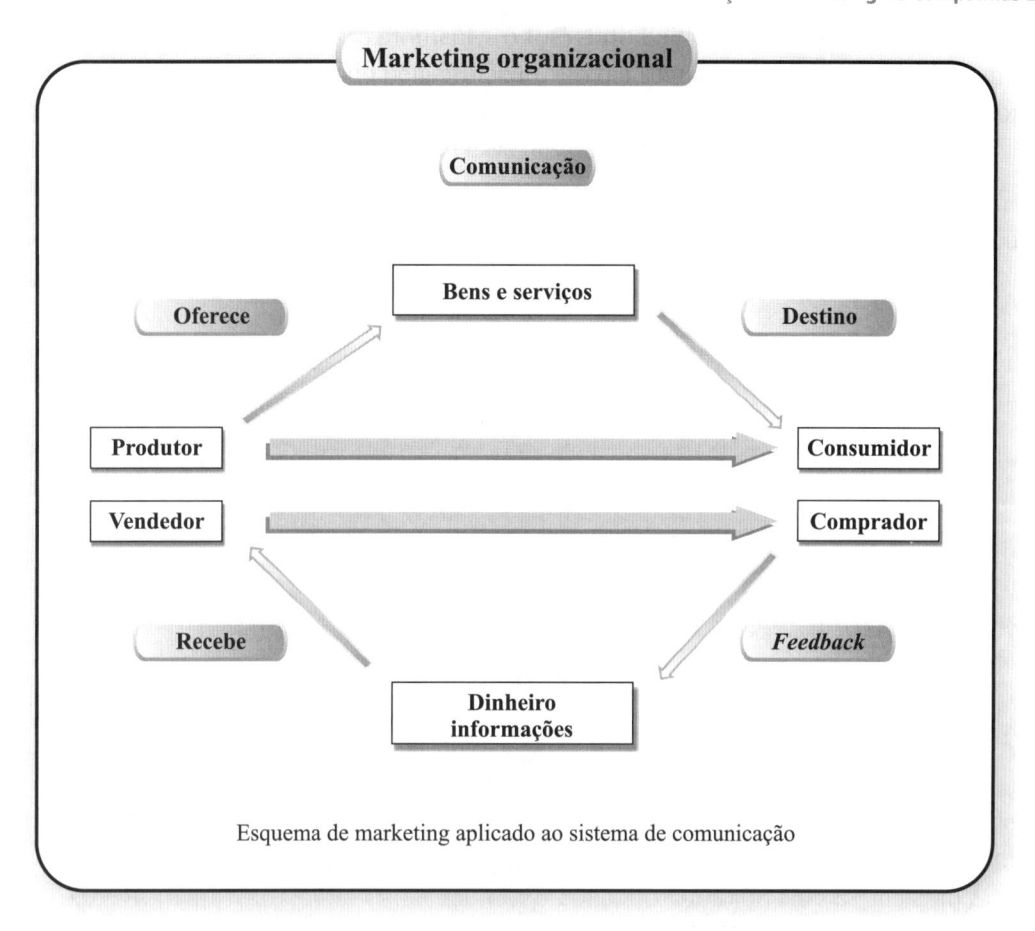

CAPÍTULO 8 Comunicação e Marketing de Campanhas Eleitorais

```
┌─────────────────── Marketing organizacional ───────────────────┐
│                                                                │
│                         Comunicação                            │
│                                                                │
│                        Bens e serviços                         │
│         Oferece                                  Destino       │
│                                                                │
│       Produtor  ──────────────────────────►  Consumidor        │
│                                                                │
│       Vendedor  ──────────────────────────►  Comprador         │
│                                                                │
│         Recebe                                  Feedback       │
│                          Dinheiro                              │
│                        informações                             │
│                                                                │
│      Esquema de marketing aplicado ao sistema de comunicação   │
└────────────────────────────────────────────────────────────────┘
```

Esse é o conceito geral do marketing.

Modelo da comunicação

Apliquemos, agora, o conceito à área das organizações, estabelecendo uma comparação entre o marketing organizacional e o conceito de comunicação.

Quando ocorre uma relação de troca, o produtor oferece ao consumidor bens ou serviços, recebendo dinheiro ou um pedido por mais informações a respeito dos produtos. Trata-se de uma típica operação de vendas. Há uma semelhança muito grande com o processo de comunicação, no qual existe um *emissor*, utilizando *canais* que transportam *mensagens* ao *público*, o segmento-alvo. O *feedback*, que o emissor recebe do segmento-alvo, ocorre por meio de informações que dizem ter sido a mensagem bem-recebida, aceita, compreendida ou incompreendida.

O ato de comunicação é, pois, um processo cíclico, bipolar, em que o emissor transmite, por meio de canais, informações ao receptor e este recebe a mensagem, realimentando o processo por meio de um *feedback* que confirma ter sido a informação recebida. Com a bipolaridade, completa-se o ciclo da *comunicação*.

O processo de marketing também obedece a esse fluxo: o produtor vende bens e serviços; o comprador realimenta o vendedor com dinheiro ou informações.

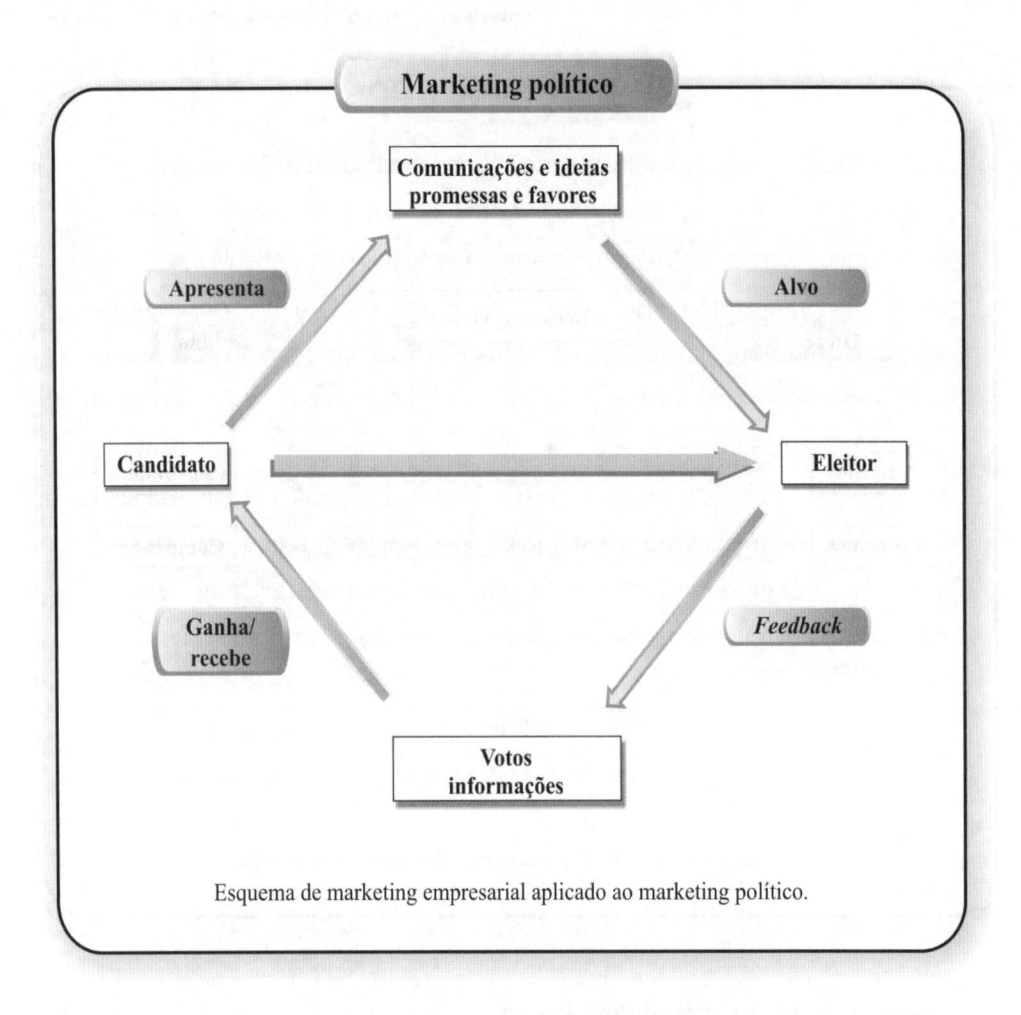

Marketing político

- Comunicações e ideias promessas e favores
- Apresenta
- Alvo
- Candidato
- Eleitor
- Ganha/recebe
- Feedback
- Votos informações

Esquema de marketing empresarial aplicado ao marketing político.

No marketing político, o mesmo modelo se desenvolve. O candidato quer se comunicar com o eleitor. Ele apresenta ao eleitor as suas comunicações, ideias, programa, promessas, compromissos, que analisa, interpreta, introjeta na mente as comunicações do candidato; e, no dia da eleição, realimenta o candidato com o voto. Quer dizer, o objetivo de um candidato é receber o voto do eleitor. O *feedback* representa o voto. Se o eleitor ainda não conseguiu "comprar" a ideia do candidato ou se ele não fechou posição, exigirá mais informações. Talvez queira saber mais coisas sobre o candidato. De qualquer maneira, o que ocorre é um processo de interação informativa entre candidato e eleitor. As ideias passam por intermédio da mídia – jornal, revista, materiais de propaganda, rádio e televisão – e o eleitor recebe o programa de trabalho, vê o candidato na mídia e simpatiza com suas propostas, iniciando um processo de empatia que se forma até por meio da postura, da maneira de expressar-se e da forma de apresentação. Ele pode achar o candidato simpático, bonito, inteligente, culto e passa a ter sintonia com ele. Se não decidir votar no candidato, poderá exigir mais informações; com o tempo, o processo vai-se fechando, e o eleitor se aproximará.

O marketing político consiste nesse modelo, envolvendo candidatos, de um lado, e eleitores, de outro. **Comunicações**, **programas**, **compromissos**, **promessas** e **favores** constituem o eixo da identidade do candidato, e esse eixo é transmitido por meio de canais impressos e eletrônicos.

Vetores do marketing

Vamos apresentar, agora, os principais vetores do marketing e, ao mesmo tempo, demonstrar como o marketing político faz uso deles.

Delineamento do mercado

O que deve fazer um candidato quando decide ingressar na vida política? A primeira coisa a fazer é o **delineamento do mercado**, quer dizer, ele não pode entrar em uma floresta escura; precisa descobrir os caminhos da floresta, onde estão as árvores, saber onde está o centro da floresta, como andar dentro dela. Dentro da política, isso significa delinear os segmentos eleitorais, começando com o direcionamento das classes sociais, seguindo pelas categorias profissionais que poderão votar no candidato – funcionários públicos, taxistas, caminhoneiros, agricultores, comerciantes, advogados, donas de casa, médicos, estudantes, empresários etc. Outra preocupação é com a segmentação geográfica. Qual é a região que vai votar no candidato? É o bairro X, o bairro Y, são os bairros A, B, C, D, E? Qual é a região do estado? Qual é a divisão de voto em termos de capital e interior? Qual o segmento prioritário para se começar a fazer os primeiros encaminhamentos da campanha?

Motivações do voto

Em segundo lugar, o candidato deve procurar, por meio de pesquisas, descobrir as **motivações de voto**. Por que os eleitores votam em A, em B ou em C? Por que deixam de votar? Por que têm simpatia por determinado candidato e não por outro? O que está por trás da motivação do voto? As motivações de voto são sempre determinadas pelas circunstâncias temporais, pela conjuntura econômica, pelos problemas do bairro, da região, do estado. É preciso descobrir as influências motivadoras e inovadoras que se apresentam durante a campanha. Por exemplo, uma catástrofe em uma região pode influenciar o voto, direcionando-o para determinado tipo de candidato, promovendo a "fritura" do administrador regional ou do prefeito. É importante pesquisar a influência inovadora do momento e avaliar os fatores diretos e indiretos que motivam a decisão de votar. Em algumas regiões, o fator preponderante é o emprego, a compra de remédio, o hospital, a ajuda em dinheiro, a doação de uma casa ou de um eletrodoméstico. Em regiões mais atrasadas, até dentaduras e óculos são dados aos eleitores, denotando o atraso sociocultural de eleitores de certas regiões.

Emoção e razão

Há também fatores indiretos. Amigos influenciam o voto, convencendo colegas a votar no candidato de sua preferência. Por trás da motivação do voto há duas bases psicológicas: a base **racional** e a base **emocional**. Em certos lugares, a base emocional pode ser maior que a racional. As classes populares tendem a escolher candidatos em função da emoção, simpatia, amizade. Nessa faixa, situam-se os candidatos cantores, compositores, esportistas, comunicadores da TV e do rádio, cuja visibilidade é grande junto ao povo. São líderes populares. Em função de sua profissão, agarram o eleitor pelo coração. A base racional influencia o voto de setores mais esclarecidos, as classes médias e os profissionais liberais. O voto, nesse caso, é dado por um processo de seleção racional. O eleitor acaba votando porque o candidato interpreta melhor seus sentimentos, as propostas para a região e para o estado. Estabelece-se comparação entre as melhores ideias e o eleitor acaba acreditando que seu candidato é melhor que o outro, encaixando-se no perfil que considera mais adequado para o momento. No Brasil, o voto está se desgarrando do coração para subir à cabeça, em consequência do aumento da taxa de racionalidade do eleitorado.

Ajustamento

O quarto aspecto a se considerar é o ajustamento. Depois de analisar o mercado, a motivação do voto, o candidato deve procurar ajustar-se aos desejos dos eleitores-alvo. Ajustar é planejar o conjunto de compromissos, ideias, sintonizando-as com o meio ambiente e o momento. O ajustamento, além de conter a parte programática, considera a tipologia da mídia regional. É necessário escolher os canais mais adequados para transmitir as mensagens. Dependendo do lugar, os mais apropriados não são os tradicionais, podendo até comportar canais simples: mão na mão, porta a porta, pichação de muro; nas cidades de médio e grande portes, os veículos mais eficazes são a televisão, o rádio, o *outdoor*, enfim, as mídias impressa e eletrônica que levam as mensagens a todos os eleitores e não apenas a uma parte. Não adianta cobrir apenas um tipo de eleitor; todos os segmentos que potencialmente têm condições de votar no candidato precisam ser cobertos pela mídia eleitoral.

Esse ajustamento deve também considerar a cultura regional. Cada região possui sua identidade cultural, econômica e social. A integração ao clima e ao ambiente regional afinará o perfil. A vocação da região precisa ser preservada e defendida. O ajustamento levará também em consideração as atitudes e valores das lideranças regionais, municipais, institucionais não necessariamente políticas –

Alavancas de campanha

→ A Lei Eleitoral.

→ As máquinas administrativas.

→ Os patrocinadores.

→ O marketing.

lideranças do comércio, da indústria, da agricultura, do setor de serviços; o padre, o promotor, o juiz, os presidentes de entidades (sindicatos, federações e associações de bairro, clubes comunitários etc.). Os pactos merecem um destaque. Pactos partidários, pactos entre entidades que têm candidatos como médicos, engenheiros, sindicalistas, associações de moradores de bairros etc. Em resumo: as alianças com entidades da sociedade civil e alianças políticas são oportunas e eficazes. Esse é um trabalho que chamamos de **ajustamento de formação do programa** e **ajustamento do candidato às realidades ambientais**.

Planejamento da comunicação

Ajustado o programa, passamos para a quinta fase do trabalho de marketing político, o planejamento da comunicação. O que definir de materiais? Que meios usar para fazê-los chegar aos eleitores?

Em primeiro lugar, urge observar rigidamente as normas da legislação eleitoral. Uma nova lei é aprovada para cada eleição desde 1997. As últimas instruções, relativas ao pleito de 2010, fazem restrições a alguns meios e recursos usados em campanhas anteriores. O projeto de Lei no. 5.498/09 disciplina a propaganda eleitoral nas ruas e em propriedades, definindo bens considerados de uso comum — onde não pode haver propaganda. Além dos bens públicos de uso comum (pontes, viadutos, passarelas ou postes), a propaganda não poderá ser feita usando outros tipicamente de propriedade privada: cinemas, clubes, lojas, centros comerciais, templos, ginásios ou estádios. A proibição estende-se a árvores e jardins de áreas públicas, tapumes, muros e cercas.

Faixas, placas, cartazes ou pinturas não poderão ter área superior a 4 m² e todo material impresso deverá conter o CNPJ ou o CPF do responsável pela confecção e de quem a contratou, além da tiragem.

As eleições podem usar amplamente as redes sociais da Internet. Doações pela rede poderão ser feitas.

É proibido o uso de trios-elétricos nas campanhas, exceto para a sonorização de comícios. Já as carreatas, caminhadas, passeatas, os carros de som e a distribuição de material gráfico serão permitidos até as 22 horas do dia anterior à eleição.

No dia do pleito, é proibida a manifestação coletiva de apoio ao candidato, caracterizada como a aglomeração de pessoas com roupas de propaganda e outros objetos (como bandeiras e cartazes).

Os canais de comunicação – santinhos, cartazes, cartazetes – têm funções específicas.

O planejamento de materiais de propaganda deve observar os padrões e a cultura do eleitorado. E as tiragens hão de levar em conta a padronagem e o manuseio dos materiais. Por exemplo, uma proporção viável é o cálculo de cinco santinhos por eleitor, pois é um produto muito consumido, perde-se muito. Depois, há o cartazete, com tamanho de 21 cm de largura por 28 cm de altura, papel ofício. Há o cartaz, de folha dupla, o *minidoor*, que é um cartaz grande, porém menor que o *outdoor*, com suas 72 folhas. A programação de material de propaganda deve ser feita para distribuição, a partir do dia da Convenção Partidária. Todos os materiais precisam estar prontos antes de começar a campanha de rua, cujo início é o lançamento do candidato na convenção, em maio ou junho.

Os materiais de promoção são importantes, integrando o conjunto da comunicação. Trata-se de materiais mais qualificados, como chaveiro; isqueiro; porta-níqueis; porta-título de eleitor; cadernos – um material muito eficaz para as campanhas, pois serve ao público infantil (cadernos de 100, 200 folhas podem exibir uma foto do candidato na capa); camisetas; bonés; viseira; algo mais sofisticado como guarda-chuva; guarda-sol; produtos esportivos para times de futebol etc.

Eventos de massa

No planejamento da mobilização, a preocupação do candidato é com a participação dos eleitores nos eventos de massa. Trata-se do marketing massivo, consistindo em passeatas, carreatas, caminhadas de rua a rua, de porta a porta, grandes comícios, pequenos comícios, minicomícios, reuniões com cerca de 20, 30, 40 pessoas na casa de um amigo, em um bairro, onde o programa possa ser apresentado. Se o candidato repetir o conjunto de pequenas reuniões nas casas, cobrirá todo um bairro em menos de uma semana. A movimentação das reuniões pode fazer uso de charanga e uma bandinha de música. As bandinhas regionais são muito apreciadas.

O carro de som é importantíssimo, circulando pelas ruas nos momentos adequados. Há de se ter cuidado para o som não atrapalhar as famílias nos horários de novelas. Aconselha-se não fazer barulho à noite, em frente a estabelecimentos hospitalares. Os carros de som devem tocar a música do candidato, com seu nome, um bom *slogan*, de fácil recordação, e a ideia básica contendo propostas do candidato. No alto dos carros de som, pode-se colocar um telão, uma televisão portátil, para que as pessoas vejam o candidato no vídeo como em seu programa bem produzido. O carro de som nas praças cria um movimento interativo. Nos comícios, também é de grande valia. Faz sucesso o uso de uma câmera filmando as pessoas, que vão aparecer no aparelho de TV na mesma hora. A interação com o público causa bom impacto. As pessoas se veem e gostam disso.

O comício mais importante é o do encerramento da campanha. Deve ser bem planejado e receber uma multidão. Todo cuidado é pouco para não cansar o público. As falas devem ser curtas e, logo após o discurso do candidato, o espaço é o do show musical. A propósito, vale lembrar uma historinha ocorrida em 1986, em Teresina, Piauí. O comício de encerramento da campanha de Freitas Neto (PFL) ao governo do Estado foi na Praça do Marquês. Desde as primeiras horas da manhã, os carros de som corriam a capital convidando a população para um grandioso show com Elba Ramalho. Para o show, deslocaram-se três imensas carretas, a partir do Rio de Janeiro. Depois de duas semanas e muitas dificuldades – ocasionadas pelas chuvas que estragaram as estradas –, as carretas despejaram toneladas de equipamentos na famosa praça. Às 18h, praça já lotada, começou a cair uma chuva torrencial, um "toró", na expressão popular. Os técnicos correram para cobrir os equipamentos com capas pretas de plástico. Não houve jeito. A parafernália entrou em curto-circuito. Não foi possível arrumar o som. O público não arredava pé. "Elba, Elba,

Elba", gritava a multidão. A cantora recusava-se a cantar, estribada em contrato que a dispensava do show em caso de incidente/acidente. Depois de muita insistência, com o reforço da voz aflita do próprio candidato, Elba decidiu aparecer no imenso palco, desde que se arranjasse algum conjunto para acompanhá-la em pelo menos uma ou duas músicas. Arranjaram um músico que apareceu com um banjo. A multidão delirava. Quando a cantora começou a cantar a música *Bate coração*, ao som de um desafinado banjo que ninguém ouvia, a chuva ainda caía intensamente. Chuva no Nordeste é festa na certa. O povão vibrava. De repente, Elba para de cantar e começa a gritar: "Parem, seus animais, parem, seus imbecis. Isso não é coisa que se faça. Não vou mais cantar!". No meio da multidão, as pessoas abriam a boca de um jumento e despejavam uma garrafa de cachaça. Foi o tiro de misericórdia no show que teria tudo para ser uma apoteose. Elba sai do palco vaiada. Urros de todos os lados, uma tristeza, um final de festa extravagante, o anticlímax. Era um indício de que a campanha estava perdida. Se não isso, o desfecho pode ter dado mais uns votinhos ao adversário. Por isso, quando alguém pergunta se há algum fator imponderável, imprevisível, no marketing político, respondo com a maior tranquilidade: "Sim, existe o jumento bêbado do Piauí".

Materiais jornalísticos

Na comunicação, é muito importante selecionar canais jornalísticos, os jornais da região, rádio, televisão, as pequenas revistas. A regra é a seguinte: quanto mais espaço nesses meios de comunicação, maior a possibilidade de o candidato estreitar o relacionamento com o eleitor. Assessoria de imprensa é adequada para abrir espaços. Em dado momento, será proibido ao candidato aparecer na mídia, em função da lei eleitoral. Mas antes de começar a programação eleitoral, ele pode aparecer como fonte qualificada de comunicação, discorrendo sobre os problemas da cidade, escrevendo um artigo, expondo seu ponto de vista no rádio, desenvolvendo conceitos em entrevistas.

Entre os canais, o jornal de campanha é um eficiente veículo para fornecer a agenda do candidato, as mensagens básicas, a linha de ataque contra adversários, depoimentos de pessoas famosas e simpáticas à candidatura, cenas de comício, carreatas e passeatas. Os jornais hão de obedecer a uma periodicidade mais estreita, em função do ritmo frenético de uma campanha. Servem, ainda, para historiar a vida do candidato, sua trajetória, desde os tempos de infância. O eleitor quer conhecer a trajetória do candidato. Desconfia de pessoas que escondem sua vida.

A linguagem dos canais

A lei da comunicação quanto à linguagem é esta: fala-se a linguagem que o eleitor entende. Não adianta discursar difícil para um eleitor que não vai compreender e não adianta querer ser populista, rebaixar a linguagem, se o candidato dispõe, por exemplo, de boa bagagem intelectual. Ele não deve rebaixar a linguagem com termos chulos. A regra é explicar os fatos de maneira adequada, aberta, didática, adaptando a linguagem ao perfil pessoal, profissional e aos interesses do eleitor. A linguagem publicitária, de síntese, de simbologia, de metáforas e comparações, é das mais adequadas.

Nos comícios, a linguagem deve ser expressiva, emotiva e entusiasmada. Há candidatos que se perdem por falar muito. Expresse-se no volume adequado, no momento adequado e no prazo certo. Não falar muito – que é enfadonho – nem muito pouco, a ponto de demonstrar despreparo.

Os canais publicitários devem conter informações concisas, objetivas, precisas e rápidas. Nos materiais jornalísticos, a linguagem pode ser mais descritiva, detalhada, um pouco mais extensa. Devem-se observar as características de cada canal e as peculiaridades dos códigos linguísticos. Os cartazes, por exemplo, constituem material de excelência em uma campanha eleitoral. Além de apresentarem mensagens literais – denotando a representação do candidato – exibem mensagens simbólicas, que evocam (conotam) imagens e símbolos de forte apelo. Nesses materiais, os aspectos básicos são os seguintes: o código **cromático**, relativo ao uso de cores; o código **gestual**, que procurará denotar/conotar valores do candidato (ação, energia, coragem, força, equilíbrio etc.); o código **fotográfico**, que expressa por meio de planos (fechado/aberto/frente/lateral/com grupos de pessoas) a imagem do candidato; e o código **morfológico**, que expressa a área geográfica global dos materiais, com a distribuição das massas gráficas. É preciso combinar, de maneira adequada, os aspectos semânticos, denotativos, que expressem a mensagem clara e objetiva, com aspectos estéticos, conotativos, voltados para a linguagem mais afetiva e poética.

Sugere-se elaborar materiais criativos, que chamem a atenção e provoquem impacto. A propósito, eis um relato que ilustra bem a questão da criatividade. Um psicólogo norte-americano da área de vendas, chamado Ripley, passou um dia por um cego que se postava à entrada de uma estação de metrô. Perguntou ao cego: "Quanto ganha por semana?" Ele respondeu: "Entre 6 a 12 dólares". "Quer ganhar mais?", perguntou Ripley. "Mas é claro", disse o cego. Ripley escreveu uma frase na placa onde se lia a palavra "cego". Uma semana depois, passando pelo cego e identificando-se, Ripley observou a alegria do homem, que exultava com a bolsa cheia de dólares. Criativo, conhecendo a natureza humana, o psicólogo escrevera na placa: "É primavera e eu não posso vê-la".

Distribuição

O sexto aspecto importante dentro do planejamento de marketing eleitoral é a questão da distribuição. Não adianta planejar e produzir materiais, se eles não chegarem aos eleitores, esse é um dos principais problemas das campanhas. Não raras vezes, os materiais ficam encalhados, ou seguem o fluxo natural de distribuição. O eleitor deve ter acesso aos canais e ao candidato. O acesso do eleitor ao candidato comporta os eventos já apontados, como comícios, passeatas, carreatas, contatos pessoais, porta a porta, mídias massiva e seletiva.

Quando o candidato não está presente em determinado lugar, pode-se fazer representar por meio de um corpo de auxiliares, cabos eleitorais que levam sua mensagem. O importante é fazer com que a presença do candidato seja todo o tempo garantida nos eventos. Se não puder comparecer, por algum motivo, será representado por seu corpo de auxiliares. A onipresença – presença em todos os lugares ao mesmo tempo – é uma estratégia das mais eficazes.

A seguir, o candidato deve preparar-se para a reta final da campanha. Entre as principais preocupações, na reta final, está a boca de urna. Apesar de proibida pela legislação eleitoral, ainda se faz boca de urna, que consiste no trabalho de abordagem das pessoas pelos cabos eleitorais e pelas equipes que fazem a distribuição dos materiais, no dia da eleição. O ideal é multiplicar a visibilidade, com distribuição de santinhos, modelos de cédulas eleitorais com o nome do candidato e programas resumidos.

Nas campanhas majoritárias, de prefeito, governador, senador, costuma-se formar uma rede de informação e contrainformação, com o objetivo de aprumar as informações e os desvios decorrentes da malha de boatos. E o boato procura, frequentemente, derrubar a posição do candidato, por meio do estratagema das falsas pesquisas que aparecem em panfletos e por meio de fofocas. O boato planejado corre assim: "Você soube disso, você soube daquilo?". A mensagem é a de que o candidato está caindo nas pesquisas, que está desistindo, que está perdendo apoio. Na última semana de campanha, o candidato deve preocupar-se em criar um evento de impacto, uma situação forte para ampliar a visibilidade e a possibilidade de ganhar mais votos. O golpe psicológico, geralmente em torno de um caso impactante, uma explosiva denúncia, um grande comício ou uma pesquisa de última hora, que o coloque lá na frente do outro candidato, alavancará as chances.

Como no marketing há o que se chama de garantia de qualidade, no marketing político também deve existir a garantia de qualidade do voto. O candidato precisa corresponder às expectativas, dar satisfação ao eleitor. Periodicamente, apresentará a sua ação política, a sua ação parlamentar, no Executivo ou no Legislativo. A moldura social mostra um novo eleitor, uma nova sociedade que exige novas posturas. É a ampliação do espaço da cidadania.

Essas são as linhas básicas do planejamento do marketing político.

Resumindo esta parte, podemos selecionar dez ângulos principais para a eficácia do planejamento de marketing eleitoral:

1) É preciso saber ler corretamente o meio ambiente, os novos valores do eleitorado e as novas motivações de voto.

2) Convém escolher um candidato com o perfil mais adequado ao novo cenário ambiental.

3) É fundamental definir os segmentos-alvo do eleitorado.

4) É importante selecionar fortes reforçadores de decisão de voto (esquemas da administração federal, estadual e municipal, apoio de mídia, recursos financeiros etc.).

5) Convém descentralizar a campanha com a finalidade de multiplicar os pontos de eco e agregar organizações intermediárias de apoio (associações, sindicatos, federações etc.).

6) Sugere-se formar um programa de propostas simples, com um eixo central forte, dentro dos princípios: desejável pela população, factível e crível.

7) É sempre útil trabalhar com modelos diferenciados de pesquisa (quantitativa/qualitativa) e de maneira sistemática.

8) Convém programar uma linha de ação-surpresa, com fatos impactantes que possam provocar impulsos e suscitar novas motivações ao longo da campanha.

9) É fundamental organizar uma estrutura adequada de campanha (ver quadro); e, ainda, estabelecer o cronograma da campanha (ver quadro), prevendo as seis fases: a pré-campanha (março/abril); o lançamento (convenção); o crescimento (julho/agosto); a consolidação/maturidade (agosto/1ª quinzena de setembro); o ponto ótimo-pique (final de setembro/semana da eleição, em outubro); e o declínio (há um momento em que a candidatura estaciona ou entra em declínio. O desafio é evitar o declínio antes da eleição).

10) Alta prioridade: garantir meios e recursos.

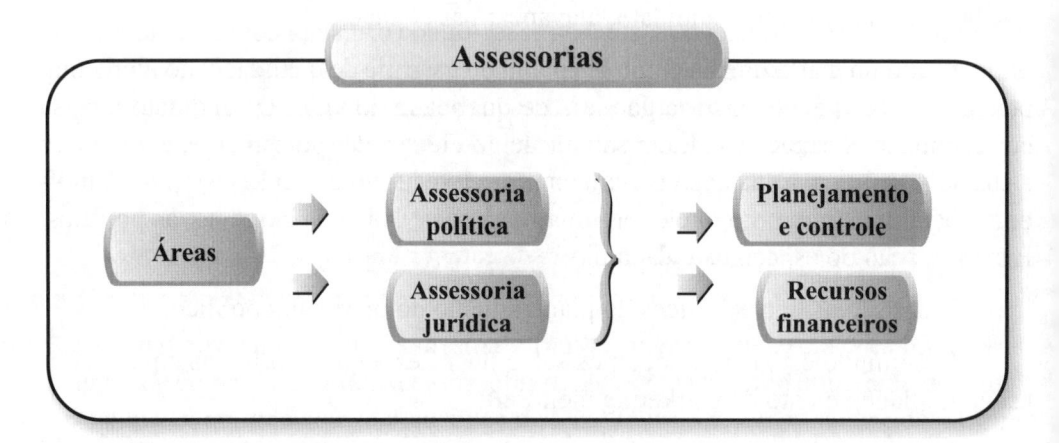

Assessorias

Áreas → Assessoria política
Áreas → Assessoria jurídica
} → Planejamento e controle
} → Recursos financeiros

Secretaria executiva

Agenda
Telefones
Atendimento
Encaminhamento
Correspondência

Equipes de linha

- Mobilização política
- Relações institucionais
- Distribuição de material
- Transporte e combustível
- Marketing e comunicação
- Avaliação
- Pesquisa
- Telemarketing

Apoio

- Consultoria de marketing político
- Institutos de pesquisa
- Agências de publicidade
- Oficinas próprias

Cronograma de campanha

Tempo	Volume da campanha
Novembro	Declínio
Setembro/Outubro	Pique – clímax da campanha
	Consolidação/maturidade
Julho/Agosto	Crescimento
Maio/Junho	Lançamento/convenção
Abril	Pré-campanha

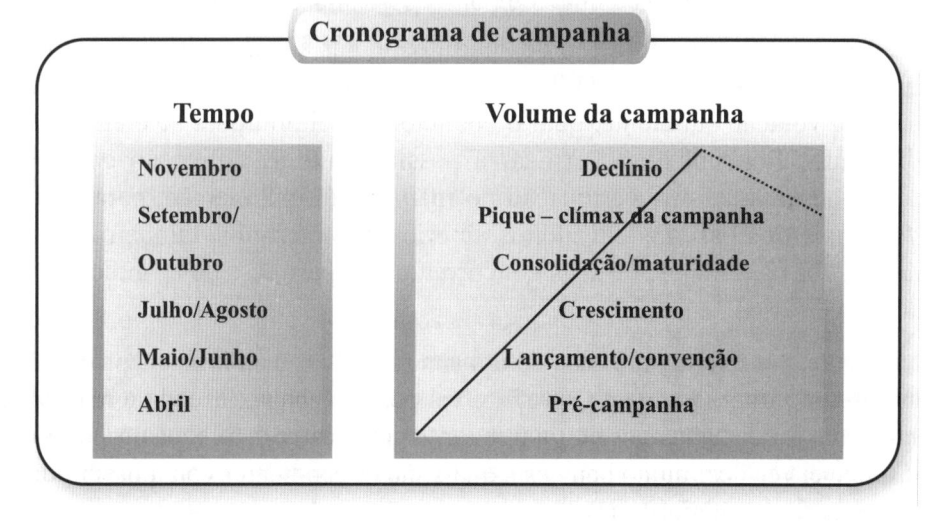

O eleitor quer soluções imediatas

Feita a análise macro, passa-se para a análise micro, que leva em consideração a política regional, a política local, a cultura das cidades, a identificação das novas forças que operam nas regiões, nos municípios, a possibilidade de pactos, os potenciais dos partidos, as alianças interpartidárias, os novos compromissos do candidato. Os eleitores exigem cada vez mais coisas próximas à sua realidade socioeconômica, não adianta mais fazer promessas mirabolantes, obras faraônicas. As pessoas querem a melhoria da rua, do bairro, o desenvolvimento da região, o combate ao desemprego, a melhoria dos postos de saúde, o asfalto na rua, escolas no bairro, a segurança durante o dia e à noite, a melhoria do sistema de transportes, enfim, a administração dos problemas comuns. A isso dá-se o nome de micropolítica. As pesquisas mostram que quanto mais o candidato trabalhe com assuntos próximos à população, mais será benquisto e aceito. Sempre que possível, é bom evitar temas polêmicos. No campo da religião, no campo da ética, há questões polêmicas. Por exemplo, a proposta de união civil entre homens seguramente provocará polêmica.

A escolha do partido

O candidato deve examinar atentamente o quadro partidário. Precisa saber por qual agremiação partidária deve sair. Nem sempre uma grande votação é garantia de sucesso, pois se o partido for nanico e não fizer coligação, deixará o candidato na "rua da amargura". A média eleitoral para eleger um deputado leva em conta os votos dos candidatos e dos partidos. Assim, dependendo do partido, um candidato com poucos votos pode ser eleito. A razão é que os votos atribuídos à legenda podem diminuir a média eleitoral de seus candidatos. Ao contrário, um candidato de um partido pequeno poderá ter uma grande votação e mesmo assim não se eleger. Há um caso clássico de um candidato a deputado em São Paulo, Ricardo Nahat. Tinha boas propostas e obteve quase 90 mil votos na campanha de 1994. Não foi eleito porque não fez coligação com ninguém, saiu sozinho. Portanto, é preciso examinar atentamente o quadro partidário, a imagem dos partidos na sociedade, os partidos mais éticos, os mais populares, mais capilares, que chegam ao povão.

É preciso analisar a tradição dos partidos, quais aqueles que se identificam melhor com as causas sociais. Quando o candidato se inscreve no partido, deve saber qual a votação suficiente, qual o coeficiente eleitoral para se eleger vereador, deputado. Também deve verificar a possibilidade de coligação com outro partido. Aconselha-se uma verificação no mapa da última eleição, para analisar a *performance* dos partidos em pleitos anteriores. Sugerimos, também, analisar as imagens dos candidatos, de seus concorrentes no partido e dos candidatos dos partidos adversários.

Observe, por exemplo, o caso de um candidato a vereador na chapa contrária à de um prefeito muito popular. O prefeito vai puxar a chapa, fazendo a maioria da bancada. Uma forte chapa majoritária frequentemente carrega a chapa proporcional. É aconselhável verificar muito bem isso, quais são os candidatos com possibilidades eleitorais nas chapas majoritárias.

CAPÍTULO 8   Comunicação e Marketing de Campanhas Eleitorais

O foco deve ser o candidato

É claro que, hoje, os partidos não estão prestigiados. Sua imagem é, geralmente, ruim. Estão desgastados perante a opinião pública. Por isso, a comunicação deve centrar-se no candidato e não no partido, sem esquecer, é claro, que o partido é importante para efeito de composição eleitoral, de coligação, de aliança, de posicionamento da chapa. Mas a comunicação deve estar focada no candidato, cuja imagem deve prevalecer sobre a imagem do partido.

Cada partido possui seu coeficiente para eleger candidatos. A soma dos votos dos candidatos do partido mais os votos dos candidatos do partido coligado resultará em um coeficiente que é o somatório de X + Y. Esse coeficiente permitirá a um candidato eleger-se com um número de votos menor que o do candidato de um pequeno partido, que tenha recebido votação mais expressiva.

Passemos agora a uma apreciação sobre os segmentos eleitorais. A primeira consideração diz respeito às classes sociais A, B, C, D e E. A estratégia é cercar os grupos eleitorais dentro de cada classe, verificando seu comportamento e suas perspectivas. Qual é a importância disso? É a de localizar o voto e direcionar um

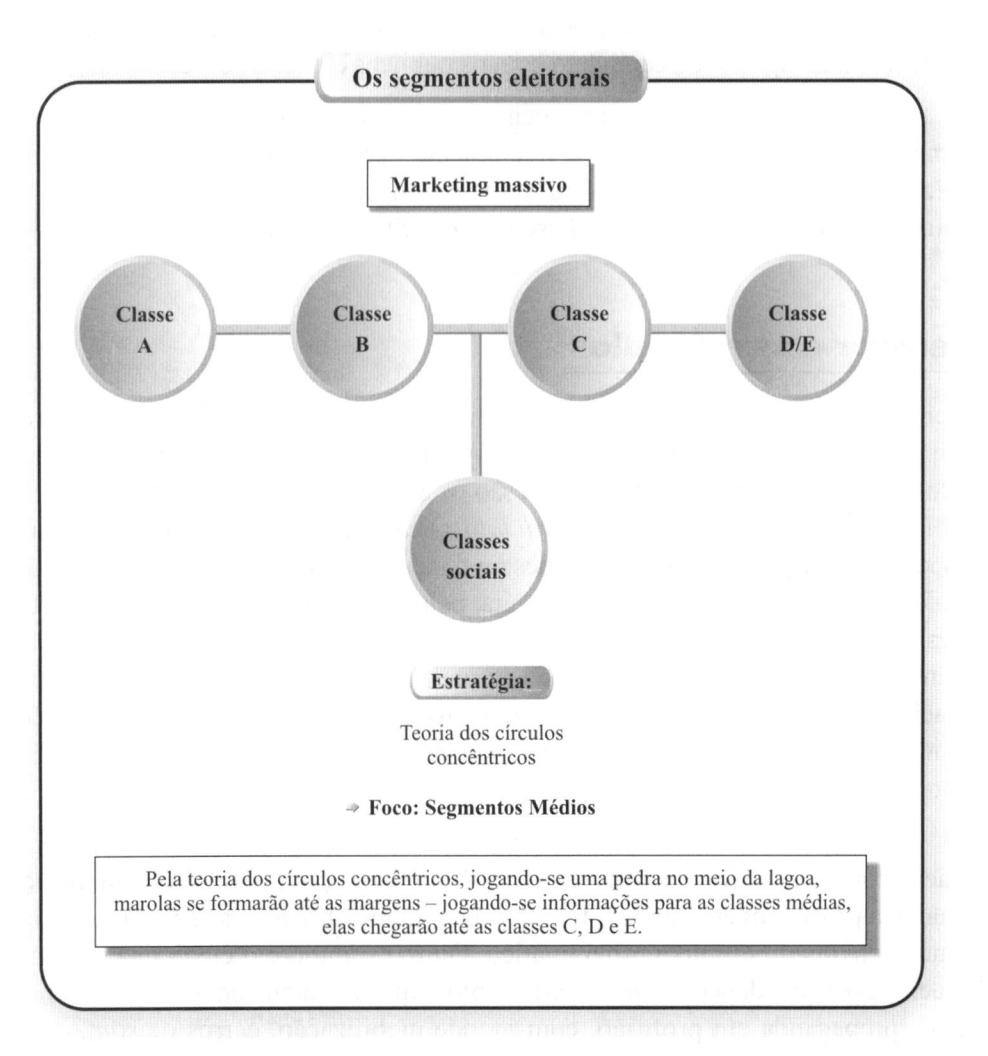

Os segmentos eleitorais

Marketing massivo

- Classe A
- Classe B
- Classe C
- Classe D/E

Classes sociais

Estratégia:

Teoria dos círculos concêntricos

→ **Foco: Segmentos Médios**

Pela teoria dos círculos concêntricos, jogando-se uma pedra no meio da lagoa, marolas se formarão até as margens – jogando-se informações para as classes médias, elas chegarão até as classes C, D e E.

discurso para o meio da sociedade. O meio da sociedade faz expandir o discurso para as margens. É a chamada teoria dos ciclos concêntricos. Por essa teoria, atingem-se, em primeiro lugar, o meio da sociedade, que é a classe média e, a seguir, as classes C, D e E. É como a pedrinha jogada no meio da lagoa; a pedra faz círculos, marolas, até as margens. Da mesma forma, se o candidato atingir a classe média com o seu discurso, essa classe, por meio de seus formadores de opinião – professores, funcionários públicos, comerciantes, profissionais liberais –, expande o discurso para outras classes, que são seus clientes ou fornecedores.

O marketing vertical

Outro eixo de atenção está no marketing diferenciado ou **verticalizado**. O marketing diferenciado se torna cada vez mais importante dentro de uma sociedade que se organiza em torno de: sindicatos, federações, clubes, associações de bairro, grêmios e núcleos diversos. Existem dentro da massa agrupamentos especializados: o industrial, o comercial, a dona de casa, profissionais liberais, médicos, engenheiros, advogados, dentistas, consultores, arquitetos, administradores, vendedores, empresários, taxistas, professores, líderes religiosos, jornalistas, artistas de televisão, militares, estudantes; enfim, o planejamento de marketing diferenciado objetiva estabelecer uma integração, uma ligação do candidato com os públicos eleitorais especializados.

Em vez de trabalhar com o conceito de classe social A, B, C, D e E, buscam-se os médicos, os engenheiros etc. É interessante para o candidato lançar-se com o apoio de uma categoria profissional, de um sindicato, de uma associação, de um conjunto de profissionais liberais. Esse é o conceito de marketing diferenciado.

O eleitor e os estímulos

É sempre útil deter-se um pouco mais sobre o eleitor. O eleitor é uma caixa-preta, porque é uma caixa de surpresas. Não se sabe qual será a sua reação diante dos estímulos que lhe são apresentados. Quais são os estímulos que se apresentam ao eleitor? Em primeiro lugar, *o próprio candidato*. O candidato estimula o eleitor gerando simpatia ou antipatia, confiança ou desconfiança. O eleitor pode ficar atraído pela ideologia do candidato, por sua fisionomia, pelo aspecto e pela fala. O segundo tipo de estímulo que se apresenta ao eleitor é o **cenário** dentro do qual está o candidato: palanque, televisão, passeata, carreata, jornal, enfim, a ambientação geográfica e espacial que cerca o ator político. O terceiro grande estímulo para o eleitor é a **comunicação**. A comunicação também é um estímulo na medida em que pode cativar o eleitor.

Cada tipo de comunicação, cada meio de comunicação, cada forma de comunicação apresenta estímulos diferenciados. A comunicação estética e a comunicação semântica provocam estímulos diferentes. A primeira abrange os aspectos visuais, a segunda envolve o discurso programático. Outro estímulo é o **custo** da campanha. Influencia porque, dependendo do orçamento, uma campanha pode dispor de material de propaganda em profusão, com grande mobilização, carros de som, enfim, a campanha pode ser mais visível, mais interessante, se o candidato tem dinheiro. Outro estímulo de uma campanha são os **concorrentes**, que vão merecer do eleitor uma comparação, uma análise de diferenciação, na qual aparecem defeitos e falhas. Há outro estímulo que são as **causas sociais**. A sociedade, por exemplo, está querendo, hoje, um combate frontal à violência, que assume proporções gigantescas. O candidato que desfraldar a bandeira do combate à violência ganhará mais apoio; portanto, o eleitor é influenciado pelo discurso social, pela onda que está correndo na sociedade. Vale lembrar, ainda, que uma das leis mais fortes do discurso político é a da conservação do indivíduo, conforme explicado em outras partes deste livro. O candidato, sob esse aspecto, deve apresentar problemas e soluções, ou seja, indicar o caminho da segurança para as pessoas. Portanto, não se deve esquecer que os fenômenos responsáveis pelo comportamento dos indivíduos são os mesmos que motivam o comportamento das multidões. E, nesse caso, é oportuno citar que por trás dos comportamentos estão os impulsos combativo, alimentar, sexual e paternal.

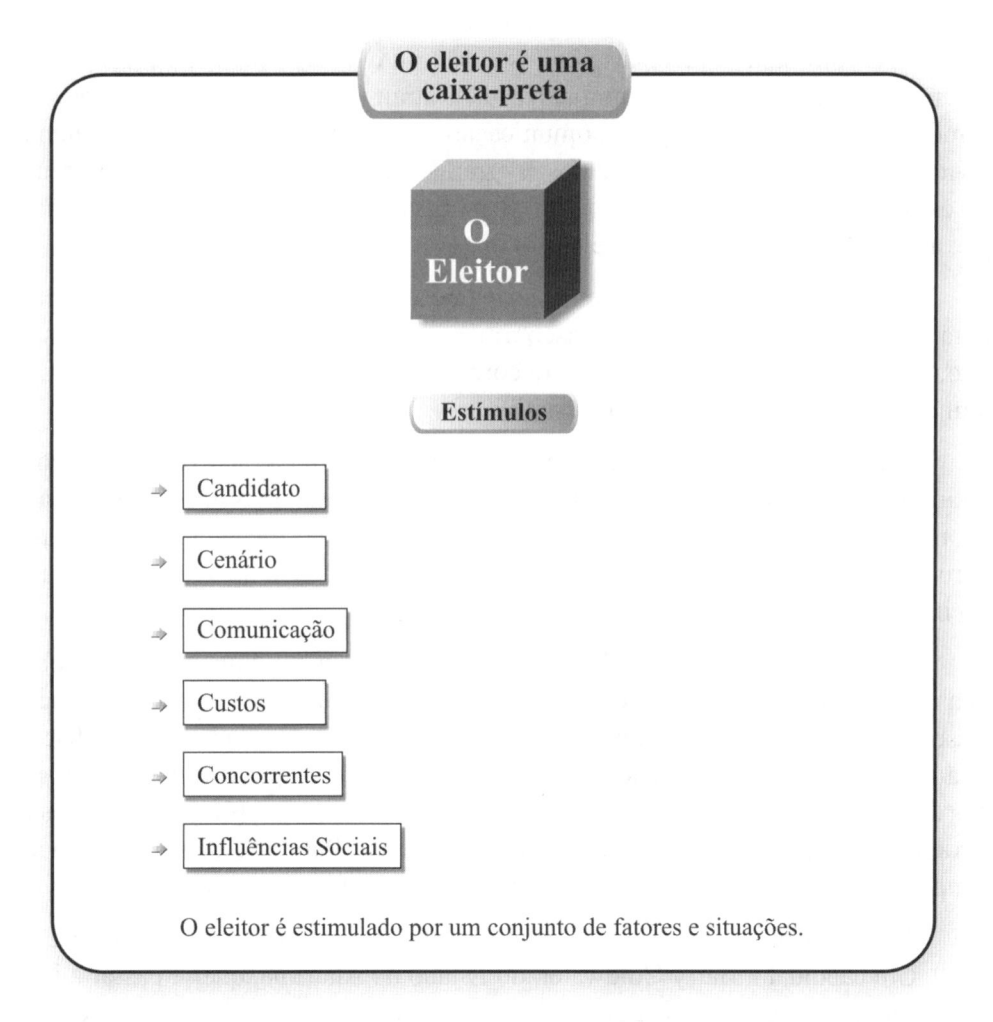

O eleitor é uma caixa-preta

O Eleitor

Estímulos

→ Candidato
→ Cenário
→ Comunicação
→ Custos
→ Concorrentes
→ Influências Sociais

O eleitor é estimulado por um conjunto de fatores e situações.

Esses estímulos, conjugados, entram no sistema perceptivo do eleitor, que os decodifica e interpreta, reagindo de acordo com seu mecanismo de percepção. Alguns estímulos serão sintonizados de maneira positiva; outros, de maneira negativa.

Valores

Falemos, agora, sobre valores que engrandecem os perfis políticos. Certos valores ajudam o candidato a atrair a simpatia e a decisão favorável do eleitor. Em primeiro lugar, a grandeza ética. O candidato sério, decente, cumpridor de compromissos é bem-aceito e se encaixa no perfil desejado pelo eleitor. A desonestidade, a falta de idoneidade, a falta de confiança afastam o eleitor. Uma segunda categoria de valores relaciona-se ao discurso novo, um discurso objetivo, concreto. O eleitor está descrente dos discursos já gastos, monumentais. Outro elemento de motivação é a ação, determinação. As posturas imobilistas afastam o eleitor. O candidato que não transmite a ideia de realização não ganha voto. Já o conceito de empreendedor, pessoa ativa, dinâmica e corajosa, tem vez. A velha política não atrai mais. Um modo diferente de fazer política é praticando transparência, usando a franqueza. Autonomia é outro aspecto importante. O candidato deve dar mostras de independência, a ideia de que pode colaborar para resolver os problemas da população.

Se o candidato não conseguir atrair o eleitor, conseguirá dele uma resposta negativa, o voto para o adversário, a abstenção ou o voto nulo. Todo esforço deve ser empreendido, no final de campanha, para atrair o voto de eleitores indecisos. Como fazer isso? Com recursos, comunicação, novas informações, respondendo às dúvidas dos indecisos, arrematando os programas de trabalho, enfim, empreendendo um esforço final para conquistar, já quase na boca de urna, o voto de uma camada que, às vezes, chega aos 10% do eleitorado.

Um conselho: nas últimas semanas, é oportuno procurar, mais uma vez, interpretar os sentimentos das bases, descobrindo os pesos relativos dos estímulos de voto, escolhendo uma grande ideia para coroar o fechamento da campanha, um programa popular, objetivo, original e criativo.

A campanha ganha força com um bom grupo de colaboradores. Alguns colaboradores se engajarão espontaneamente, outros vão ajudar, mas não querem aparecer, podem dar uma contribuição em dinheiro, em materiais de campanha, cedendo carros, gasolina, fornecendo transporte. Uma sólida infraestrutura e uma boa equipe são indispensáveis.

A sociedade está fiscalizando muito os atos do candidato. Em uma região pobre, uma mídia de propaganda muito rica pode agredir. Muita gente vai perceber que as posses do candidato não permitem extravagâncias. Há de se ter cuidado com a fiscalização da mídia jornalística – o jornal, o rádio e a televisão –, que acompanha todos os atos dos candidatos. Cuidado com as denúncias. A mídia acaba descobrindo casos de corrupção. Os jornalistas estão atentos ao que se passa. Portanto, atenção quanto aos comportamentos, porque um detalhe negativo poderá inviabilizar a candidatura.

Há um episódio interessante ocorrido na campanha norte-americana, na década de 60. Um candidato, Barry Goldwater, do Estado do Alabama, queria passar a ideia de pessoa séria, intelectual. Ele era muito conservador e, como candidato à presidência dos Estados Unidos, falava em um palanque muito alto, cercado por uma proteção de vidros à prova de bala, para evitar atentados. Usava uma armação de óculos, para passar a ideia de pessoa compenetrada. A certa altura do comício, esqueceu que a armação não tinha lente e colocou o dedo no olho para tirar um cisco. Enfiou o dedo pela frente da armação. Nesse momento, o fotógrafo flagrou o senador tirando o cisco do olho, com o dedo passando pela armação. No dia seguinte, os jornais estamparam: "O mentiroso". Foi um impacto negativo para sua campanha. Perdeu, não apenas por isso. Mas certamente episódios como esse desmascaram um candidato.

Na campanha presidencial de 1990, o ex-deputado Flávio Rocha era candidato pelo PL à Presidência da República, até que a imprensa descobriu que seu *staff* negociava os bônus de campanha com empresas para justificar declarações do Imposto de Renda. Com as denúncias, ele acabou renunciando à candidatura.

Conteúdo e forma

Um dos aspectos mais importantes do planejamento diz respeito ao discurso do candidato, como ele deve apresentar o discurso e como deve ser a linguagem. É fundamental construir a identidade. A identidade, como já salientamos, é formada pela história do candidato, seus compromissos, seu pensamento. O discurso compõe-se de duas partes, a parte semântica, que diz respeito à substância, e a parte estética, composta pela embalagem. O discurso estético e o discurso semântico formam a identidade.

A linguagem não deve ser diferente da identidade; o que significa isso? A pessoa que é muito séria não deve apresentar-se de maneira muito sorridente. Se for bem-comportada, deve apresentar-se com essa postura. Imagem e identidade precisam caminhar juntas. A identidade é o eixo da pessoa e a imagem é a sombra que ela projeta. Para compreender melhor o conceito: ao meio-dia, exposta ao Sol, uma pessoa tem a sombra sob os pés. É como se imagem e identidade estivessem sobrepostas. Quando o Sol vai declinando no horizonte, por volta das 17h, a sombra da pessoa se projeta lá adiante. Nesse caso, a imagem está bem distante do corpo dela, que representa a identidade. Quanto mais desce o Sol, mais a imagem vai se distanciando do corpo. Ou seja, a imagem fica muito distante da identidade. Quando a distância é muito grande, há uma deformação do corpo, uma descaracterização da identidade. O ideal seria que a sombra estivesse mais próxima do corpo, a imagem estivesse mais próxima da identidade. O eleitor percebe a distorção entre o que um candidato é e o que pretende mostrar.

Os discursos também devem combinar. O discurso estético diz respeito ao modo de se vestir, à maneira de falar – o candidato pode falar olhando para os olhos, olhando para o chão, olhando para cima; quando a fala é na televisão, a direção do olho é voltada para o eleitor, para o centro da televisão. A maneira de vestir-se: se o candidato se veste com uma camisa esburacada ou suja, estará passando o conceito de desleixado. Deve vestir-se de acordo com o ambiente, não precisa se "empetecar" exageradamente em ambiente rústico; isso provocará um choque. E a maneira de falar – expressar-se com as mãos, com a boca, com a sobrancelha, com os olhos – quando está no palanque causa efeitos mais ou menos impactantes.

A doutrina política é composta de duas categorias: os "credenda", coisas a serem acreditadas, como os programas e propostas dos partidos; e os "miranda", coisas a serem admiradas, conforme o conceito expresso por Harold Lasswell, em *A Linguagem da Política*.

OS MIRANDA

"Os 'miranda' são os símbolos de sentimento e identificação no mito político, cuja função consiste em despertar admiração e entusiasmo, criando e fortalecendo crenças e lealdades. Não apenas despertam emoções indulgentes para com a estrutura social, mas agudizam a consciência de que outros partilham desses sentimentos, promovendo assim a identificação mútua e proporcionando a base da solidariedade. O 'emblema ou a palavra de ordem', afirma Giddings, 'não apenas chama a atenção de quem o vê ou a ouve para o objeto ou fato que simboliza, despertando-lhe determinados sentimentos, senão que também fixa sua atenção sobre os sentimentos que desperta e sobre a conduta que incita em outras pessoas. As emoções e o comportamento dos outros, de que o indivíduo assim se conscientiza, imediatamente começam a operar sobre ele como uma influência que se mescla ao efeito original do emblema ou da palavra de ordem.' Bandeiras e hinos, cerimônias e demons-trações, heróis e as lendas que os cercam – são todos exemplos da importância dos 'miranda' no processo político."

Lasswell

Discursando de maneira rígida, fria, sem gesticular, parecendo um boneco, o candidato não conseguirá embalar o eleitor. Os braços estimulam a aproximação, promovem um contato. É importante falar com naturalidade, demonstrando conhecimento dos problemas, apontando soluções, criando emoção, expressando sentimentos. As cores são importantes para a roupa. É aconselhável usar roupas que combinem com o visual dos materiais de propaganda. Quando for para a televisão, evitar camisas com riscos, que provocam reverberação, manchas. Devem-se usar cores de tom pastel e procurar símbolos e ícones que ajudem a identificar a campanha (o V da vitória, gesto de mãos apertando-se, gesto de braços acolhendo as pessoas). Essa é a parte do discurso estético. O discurso semântico vai conter as ideias, os atributos do candidato, os valores pessoais, os princípios políticos, os programas e compromissos. O discurso semântico inclui também as ações desenvolvidas ao longo da história do candidato, sua vida, o que já fez.

A política como espetáculo

O discurso estético tem muito a ver com os recursos teatrais. Com efeito, a teatralização é imanente à política. Os atores políticos contemporâneos procuram aperfeiçoar

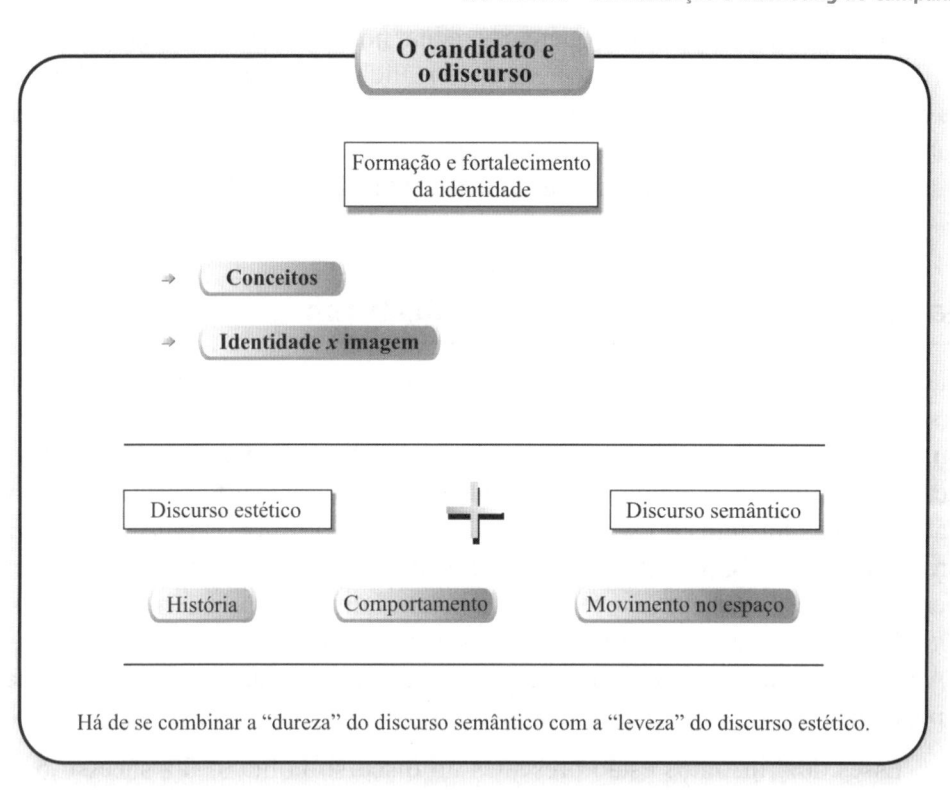

CAPÍTULO 8 Comunicação e Marketing de Campanhas Eleitorais

```
┌─────────────────────────────────────────────────────────────┐
│                    ( O candidato e                          │
│                      o discurso )                           │
│                                                             │
│                  ┌─────────────────────────┐                │
│                  │ Formação e fortalecimento│               │
│                  │      da identidade       │               │
│                  └─────────────────────────┘                │
│                                                             │
│          →  ( Conceitos )                                   │
│                                                             │
│          →  ( Identidade x imagem )                         │
│                                                             │
│   ─────────────────────────────────────────────────────     │
│                                                             │
│     ┌─────────────────┐    +    ┌─────────────────┐         │
│     │ Discurso estético│         │ Discurso semântico│      │
│     └─────────────────┘         └─────────────────┘         │
│                                                             │
│     ( História )  ( Comportamento )  ( Movimento no espaço )│
│                                                             │
│   ─────────────────────────────────────────────────────     │
│                                                             │
│   Há de se combinar a "dureza" do discurso semântico com    │
│   a "leveza" do discurso estético.                          │
└─────────────────────────────────────────────────────────────┘
```

sua *performance* com recursos técnicos da mídia eletrônica e do teatro. Hitler treinava a voz e os gestos. Mussolini, com sua voz de bronze e máscara imperial, espelhava-se em D'Annunzio, guerreiro-tribuno. A história antiga é cheia de exemplos que mostram os governantes posando de ator, alguns com feições de comediantes, outros encarnando o perfil de estadistas. Luís XIV, conta Schwartzenberg, fazia exibição de danças. O marechal Pétain tomava aulas de dicção para diminuir a timidez. O próprio De Gaulle dizia que "Os maiores medem cuidadosamente as suas intervenções, fazendo delas uma arte".

A política está cada vez mais espetacularizada. Os políticos transformam-se em vedetes, procurando, por todos os meios, suprir a falta de carisma. E se inserem no olimpo da cultura de massas, de que nos fala o sociólogo francês Edgar Morin (*Cultura de Massas no século XX*). A mídia transforma os olimpianos em vedetes da atualidade, investindo-os de um papel mitológico, mergulhando em suas vidas privadas, extraindo delas a substância humana que propicia os fenômenos psicológicos da projeção e da identificação. Quanto mais alto o cargo, mais espaço na mídia, mais projeção ganha na mente dos espectadores. O charme pessoal de alguns gera um gigantesco processo de identificação. O presidente Kennedy era um exemplo de olimpiano charmoso.

O vedetismo do poder pode ser explicado pela psicologia. As pessoas percebem no ator político estados e situações afetivas que lhes são próprias. Identificam-se com ele e se satisfazem. Trata-se do fenômeno de autovalorização por meio de um herói interposto. Freud também explica: "A maioria das pessoas experimenta a imperiosa necessidade de admirar uma autoridade, perante a qual possa inclinar-se e pela qual seja dominada e por vezes maltratada".

De outra forma, as pessoas querem acreditar no que veem, confiando, assim, nos perfis inventados, que procuram representar a realidade. Muitas vezes, têm dificuldades em distinguir o real do falso. Os atores políticos, interpretando intuitivamente essa situação, observando o mundo ao redor, espelham o cotidiano em seus hábitos, modos de agir e até nas vestimentas. Usam a técnica da realidade espelhada.

Planejamento e metáforas do discurso

Aliás, no que concerne ao discurso, outros aspectos devem ser lembrados. O discurso político comporta muito bem metáforas de guerra, simbolismos de guerra: "Eu vou ganhar", "eu vou lutar", "nós vamos à vitória", "vamos derrotar" são termos da guerra na política. A psicologia mostra que essas metáforas estão relacionadas aos quatro grandes instintos do ser humano. O primeiro, *o instinto combativo*, explica porque nas cavernas, por exemplo, na pré-história, nossos ancestrais, com aqueles imensos bastões, atacavam ou se defendiam dos inimigos que queriam ocupar seu lugar. Defendiam-se ou atacavam para não morrer. O segundo instinto, *o instinto alimentar*, mostra que a pessoa defende o estômago procurando o alimento para se preservar.

Esses dois instintos estão presentes no discurso político: faz sucesso o discurso voltado ao estômago do eleitor, ao bolso, à saúde – sem saúde ele não vive e com dinheiro no bolso ele vive melhor, ele come. São coisas fundamentais que

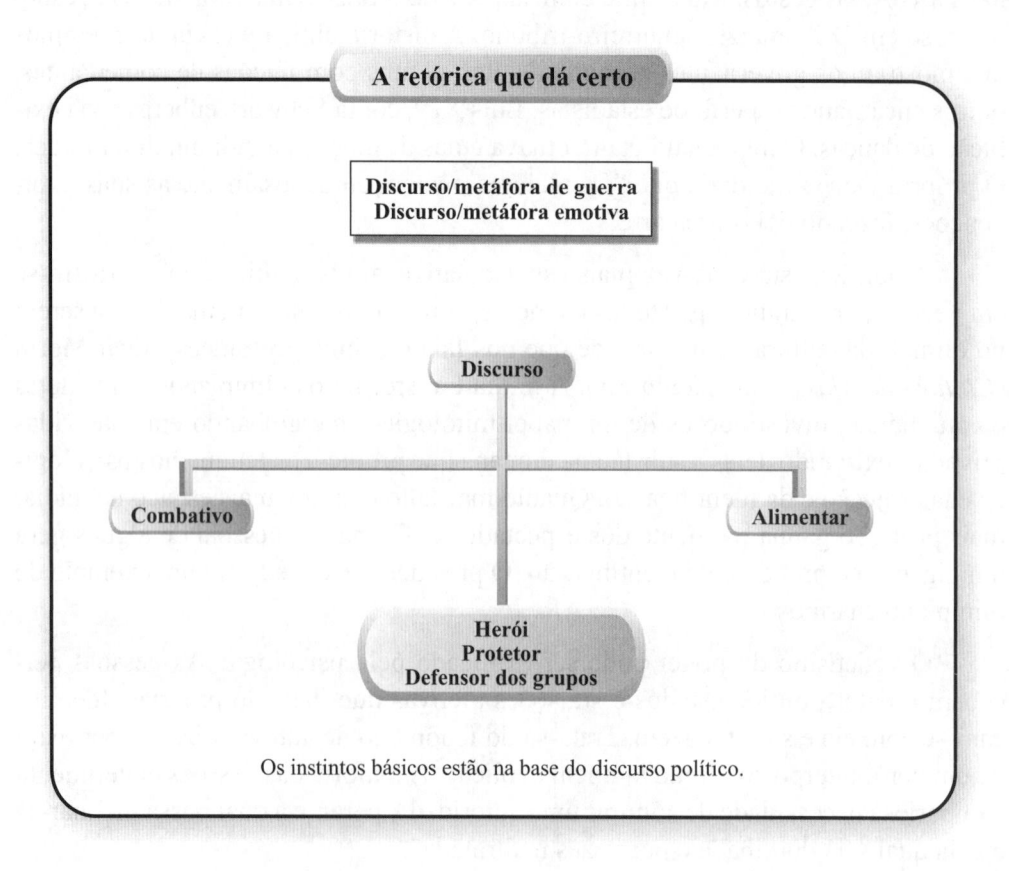

A retórica que dá certo

Discurso/metáfora de guerra
Discurso/metáfora emotiva

Discurso
- Combativo
- Alimentar
- Herói / Protetor / Defensor dos grupos

Os instintos básicos estão na base do discurso político.

o candidato não deve esquecer. O discurso para o eleitor tem de estar ligado fortemente ao instinto de sobrevivência do indivíduo, que cobre as questões de saúde, de alimentação e de habitação. Tudo aquilo que diz respeito à melhoria das condições de vida dos indivíduos. O terceiro instinto é o *sexual*, ligado à preservação da espécie. Daí o discurso sobre a família, os filhos, a relação homem-mulher. A ideia do carinho, de companhia, de solidariedade, de amor às pessoas é o eixo do *instinto paternal*, o quarto instinto.

O impulso paternal está muito presente no discurso religioso: os padres, os pastores, trabalham muito com os valores da solidariedade, do amor fraterno, da igualdade e da justiça. No discurso político, os candidatos que encarnam a figura do pai são bem-sucedidos. As pessoas querem ver no candidato um pai: "Aquele candidato é um pai pra mim, ele tem autoridade, vai nos ajudar muito, ele vai me dar casa, me dar saúde, condições de uma vida melhor, ele é um pai".

No discurso político, porém, o primeiro impulso é, possivelmente, o de maior valia. A primeira lei da propaganda é a da conservação do indivíduo. Para torná-la eficaz, o candidato precisa usar o estratagema de sugerir o medo e projetar, logo em seguida, a saída da situação perigosa, a possibilidade de obter a segurança pelas ações e ideias apresentadas. E para que sejam aceitas, é preciso fazê-las aceitáveis, nivelando-as às situações cotidianas, como forma de diminuir a oposição psicológica ao que é inesperado.

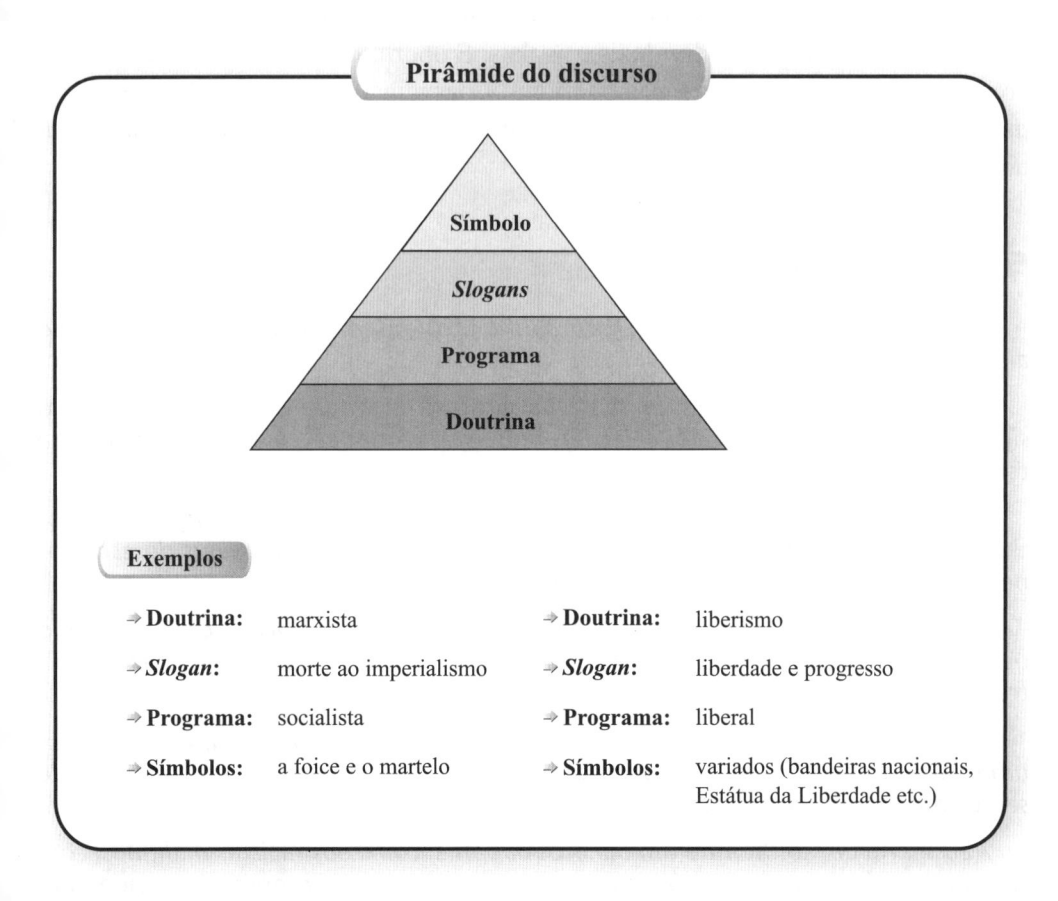

Pirâmide do discurso

- Símbolo
- *Slogans*
- Programa
- Doutrina

Exemplos

- **Doutrina:** marxista
- *Slogan*: morte ao imperialismo
- **Programa:** socialista
- **Símbolos:** a foice e o martelo

- **Doutrina:** liberismo
- *Slogan*: liberdade e progresso
- **Programa:** liberal
- **Símbolos:** variados (bandeiras nacionais, Estátua da Liberdade etc.)

Os discursos costumam cansar e provocar fadiga. Para atenuar esse efeito, aconselha-se variar os aspectos do tema central, com exemplos e associações criativas que despertem a mente. Ou seja, a tônica central é enriquecida por formas de abordagem. E também é muito eficaz a aplicação de um bordão, ao final dos discursos, repetido todas as vezes em que o candidato discursa. Um exemplo de fecho final de discurso, que ficou famoso, é o do senador Catão, no Senado romano, que terminava sua oração da mesma forma: "*Ceterum censeo, Carthago delenda est*" ("Em outras palavras, penso que Cartago deve ser destruída").

Esses são fundamentos psicológicos, o discurso político se ampara nesses quatro grandes instintos, ligados à conservação do indivíduo e à preservação da espécie. Na prática, as ligações são feitas pelo ajuste do discurso ao clima da conjuntura, ao desemprego, à violência, por exemplo. É sempre muito conveniente ter afinidade com as forças religiosas, místicas; o eleitorado respeita e tem veneração pelo eixo místico. Candidatos de igrejas evangélicas costumam recitar salmos, do tipo: "O Senhor é o meu pastor e nada me faltará", "Se Deus está comigo, quem estará contra mim?" Valores que o candidato há de respeitar: **participação** – a sociedade está querendo participar do processo político; **cobrança** – o eleitor quer fiscalizar a vida e as promessas do candidato; **autonomia** – a capacidade de um candidato de decidir sobre seus atos, seus fins, a capacidade de escolher os meios para atingir os objetivos; **juventude** – conciliar certa jovialidade com a experiência do adulto, não passar ideia de muito impetuoso nem muito velho; **cidadania** – é um conceito muito importante hoje. Cada vez mais o cidadão quer reforçar a sua cidadania. A cidadania se conquista com emprego, saúde, melhores condições de vida, segurança, liberdade e conquistas dos direitos individuais e sociais. É oportuno lembrar: os valores estão presentes dentro do contexto sociopolítico – participação, fiscalização, cobrança, mudanças no sentido de inovação, simplicidade, mais ação, menos palavras, autonomia, juventude, experiência e cidadania.

Eu tenho um sonho

... Eu ainda tenho um sonho. É um sonho profundamente enraizado no sonho americano.

Eu tenho um sonho que um dia esta nação se levantará e viverá o verdadeiro significado de sua crença – nós celebraremos estas verdades e elas serão claras para todos, que os homens são criados iguais.

Eu tenho um sonho que um dia nas colinas vermelhas da Geórgia os filhos dos descendentes de escravos e os filhos dos descendentes dos donos de escravos poderão se sentar juntos à mesa da fraternidade.

Eu tenho um sonho que um dia, até mesmo o estado de Mississippi, um estado que transpira com o calor da injustiça, que transpira com o calor da opressão, será transformado em um oásis de liberdade e justiça.

Eu tenho um sonho que minhas quatro pequenas crianças vão um dia viver em uma nação onde elas não serão julgadas pela cor da pele, mas pelo conteúdo de seu caráter. Eu tenho um sonho hoje!

Eu tenho um sonho que um dia, no Alabama, com seus racistas malignos, com seu governador que tem os lábios gotejando palavras de intervenção e negação;

neste justo dia no Alabama meninos negros e meninas negras poderão unir as mãos com meninos brancos e meninas brancas como irmãs e irmãos. Eu tenho um sonho hoje!

Eu tenho um sonho que um dia todo vale será exaltado, e todas as colinas e montanhas virão abaixo, os lugares ásperos serão aplainados e os lugares tortuosos serão endireitados e a glória do Senhor será revelada e toda a carne estará junta.

Esta é nossa esperança. Esta é a fé com que regressarei para o Sul. Com esta fé nós poderemos cortar da montanha do desespero uma pedra de esperança. Com esta fé nós poderemos transformar as discórdias estridentes de nossa nação em uma bela sinfonia de fraternidade. Com esta fé nós poderemos trabalhar juntos, rezar juntos, lutar juntos, para ir encarcerar juntos, defender a liberdade juntos, e quem sabe nós seremos, um dia, livres. Este será o dia quando todas as crianças de Deus poderão cantar com um novo significado.

"Meu país, doce terra de liberdade, eu te canto. Terra onde meus pais morreram, terra do orgulho dos peregrinos. De qualquer lado da montanha, ouço o sino da liberdade!"

E se a América é uma grande nação, isto tem que se tornar verdadeiro.

E assim ouvirei o sino da liberdade no extraordinário topo da montanha de New Hampshire.

Ouvirei o sino da liberdade nas poderosas montanhas poderosas de Nova York.

Ouvirei o sino da liberdade nos engrandecidos Alleghenies da Pennsylvania.

Ouvirei o sino da liberdade nas montanhas cobertas de neve Rockies do Colorado.

Ouvirei o sino da liberdade nas ladeiras curvas da Califórnia.

Mas não é só isso. Ouvirei o sino da liberdade na Montanha de Pedra da Geórgia.

Ouvirei o sino da liberdade na Montanha de Vigilância do Tennessee.

Ouvirei o sino da liberdade em todas as colinas do Mississippi.

Em todas as montanhas, ouvirei o sino da liberdade.

E quando isto acontecer, quando nós permitirmos o sino da liberdade soar, quando nós deixarmos ele soar em toda moradia e todo vilarejo, em todo estado e em toda cidade, nós poderemos acelerar aquele dia quando todas as crianças de Deus, homens pretos e homens brancos, judeus e gentios, protestantes e católicos, poderão unir as mãos e cantar nas palavras do velho spiritual negro: "Livre afinal, livre afinal".

Agradeço ao Deus todo-poderoso, nós somos livres afinal.

Martin Luther King, em seu famoso discurso, feito em 28 de agosto de 1963, expressou um "sonho", que se transformou no grito de libertação não apenas dos negros, mas de todos os povos oprimidos. As orações que se iniciam com o apelo redundante do sonho de liberdade deram origem a um dos mais recorrentes modelos do discurso político contemporâneo contra a opressão e em defesa da igualdade entre os homens.

Alavancas do discurso

Como conseguir a adesão dos ouvintes e participantes de um evento de massa ao discurso? Como conseguir atrair sua atenção? A retórica política esboça alguns caminhos. Tchakhotine mostra que os símbolos detonadores e indutores do entusiasmo das massas se enquadram em, pelo menos, quatro categorias, ou, como a elas se refere, quatro alavancas psíquicas:

Alavancas de adesão – discurso voltado para fazer com que a população aceite os programas, associando-se a valores considerados bons. Nesse caso, o candidato demonstra a relação custo-benefício da proposta ou da promessa.

Alavancas de rejeição – discurso voltado para o combate a coisas ruins (administrações passadas, por exemplo). Aqui, o político passa a combater as mazelas de seus adversários, os pontos fracos das administrações, utilizando, para tanto, as denúncias dos meios de comunicação que funcionam como elemento de comprovação do discurso.

Alavancas de autoridade – discurso em que se usa a voz da experiência, do conhecimento, da autoridade, para procurar convencer. Sob essa abordagem, entram em questão os valores inerentes à personalidade do ator, suas qualidades pessoais. Quando se trata de figura de alta respeitabilidade, o discurso consegue muita eficácia.

Alavancas de conformização – discurso orientado para ganhar as massas e que usa, basicamente, os símbolos da unidade, do ideal coletivo, do apelo à solidariedade. É quando o político apela para o sentimento de integração das massas, a solidariedade grupal, o companheirismo, as demandas sociais homogêneas.

O raciocínio: técnicas e procedimentos

As alavancas do discurso ganham força com a utilização de algumas técnicas e procedimentos relacionados ao raciocínio, entre os quais estão a **indução**, a **explicação**, a **dedução**, o **raciocínio causal**, a **analogia** e a **metáfora**, a **hipótese**, a **alternativa** e o **dilema**, a **dialética** e o **paradoxo**. Cada técnica tem os seus princípios e as suas regras. Conhecê-las e dominá-las ajudará um candidato a obter bons resultados.

A **indução** tem como princípio passar do particular para o geral ou do fato à regra. O exemplo permite sair de um caso particular para o conceito genérico. A explicação tem como princípio justificar uma tese com informações, com o intuito de torná-la mais bem compreendida. Entre as operações necessárias para amparar a explicação, indicam-se: enumerar, descrever, classificar, definir, comparar e distinguir. A **dedução** ampara-se no princípio de sair do geral para o particular ou da regra para as consequências de um caso específico. E tem como modalidade básica o silogismo, que compreende duas premissas – a maior que anuncia a regra e a menor que anuncia o particular – e uma conclusão, que relata o resultado ou a consequência prática.

O **raciocínio causal** inspira-se no princípio de estabelecer ligações de causa e efeito entre diferentes elementos, atos e situações. A relação causal é demonstrada pela descrição de causas e efeitos. A **analogia** e a **metáfora** partem do princípio de apelar para imagens, contar histórias para transmitir ideias. A analogia estabelece semelhanças entre os elementos e a metáfora é uma analogia condensada. Usar, por exemplo, o canto do cisne, para designar a derrocada de uma pessoa. São modalidades aplicadas nas alegorias, parábolas e fábulas. A **hipótese** tem como princípio fazer suposições, raciocinar sobre a eventualidade, a coisa provável e suas consequências. Serve para alicerçar pontos de vista, demonstrar tendências e inferir sobre o futuro. É importante para o desenho de cenários políticos e sociais.

A **alternativa** e o **dilema** têm como princípio a ideia de provocar a escolha de uma opção entre duas alternativas propostas. O dilema é um raciocínio que propõe duas opções contrárias ou contraditórias, entre as quais uma deve ser escolhida. A **dialética** tem como princípio integrar no raciocínio a contradição e a mudança, afastando-se da maneira de pensar e da lógica tradicionais. E o **paradoxo** tem como princípio enunciar uma opinião que vai ao encontro de verdades, normas e pressupostos que se impuseram como incontestáveis ao pensamento. Paradoxo socrático: "Ninguém faz o mal voluntariamente, mas por ignorância, pois a sabedoria e a virtude são inseparáveis". O paradoxo procura enunciar uma tese original, aparentemente absurda, e demonstrar sua lógica; enunciar uma ideia ou uma tese estabelecendo relação entre os elementos contraditórios para simular a curiosidade ou o interesse.

Ao lado das técnicas de elaboração e desenvolvimento do raciocínio, podem ser utilizadas as técnicas e procedimentos de persuasão, entre as quais a sincronização ou o efeito espelho – que consiste em buscar o acordo de ideias entre os interlocutores pela identificação e aproximação dos comportamentos; a busca de acordos parciais – que se vale do princípio de multiplicar os momentos de aquiescência em um diálogo; a "venda" de vantagens e benefícios – que consistem em apresentar ao interlocutor as vantagens caso concorde com a solução, a decisão e a opinião exposta; as referências e a expressão da força da autoridade – que consiste em amparar uma afirmação a partir da referência e expressão de uma autoridade poderosa; e o apelo às emoções – que objetiva convencer a assistência e as multidões por meio de recursos expressivos de natureza emocional.

Como o discurso entra na mente

O discurso dispara um processo na psique das pessoas. E sua seleção decorre do interesse provocado pelas diferentes camadas de consciência que recebem as mensagens do exterior. Abraham Moles, um pensador da teoria cibernética da comunicação, em *Sociodinâmica da Cultura*, distingue cinco camadas, que vão da mais consciente a mais inconsciente, da mais profunda à mais superficial. São elas: camadas inconscientes do ser (libido e vontade de poder); domínio das crenças e interesses explícitos (abrangendo o universo das opiniões); domínio dos interesses explícitos dos indivíduos (abrangendo o universo dos valores econômicos); vida material dos indivíduos (abrangendo informações de interesse útil, como informações meteorológicas); e camadas superficiais (que abrigam informações que não criam interesse ou impacto). As mensagens são selecionadas a partir do impacto que provocam nessas camadas.

A filtragem das mensagens decorre, inicialmente, do interesse imediato ou mediato que provoca. O interesse se relaciona ao uso que o leitor/ouvinte poderá fazer da mensagem. Quanto mais benefício ela trouxer, mais possibilidade terá de ser selecionada. Esse benefício, por sua vez, está relacionado à proximidade psicológica/distância psicológica que ela apresenta. As modulações pessoais da linguagem oral, por exemplo, reduzem a distância do indivíduo. E o uso de apelos emocionais facilita o encaixe da mensagem na psique. Depois, a mensagem precisa ser inteligível, de forma a ser compreendida plenamente pelo receptor.

Como esse processo ocorre? Como reage a pessoa diante dos apelos? Ela age de três maneiras em relação ao que ouve: *nivela* o discurso, colocando-o em certo nível de compreensão; *processa a interpretação*, de acordo com o seu sistema de signos; e *aguça* o que lhe chama mais atenção. Exemplo: uma pessoa fala com outra, que a compreende porque a linguagem usada é conhecida por ambas; pelo processo de associação de ideias, o receptor nivela o discurso trazendo para o sistema de signos que domina. O processo de compreensão constitui, portanto, uma base de interpretação, que se apoia no código comum de linguagem do emissor e do receptor. Se o receptor é atraído por alguma coisa (palavra, frase, ideia), acontece o seguinte fenômeno: sua atenção fica aguçada, porque foi despertada por algo que o tocou mais de perto.

Aguçada a atenção, a mensagem é assimilada. Depois de assimilada, o receptor passa a comprar a ideia. Ao contrário, se não gostar, ocorrerá outro fenômeno: um ruído, um desvio ou o esquecimento da mensagem. Qual é o conselho que se pode dar para garantir a eficiência desse processo? Escolher os pontos mais importantes, os *aspectos básicos* que interessam ao eleitorado. Escolher os pontos mais *originais*. Quando se escolhe um aspecto original, criativo e interessante, cria-se maior atenção. Uma dica: *ser criativo sempre* na apresentação de programas e ideias, repetir os aspectos fundamentais, porque a *redundância* é uma lei importante da comunicação. Quanto mais se repete, mais se grava a mensagem na mente do eleitor.

A repetição incessante da mesma fórmula, acrescida de excitações luminosas, recursos de computação gráfica e sons obsedantes acaba criando um estado de fadiga mental que subordina aquele a quem se destina. Outros recursos são usados. Como se sabe, as pessoas tendem a acreditar em coisas que gostariam de ver realizadas, mesmo que os argumentos usados não sejam devidamente fundamentados. Basta serem apoiadas em emoção. É o recurso utilizado geralmente por advogados para convencer os jurados: "Senhores jurados, não esqueçam que essa mulher batalhou, *lutou arduamente, para exercer o direito de ser mãe*". Quantas vezes as pessoas são levadas a decidir em função de falsos argumentos ou silogismos do tipo: "Nenhum gato tem oito caudas; e cada gato tem uma cauda a mais que nenhum gato. Logo, cada gato tem nove caudas". A propaganda vale-se frequentemente desse tipo de recurso, o que, convenhamos, é uma enganação psíquica.

Além dos aspectos meramente técnicos relacionados à tipologia do discurso político – nivelamento, aguçamento, repetição – outros fenômenos psicossomáticos explicam a ação/reação dos indivíduos em relação às mensagens. A palavra, falada ou escrita, pode transformar-se em um excitante, em condicionante, formando um reflexo.

Portanto, as palavras, as mensagens formam impressões sensoriais, que se vão integrando a novos reflexos desempenhados por imagens, novas excitações auditivas e escritas, desencadeando processos múltiplos, reflexos de imitação, estados de sonolência. Pessoas fatigadas, cansadas e alquebradas, quando recebem uma ordem, submetem-se passivamente a ela. Os fenômenos de hipnose podem ser explicados por esse processo. Isto é, uma pessoa com fraqueza fisiológica quase não cria resistências. Estudos concluíram, ainda, que as possibilidades de resistir às ordens e às sugestões dependem de graus de cultura, ou seja, da intensidade das cadeias de reflexos condicionados, enxertados uns sobre os outros. Em resumo: as massas sem instrução constituem o melhor meio para a submissão aos reflexos condicionados.

A importância das pesquisas

Por último, vamos falar sobre as pesquisas, que devem ser o termômetro da campanha. São necessárias antes da campanha, no meio e na etapa final. Na fase pré-eleitoral, sua finalidade é a de aferir os comportamentos sociais, as demandas, expectativas e reivindicações. Servem para embasar o discurso do candidato e, ainda, para aferir as primeiras intenções de voto. É a fotografia inicial. À medida que a campanha vai se desenvolvendo, as pesquisas vão servindo para monitorá-la dando indicações sobre as mudanças de comportamento e vontade dos eleitores, as diferenças de posicionamentos entre as classes sociais, a situação nas regiões, nos bairros e nas cidades.

É importante contar com duas estruturas de pesquisa: uma, interna, que serve para monitorar o dia a dia da campanha. Trata-se de ferramenta de trabalho. A segunda estrutura, externa, feita por instituto de renome, pode fazer pesquisas a serem veiculadas na mídia, se isso for conveniente à campanha. Dependendo da posição no quesito intenção de voto, a pesquisa poderá ajudar a estratégia de marketing.

Além das pesquisas quantitativas, merece destaque a pesquisa qualitativa, que serve para a interpretação e melhor compreensão do sentimento social. A pesquisa qualitativa mergulha na mente do eleitor, buscando suas razões mais íntimas, os fenômenos que agem e interagem na tomada de decisões. Essa modalidade acaba fornecendo os cenários mentais – as frases mais contundentes, as palavras-chave do momento, as críticas, as sugestões, os anseios, as expectativas da população. Trata-se de um tipo de pesquisa geralmente estruturado por consultorias externas para uso rotineiro na campanha. Geralmente, faz-se uma ampla pesquisa qualitativa antes de se iniciar a campanha. É peça fundamental para o planejamento. Há, ainda, a linha de pesquisa desenvolvida pelo telemarketing, com a finalidade de oferecer panos de fundo sobre a campanha eleitoral na TV e no rádio, ouvir as propostas do candidato e as dos adversários, as demandas sociais mais imediatas etc.

A pesquisa, portanto, age como um termômetro que, a cada ciclo de campanha, deve ser acionado para medir a posição do candidato. Quanto à divulgação de pesquisas feitas por grandes institutos e veiculadas periodicamente, há de se reconhecer seu impacto nas campanhas. Elas realmente afetam o ânimo de grupos de eleitores e podem até abater as equipes internas. Mas precisam ser consideradas como mecanismos de aferição de um momento. O candidato e os assessores não devem desanimar com pesquisas negativas. Há candidaturas que nascem do zero e ganham campanhas. A propósito, aqui vai uma historinha, ocorrida em 24 de junho de 1986, noite de São João, no Ceará. Tasso Jereissatti, convidado por um deputado estadual, dirige-se a um clube de um grande bairro popular de Fortaleza. É a sua primeira experiência no meio do povo. Candidato a governador do Ceará, sua missão é presidir um júri que vai julgar fantasias juninas. Está completamente deslocado, um peixe fora d'água. Fica encabulado, não sabe o que fazer. Só era conhecido no bairro de classe média alta, Aldeota. Tinha menos de 2% de intenção de voto. Depois do evento junino, angustiado, confessava a um grupo de amigos: "Estou fora. Se política for isso, presidir desfile de festa junina, fazer demagogia, ir a batizado, casamento, velório, não contem comigo". Foi só um desabafo de iniciante. Ganhou de três coronéis da política – Virgílio Távora, César Cals e Adauto Bezerra. Com 600 mil votos de diferença.

Ataque e contrapropaganda

Uma questão acaba sempre aparecendo nas campanhas: como combater as ideias dos adversários, rebater seu discurso e, mais ainda, como desenvolver uma ação de contrapropaganda? O francês J. M. Domenach, em seu estudo sobre propaganda política, sugere algumas regras:

1) Descobrir os temas do adversário, isolá-los e classificá-los por ordem de importância. Depois, combatê-los separadamente.

2) Atacar os pontos fracos.

3) Nunca atacar frontalmente a propaganda adversária, enquanto for poderosa; para combater uma opinião, é preciso tomá-la como ponto de partida e encontrar um terreno comum.

4) Atacar e desconsiderar o adversário, no momento adequado.

5) Situar, posicionar a propaganda do adversário em contradição com os fatos.

6) Ridicularizar o adversário, se houver oportunidade e condições para tanto.

7) Fazer predominar seu clima de força.

É preciso, no entanto, compatibilizar tais regras com alguns princípios estratégicos. Domenach escolheu suas regras para aplicação em determinado momento sociopolítico na Europa e mediante as circunstâncias determinadas pela propaganda nazista.

O primeiro profissional de marketing

Na área do ataque e da contrapropaganda, deve-se fazer um registro histórico. É de autoria de Quintos, o irmão de Cícero, o advogado mais eloquente do ciclo de César, o que se pode chamar de primeiro manual de campanha eleitoral. Em 64 a.C., Cícero disputou o consulado contra Catilina, o general que decidiu enfrentá-lo. Foi uma das mais árduas campanhas de vitupérios de que se tem notícia. Catilina era apoiado pelo proletariado, Cícero pelas classes altas. Quintos preparou um manual que, entre outras sugestões, apontava: "Seja pródigo em suas promessas: os homens preferem uma falsa promessa a uma recusa seca; procure descobrir alguns escândalos atribuídos aos seus rivais, relativamente a crimes, corrupção ou imoralidade". Cícero venceu e repetiu a vitória contra o mesmo opositor, um ano depois. Em novembro de 63 a.C., no Senado, Cícero acusou Catilina de corrupção, roubo, adultério e perversão, aplicando-lhe aquele puxão de orelhas tão famoso, no discurso em que fazia a grande interrogação: "*Quousque tandem abutere Catilina patientia nostra?*" ("Até quando, Catilina, abusarás de nossa paciência?"). Catilina ouviu o discurso em silêncio, saindo dali para chefiar uma divisão rebelde de 3 mil homens contra o Estado. Todos morreram. César, o imperador, foi implacável contra os cúmplices de Catilina, observando, em um célebre discurso, que nenhuma personalidade humana sobrevive à morte, único trecho em que não ofendeu a ninguém. Foi eleito, depois, *pontifex maximus*, chefe da religião romana.

Princípios estratégicos

Concluiremos este capítulo com um breve roteiro de aspectos estratégicos que podem balizar um planejamento de caráter político-eleitoral. Não há receitas prontas para o exercício do marketing político. O que há são princípios e pequenas regras que, bem aplicadas, podem servir aos propósitos dos atores políticos. Carlos Matus, em um magistral estudo sobre estratégias políticas, demonstra que a viabilidade de um ator na política tem muito a ver com a estratégia e seus princípios fundamentais.

Os princípios:

a) **Avaliar a situação** – o conhecimento da realidade é o ponto de partida para o investimento político.

b) **Adequar a relação recurso/objetivo** – não adianta colocar o carro diante dos bois ou imaginar situações inviáveis. Por isso, um candidato deve se impor objetivos compatíveis com os recursos de que dispõe para gerar situações futuras. Significa, portanto, compatibilizar os objetivos que pretende atingir com os recursos disponíveis.

c) **Concentrar-se no foco** – é importante evitar distrações e desvios. É importante concentrar-se no aspecto fundamental do projeto político, e dar continuação ao que foi programado, o que significa continuação da estratégia escolhida.

d) **Planejar rodeios táticos e explorar a fraqueza do adversário** – não se devem deixar de lado rodeios considerados táticos por razões lógicas e estratégicas. E os rodeios táticos são encontrados, frequentemente, pela via da descoberta da força e da personalidade dos adversários. Um bom estrategista sabe explorar bem as fraquezas dos adversários e planejar ações indiretas para atingir os alvos (ver, ao final, exemplos de ações indiretas nas guerras de Aníbal).

e) **Economizar recursos** – selecionar as estratégias que impliquem menor esforço e maior adequação na relação custo-benefício. Aconselha-se, ainda, evitar o enfrentamento de muitos adversários; proteger os recursos e fazer uso racional deles; buscar a cooperação, sempre que se fizer mais importante do que a ação isolada.

f) **Escolher a trajetória de menor expectativa** – é interessante projetar-se na perspectiva do adversário, pensando como ele, compreendendo seu modo de avaliar as situações. O adversário, por exemplo, imagina que para chegar à vitória deve contar com caminhos menos previsíveis, aqueles que podem ensejar maior surpresa. Ou seja, é preciso descobrir a trajetória de menor expectativa de acordo com a ótica do adversário.

g) **Multiplicar os efeitos das decisões** – fazer com que as decisões em um determinado campo tenham reflexos em diversas áreas. Não se deve jogar com o efeito apenas em determinado espaço. Quando se faz uma declaração, quando se organiza um programa temático, quando se luta por uma determinada causa, convém projetar os efeitos das decisões sobre campos multidisciplinares.

h) **Relacionar estratégias** – as decisões, os planos e os programas devem combinar ações e efeitos, dentro de uma lógica sequencial. A cada ação corresponderá uma reação e essa deverá estar conectada a outros efeitos. As estratégias devem estar combinadas.

i) **Escolher diversas possibilidades** – significa dizer que algumas metas e objetivos devem ser estabelecidos. Se uma não for atingida, outra poderá ser. E é possível que se consiga, até, atingir vários objetivos ao mesmo tempo, o que seria ideal. Portanto, uma trajetória de ação pode comportar mais de um objetivo. Em resumo: deve-se trabalhar com várias possibilidades e planos para diminuir as incertezas e surpresas.

j) **Evitar o pior** – esforçar-se para evitar que a situação final seja pior que a ação inicial. Significa que o ator deve proteger-se, com planos adequados, contra a possibilidade de que a situação final seja trágica.

k) **Não enfrentar o adversário quando ele estiver esperando** – só enfrentar um adversário preparado e que estiver esperando quando o ator detiver grande superioridade de forças. Por isso, é importante envolver o adversário com a capa da confiança, sinceridade e propósitos aparentes de benefícios mútuos. Se isso não for possível, desgaste o adversário, distraindo-o ou surpreendendo-o (ações indiretas de desgaste).

l) **Não repetir, de imediato, uma operação fracassada** – evitar, assim, uma campanha idêntica à outra, se a anterior foi fracassada. A menos que a situação apresente muitas mudanças a favor do candidato. Às vezes, isso ocorre. A repetição encontrará o adversário com a atenção já dirigida para a mesma tática de confronto.

m) **Não confundir "reduzir a incerteza" com "preferir a certeza"** – a certeza não constitui critério para a seleção de alternativas: é critério para aperfeiçoar ideias. Em um projeto político, todo esforço deve ser empreendido para diminuir a imprevisibilidade.

n) **Não se distrair com detalhes insignificantes** – quem se perde no meio de detalhes acaba esquecendo o foco, desviando a atenção do principal e, dessa forma, acaba estiolando a força da organização e do planejamento.

o) **Minimizar a capacidade de retaliação do adversário** – quem trabalha com a imagem da força extraordinária de retaliação do adversário fica refém do medo e não avança, permanece estático. Deve-se considerar a real força do adversário, dentro das condições e dos recursos de que dispõe.

Dez conceitos que expressam mudanças em curso

1. A democracia representativa está em crise.
2. O eleitor se distancia da classe política.
3. A sociedade se organiza.
4. A taxa de decisão racional se expande.
5. A autonomia individual se fortalece.
6. O eleitor expande sua capacidade de observação/atenção.
7. As linhas ideológicas/doutrinárias tornam-se mais débeis.
8. Cresce o espaço da micropolítica.
9. A crise de valores dispara mecanismos de compensação psicológica.
10. A vida é breve.

Dez perfis que expressam valores emergentes

1. A organização e o controle – a mulher candidata.
2. A autoridade.
3. A experiência bem-sucedida.
4. A assepsia política.
5. O equilíbrio/bom senso.
6. A objetividade e a clareza.
7. A coragem de enfrentar desafios.
8. O despojamento pessoal.
9. A disciplina para a luta.
10. Mais ação, menos discurso.

Dez linguagens para os novos tempos

1. A linguagem da afirmação.
2. A linguagem da factibilidade/credibilidade.
3. A linguagem das pequenas coisas.
4. A linguagem da participação – o NÓS *versus* o EU.
5. A linguagem da verificação – exemplificação – como fazer.
6. A linguagem da coerência.
7. A linguagem da transparência.
8. A linguagem da simplificação.
9. A linguagem das causas sociais – os mapas cognitivos do eleitorado.
10. A linguagem da tempestividade – proximidade e rapidez.

Dez estratégias de marketing

1. O uso do marketing segmentado – a busca de novos nichos.
2. A ênfase no marketing de relacionamento direto.
3. A formação de opinião a partir dos centros formadores de opinião.
4. A mobilização de pequenos grupos.
5. A tática da operação-mutirão.
6. A formação de um "exército" de líderes informais.
7. A ocupação planejada dos espaços geográficos.
8. A maximização dos pontos fortes e a atenuação dos pontos fracos.
9. A multiplicação dos sinais/canais de comunicação.
10. A criatividade/flexibilidade no uso das mídias regionais.

Apêndices

A) O marketing político de Hitler

Ainda hoje, há muita curiosidade em torno do sucesso do discurso nazista. Não são poucos os políticos que, ao longo de sua vida, espelharam-se e ainda se espelham nas técnicas adotadas pelo ditador que, de forma sistemática, usou a propaganda política para dominar as massas. Neste capítulo sobre técnicas de marketing político, cremos ser oportuno apresentar um ligeiro panorama dos usos e abusos da propaganda nazista, até como forma de desvendar aos leitores o pano de fundo sobre o qual se desenvolviam os métodos daquilo que também foi chamado de "ginástica revolucionária". Fazemos, aqui, uma leitura de estudiosos, entre eles Sergei Tchakhotine, que apresenta uma abordagem profunda em *A Mistificação das Massas pela Propaganda Política*.

Primeiro, uma revelação curiosa. Hitler se inspirou nos métodos da Igreja Católica, que usa o incenso, a semiescuridão, as velas acesas e uma climatização que gera estados de receptividade emocional. Nos desfiles, colocava homens bonitos, musculosos, com ar marcial, que faziam o encanto das mulheres. Na tribuna, durante os discursos, dispunha de efeitos luminosos de muitas cores, impulsionadas por comutadores elétricos. Nos momentos de maior vibração, os sinos das igrejas começavam a soar. Hitler sabia que o mesmo assunto, falado pelo mesmo orador, no mesmo ambiente, tinha efeitos diferentes, conforme as horas. Preferia as tardes, quando a dormência das massas se acentuava. Recebia aulas de declamação e postura de certo ator provinciano chamado Basil.

Esforçava-se para levar ao máximo o delírio da multidão. O delírio é um estado rítmico, que compreende períodos de tensão seguidos de estados bruscos de relaxamento. Sobre isso, aliás, há uma razão fisiológica: a tensão dos ouvintes pode ceder lugar a um cansaço nervoso; a palavra usada durante muito tempo e em cadência monótona provoca fadiga e inibição, principalmente quando a assistência detém um nível intelectual-cultural baixo e a temática do discurso é abstrata ou recheada de números e estatísticas. Movimentos, apelos emotivos, gesticulação, provocação ao auditório ativam a circulação do sangue, mantendo desperta a emotividade. Lembremos um evento festivo, na cidade de Pau dos Ferros, Rio Grande do Norte, em meados de 1986, por ocasião da campanha ao governo do estado. A festa era um misto de comício e inauguração da rádio da cidade. O povo foi convidado, desde as primeiras horas da manhã, a comparecer ao evento, no qual estariam as principais lideranças políticas do estado, desde o governador e seu candidato à sucessão. A falação começou às 18h, com os vereadores. Os discursos terminaram por volta das 23h. A multidão, fatigada, depois de cinco horas de cantilena, já não tinha forças nem motivação para se animar com o show de dois dos maiores ídolos do Nordeste, na época: o sanfoneiro Luiz Gonzaga, o rei do baião, e o cantor e compositor Raimundo Fagner. As brincadeiras e os gracejos de Gonzagão, no palco, eram recebidos em pleno silêncio. O povo não dançava, não ria, e ficavam de braços cruzados. O mesmo ocorreu com Fagner. Foi um desastre. Ouviu-se, logo depois, em um hotel, a maior coleção de impropérios que um cearense já proclamara contra "políticos insensíveis que nos entregaram à multidão faminta e cansada".

Hitler usava uma tática aparentemente errática: entorpecia a massa com um longo discurso, deixando-a em estado de sonambulismo, mesmo usando uma gritaria veemente e atordoante. Ali estava a mágica. A sonolência podia ser atingida por uma repetição monótona de excitações verbais; da mesma forma, por excitações de alta intensidade. Depois do entorpecimento, o ditador, de repente, dava uma parada brusca. A massa despertava como que tocada pela expectativa do que viria a seguir. Hitler voltava com contundência redobrada. A multidão caía em um estado de paroxismo e exaltação furiosa. O tóxico sonoro dava certo. Aliás, há autores que identificam no grito e no canto ritmado, uma boa técnica para a execução de tarefas penosas. Trata-se de uma técnica com certo efeito hipnótico que suprime ou diminui, pelo menos temporariamente, a sensibilidade. Os trabalhos gigantescos da antiguidade, do tipo construção de pirâmides, por falta de meios mecânicos, eram executados ao som de cânticos ritmados.

A **música** é, portanto, um eficaz tóxico sonoro, e, na seara política, os hinos, os ritmos da moda, recheados de estribilho, cativam as pessoas. Na vida militar, a música, o ritmo é usado para gerar ações sobre o inconsciente. É famoso o canto dos barqueiros do Volga que rebocavam barcos cheios de mercadorias, subindo o grande rio. No naufrágio do Titanic, a orquestra tocou trechos de música para manter o moral dos náufragos elevado. Os gritos de guerra dos gregos (*alalá!*), o clamor dos romanos, o *barditu* dos germanos são exemplos de tóxicos sonoros. Os ritmos obsedantes e secos de instrumentos semelhantes a tambores de tribos africanas provocam forte impacto. A melodia selvagem, usada em cerimônias tribais, conduz a delírios de possessão e loucura. Os canaques, povos primitivos da Nova Caledônia, celebram a festa noturna do *pilou*: reunida em torno de um mastro, a turba vai rodando sempre no mesmo sentido, entrando em vertigem, cantando uma melopeia gutural monótona. A festa pode terminar em batalha sangrenta ou em frenesi coletivo. Entre nós, a cerimônia do Quarup, no Xingu, com os índios dançando em círculo e proferindo palavras mágicas, cria um clima hipnótico. A engenharia propagandística do dr. Joseph Goebbels, ministro da propaganda de Hitler e que se manteve fiel a ele até o último momento, recorria muito ao método do entorpecimento pelo tom ritmado de tóxicos sonoros. Assim Tchakhotine descreve o discurso de Hitler em Nuremberg, em 15 de setembro de 1938: "Sua entrada na sala do congresso era precedida de uma manifestação sonora – antes que musical – fora do comum. Sobre o fundo de uma música wagneriana, ouvia-se um rufar assustador, pesado, lento, de tambores, e um passo duro, martelando o solo, não se sabe com que tinidos e com que respiração ofegante de corpos de tropa em marcha. Esse ruído ora aumentava, ora se afastava e devia provocar, nos milhões de ouvintes, com o coração angustiado pela espera da suprema catástrofe, um sentimento de fascinação e medo, desejado pelos encenadores. Parecia (em um grau mais forte) o efeito da música de tribos selvagens. Era a propaganda hitlerista cem por cento uma tentativa de intimidar, de violentar psiquicamente os milhões de ouvintes, em todos os países do mundo: devia-se imaginar vivamente a pesada máquina de guerra alemã em marcha, pisando tudo, destruindo, ameaçando, devia-se imaginar bem concretamente e ... não se mexer".

A mesma intensidade teatral é descrita por Schwartzenberg no livro *O Estado Espetáculo*: "A manifestação no estádio de Nuremberg começa logo pela manhã, com a chegada dos primeiros espectadores. Depois, a partir de 12h30, as delegações vão chegando, sucessivamente, e ocupando seus lugares atrás das respectivas fanfarras, provocando, cada uma delas, vivas e aclamações. Por volta das 19h, chegam os dignitários do partido. Nova comunhão. Começa então uma fase de recolhimento, de solene expectativa. Aparecem em seguida Goebbels e Goering. E finalmente o próprio Hitler, aclamado por imensa ovação. E ao microfone, durante os primeiros minutos, o *Führer* parece ensaiar a voz, buscando o contato passional com a multidão exausta por ter esperado o ídolo durante horas. Além disso, o 'herói' que acaba de chegar à tribuna ao som do rufar de tambores dispõe de um painel instalado em sua estante a fim de poder variar a iluminação à vontade".

A propaganda não tinha como meta a educação, mas a indicação de fatos às massas. E os reflexos condicionados das massas eram reavivados, consolidados, por meio da organização de ações diretas: greves, ocupações de fábricas, pilhagens, combates de rua. Portanto, a propaganda dava vazão às ações. E simplificava as ideias complicadas. Em *Minha Luta*, livro de Hitler, diz-se que escrito por Goebbels, lê-se: "É necessário baixar o nível intelectual da propaganda, tanto mais quanto maior for a massa dos homens que se deseja atingir". A repetição, os *slogans* transformavam a mentira em verdade. O exagero era muito comum, principalmente na indicação das quantidades presentes nos comícios. A teoria racista dava o tom. O alvo eram os judeus. A cruz gamada, desenhada em toda parte e em grande quantidade, era o símbolo da cruzada nazista. Tratava-se, na verdade, de um velho signo hindu, a *svastika*, muito reproduzida em vestígios de civilizações na Ásia, África e até na América. Representava a roda e também o Sol. Em rotação, a cruz gamada transforma-se em uma roda, e, olhando-se fixamente para ela, pode-se ter o efeito de vertigem. Os hitleristas esforçavam-se para demonstrar sua origem como nórdica e signo ariano. E a sugestão para seu uso foi feita por um dentista bávaro. Inspirava a ideia do triunfo do trabalho produtivo, transformada em símbolo antissemita e o eixo icônico do nacional-socialismo. Era um sinal excitante, que acendia o reflexo condicionado das massas. Outros viam a cruz gamada como arquétipo, um símbolo que estaria fixado ancestralmente no subconsciente, agindo por si mesmo, sem necessidade de formar reflexos condicionados. Já o símbolo dos socialistas antifascistas era a insígnia de três flechas, que lembrava a existência da Frente de Bronze, criada para combater o nazismo. No início, a palavra de ordem era *Gleichschaltung* (acertar o passo). O grito nazista era *Heil Hitler* (*Viva Hitler*). Já o grito dos socialistas era *Freheit* (liberdade). O endeusamento do ditador, transformado em herói, enfeixava a ginástica revolucionária. A intimidação, o temor, impregnava o discurso. "Se algum dia decidir atacar um inimigo, não o farei como Mussolini: não entrarei em entendimentos e não me prepararei durante meses, mas farei o que sempre fiz na minha vida – precipitar-me-ei sobre o adversário como o raio da noite", assim falava Hitler. Jamais falar no condicional. "Só a afirmação indicativa ou imperativa conserva a psicose do poder nos amigos, a psicose do terror nos inimigos", apregoava. Jamais pedir ou esperar, sempre prometer e afirmar. E repetir sempre que os nazistas são vencedores e vencerão. Os adversários não tinham símbolo nem métodos e acreditavam que podiam revidar com provas lógicas, tentando expor Hitler ao ridículo.

A imagem da cruz gamada

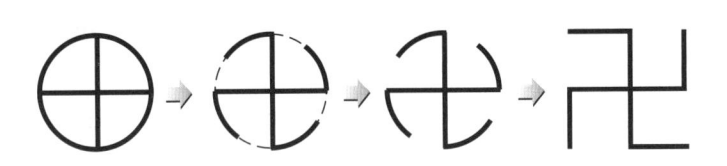

A cruz gamada de Hitler provém da roda. Em rotação, a cruz vai-se transformando em roda e gerando sensação de vertigem. A roda, no conceito primitivo chinês, simboliza o trabalho, a energia, a força. Portanto, a logomarca hitlerista tinha a intenção subliminar de despertar o conceito do trabalho produtivo. Inseria-se na categoria dos reflexos inatos ou dos automatismos.

O blefe era comum. Tanto Hitler como Mussolini blefavam sem limites. Aliás, diz-se que Hitler admirava Mussolini, que o comparava a Júlio César e de quem copiou o simbolismo legionário, o uso de estandartes e a saudação "romana", adotada em seu grupo. Outra regra da propaganda hitlerista e mussolinista era o emprego do exagero. Três mil pessoas eram contadas como dez mil. Eis o conceito de Mussolini sobre a massa: "A massa é um rebanho de carneiros, quando não está organizada. Não se pode governar por si mesma. É preciso guiá-la pelas rédeas: pelo entusiasmo e pelo interesse. Se alguém utiliza apenas uma das rédeas, estará exposto a riscos". A propaganda dispunha de quadros. Hitler instituiu cursos de propaganda, formando todo um corpo, as S.A., brigadas de choque de propaganda.

A imagem da cruz gamada

Há quem distinga na cruz gamada, desenhada de maneira vertical, uma simbologia sexual (duas pessoas em pé). Integra a engenharia subliminar de Hitler.

Cruz gamada desenhada de maneira horizontal: duas pessoas deitadas.

No combate à propaganda nazista, a Frente de Bronze passou a mobilizar a reação e a investir maciçamente na propaganda, chegando a produzir um documento para criação do entusiasmo em uma reunião. Eis algumas indicações:

1. "Quando se dispõe de música, alto-falantes, *pick-up*, distrair os ouvintes, enquanto se aglomeram antes da reunião, tocando, sobretudo, canções que exaltem a bravura popular.

2. "Manter a agitação e o dinamismo do auditório crescendo até o fim da reunião.

3. "De tempo em tempo, entabular um diálogo entre o orador ou um locutor e a massa na sala, fazendo-lhe perguntas e provocando respostas coletivas: 'Sim' ou 'Não' etc. Uma afirmação maciça desse tipo atua sobre a massa como um choque elétrico, estimulando seu ardor.

4. "Alternar cantos antes e após os discursos dos oradores (cantar sempre em pé, nunca sentados!).

5. "Os discursos não devem jamais exceder 30 minutos.

6. "Sair da reunião cantando um hino combativo popular.

7. "Se possível, apresentar um pequeno *sketch* divertido ou um coro falado, um coral, ou fazer declamar versos apropriados à reunião.

8. "Um quadro vivo simbólico ou um cartaz luminoso de caráter dinâmico e alegre ou sarcástico, acompanhado de música, pode ser útil para descanso dos nervos.

9. "Incitar a massa de ouvintes a fazer, de tempo em tempo, a ginástica revolucionária: proferir o grito de reunião *Freiheit*, levantando, ao mesmo tempo, o punho cerrado.

10. "Decorar a sala com *slogans* e símbolos, em faixas, estandartes, bandeiras, folhagem etc.; colocar na sala um serviço de orientação, composto de jovens militantes, uniformizados e trazendo braçadeiras com emblema."

O que se observa, tanto na propaganda nazista quanto na propaganda mussolinista e nas técnicas usadas para combatê-las, é a utilização de formas e processos que induzem as massas ao embrutecimento mental e psicológico. Algo parecido com as práticas religiosas dos selvagens e de grupamentos místicos. Hitler, particularmente, tinha necessidade de lidar com as massas em um nível inferior, quando, usando alavancas psíquicas que mexiam com os reflexos condicionados, fazia as multidões mergulharem em estados quase hipnóticos. Dominava as massas pela violência psíquica, quase um estupro. Ou seja, a propaganda nazista nada mais era do que a exploração da doutrina de Pavlov sobre os reflexos condicionados. Não que Hitler e Goebbels tenham estudado a ciência pavloviana. Usaram-na empiricamente, intuitivamente. Nas experiências de Pavlov, no laboratório, para que os reflexos condicionados pudessem se formar nos cães e surtir efeitos era preciso que certas condições se efetivassem: o meio biológico, o lugar, o tempo, as características hereditárias dos indivíduos sujeitos às experiências. Da mesma forma, a cultura nazista abriga muitos componentes e fatores. É certo que Hitler encarnava certos complexos profundos do povo alemão, principalmente da classe média. Um povo submetido aos fenômenos da inibição e da excitação, fenômenos que, nos laboratórios, provocavam nos cães salivação, inquietação, uivos, reações violentas, tranquilidade ou dormência. Ou a sequência combinada dos dois fenômenos. Para muitos, Hitler deve ser considerado o líder guerreiro mais perigoso para a civilização, pois conseguia juntar três conceitos, três crenças que se completavam de maneira selvagem: tecnologia militar, o *ethos* guerreiro e a filosofia clausewitziana de integração dos fins militares aos políticos (mais adiante falaremos de Clausewitz). Obcecado pela tecnologia militar, envaidecia-se por conhecer detalhadamente as armas que mandava fabricar, inclusive os terríveis blindados *Panzer*, fabricados sob o comando do general Guderian. Tinha sólida crença na força da classe guerreira, em quem introjetava conteúdos raciais de cunho político (a pureza da raça ariana). E adotava Clausewitz como seu inspirador: considerava a guerra como uma continuação da política. Tanto o admirava que, nos momentos finais, em abril de 1945, ao fazer o testamento político, o único nome que citou foi o de Clausewitz. Hitler elevou a guerra a um patamar de violência jamais visto. Desenvolveu-se, assim, a mais pérfida experiência de dominação psíquica do século XX.

"*Ao meio-dia, o Führer manda-me chamar para debater comigo mais uma vez a questão do seu discurso ao povo. Tenho a impressão de que, no momento, não está muito inclinado a fazê-lo. Declara que empregou medidas militares extraordinariamente generosas para o oeste. Mas elas teriam de produzir algum efeito antes que o Führer pudesse aparecer diante do povo. E ainda não se percebe nada disso. A tropa também não poderia ser incitada em seu moral de guerra enquanto não recebesse apoio de novas unidades e novas armas. Ao todo o Führer teria mandado para o oeste 160 batalhões impecavelmente armados. Estão avançando, mas ainda levará alguns dias até que possam entrar em combate.*

O Führer repete-me mais uma vez que o moral da tropa e da população civil funciona em círculo vicioso. Está firmemente convencido de que não é a civilização que contagia as tropas, mas o contrário. O desastre do oeste saiu das tropas, não do homem comum; saiu dos estados-maiores e dos oficiais."

(Joseph Goebbels – Diário. Últimas Anotações. 1945.)

B) O marketing político no Brasil – três casos

1. JK: o presidente sorridente

A campanha eleitoral moldada pelo marketing começa a ser sistematizada, no Brasil, um pouco antes da década de 1960. A campanha de Juscelino Kubitschek, iniciada em fins de 1954 e desenvolvida em 1955, com o clímax em 3 de outubro, data das eleições, já contava com alguma sistematização. Pode-se dizer que continha elementos de marketing. Primeiro, apresentava um formidável programa voltado para o desenvolvimento econômico, a ponto de, hoje, identificar-se o juscelinismo com o desenvolvimentismo. Juscelino formou uma boa equipe de campanha, a partir do "banco de cérebros", composto por especialistas, muitos vindos de sua administração como governador de Minas Gerais. A campanha foi descrita, com detalhes, pelo norte-americano Edward Anthony Riedinger, que escreveu *Como se faz um Presidente – a Campanha de J. K.*

O grupo incorporou sugestões feitas pela Comissão Mista Brasil/Estados Unidos. Prometeu mudar a capital para o centro do país. Viajou e discursou mais do que os outros dois principais candidatos – Juarez Távora e Ademar de Barros –, percorrendo o país em um DC-3, especialmente equipado com escrivaninha e cama, inaugurando, dessa forma, o primeiro escritório aéreo no Brasil. Apareceu na TV cerca de 100 vezes, gastou duas vezes e meia mais do que Juarez, seu rival mais próximo, utilizando recursos oferecidos por empresas nacionais e estrangeiras. O Comitê Nacional Interpartidário – CNI – montou um grande aparato de comunicação, com a folheteria e os materiais, os contatos com a imprensa, tudo chefiado por Francisco Negrão de Lima, ex-embaixador e primo da mulher de Juscelino. As viagens eram precedidas de contatos feitos por "batedores", que preparavam o esquema logístico e político, tudo de acordo com uma visão de marketing.

Negrão de Lima, com seu prestígio, arranjava os recursos. Os discursos tinham a colaboração do poeta Augusto Frederico Schmidt e do escritor Autran Dourado. O assessor de imprensa era José Moraes. Kubitschek correu todo o país. Era acusado de corrupto por Carlos Lacerda e a UDN. O lema da campanha era "energia e transportes", mas o programa de governo ia muito além disso. As metas incluíam a agricultura, indústria básica e educação. Aumentaria a produção de energia elétrica de 3 para 5 milhões de quilowatts; dobraria a produção de cimento e de aço, respectivamente, de 1 para 2 milhões de toneladas e de 2,5 para 5 milhões de toneladas; a produção de alumínio de 2 para 60 milhões de toneladas. E prometia fábricas de tratores, caminhões e equipamentos e fábricas para equipamento elétrico e de construção. O plano chamava-se Diretrizes Gerais do Plano Nacional de Desenvolvimento. Foi preparado por Lucas Lopes. O primeiro comício com o vice, João Goulart, Jango, foi no dia 21 de junho, em um cinema no Rio de Janeiro. Juarez Távora e Milton Campos só foram endossados como candidatos da UDN em 28 de julho. Távora, em algumas viagens, era acompanhado por Jânio Quadros, na época governador de São Paulo, que animava os comícios. Postulavam honestidade e trabalho, justiça e punição rigorosa para aqueles que abusavam do poder como instrumento de interesses particulares. Ademar de Barros foi endossado candidato no início de junho. Era o mais rico. O quarto candidato era Plínio Salgado, já endossado candidato em março.

Kubitschek ganhou com 33,8% dos votos (3.077.411), contra Juarez Távora, com 28,7% (2.610.462), Ademar de Barros, com 24,4% (2.222.725) e Plínio Salgado, com 5,2% (472.037). O Brasil ganhava um presidente simpático e sorridente, boêmio e "pé de valsa", que embalava as serestas ao som da tradicional balada mineira *Como pode o peixe vivo viver fora d'água fria?*

2. JQ: um ícone do marketing irreverente

O início da década de 60 abre o ciclo do marketing estereotipado. Estilos, comportamentos, atitudes, símbolos, músicas, caravanas passam a integrar as campanhas políticas. Alguns perfis sobressaíam. Dentre esses, o mais proeminente e interessante foi certamente Jânio Quadros, cuja carreira política registra passagens por quase todas as instâncias da vida política: vereador, deputado estadual, prefeito de São Paulo (duas vezes), deputado federal, governador e presidente da República. Pesquisando sobre ele, Nelson Valente, jornalista e professor, coleciona passagens curiosas que exibem facetas de uma das mais polêmicas figuras da política contemporânea brasileira.

Jânio era um ícone da irreverência. Um político que conhecia profundamente os eixos de formação da opinião pública. Um professor de português, que usava e abusava de inflexões e técnicas da língua portuguesa para ferir adversários, provocar, suscitar controvérsias ou simplesmente fazer rir. Um estudioso de perfis históricos, admirador de Lincoln, o primeiro presidente norte-americano. Um homem com vocação de ditador, para alguns. Um político que sabia criar fatos, um dos mais instigantes desafios da vida política. Um dos mais eficientes criadores, precursores e protagonistas do marketing político.

O discurso semântico de Jânio – a substância de sua fala – ganhava mais força pelo impacto causado pelo discurso estético, a impressão provocada por sua maneira de falar, os olhos esbugalhados, os cabelos compridos e revoltos, a barba por fazer, um jeito desleixado que confundia interlocutores e assistentes: aquilo seria natural, coisa do acaso, ou algo preparado, artificializado? Em Jânio, essa ambiguidade tornou-se marca de sua personalidade. Ficaram famosas suas campanhas em São Paulo, desde os tempos de vereador, quando escolheu o bairro de Vila Maria para montar o primeiro palanque de sua trajetória. Ombros cheios de caspa, sanduíches de mortadela, pão com banana, tudo sob as vistas dos fotógrafos, eram um prato saboroso para a mídia.

Um episódio revelado por Valente mostra como Jânio sabia manipular o gosto das massas. Na campanha pela prefeitura de São Paulo de 1985, contra Fernando Henrique, o senador sociólogo da época, Jânio foi ao bairro de São Miguel Paulista, na zona Leste, reduto de nordestinos. Depois de uma densa feijoada, inúmeras caipirinhas, Jânio não resistiu e caiu na cama. Atrasado, às 18h levantou-se, vestiu o terno amarfanhado e colocou uma banana no bolso. Ao começar o discurso, foi logo dizendo: "Político brasileiro não se dá ao respeito. Eu não. Desde as 7h da manhã, estou caminhando por este bairro e até agora não comi nada. Então, com licença". Sob os aplausos da massa, devorou a banana.

Aliás, na mesma campanha em que ganhou de Fernando Henrique, Jânio soube apropriar-se e expressar, de maneira adequada, o discurso de maior apelo para a população: o combate à violência, o combate à corrupção. Enquanto Fernando Henrique tinha um exuberante programa de televisão, bem produzido, em que discorria sobre os problemas da capital a partir dos bairros, Jânio, em modestos estúdios da TV Record, com a mulher, dona Eloá, doente, sentada ao lado, gritava um discurso com o toque da autoridade, no qual prometia colocar todos os bandidos e sonegadores na cadeia. Passava a ideia do paizão sério e preocupado com a segurança da família. Fernando Henrique, que chegou a posar para fotos na cadeira de prefeito, teve de ver, dias depois, um Jânio irônico e pitoresco, dedetizando a cadeira em que sentou. Jânio virou a campanha, na última hora, contra os prognósticos das pesquisas eleitorais.

Era um criador do que, hoje, chama-se factoide, fatos, eventos e situações exóticas, de sabor artificializado. Em Jânio, o factoide parecia a extensão da personalidade e de seu histrionismo. Nos sete meses como presidente da República, escreveu cerca de 5 mil "bilhetinhos", desde aquele que proibia briga de galo. Os bilhetes acompanharam Jânio em todos os lugares, na prefeitura de São Paulo e no governo do estado. Sabia como ninguém usar a simbologia de campanha. Em 1985, a vassourinha foi o símbolo que tomou o país, na esteira de uma campanha que tinha como mote "varrer a corrupção e a vagabundagem". O repertório engraçado e cênico desse mato-grossense que fez carreira política em São Paulo abria, inevitavelmente, espaços na mídia, onde ele estivesse. No exterior, em Londres, adoentado, Jânio ditava bilhetes que, no dia seguinte, tornavam-se manchetes nos jornais paulistas. Era mestre em provocar a imprensa, passar reprimendas em repórteres, usar com propriedade a autoridade que detinha. Certa feita, na subida da rua Bela Cintra, em São Paulo, os carros, parados, começaram uma infernal buzinada. Até o momento em que os motoristas viram sair de um carro preto o prefeito Jânio Quadros, em um dia de "incertas" e surpresas, coisa que adorava fazer. Pedia ao motorista para anotar as placas de todos os carros que buzinavam. O silêncio foi se refazendo, à medida que os motoristas descobriam quem era a figura estranha que aplicava as multas. Jânio impunha respeito. Carregava consigo a força da autoridade.

Jânio apreciava a bebida. Bebia de tudo, mas, nos últimos anos de vida, contentava-se em sorver garrafas de vinho do Porto. Quando disputou o governo do estado contra Ademar de Barros, na eleição de outubro de 1954, este contratou um repórter para pegar Jânio na pergunta capciosa: "Por que o senhor bebe?" De pronto, Jânio deu o troco: "Bebo porque é líquido. Se fosse sólido, comê-lo-ia". O repórter, sem graça, saiu de fininho. Os despachos de Jânio constituem um capítulo à parte no folclore político que construiu. As historinhas são maravilhosas. Certa vez, respondendo a uma senhora que intercedia em favor da sociedade protetora dos animais, sugerindo criar um setor de defesa dos irracionais, o presidente respondeu: "Minha amiga, seu apelo, em favor dos irracionais, encontra-se às voltas com terríveis problemas de amparo e proteção a outra raça tão digna de cuidado entre nós, a dos racionais".

Em Jânio, forma e conteúdo era um conjunto indissociável, tão imbricado que não se percebia em que ponto se iniciava um e terminava outro. Jânio era o criador e operador de seu próprio marketing.

3. AA: o verde da esperança

O marketing político, no início da década de 60, ganhou um colorido todo especial com a campanha de Aluízio Alves, no Rio Grande do Norte. Jornalista, companheiro de Carlos Lacerda na *Tribuna da Imprensa*, onde foi redator-chefe, deputado federal aos 23 anos, cargo que ocupou quatro vezes, Aluízio, natural de Angicos, fez a mais vibrante campanha de governo estadual de 1960, desenvolvendo uma trajetória que abriria espaços para a criação e consolidação da maior estrutura política do Rio Grande do Norte nos últimos 40 anos. Pela criatividade de seu estilo de fazer política e importância de suas campanhas para o marketing político, selecionei passagens de sua vida, algumas contadas por ele mesmo em conversas pessoais com este autor. Organizou, como deputado, a campanha "Um amigo em cada rua" – 160 comícios em 16 dias e as Vigílias da Esperança. E, na campanha de 1960, de certa forma, iniciava-se a profissionalização das atividades de marketing. Aluízio já carregava boa experiência das lides eleitorais. Com Lacerda, participou ativamente da campanha udenista contra Getulio Vargas. Aluízio Alves, portanto, deputado federal, não era jejuno. Arrumou um eficiente discurso e criou um dos mais eficazes sistemas de mobilização popular de que se tem notícia. Contratou pesquisas do Ibope a um precursor do marketing político, Albano, que orientara, em Pernambuco, a campanha vitoriosa de Cid Sampaio. Não gostou do plano que ele apresentou. Ficou apenas com as pesquisas. Preferia guiar-se pelo próprio *feeling*. Agia com apurada intuição. Se o adversário, Dinarte Mariz, chamava-o de tuberculoso, respondia, para gáudio das massas: "É melhor ter tuberculose no pulmão do que ser tuberculoso das ideias". Transformava aparentes qualificações depreciativas feitas pelos adversários em aspectos positivos. Ganhou um apelido, "cigano", que fez sucesso.

O próprio Aluízio Alves conta: "Em Pau dos Ferros, o adversário (Djalma Marinho, apoiado por Dinarte Mariz) fez comício na véspera da minha chegada. E salientou que tinha uma vida organizada, com escritório de advogado em Natal etc., enquanto eu andava pelo estado, de dia e de noite, sem almoçar ou jantar na casa dos líderes que me apoiavam, se dormia era nas estradas. Os amigos ficaram revoltados. E foram me esperar a dois quilômetros da cidade, para contar o episódio e dizer que o povo todo estava aguardando a minha resposta no mesmo tom.

"Ouvi as recomendações e fui para a cidade. Lá, a multidão ansiosa. Peguei o microfone e disse: 'Pau dos Ferros, o cigano chegou'. Sob aplausos constantes e cada vez mais entusiastas, comecei a ler as mãos do povo, como se fosse 'cigano': a mão do agricultor, da dona de casa, do comerciante, do estudante. Foi um sucesso, que passei a repetir em outros lugares, sobretudo depois que dona Guiomar Morais, ainda hoje residente em Pau dos Ferros, fez a música do 'Cigano', que logo se espalhou por todo o estado e passou a ser 'Cigano feiticeiro', porque na letra falava que o cigano a enfeitiçara.

"Outros episódios: à medida que meus comícios cresciam, em Natal, os adversários começaram a se impressionar e trataram de desvalorizar aquelas multidões, dizendo que o povo não se assombrasse com aquelas multidões, pois a grande maioria era de 'gentinha' analfabeta e de 'crianças' que iam se divertir, mas não votavam.

"A partir daí, adotei posições: dirigia-me à 'minha querida gentinha' e anunciava que tinha um segredo para dizer às crianças: elas podiam votar, mas eu só ensinava perto das eleições. E, assim, elas continuavam a ir aos comícios e a me procurar, com centenas de 'lenços verdes'.

"O povo gostou a tal ponto que, quando não dispúnhamos mais de lenços verdes para dar à multidão, esgotados os tecidos no comércio da capital, do interior, de João Pessoa, Campina Grande, explicávamos: 'A minha gentinha não precisa de lenços, que são caros. Cada um, na sua pobreza, faz o seu lenço: arranca um galho de árvore e ele será lenço e bandeira'. E aí, no exagero do entusiasmo, havia correligionários que levavam galhos de mamoeiro, cachos de bananas, cocos verdes, que levantavam na hora de aplaudir. E durante a noite inteira. Ainda não existia o Ibama.

"Os comícios e as passeatas atravessavam a noite e a madrugada. No começo, de 20 horas até 6 horas. Depois, sábado à noite, dia e noite de feriados. Por quê? Porque, em 1958, eu fazia dez comícios em Natal (160 em 16 dias) e o interior reclamava. Fiz a experiência em Parelhas. Saí de Natal às 23h, estrada de barro e buracos, cheguei às 4h00, apenas para acordar os líderes e pedir desculpas. O povo estava todo na praça, cantando os hinos da campanha."

A cor verde, ampliada, massificada, a ponto de chegar às cumeeiras das casas mais distantes, por meio de bandeiras e bandeirolas que tremulavam ao vento, transformou-se em um grande laço de integração do eleitorado. O verde era a metáfora da esperança. Até hoje, no Rio Grande do Norte, casas modestas, em recantos bucólicos, ainda exibem vestígios esverdeados da famosa caravana da esperança.

Nos comícios, o povo portava galhos verdes, que substituíam os lenços verdes, simbolizando a pobreza, o despojamento, a espontaneidade popular e o culto à natureza. Era uma campanha estruturada na voz, na força, na mobilização do povo. A campanha do pobre contra o rico, do opressor contra o oprimido. Aluízio cercava-se de símbolos, cores e músicas. Uma delas, de letra enorme, chegou a inserir, de maneira melódica, a palavra (palavrão para um compositor) "industrialização". Era uma espécie de hino-programa, descrevendo compromissos nas áreas da agricultura, energia (da hidrelétrica de Paulo Afonso), educação, melhores salários para o trabalhador. Desenvolvimento, em suma, era o eixo que unia os temas.

Nos comícios, o discurso de Aluízio, expresso em voz muito rouca, produto de noites não dormidas, caminhadas por estradas poeirentas, muito calor e má alimentação, carregava nas imagens fortes. Os personagens recorrentes eram as famílias pobres, mães raquíticas que carregavam os filhos seminus nos braços, agricultores de enxada no ombro, biscateiros, empregadas domésticas, pescadores, enfim, "a gentinha", uma ferramenta de mobilização (revoltada, "a gentinha" se avolumava cada vez mais nos comícios) e mais um canhão para destroçar as baterias adversárias. As crianças constituíam outro braço importante da campanha. Aluízio chegou a fazer comício só para crianças. E pedia a elas que, no dia da eleição, acordassem às 6h, batessem na porta dos quartos dos pais para acordá-los: "Papai, mamãe, vovô, vovó, todos, está na hora de acordar para votar em Aluízio". Depois de seu famoso Comício das Crianças, o juiz de menores proibiu outros comícios semelhantes. Aluízio mandou imprimir 10 mil cartões com seu retrato e, no verso, escreveu uma "carta à criança proibida". E ele mesmo, nas ruas, passou a distribuir a carta.

A simbologia foi usada com eficácia. De sua própria voz, ouvi algumas histórias, dentre as quais selecionei duas, para caracterizar seu estilo. A primeira foi sobre as caravanas de andarilhos que corriam as cidades. Aluízio saiu da capital, Natal, para Mossoró, a maior cidade, no meio do Estado, em um arrastão político que mais se assemelhava a uma peregrinação religiosa. Tinha muita mística. No meio da andança, contou ele, viu uma mulher esquálida, na beira da estrada, com a filha esquelética nos braços. A mulher se aproximou, sem falar palavra, e a filha, olhos mortíferos, abriu lentamente a mão, onde estava uma pequena moeda de 10 centavos, a única coisa que aquela família podia dar para a campanha do tostão contra o milhão. Aluízio recebeu a ajuda, passou a relatar esse caso em todos os comícios, com o adendo de que, depois da realização do primeiro grande compromisso, estaria ao lado daquela menina. Vitorioso, Aluízio cumpriu o prometido. Na inauguração da energia de Paulo Afonso, foi a menina que acionou o botão das máquinas. Aluízio compreendeu que precisava prolongar os ganchos de marketing da campanha, atualizando-os e dando a eles novos significados.

Ele sempre foi perito na arte de transformar o negativo em positivo, em dar brilho a coisas foscas ou, como diz o vulgo, em tirar leite de pedra. Na campanha para prefeito de Mossoró, em 1968, foi chamado para ajudar o correligionário Antônio Rodrigues, identificado com as causas dos pobres, contra o intelectual Vingt-Rosado, agrônomo e escritor de muitos livros, e integrante da famosa família Rosado, cujos nomes masculinos eram grafados com o alfabeto numeral francês (as mulheres recebiam a designação feminina *ème-; Trezième* era uma delas). Era a campanha do "touro" – Vingt-Un – contra o "capim", Toinho. Mas este tinha um grave problema: era alcoólatra. Aluízio chegou para encerrar a campanha, viu uma pesquisa que dava derrota para seu candidato e percebeu que a fama de beberrão de seu candidato era o problema, principalmente para as mulheres e os jovens. Chamou Antônio Rodrigues e a mulher, mostrou a situação e disse que iria tocar no assunto no comício. Foi um deus nos acuda: "Pelo amor de Deus, não toque nisso, pois só vai complicar". E Aluízio: "Deixem comigo, vai dar tudo certo". Começou assim o discurso para a multidão atenta: "Tenho aqui uma pesquisa que diz: se forem apurados 20 mil votos, meu candidato aqui presente perderá a eleição por 4 mil votos". Ouviu-se um sussurro de estupefação e contrariedade. Aluízio foi em frente: "Passei no açougue e perguntei o preço da carne. Não dá para pobre nenhum comprar. Passei na farmácia e vi os preços. Os remédios custam os olhos da cara. Passei na padaria. A mesma coisa". Aluízio desfilou histórias de compadres e comadres que se queixavam da carestia. Mostrava intimidade com pessoas das cidades, citando seus nomes, descrevendo suas casas e filhos. E foi arrumando o final do discurso: "Desse jeito, ninguém aguenta. E não há outro jeito. O negócio é deixar as dores, as amarguras e as angústias na bodega. O pobre, que não tem dinheiro para pagar meio quilo de carne, pede um oito de cachaça e vai dando sua bicadinha. Pobre mata suas mágoas na velha cachaça. Rico, esse sim, pode beber uísque. Vocês sabem quanto custa uma garrafa de uísque? Com o mesmo valor dá para comprar 30 garrafas de cachaça. Pois Vingt-Un só toma uísque. Agora, imaginem o dr. Vingt-Un, prefeito eleito, no seu gabinete. Chega um pobre, fedendo à cachaça, e diz que precisa falar com o senhor prefeito. O assessor vai logo dizendo que o prefeito está em reunião. E assim, cada um vai chegando e recebendo a mesma negativa. Pobre, com dr. Vingt-Un, não tem vez. Imaginem, agora, Toinho como prefeito. Chega lá Zé Peixeiro, com aquele bafo de cachaça, para falar com ele. O assessor, um sujeito simples, pede um minutinho e avisa: Toinho, Zé Peixeiro tá lá fora querendo falar com você. Só que está com aquele bafo. E Toinho, mais que depressa, pede: 'Mande, já, o colega entrar'".

A multidão, a essa altura, irrompia em aplausos e gritos. As mulheres que faziam restrições a Antônio Rodrigues passaram a levantar os braços em apoio a Aluízio, que arrematou: "Toinho bebe a bebida do povo. Toinho bebe para afogar as mágoas, como faz o povo. Toinho é povo, Toinho é a cara de todos vocês. Podemos ganhar esta campanha. Basta que cada pessoa se torne um grande cabo eleitoral, buscando mais votos. Vamos sair daqui com uma missão: ganhar a luta". A multidão saiu acesa. Cada participante partiu com vontade. Antônio Rodrigues ganhou a campanha por 98 votos. Foi a consagração da metáfora do beberrão, que bebe cachaça para afugentar as mágoas. A cachaça, como o gole mais barato da ilusão nacional, não travou na garganta dos eleitores. Ficou amaciada pelo fermento da retórica aluizista, que, naquela noite, falou por 2 horas e 50 minutos, com a voz rouca. Na campanha de Mossoró, em 72 horas, ele falou 138 vezes.

Aluízio Alves fez uma biografia usando apenas a memória. Exerceu sete mandatos de deputado federal, governou o Rio Grande do Norte por cinco anos, foi ministro de Estado em dois governos, foi secretário-geral da UDN, membro da Comissão Executiva do PMDB. Se alguém lhe pergunta quem orientou sua campanha de 1960, ele responde: o povo. Em seu livro, *Aluízio Alves, o que não esqueci*, falando de seus êxitos, confessa: "O meu mérito terá sido o de viver e fazer da vida uma campanha, uma luta, um trabalho e alguns sonhos. Uns realizados, outros não".

Termos e conceitos-chave

- Agudização
- Ajustamento
- Alavancas psíquicas
- Conteúdo e forma do discurso
- Contrapropaganda
- Custos
- Delineamento do mercado
- Discurso nazista
- Discursos nacionais
- Distribuição
- Eleitor e estímulos
- Emoção e razão
- Estratégias políticas
- Estrutura de coordenação
- Eventos de massa
- Excitação sonora
- *Feedback*
- Foco
- Leitura do ambiente

- Linguagem dos canais
- Marketing
- Marketing político
- Marketing vertical
- Materiais de promoção
- Materiais de propaganda
- Materiais jornalísticos
- Metáforas
- Motivação do voto
- Nivelamento
- Organograma de campanha
- Perfil adequado
- Princípios estratégicos
- Raciocínio
- Segmento-alvo
- Valores políticos
- Vetores

CAPÍTULO 9

Marketing pessoal

Do valor da vida

"... Essa expressão trivial 'passatempo', ou 'passar o tempo', traduz o pensar dessas pessoas prudentes que imaginam dar a melhor conta de sua vida, deixando-a deslizar, passar, perder-se e, no que lhe diz respeito, ignorá-la, dela fugindo como de coisa aborrecida e desprezível; eu a vejo diferente: aprazível e boa, ainda que nessa última fase em que me encontro.

E nesta hora em que vejo a minha já tão curta no tempo, tudo faço por aumentar-lhe o valor. Quero estancar-lhe a rapidez da fuga pela celeridade que ponho no agarrá-la; e pelo vigor em seu aproveitamento, quero compensar a pressa de seu escoar; na proporção que a posse da vida se faz mais curta, é preciso torná-la mais profunda e cheia."

(André Gide)

Saber viver o tempo e evitar "matar o tempo" é um conselho sábio.

O grande desafio: interagir com a realidade

As extraordinárias transformações por que passa a humanidade impõem aos cidadãos crescentes desafios. A sociedade industrial dá lugar à sociedade da informação instantânea. Os sistemas políticos das nações, que antes agiam sob o império da autossuficiência, agora descobrem que fazem parte de um mundo interdependente, em que a transnacionalidade imbrica os eixos de suas economias. A mudança no conceito do trabalho – a partir das múltiplas escolhas – e a ruptura do antigo conceito sobre as relações capital/trabalho (acabou-se o conflito clássico) motivam grupos de profissionais a adotar novas posturas e realinhamentos. O estiolamento partidário, o arrefecimento doutrinário e a emergência de novas instituições, principalmente no campo da intermediação social (organizações não governamentais), abrem importantes mudanças no conceito da política. Os governos perdem força no capítulo da liderança centralizada, em função de novos polos emergentes de poder e da expansão das estratégias de descentralização administrativa. A mudança na administração pública e a reforma do Estado se descortinam como imposições naturais, que avançarão sobre os defensores do *status quo*. A própria crise da democracia representativa – expressa pelos compromissos assumidos e não cumpridos, na perfeita cobrança de Norberto Bobbio, cientista social e político italiano – indica novos rumos, dos quais não podemos deixar de notar a tendência para o fortalecimento de formas variadas de democracia direta e participativa (grupos organizados e sistemas diretos de pressão e decisão). No campo empresarial, fenecem as superestruturas pesadas e piramidais, que cedem lugar a espaços mais horizontais e a processos de comunicação mais rápidos. A horizontalização empresarial diminui a distância entre os espaços hierárquicos.

Esse é um pequeno retrato das mudanças e tendências. Dentro delas, movimenta-se o universo profissional das organizações privadas e públicas. O maior desafio dos profissionais e homens públicos é o de interagir com as novas realidades, o que pressupõe capacidade de adaptação à densidade tecnológica dos novos tempos, a decisão de abandonar velhas posturas, particularmente na área de ajuda institucionalizada e assistencialista.

Os cidadãos se defrontam com o inexorável futuro, que chega em ritmo alucinante. Como enfrentá-lo? Que passos deverão ser dados para uma perfeita adaptação aos novos parâmetros que regulam a vida e o trabalho em todas as esferas? Uma das mais eficientes estratégias está no campo da preparação pessoal. O marketing, objeto de muitas passagens deste livro, pode ajudar em alguma coisa? A resposta é sim. Há uma espécie de marketing que pode contribuir para preencher as necessidades do profissional nesses tempos de alta competitividade e crescentes exigências por qualidade. É o marketing pessoal. Em lugar de dispor de elementos e situações para viabilizar o sucesso de organizações privadas e públicas e para as atividades do mundo político, o marketing tem um campo voltado exclusivamente para o interior das pessoas. Nesse caso, ele busca sua fundamentação nos próprios compartimentos psicossomáticos com a finalidade de reequipá-los, ajustá-los, azeitá-los, deixá-los, enfim, em condições de entrar nas guerras para ganhar.

Para melhor compreensão do marketing pessoal, utilizaremos, a seguir, um conjunto de ideias, princípios e valores que, aplicados de forma sistemática, podem contribuir para a criação de novas qualificações e o desenvolvimento de potenciais executivos, chefes, administradores públicos, dirigentes de todas as esferas e atores políticos.

Antes, uma constatação: milhares de pessoas dentro do universo organizacional e político estão insatisfeitas com a sua situação. Ganham pouco, estão desajustadas no ambiente de trabalho, têm atritos com os chefes, frustram-se ante as remotas possibilidades de crescimento profissional ou, quando políticos, veem-se ameaçados por concorrentes. Dirigentes temem perder o cargo. Veem-se ameaçados pelo crescimento de subalternos. Abate-se sobre eles certo desânimo, sentimento de mesmice e até forte frustração, que vai exaurindo as energias. Políticos sentem-se ultrapassados. Que fazer? Deixar que o processo de obsolescência acabe por mergulhá-los em uma depressão profunda, tomar uma grande decisão e mudar completamente de rumo ou encontrar meios e formas que, integradamente, possam lhes tirar do estado letárgico? É arriscado mudar radicalmente de posição. O bom senso aconselha que se procure uma via mais lógica, um rumo no sentido de buscar soluções para soerguer e aperfeiçoar a pessoa. É aqui que entra o marketing pessoal.

Planejar o sistema de vida, eis a fórmula que pode funcionar para a pessoa como "a varinha de condão" do crescimento. Para muita gente, o conceito de planejamento é algo abstrato, longínquo, difícil de ser alcançado. Trata-se de um preconceito que precisa ser enfrentado. Planejar é simplesmente definir rumos, escolher meios e decidir sobre a oportunidade das ações.

Todas as pessoas que agem com mentalidade de marketing são bem-sucedidas. O desafio que se coloca, preliminarmente, é o de pensar de maneira mercadológica. O treino cotidiano faz parte da estratégia de incorporar o marketing às rotinas profissionais. Portanto, o primeiro passo é acreditar que um bom planejamento de marketing pessoal favorece o crescimento profissional. Para facilitar a decisão e compreensão em torno desse tipo de marketing, serão descritos conceitos e valores que, usados de forma sistemática, podem contribuir para maximizar as condições profissionais e as qualidades pessoais.

30 conceitos-chave

1. O autoconhecimento – Esta é a primeira lição: *conhece-te a ti mesmo*, ensina a máxima grega. O autoconhecimento permite que a pessoa defina os seus limites, tome consciência de seus potenciais, possa partir para definir seu modelo de vida. Sun Tzu, filósofo e general, em um notável documento escrito há mais de 2.500 anos, cunhou este pensamento: "Se você conhece o inimigo e conhece a si mesmo, não precisa temer o resultado de 100 batalhas. Se você se conhece, mas não conhece o inimigo, para cada vitória sofrerá uma derrota. Se você não conhece nem o inimigo nem a si mesmo, perderá todas as batalhas". O autoconhecimento é a pedra sobre a qual se constrói a identidade. E a identidade é a marca de diferenciação da pessoa.

2. Definir metas e objetivos – O estabelecimento de metas e objetivos começa pela definição do ponto ao qual a pessoa quer chegar. Significa decidir-se por uma posição, um posto, uma profissão, um cargo, um caminho. Quando metas e objetivos não ficam claros, as pessoas tendem a cair no vazio das indecisões, arrefecendo o ânimo e amortecendo a vontade. Quando se sabe para onde ir, o passo faz avançar o corpo, não se arrasta. Se a pessoa tem vários objetivos, conta, no mínimo, com a possibilidade de alcançar um deles, sendo até possível atingir vários, ao mesmo tempo. O importante é escolher uma trajetória de ação e, dentro dela, selecionar alternativas diferenciadas. E, atenção: não se deixar influenciar por pessoas negativas, que desacreditam em seus potenciais. A propósito, uma historinha de sapos é muito ilustrativa: os sapinhos tinham de subir um morro muito alto. A multidão vibrava com a escalada dos sapinhos, mais torcendo para despencarem do que pelo sucesso da empreitada. "Aquele vai cair, aquele outro, também." E assim, de um em um, os sapinhos, cansados, iam despencando sob os apupos da galera. Menos um. E a multidão continuava a torcer... contra. Os sapinhos desistiam. E caíam. Menos um. Que chegou até o cume do morro. Correram para saber como ele conseguira. Tiveram uma grande surpresa: o sapinho vencedor era surdo. Moral: seja surdo aos apelos negativos. Vá em frente. Você poderá vencer!

3. Guiar-se por um conjunto de valores – Há alguns valores que conferem grandeza ao caráter. E uma pessoa de caráter angaria respeito e credibilidade. Há valores que não se impõem, nascem com as pessoas, constituem herança genética e cultural. Outros podem ser desenvolvidos e aperfeiçoados. Lembramos, por exemplo, a *coragem* e, mais que isso, a audácia. O audacioso pode conseguir o milagre de Maomé. Como se sabe, Maomé levou o povo a acreditar que poderia atrair uma montanha. Do cume, faria preces a favor dos observadores da lei. O povo reuniu-se, Maomé chamou pela montanha, várias vezes, e como a montanha ficasse quieta, não se deu por vencido. Proclamou: "Se a montanha não quer vir ter com Maomé, Maomé irá ter com a montanha". É preciso ter audácia para reparar os feitos, corrigir os caminhos. A coragem não é a ausência do medo, mas a capacidade de enfrentá-lo e superá-lo. É preciso praticar a *humildade*, que não significa humilhação, mas a capacidade de reconhecer as fraquezas pessoais. A humildade ensina a lição dos clássicos, é a virtude do homem que sabe não ser Deus. Para o filósofo alemão G. E. Lessing, "Todos os grandes homens são modestos". Não se pode esquecer a *coerência*, que imprime retidão à história do homem e preserva a homogeneidade de seu pensamento. A *generosidade*, por sua vez, coloca os homens no cordão da solidariedade. O homem generoso não é prisioneiro de seus afetos, é senhor de si. Desenvolver a *paciência* também é um desafio do marketing pessoal. A paciência, dizia G. Leopardi, poeta italiano, "é a mais heroica das virtudes, justamente por não ter nenhuma aparência heroica". E, nesse campo de valores, não se pode deixar de lado a preocupação em procurar defender e preservar a *verdade*. A verdade acaba prevalecendo sobre a mentira. Não adianta querer tergiversar. Há momentos que aconselham emitir versões diferentes da verdade. Muito cuidado. Como sugere o escritor polonês H. Sienkiewicz: "A mentira, como o óleo, flutua na superfície da verdade".

4. Procurar compor a apresentação pessoal – Essa recomendação tem por objetivo ajustar a identidade e a imagem da pessoa. E isso se consegue estabelecendo-se ajustes na forma de apresentação pessoal – trajes, comportamento, gesticulação –, procurando-se incorporar detalhes, novas formas e posições. O profissional precisa adaptar-se aos tempos e aos ambientes. O cuidado com a aparência é, assim, muito importante. Infelizmente, muitos ainda julgam segundo a aparência, não segundo a essência. Mas todo cuidado é pouco para evitar exageros. É oportuno lembrar que as pessoas nem sempre são o que parecem. Como sugere o poeta alemão Novalis: "Quando vemos um gigante, temos primeiro de examinar a posição do Sol para ter certeza de que não é a sombra de um pigmeu". Cuidar da aparência é necessário; exagerar na aparência é um contrassenso.

5. Aperfeiçoar a comunicação – Abrange um conjunto de ações relacionadas à melhoria do discurso (substância) e à maneira de interlocução (forma de comunicar-se). Aconselha-se um programa de leituras de jornais, revistas (economia, política, ciência, artes e espetáculos, cultura etc.), livros de ciência política, economia e administração, perfis de grandes realizadores, história contemporânea. O profissional do mundo moderno não pode estar à margem dos acontecimentos nos diversos campos do conhecimento. Saber usar tais conhecimentos, em momentos adequados, constitui uma estratégia que dará bons resultados. O aperfeiçoamento da expressão pode ser conseguido com um programa de treinamento de mídia, quando o profissional passa por uma bateria de aprendizagem. Aí, tem oportunidade de conhecer as manhas da imprensa, enfoques e abordagens mais apropriados, desenvolvendo, ainda, a fluidez de pensamento e expressão.

6. Aprofundar-se no campo da especialização – Além do entendimento geral das coisas, será necessário um domínio mais completo e profundo em torno de determinadas áreas de interesse profissional. Nesse sentido, aconselha-se a leitura permanente de conteúdos especializados, por meio de consulta a periódicos, participação em cursos, palestras e eventos específicos no campo da especialização. Princípio recomendado: querer ser o melhor no campo. É oportuno lembrar uma historinha sobre Temístocles, o ateniense altivo, que levava muito a sério sua pessoa. Em uma festa, convidado a tocar cítara, disse: "Não sei tocar música, mas posso fazer de uma pequena vila uma grande cidade". Eis a demonstração do conhecimento específico.

7. Desenvolver a criatividade – Procurar sempre formas diferentes para enfrentar a labuta cotidiana. Significa sair da rotina, evitar a acomodação. A criatividade motiva, amplia espaços, proporciona novas possibilidades. Francis Bacon, filósofo inglês, conta, em seus *Ensaios*, essa ilustrativa história: quando o armênio Tigrane, instalado sobre uma colina com 400 mil homens, viu avançar o exército romano que não contava mais de 14 mil, ficou muito bem-disposto e soltou o verbo: "Para embaixada é demais, para combate é de menos". Antes do pôr do sol, o pequeno exército romano infligiu uma derrota, com enorme carnificina, ao gigantesco exército armênio. A arma: criatividade. Ou, como disse Brecht, escritor alemão, "perante um obstáculo, a linha mais curta entre dois pontos pode ser a curva".

8. Ampliar faixa de relações – As rotinas levam as pessoas à acomodação, tornando-as participantes de feudos mentais. É preciso quebrar o círculo de amigos e vizinhos, ampliando o circuito de conhecimentos com a incorporação de novas pessoas no jogo da interlocução. O enriquecimento sociocultural depende também da ampliação do discurso. Se possível, procurar contatar líderes, pessoas que fazem trabalhos comunitários, gente que está situada no chamado circuito da formação de opinião. "Se um homem não faz novas amizades à medida que avança na vida, ficará logo sozinho", ensina o escritor inglês S. Johnson.

Amor-próprio

"Um maltrapilho dos arredores de Madrid pedia esmolas com grande dignidade. Um transeunte lhe disse: 'Não tem vergonha de exercer essa infame atividade quando pode trabalhar?' 'Senhor', respondeu o mendigo, 'peço-lhe esmola e não conselhos'; e tendo dito isto, deu-lhe as costas, com toda a empáfia castelhana. Era um mendigo orgulhoso esse; pouca coisa bastava para ferir-lhe a vaidade. Por amor de si mesmo pedia esmola; e ainda por amor de si mesmo não permitia que lhe fizessem qualquer reprimenda."

"Um missionário que viajava na Índia encontrou um faquir carregado de cadeias, nu como um macaco, deitado de bruços e fazendo-se fustigar pelos pecados de seus compatriotas da Índia, que o recompensavam com algumas moedas de cobre. 'Que renúncia de si mesmo!' dizia um dos espectadores. 'Renúncia?', perguntou o faquir; 'saiba que me deixo chicotear neste mundo a fim de poder descontar a surra no outro, onde serei cavaleiro e os senhores, cavalo'."

"Os que dizem que o amor-próprio é a base de todos os sentimentos e de todas as ações têm razão, na Índia, na Espanha e em toda a terra habitada. E assim como não se escreve a fim de provar que o homem tem rosto, também não é necessário escrever para mostrar que tem amor-próprio. Esse amor-próprio é o instrumento de nossa conservação; parece-se com instrumento destinado à propagação da espécie: é necessário, é estimado, dá-nos prazer, mas nós o escondemos."

(André Maurois)

Amor-próprio – eis um valor a ser preservado pelo marketing pessoal.

9. Aproveitar melhor os conhecimentos – As pessoas tendem, normalmente, a ficar quietas em seu canto, em uma atitude de recatado uso dos conhecimentos. Tal atitude não combina com o sentido proativo dos tempos modernos. Se uma pessoa leu algo que lhe interessou, deve tentar passar adiante tal conhecimento; se aprendeu nova técnica, deve procurar implantá-la; se travou relações de amizade com uma pessoa, deve procurar estreitar as relações. A recomendação é no sentido de fazer girar o conhecimento adquirido. Não o trancar a sete chaves. A medida dará resultados positivos.

10. Formar uma base mínima de organização e memória – Muitos conhecimentos, situações e fatos do dia a dia profissional são rapidamente esquecidos. Há pessoas que estão sempre começando coisas, porque perderam parcela substancial de sua memória profissional. Aconselhamos o mínimo de organização: um bom arquivo, fichas de situações, catálogos, listas de endereços e telefones, cópias de trabalhos, próprios e de outros autores. É fundamental o uso do computador e das novas tecnologias. A memória é extremamente importante para o avanço profissional. Tente comprovar.

11. Procurar acumular conhecimento – Para atingir esse objetivo, faz-se mister estar atento às mudanças e circunstâncias. Urge acompanhar as mudanças nas áreas da política, economia, negócios, expansão empresarial, enfim, as ocorrências e eventos do meio ambiente. Pinçar, a partir daí, os espaços e áreas de interesse que mereçam aprofundamento conceitual. As antenas precisam estar ligadas a qualquer alteração de rota. O profissional pode, a qualquer momento, precisar tomar decisões rápidas ante as circunstâncias. Se estiver por fora dos fatos, certamente vai ser pego pela ignorância. Como já disse Sócrates, "existe apenas um bem, o saber, e apenas um mal, a ignorância".

12. Usar o bom senso – Frequentemente, a solução está ali adiante, pertinho, e não distante, como se pode imaginar. Por isso, antes de se buscar caminhos complicados, é aconselhável olhar ao redor, na linha da tentativa de descobrir o senso comum. Leopardi conta o seguinte episódio: "Quando perguntaram a uma pessoa o que haveria de mais raro no mundo, ela respondeu: 'aquilo que é de todos, ou seja, o senso comum'". O senso comum é, às vezes, escolher a melhor estratégia. Existem duas grandes linhas estratégicas à disposição de uma pessoa: a estratégia direta e a estratégia indireta. A primeira ampara-se no conceito de enfrentamento frontal de uma situação; a segunda se vale do conceito de usar formas indiretas, sinuosas, para alcançar os objetivos. Carlos Matus dá o exemplo de uma tourada: o touro segue uma estratégia direta, já o toureiro trabalha com uma estratégia indireta. A estratégia direta é mais rápida e define logo resultados. A indireta é mais eficiente por permitir maior economia de recursos, desde que se tenha tempo.

13. Evitar excessos – Nessa mesma linha de pensamento, os excessos devem ser evitados, pois, como lembra o vulgo, tudo demais é veneno. Ou como bem demonstra esta sábia sentença cingalesa: "Limpeza exagerada ou falta de limpeza; crítica abundante ou elogio farto; excesso de cortesia ou descortesia – eis seis características do estúpido". Esse conselho quer significar, ainda, a necessidade de se trabalhar com os recursos essenciais, as ideias centrais, dispensando-se as coisas desnecessárias para se alcançar objetivos e metas.

14. Evitar o ridículo – As coisas ridículas são razoavelmente aferidas pelo bom senso. Nem sempre conseguem ser detectadas por algumas pessoas. É preciso estar atentos a elas. Leopardi, já citado aqui, diz que "as pessoas são ridículas apenas quando querem parecer ou ser o que não são". Ridículo é o artificialismo na construção dos discursos; ridículos são os perfis que se desmancham com um exame mais apurado. Ridículas são pessoas que pretendem mostrar o que não têm, ser o que não são e dizer o que não sabem.

15. Defender um ideário – É preciso ter fé, defender firmemente uma crença. A pessoa amorfa, sem opinião, sem paixão, sem valores, sem princípios, assemelha-se a um vegetal. Como prega o mártir da causa dos negros norte-americanos, Martin Luther King, "se um homem não descobrir nada por que morreria, não está pronto para viver". A construção de um ideário não é uma tarefa artificial. O ideário é o somatório de lições de vida e de experiências, de alegrias e tristezas, de conhecimento acumulado e dos valores adquiridos ao longo da trajetória. Uma pessoa sem ideário é como uma lesma que se desconstrói com uma pequena pitada de sal. É de Blaise Pascal o pensamento: "Posso até conceber um homem sem mãos, sem pés, sem cabeça, pois é só a experiência que nos ensina que a cabeça é mais necessária do que os pés. Mas não posso conceber um homem sem pensamento. Seria uma pedra ou um bicho".

16. Fazer as coisas com emoção – "A emoção é necessária, porque sem ela não se pode viver. O importante é sonhar e ser sincero com seu sonho." A frase é de Jorge Luis Borges, o grande argentino, que deu à literatura latino-americana um *status* de primeira grandeza. Sem emoção, a vida perde a graça. Para um profissional, vida sem emoção não tem sentido. Trabalhar com prazer e por prazer, não apenas por dinheiro; fazer as coisas de que gosta; buscar momentos de paz interior; encontrar amigos, bater o papo do fim de tarde, selecionar os cantos, os espaços e as cores – tudo isso contribui para lapidar o cotidiano com o toque da emoção.

17. Saber administrar o tempo – Sêneca, o grande sábio, escreveu sobre a brevidade da vida, quando diz: "Não é curto o tempo que temos, mas dele muito perdemos. A vida é suficientemente longa e com generosidade nos foi dada, para a realização das maiores coisas, se a empregamos bem. Mas quando ela se esvai no luxo e na indiferença, quando não a empregamos em nada de bom, então, finalmente, constrangidos pela fatalidade, sentimos que ela já passou por nós sem que tivéssemos percebido". Saber administrar o tempo é, hoje, um dos desafios instigantes do nosso cotidiano. O tempo não se mata. "Quem mata tempo é suicida", satiriza Millôr Fernandes. A reprimenda é do dramaturgo inglês H. D. Thoreau: "Como se fosse possível matar o tempo sem ferir a eternidade".

18. Saber administrar as dificuldades – Crescem as dificuldades no mundo do trabalho. E é preciso conviver com elas. Não adianta entrar em desespero. A lição é de Terêncio, o grande pensador latino: "Nada é tão difícil que, à força de tentativas, não tenha resolução". Quando partiu para conquistar a Ásia, Alexandre Magno tinha um exército de 35 mil homens. A força persa dispunha de um fabuloso exército de um milhão de soldados. O filho de Filipe queria ser maior que o pai. Era um obstinado. Para ele, não havia problemas insolúveis. Gostava de enfrentar dificuldades. Foi em frente. Venceu os persas e continuou expandindo seu império. A pessoa não se deve deixar abater com o acúmulo de dificuldades. Precisa pensar grande e positivamente. Assim, vencerá uma a uma.

19. Viver o presente – Procurar viver intensamente o hoje. Também é de Sêneca o pensamento: "Dedica-se a esperar o futuro apenas quem não sabe viver o presente". Há pessoas que passam o tempo preparando o futuro, deixando de lado as grandes oportunidades de momento em que poderiam ser felizes. Ocupar o tempo é viver. Deixar de ocupá-lo é um descompromisso com o ideal da existência. Como musicou John Lennon: "Vida é o que acontece quando você está ocupado, fazendo outros planos".

20. Ter coragem de arriscar-se – "Somente aqueles que se arriscam a ir muito longe têm possibilidade de descobrir até onde podem chegar." A frase é de T. S. Eliot e, certamente, resume um projeto de crescimento. Quem quer ir longe não pode ficar no mesmo lugar sempre. Quem quer enfrentar novos desafios não pode se acovardar. Quem quer sentir diferentes gostos da vida deve procurar novos temperos. O crescimento implica certa dose de risco. E de coragem. Como canta o profeta Zaratustra: "Ânimo tem quem conhece o medo, mas vence o medo; quem vê o abismo, mas com altivez. Quem vê o abismo, mas com olhos de águia, quem deita a mão ao abismo com garras de águia – esse tem coragem".

21. Saber comandar – Não deixar passar o momento. Não deixar o cavalo selado passar pela frente e correr sozinho. Portanto, se houver oportunidade, monte no cavalo que passa na frente, na sua porta, assuma um novo cargo, cresça, suba no andar mais alto, até o último andar do edifício, se for capaz, e as circunstâncias o ajudarem. Mas quem quer comandar precisa conhecer o princípio exposto na máxima aristotélica: "Quem se dispõe a tornar-se um bom chefe deve primeiro ter servido a um chefe". Sun Tzu ensina: "O chefe habilidoso conquista as tropas inimigas em luta; toma suas cidades sem submetê-las a cerco; derrota o inimigo sem operações de campo muito extensas. Um chefe consumado cultiva a lei moral e adere estritamente ao método e disciplina. Está em seu poder controlar o sucesso". É oportuno lembrar, ainda, que a autoridade do chefe repousa sobre algumas faculdades, como: inteligência (compreendendo aptidões naturais, capacidade de discernimento, clarividência, sentido de prioridade, sentido do real, sentido do possível, sentido das comparações, visão de conjunto); boa formação geral, profissional e psicológica; experiência e qualidades de administrador (previsão, organização, direção, coordenação e controle). A esse conjunto, somam-se qualidades humanas, como: espírito de disciplina, lealdade aos superiores, consagração a causa comum, respeito ao próximo, integridade, compreensão e sentido de ajuda, entusiasmo e iniciativa, confiança em si mesmo, tenacidade, domínio de si mesmo, estabilidade, equilíbrio e esforço permanente para aperfeiçoamento pessoal.

22. Ter capacidade de inovar – Buscar situações novas, reformar sistemas e métodos de trabalho, conservar permanente disposição para inovar – esses desafios geram motivação, reanimando as equipes e oxigenando as estruturas. A capacidade de inovar depende de como o profissional enxerga o seu dia a dia. Mesmo que esteja satisfeito com as coisas, deve sempre procurar aperfeiçoar as atividades. Ou seja, sugere-se colocar o trabalho sob uma ótica de inquietação. Mais uma vez, Zaratustra é um bom conselheiro: "Novos caminhos sigo, uma nova fala me empolga: como todos os criadores, cansei-me das velhas línguas. Não quer mais, o meu espírito, caminhar com solas gastas".

23. Comprometer-se com resultados – O planejamento eficaz é aquele que se volta para resultados. Qual é a finalidade do programa, em que tempo serão alcançados os resultados, quais os meios necessários para se alcançar as metas? Essa é a pauta da preocupação rotineira de quem quer ter satisfação com o que faz. A pessoa, na verdade, colhe o que semeia. E se alguém não impõe a si mesmo algumas metas e resultados, não se sente motivado a alcançá-las.

24. Defender a reputação – A identidade de uma pessoa é a soma de suas qualidades e defeitos. E a respeitabilidade de uma pessoa é a sombra de sua reputação. Por isso, quem deseja ser respeitado precisa zelar por sua reputação. O escritor espanhol Quevedo y Vilegas cunhou este pensamento: "Aquele que troca a reputação pelos negócios perde os negócios e a reputação".

25. Criar fatos, gerar ideias – As atitudes e os comportamentos distinguem as pessoas. Os líderes são aqueles que tomam a iniciativa, energizam os ambientes, criam as condições de mobilização. São tipos proativos que não ficam esperando as coisas acontecerem. Já os reativos só agem em resposta a estímulos. A História registra o sucesso de todos aqueles que abriram horizontes, descortinando oportunidades, distinguindo novos cenários. Por isso mesmo não se deve esperar pelos fatos, é preciso – quando for necessário – criá-los. O estrategista é aquele que gera alternativas. Segundo o oráculo, quem desatasse o nó que atava o jugo à lança do carro de Górdio, rei da Frígia, dominaria a Ásia. Muitos tentaram desatar o nó de uma corda feita com a casca de uma árvore de nome cornácea. Alexandre Magno vislumbrou duas opções: desfazer o nó ou cortá-lo com a espada. Escolheu a espada, a ideia mais criativa. Conquistou, depois, a Pérsia, que seu pai, Filipe, não conseguira.

26. Conter as emoções radicais – A emoção é necessária, sem ela uma pessoa se transforma em uma parede fria. Mas emoções violentas precisam ser controladas. Como ensina o cardeal Mazarino, em seu *Breviário dos Políticos*: "Evita te exaltares muito rapidamente com alguém porque em muitos casos te darás conta de que te confundiste através de falsos relatos. Mas se nesse entretempo tu te deixaste levar pela cólera, os erros recairão sobre ti".

27. Preservar a verdade – "A mentira tem pernas curtas", diz o ditado popular. A falsa versão pode ser facilmente" derrubada, principalmente nesses tempos de transparência e denúncias sobre as coisas erradas. A verdade é a luz que ilumina o caráter. Como disse o poeta Francis Bacon: "É um prazer estar na costa, a ver navios fustigados pelo oceano; é um prazer estar na janela de um castelo, a ver diante de si a batalha e as aventuras; mas não há prazer comparável ao de estar no cume da verdade a ver os erros, os desvarios, os nevoeiros e as tempestades no fundo do vale".

28. Desconfiar do elogio fácil – O louvor lava a alma. É o reflexo de virtudes de uma pessoa. Mas é preciso ter cuidado com o louvor fácil. Geralmente é falso. O elogio oportuno e moderado é o melhor. As sereias cantam mais docemente quando querem trair, escreveu Drayton, poeta inglês. E Salomão já dizia: "Quem se levanta muito cedo para elogiar o amigo não lhe deseja menos do que uma maldição". É preciso, ainda, ter cuidado com o autolouvor. Elogio em boca própria é vitupério, indecente, ensina a velha lição.

29. Ter capacidade de argumentação – Não adianta apenas dizer. Em muitas oportunidades, há de se demonstrar o que se diz. E a boa argumentação se vale de provas absolutas, rigorosas, situadas no campo do conhecimento apresentado. Portanto, argumentar é o dom de convencer os interlocutores, com motivos e razões. Passar do particular ao geral pode ser uma boa tática, assim como dar exemplos, precedentes e ilustrações. E entre as técnicas da boa argumentação, apontam-se: a indução, a explicação, a dedução, a relação causa-efeito, a analogia e a metáfora, a hipótese, a alternativa e o dilema, a dialética e o paradoxo, conceitos descritos anteriormente neste livro.

30. Procurar buscar a felicidade – As tarefas cotidianas levam as pessoas a desleixar a respeito de aspectos fundamentais da vida, como o lazer, a busca do prazer sadio, a busca do convívio. Que adianta viver apenas para o trabalho, para os negócios, de acordo com uma visão essencialmente materialista e utilitarista? A felicidade é o sonho maior do ser humano. Urge encontrá-la. "A tarefa de ser feliz pode ser desempenhada." É o conselho de Ceccato, cientista italiano. E é preciso lutar pela felicidade antes que seja tarde. Porque "o homem não tem porto e o tempo não tem margem. Ele corre e nós passamos". Com esse pensamento de A. de Lamartine, encerramos esse breve roteiro de sugestões para o aperfeiçoamento do marketing pessoal.

Apêndices – Estratégias, artimanhas e táticas na política e nas guerras

Guerra, batalha, luta, força, comando, metas, objetivos, planos, programas, estratégias, táticas, recursos, meios, ações, golpes, direção do golpe, manobras, manipulação, envolvimento, dissimulação, a arte de responder sem dizer, a arte de interrogar para descobrir a verdade – esses são conceitos e pensamentos que amparam as ideias-força de poder e política que, por sua vez, utilizam os conceitos de comunicação expostos no presente livro. Por essa razão, autores que discorreram sobre esse ideário merecem ser conhecidos e comentados. É o que procuramos oferecer neste apêndice. As assertivas, axiomas e ideias expostas, de alguma forma, refletem não apenas o ideário dos autores, mas o clima da época e a natureza dos regimes interpretados, particularmente o absolutismo e o despotismo. Procurou-se pinçar ideias, máximas e posicionamentos que, de forma muito peculiar, relacionam-se com as atitudes e os comportamentos humanos. Os conceitos de guerra e suas estratégias – que, para alguns, podem não oferecer relação direta com os objetos centrais deste livro – são úteis para a compreensão do fenômeno político e do modo como os homens agem para dominar seus semelhantes. Nem é o caso de concordar com Clausewitz (descrição do perfil mais adiante) quando este defende o conceito de que a guerra é uma mera continuação da política por outros meios. O modo de pensar e de conduta de um filósofo de guerra como Liddell Hart, de um cardeal ideológico como Mazarino, de um guerreiro perspicaz como Myamoto, de um estrategista ferino como Maquiavel, de um tático eficaz como Sun Tzu serve para nos ajudar a compreender a natureza humana, principalmente quando estão em jogo a competição, o conflito e as disputas inerentes ao mundo empresarial e ao ambiente político. Os conjuntos conceituais aqui selecionados devem ser entendidos como referências para conhecimento de pensadores que trataram do caráter humano, da vida em grupo e de valores que forjam o perfil de pensadores, guerreiros, vencedores, empreendedores e estrategistas. Trata-se de um pequeno compêndio sobre a arte da dissimulação e da dominação política.

Pensamentos de Sun Tzu em *A Arte da Guerra*

Sun Tzu era um general-filósofo. Seu documento foi escrito em chinês há mais de 2.500 anos. É um livro sobre a arte da guerra, com 13 capítulos. Trata da preparação dos planos, da guerra efetiva, da espada embainhada, das manobras, da variação de táticas, do exército em marcha, do terreno, dos pontos fortes e fracos dos inimigos e dos exércitos. Aqui estão alguns de seus princípios:

> *Preparar iscas para atrair o inimigo. Fingir desorganização e esmagá-lo. Se ele está protegido em todos os pontos, esteja preparado para isso. Se ele tem forças superiores, evite-o. Se o seu adversário é de temperamento irascível, procure irritá-lo. Finja estar fraco e ele se tornará arrogante. Se ele estiver tranquilo, não lhe dê sossego. Se suas forças estão unidas, separe-as. Ataque-o onde ele se mostrar despreparado, apareça quando não estiver sendo esperado.*

▸ *A regra na guerra é esta: se suas forças estão na proporção de dez para um em relação ao inimigo, faça-o render-se; se forem de cinco para um, ataque-o; se duas vezes mais numerosas, divida seu exército em dois: um para atacar o inimigo pela frente e outro pela retaguarda; se ele responder ao ataque frontal, pode ser esmagado pela retaguarda; se responder ao da retaguarda, pode ser esmagado pela frente.*

▸ *Se o inimigo estiver descansado, fustigue-o; se acampado silenciosamente, force-o a mover-se; se bem abastecido de provisões, faça-o ficar esfomeado. Apareça em pontos em que o inimigo deva se apressar para defender; marche rapidamente para lugares onde não for esperado.*

▸ *Quando em região difícil, não acampe. Em regiões onde se cruzam boas estradas, una-se aos seus aliados. Não se demore em posições perigosamente isoladas. Em situação de cerco, deve recorrer a estratagemas. Numa posição desesperada, deve lutar. Há estradas que não devem ser percorridas e cidades que não devem ser sitiadas.*

▸ *Em terreno dispersivo, não lute. Em terreno fácil, não pare. Em terreno controverso, não ataque. Em terreno aberto, não tente barrar o caminho do inimigo. Em terreno de estradas cruzadas, una-se aos seus aliados. Em terreno sério, saqueie. No difícil, marche sempre. Em terreno cercado, recorra a estratagemas. Em terreno desesperador, lute.*

▸ *Não marche, a não ser que veja alguma vantagem; não use suas tropas, a menos que haja alguma coisa a ser ganha; não lute, a menos que a posição seja crítica. Nenhum dirigente deve colocar tropas em campo apenas para satisfazer seu humor; nenhum general deve travar uma batalha apenas para se vangloriar. A ira pode, no devido tempo, transformar-se em alegria; o aborrecimento pode ser seguido de contentamento. Porém, um reino que tenha sido destruído jamais poderá tornar a existir, nem os mortos podem ser ressuscitados.*

▸ *A tarefa de uma operação militar é dissimuladamente concordar com as intenções do inimigo. Chegar ao que eles querem primeiro, sutilmente antecipá-los. Manter a disciplina e adaptar-se ao inimigo. Assim, no princípio você é como uma donzela, e o inimigo abre a porta; em seguida, você é um coelho solto, para que o inimigo não possa impedi-lo de entrar.*

Comentário

Sun Tzu é um mestre por excelência do conceito e da prática da estratégia. Seus pensamentos tratam de guerra, de estratégia e tática, de recursos e meios operacionais, de situações de confronto e de manobras. As lições que forneceu têm sido aplicadas ao mundo dos negócios e às metas de crescimento pessoal e profissional. Por isso mesmo, suas ideias ganharam versões de muitos autores, principalmente do universo da consultoria empresarial. Como precursor dos recursos estratégicos, Sun Tzu já ensinava que a maior habilidade de um chefe está em conquistar as tropas inimigas sem luta, no que é amplamente endossado por estrategistas contemporâneos como Liddell Hart. Defensor de princípios consagrados como o método, a disciplina, a lei moral, colocou no mais alto pedestal a qualidade da chefia. A respeito de disciplina, a historinha sobre a maneira como colocou em posição de sentido um "exército" de 180 concubinas do imperador é simplesmente genial. O imperador desconfiava que Sun Tzu fosse capaz de provar suas qualidades em um grupo de mulheres. Colocou suas duas concubinas favoritas do imperador na ponta de cada uma das colunas que formou. Mas só recebeu risos irônicos quando passou a dar ordens: direita, esquerda, volver. Até que o pequeno general, que tinha carta branca para dar ordem ao improvisado batalhão, ordenou que as duas concubinas preferidas fossem decapitadas. O imperador se assustou. E ao dizer que já aceitara a demonstração de capacidade do general, ouviu, estupefato, que a ordem principal era a de formar o exército. Mandou decapitar as duas comandantes. Imediatamente, as mulheres em fila passaram a atender todas as ordens, virando à direita e à esquerda, marchando em frente. Tornou-se o comandante do exército do Rei de Wu. As lições de Sun Tzu são de grande utilidade para os embates e conflitos em todas as frentes de luta do cotidiano.

Pensamentos de Miyamoto Musashi em *Um Livro de Cinco Anéis*

Miyamoto Musashi nasceu em 1584, no tempo em que o Japão lutava para se recuperar de mais de quatro séculos de comoções internas. Quando tinha 7 anos, seu pai desapareceu (não se sabe se morreu ou o abandonou). A mãe já era falecida. Foi criado por um tio, padre. Jovem, porte exuberante, aderiu ao Kendo – caminho da espada –, uma arte desenvolvida pelos samurais. Foi um mestre nessa arte. Os samurais usavam duas espadas presas à faixa da cintura, com a lâmina para cima. Desde cedo, Musashi começou a lutar. Liderou guerras e combates. Até que, aos 50 anos, tendo atingido o fim de sua busca da razão, retirou-se para uma vida solitária. É conhecido pelos japoneses como Santo da Espada e escreveu o único livro que trata dos métodos do combate corpo a corpo e da estratégia com o mesmo destaque. O livro, nas palavras do próprio autor, é uma orientação para os que querem aprender a estratégia. Chama-se *Um Livro de Cinco Anéis*. O caminho da estratégia está indicado em cinco livros, cada um tratando de um aspecto diferente: terra, água, fogo, tradição (vento) e nada. Eis alguns pensamentos do livro:

- *Estude as menores e as maiores coisas, as coisas mais superficiais e as mais profundas.*

- *O estrategista transforma coisas pequenas em grandes, como a construção de um grande Buda a partir de um modelo de 30 centímetros.*

- *O princípio da estratégia é: tendo-se uma coisa, conhecem-se dez mil.*

- *Não é difícil manejar uma espada com uma das mãos; o caminho do aprendizado desta técnica é treinar com duas espadas longas, uma em cada mão. A princípio tudo parecerá difícil, mas a princípio tudo é difícil.*

▸ *Você não deve copiar os outros, e sim utilizar as armas que consegue manejar com propriedade.*

▸ *O caminho da estratégia: 1) Não pense com desonestidade; 2) O caminho está no treinamento; 3) Trave contato com todas as artes; 4) Conheça o caminho de todas as profissões; 5) Aprenda a distinguir ganho de perda nos assuntos materiais; 6) Desenvolva o julgamento intuitivo e a compreensão de tudo; 7) Perceba as coisas que não podem ser vistas; 8) Preste atenção até no que não tem importância; 9) Não faça nada que de nada sirva.*

▸ *Na estratégia, é importante ver coisas distantes como se estivessem próximas e ter uma visão distanciada das coisas próximas.*

▸ *Encurrale o adversário de encontro a lugares desconfortáveis e faça o possível para mantê-lo de costas para obstáculos incômodos.*

▸ *Nem sempre vale ser o primeiro a atacar; mas se o inimigo atacar primeiro você pode inverter a situação. Na estratégia, ganha quem surpreende o inimigo.*

▸ *Pense sempre em "cruzar o riacho" e cruzá-lo no ponto mais propício.*

▸ *Cruzar o riacho significa atacar o ponto vulnerável do adversário e colocar-se em posição vantajosa.*

▸ *Deixe evidente sua calma completa; o inimigo se surpreenderá com ela e relaxará. Quando perceber que o espírito feroz dele também passou, aniquile-o, atacando violentamente com um espírito do Nada.*

▸ *Com o espírito tranquilo, acumule experiência dia a dia, hora a hora. Dê polimento à mente e ao coração e aprofunde o olhar de percepção e visão.*

Comentário

O que chama a atenção nas lições de Miyamoto Musashi são os ensinamentos que as artes marciais, a partir do uso da espada, propiciam à vida das pessoas. Cada pensamento, cada conselho, cada sugestão contém uma orientação útil, uma ideia que pode ser desenvolvida não apenas por quem se defronta, no cotidiano, com conflitos e disputas, mas por todas as pessoas dispostas a aguçar a sensibilidade e apurar os instintos. Quando esse guerreiro aconselha, por exemplo, que procuremos enxergar coisas que não podem ser vistas, na verdade está dizendo que, frequentemente, passamos nossa vida sem nos apercebermos do que se passa à nossa volta. Há um terceiro olho, uma terceira visão, uma percepção que, não treinada para sentir, torna-se embotada. Musashi chama a atenção para a importância do detalhe, das pequenas coisas, que podem servir de estrutura e meio para a consecução das grandes coisas. O livro desse Santo da Espada, como era conhecido, é orientação segura para quem quer descobrir os melhores caminhos da estratégia. É um guia útil e interessante, uma espécie de moldura na qual poderemos apoiar a nossa alma. As sentenças conservam verdades profundas que devem ser lidas e relidas, meditadas de maneira vertical, a fim de se plantarem fundo no espírito. À primeira leitura, a impressão é a de guerreiro feroz, inumano, bárbaro. Um pouco mais de atenção será necessária para descobrir o ideal ético, a grandeza da solidariedade, a força do grande caráter. Trata-se, enfim, de um pequeno compêndio de boas ideias, que nos consola com os princípios e valores da coragem, da ousadia, da determinação, da sincronia entre corpo e espírito, da vantagem de buscar o rumo certo, o caminho adequado, do foco. Como ele ensina: "Pense em cruzar o riacho no ponto mais propício". E para chegar até ele, é preciso ter paciência. Afinal de contas, "passo a passo se atravessa uma estrada de mil quilômetros".

Pensamentos de Nicolau Eymerich em *Manual dos Inquisidores*

O livro *Manual dos Inquisidores* é um relato da crueldade da Igreja nos tempos da Inquisição. É um pesadelo. Foi escrito pelo dominicano Nicolau Eymerich, que nasceu em 1320, em Gerona, reino de Catalunha e Aragão. Foi um dos primeiros livros impressos, em 1503, em Barcelona. Mas o livro foi escrito em 1376, em Avinhão, quando o frei estava no exílio. Foi revisto e ampliado por outro frade, Francisco de La Peña, em 1578. Trata-se de uma minuciosa coletânea a respeito do conceito de heresias, a lógica inquisitorial, os truques, a pressão dos inquisidores, os indícios para reconhecimento dos hereges etc. Eis um pequeno extrato:

Os dez truques dos hereges para responder sem confessar:

(A escolha desse roteiro tem o propósito de mostrar como alguns políticos usam artifícios semelhantes em seu discurso cotidiano.)

1. *O primeiro consiste em responder de maneira ambígua.*
2. *O segundo consiste em responder acrescentando uma condição.*
3. *O terceiro consiste em inverter a pergunta.*
4. *O quarto consiste em se fingir de surpreso.*
5. *O quinto consiste em mudar as palavras da pergunta.*
6. *O sexto consiste em uma clara deturpação das palavras.*
7. *O sétimo consiste numa autojustificação.*
8. *O oitavo consiste em fingir uma súbita debilidade física.*
9. *O nono consiste em simular idiotice ou demência.*
10. *O décimo consiste em se dar ares de santidade.*

▷ *O Manual mostra, a seguir, os dez truques do inquisidor para neutralizar os truques dos hereges, na verdade um conjunto de manipulações, pressões, ameaças, promessas, benevolências, enfim, um completo arsenal de violência psíquica contra os réus.*

Comentário

Alguns políticos brasileiros são conhecidos por sua matreirice na técnica da entrevista. Respondem apenas aquilo que querem. O modelo mais citado para esse caso é o ex-governador e ex-prefeito de São Paulo, Paulo Maluf. É conhecido pela arte de dizer o que não foi perguntado e não dizer o que todos querem ouvir. Uma vez, perguntei a Roberto Campos, ministro do Planejamento do presidente Castelo Branco, se sua estratégia não era a de pulverizar as verbas que, na época, em 1965, o governo tinha para aplicar na região Nordeste. O conceito de pulverização era a distribuição das verbas, de maneira franciscana, um pouquinho a cada estado, uma migalha, o que poderia não gerar os resultados desejados. Contestador, dialético, *Bob Fields* (como era conhecido), pegou o foca (eu mesmo) de surpresa: "O que o senhor entende por pulverização?" Eis exemplos prontos do segundo e terceiro truques dos hereges. A resposta que ele daria estava amarrada à condição de que eu soubesse explicar para uma plateia atenta e mais velha o sentido da pergunta. Dependendo do meu conceito de pulverização, ele seguramente devolveria a pergunta com alguma gozação. Lembre-se de que, naqueles tempos de chumbo, o medo imperava nas redações. Poderia ele, por exemplo, responder qualquer coisa, e até fazer uma nova provocação: "E você, o que faria com as verbas?" Engasguei, calei-me e o ministro avançou na peroração erudita.

Jânio Quadros, por sua vez, era perito na arte de se fazer de surpreso. Perguntado por Leon Eliachar se o oval da Esso é mesmo oval ou aval, Jânio se toma de surpresa e arremete: "Sugiro-lhe, amistosamente, uma consulta a qualquer psicanalista. O Brasil é tão mencionado nesse seu questionário quanto a Esso". Foi uma tremenda gozação. E diante da pergunta: "Qual será seu *slogan*, 50 anos em 5 ou 5 anos em 60?", Jânio não hesita: "50 anos em 5, mais o pagamento dos atrasados".

O truque de mudar as palavras das perguntas é muito comum no meio político. Ao político, é perguntado algo assim: "O senhor vai dizer tudo que sabe aos procuradores?" E ele responde: "Quem diz a verdade tem tudo a seu favor. Quem não deve não teme". O truque de deturpar as palavras é usual. Exemplo: "O senhor acredita que o relatório do Banco Central não vai condená-lo?" Resposta: "O relatório pode ser uma peça de condenação ou de inocência. Se não comprova nada sobre minha pessoa, sou inocente. Quem me condena não é o Banco. É a imprensa". Começa a falar de sua vida e a discorrer da sofrida trajetória. O truque da autojustificação, na área política, é uma espécie de artimanha que procura encobrir a verdade: "O senhor favoreceu fulano de tal, que tem uma grande folha corrida no campo da corrupção?" E o político responde: "Sou uma pessoa que acredita nos outros; sou de boa-fé, sempre procurei ajudar. Se alguém utilizou de minha boa-fé, certamente não foi com minha aprovação. Se soubesse que fulano era corrupto, não lhe teria dado ajuda". Nos grandes inquéritos, nas CPIs de impacto, depoentes conseguem amparar-se no recurso da súbita debilidade física. Juízes envolvidos no escândalo do prédio do Tribunal Regional do Trabalho em São Paulo apelaram para a debilitação física para obter regalias. Simular idiotice ou demência não é comum na cultura política, apesar de alguns políticos, sadios e inteligentes, demonstrarem, frequentemente, sintomas de demência. E, no capítulo da santificação, a regra é comum: políticos brasileiros não costumam reconhecer o erro, o pecado. Dizem-se inocentes e santos. Orgulhosos, luxuriosos, invejosos, vaidosos, apresentam-se como franciscanos, beneditinos, lazaristas, integrantes de uma solidária comunidade ética e cristã. É assim a política brasileira.

Axiomas do cardeal Mazarino em *Breviário dos Políticos*

O cardeal Mazarino, de nome Giulio Raimondo Mazarino, nasceu em Pescina, Itália, em 14 de julho de 1602. Ingressou no serviço militar do papa, como capitão-tenente. Participou como conselheiro do cardeal Antonio Barberini das negociações durante a guerra pela sucessão de Mântua, quando se encontrou, pela primeira vez, com o cardeal Richelieu. Em 1632, o papa o enviou a Paris, onde recebeu o título de monsenhor, embora jamais tenha sido ordenado. Em função de seus dotes diplomáticos, ascendeu na carreira e foi convidado pelo cardeal Richelieu para ingressar no serviço de Luís XIII. Exerceu intensa atividade diplomática. E acabou sendo nomeado sucessor de Richelieu, depois da morte do cardeal. Nomeado primeiro-ministro, tornou-se senhor absoluto do reino, gozando plena confiança da regente Ana de Áustria, que o encarregou de educar o jovem Luís XIV. Mazarino modernizou o Estado, restaurou o absolutismo, subjugou a nobreza, protegeu as artes e as letras. Morreu em 9 de março de 1661 e, pouco antes de morrer, escreveu, de próprio punho, o pequeno livro *Breviário dos Políticos*. Eis um resumo de seu pensamento:

- *Age com todos os teus amigos como se eles devessem tornar-se teus inimigos.*
- *Em uma comunidade de interesses, o perigo começa quando um dos membros torna-se muito poderoso.*
- *Quando te preocupares em obter alguma coisa, que ninguém se aperceba de tua aspiração antes de a realizares.*
- *É preciso conhecer o mal para poder enfrentá-lo.*
- *Não procures resolver com a guerra ou um processo aquilo que podes resolver pacificamente.*
- *É melhor sofrer um pequeno prejuízo do que, na esperança de grandes vantagens, fazer avançar a causa de outro.*
- *É perigoso ser muito duro nos negócios.*
- *O centro vale mais do que os extremos.*
- *Deves tudo saber sem nada dizer, ser agradável com cada um sem confiar em ninguém.*
- *A felicidade consiste em ficar equidistante de todos os partidos.*
- *Mantém sempre alguma desconfiança em relação a cada um e convence-te de que a opinião que fazem de ti não é melhor do que a opinião que fazem dos outros.*
- *Quando um partido é numeroso, mesmo se a ele não pertences, não fales mal dele.*

- *Desconfia daquele para quem vão teus sentimentos.*
- *Quando ofereceres um presente ou quando deres uma festa, medita sobre tua estratégia como se estivesses partindo em guerra.*
- *Defende-te da aproximação de um segredo com o mesmo cuidado com que te defenderias da aproximação de um prisioneiro decidido a te cortar a garganta.*

Os cinco preceitos básicos de Mazarino

1   *Simule.*
2   *Dissimule.*
3   *Não confies em ninguém.*
4   *Fale bem de todo mundo.*
5   *Preveja antes de agir.*

- Simule, dissimule.

    Mostre-se amigo de todo mundo, converse com todo mundo, inclusive com aqueles que odeia; eles lhe ensinarão a circunspeção. De qualquer modo, esconda suas cóleras, pois um só acesso prejudicará o seu renome em proporções muito maiores do que a capacidade de lhe embelezar, de todas as suas virtudes reunidas. Prefira os empreendimentos por ser mais facilmente obedecido e, quando tiveres que escolher entre duas vias de ação, prefira a facilidade à grandeza com todos os aborrecimentos que ela comporta. Aja de modo que ninguém saiba tua opinião sobre um assunto, a extensão de tua informação, nem sobre o que queres, com o que te ocupas ou o que temes. Mas não convém esconder em demasia suas virtudes nem encolerizar-se com a demora das cerimônias religiosas, sem no entanto fazer-se de devoto. Mesmo que um pouco de brutalidade lhe permita obter alguma coisa, não faças uso dela.

- Não confies em ninguém.

    Quando alguém fala bem de ti, podes estar certo de que ele te escarnece. Não confies segredos a ninguém. Mesmo se frequentemente teu valor é ignorado, não te faças valer a ti mesmo, nem tampouco te desvalorizes. Os outros te espreitam e esperam teu primeiro momento de relaxamento para te julgar. Se alguém te interpela e te insulta, pense que está pondo à prova tua virtude. Os amigos não existem, há apenas pessoas que fingem amizade.

- Fale bem de todo mundo.

    Fale bem de todos, jamais fales mal de alguém, temendo que um terceiro te escute e vá relatar tudo à pessoa mencionada. Dos superiores só fale bem e louve, especialmente aqueles de quem precisas. Uma veste presenteada, um repasto oferecido, serão sempre, a te ouvir, os mais belos do mundo.

▷ Preveja antes de agir.

E antes de falar. Se poucas são as chances de que se deforme para melhor o que fazes, o que dizes, podes estar certo de que, em compensação, tuas palavras e gestos serão deformados para pior. Atenção! Pode ser que neste exato momento haja alguém por perto que te observa ou te escuta, alguém que não podes ver.

Comentário

O cardeal Mazarino, convenhamos, não é nenhum ideal de santidade e nem mesmo um exemplo de orgulho na galeria do cardinalato. Até porque recebeu o título de monsenhor sem nunca ter se ordenado padre. Ganhou o título do papa, em 1632, para realizar missões diplomáticas. Como se pode concluir, Mazarino foi um político de mão-cheia. Entre nós, seria um "coronel dos coronéis". Trata-se de um estrategista que faz sua cartilha de valores a partir do cinismo, da falta de escrúpulos, da emboscada, do embuste, da falsidade e da dissimulação, entre outros conceitos negativos. Trata-se de um cultor do pragmatismo ou, em uma visão mais brasileira, um legítimo representante do preceito franciscano "É dando que se recebe". Mazarino constrói seu discurso sobre uma base amoral, em que a meta de atingir o poder absoluto ocupa o espaço central. Não deixa de ser uma confissão sobre a descrença nos valores do homem. Nesse sentido, os preceitos de Mazarino podem-se constituir em ferramenta afiada para políticos inescrupulosos que colocam a ambição desvairada pelo poder acima de tudo e de todos. Tudo vale, tudo pode ser empregado na política. Diferente de *O Príncipe*, de Maquiavel, o livro do cardeal Mazarino é uma sequência de máximas assistemáticas e anárquicas.

Pensamentos de Maquiavel em *O Príncipe*

Niccolò Machiavelli nasceu em 3 de maio de 1469, em Florença. Considerado o artífice da ciência política, construiu um ideário para dar sustentação ao príncipe, Cesare Borgia, o duque Valentino, que lhe inspira a imagem de líder audacioso, impiedoso, frio e dotado de grandes qualidades políticas. Latinista, estudioso de política, em 1498 foi eleito secretário da república, chefe da segunda chancelaria. Em 1500, quando o Brasil foi descoberto, Maquiavel foi à França levar o protesto da república florentina ao rei Luís XII, provocado pelo motim das forças francesas que, a serviço de Florença, assediavam a cidade de Pisa. Leu *Vidas*, de Plutarco, no qual se inspirou para descrever a figura de Valentino, no capítulo VII de *O Príncipe*. Cumpriu uma série de missões militares e diplomáticas. Em 1511, foi enviado a Milão para tentar impedir ou adiar a convocação do concílio, sendo papa Júlio II. Em 1513, sob suspeita de participar de um complô contra os Médici, foi preso e torturado. Em 1515, apresentou *O Príncipe* a Lorenzo de Médici e passou a se dedicar à atividade literária. Em 1519, com a morte de Lorenzo II de Médici, Maquiavel voltou à política. Em 1525, escreveu uma segunda comédia, *Clizia*. Em 1526, acompanhou as operações de guerra contra as tropas imperiais. Em 1527, no dia 21 de junho, despojado de todos os seus cargos, morreu, pobre, em Florença. Um resumo de seus pensamentos:

- *A ofensa que se fizer a um homem deverá ser de tal ordem que não se tema a vingança.*

- *Arruína-se quem é instrumento para que outro se torne poderoso.*

- *Mais facilmente se conserva uma cidade habituada a viver livre, mobilizando seus próprios cidadãos do que por qualquer outro meio, se quiseres conservá-la.*

- *As pessoas devem sempre seguir os caminhos abertos pelos grandes homens e espelhar-se nos que foram excelentes.*

- *Não há coisa mais difícil de se fazer, mais duvidosa de se alcançar ou mais perigosa de se manejar do que ser o introdutor de uma nova ordem, porque quem o é tem por inimigos todos aqueles que se beneficiam com a antiga, e como tímidos defensores todos aqueles a quem as novas instituições beneficiariam.*

- *A natureza dos povos é variável; e, se é fácil persuadi-los de uma coisa, é difícil firmá-los naquela convicção.*

- *São bem empregadas as crueldades que se fazem de uma só vez pela necessidade de garantir-se e depois não se insiste mais em fazer, mas rendem o máximo possível de utilidade para os súditos. Mal empregadas são aquelas que, ainda que de início sejam poucas, crescem com o tempo, em vez de se extinguirem.*

- *O conquistador deve examinar todas as ofensas que precisa fazer, para perpetrá-las todas de uma só vez e não ter que renová-las todos os dias. Não as repetindo, pode incutir confiança nos homens e ganhar seu apoio por meio de benefícios.*

- *Quem chega ao principado com a ajuda dos grandes, mantém-se com mais dificuldade do que o que se torna príncipe com a ajuda do povo, porque o primeiro se vê cercado de muitos que parecem ser seus iguais, não podendo, por isso, comandá-los nem manejá-los a seu modo. Mas quem chega ao principado com o favor popular encontra-se sozinho e não tem em torno de si ninguém ou pouquíssimos que não estejam prontos a obedecê-lo.*

- *Um príncipe sábio deve encontrar um modo pelo qual seus cidadãos, sempre e em qualquer tempo, tenham necessidade do Estado e dele; assim, eles sempre lhe serão fiéis.*

- *É da natureza dos homens deixar-se cativar tanto pelos benefícios feitos como pelos recebidos.*

- *Os principais fundamentos de todos os Estados, tanto dos novos como dos velhos ou dos mistos, são boas leis e boas armas.*

- *Um príncipe não deve jamais afastar o pensamento do exercício da guerra e, durante a paz, deve praticá-lo mais ainda do que durante a guerra.*

- *Um príncipe deverá, portanto, não se preocupar com a fama de cruel se desejar manter seus súditos unidos e obedientes.*

- *O príncipe deve ser ponderado em seu pensamento e ação, não ter medo de si mesmo e proceder de forma equilibrada, com prudência e humanidade, para que a excessiva confiança não o torne incauto, nem a exagerada desconfiança o faça intolerável.*

- *É muito mais seguro ser temido do que amado, quando se tem de desistir de uma das duas.*

- *As amizades que se obtêm mediante pagamento, e não com a grandeza e nobreza de ânimo, compram-se, mas não se possuem, e, no devido tempo, não podem ser usadas.*

- *Deve o príncipe fazer-se temer de modo que, se não conquistar o amor, pelo menos evitará o ódio, pois, é perfeitamente possível ser temido e não ser odiado ao mesmo tempo, o que conseguirá sempre que se abstenha de se apoderar do patrimônio e das mulheres de seus cidadãos e súditos.*

- *Um príncipe precisa saber usar bem a natureza animal; deve escolher a raposa e o leão, porque o leão não tem defesa contra os laços, nem a raposa contra os lobos. Precisa, portanto, ser raposa para conhecer os laços e leão para aterrorizar os lobos.*

- *Não é necessário ter todas as qualidades, mas é indispensável parecer tê-las.*

- *Deves parecer clemente, fiel, humano, íntegro, religioso e sê-lo, mas com a condição de estares com o ânimo disposto a tornar-te o contrário.*

- *O que conta por fim são os resultados. Cuide, pois, o príncipe de vencer e manter o Estado: os meios serão sempre julgados honrosos e louvados por todos, porque o vulgo está sempre voltado para as aparências e para o resultado das coisas, e não há no mundo senão o vulgo; a minoria não tem vez quando a maioria tem onde se apoiar.*

- *Manter o povo entretido com festas e espetáculos, nas épocas convenientes do ano. Como toda cidade é dividida em corporações e tribos, deve dar atenção a essas coletividades.*

- *Deve, portanto, um príncipe prudente escolher em seu Estado homens sábios e somente a esses conceder livre-arbítrio para lhe dizer a verdade, e apenas sobre as coisas que o príncipe lhes perguntar, mais nada.*

- *Deve também perguntar muito e, depois, ouvir pacientemente a verdade sobre as coisas indagadas.*

Comentário

Os princípios maquiavélicos têm sido os mais citados pelos atores contemporâneos da política, possivelmente pela relação direta com o cotidiano. Maquiavel é, por excelência, o artífice da ideia da expansão e consolidação do poder do "príncipe". Todo seu pensamento está voltado para o fortalecimento das bases do poder. O princípio mais conhecido é o de que "Os fins justificam os meios". Ou seja, para alcançar os objetivos os atores podem usar de todos os meios e formas. Outra norma maquiavélica muito em voga é a que aconselha o governante a fazer todas as maldades de uma vez só. Mas os benefícios, esses sim, devem ser distribuídos paulatinamente. É consensual a premissa de que a maldade, praticada no início de uma administração, acaba sendo esquecida, se o governante, na sequência dos quatro anos de mandato, oferecer recompensas e benefícios. Também é maquiavélico o conceito originado no axioma franciscano "É dando que se recebe". Maquiavel expressa a ideia de que a pessoa se deixa cativar pelos benefícios tanto dados como recebidos. Nem sempre os feitos dos governantes constituem base para a conquista de apoio e simpatia. Em determinados momentos, eles têm de se mostrar duros e cruéis. O governante há de ser temido para ser respeitado. É interessante, ainda, observar como Maquiavel chama a atenção do príncipe para a ideia de dar atenção às coletividades, ou o que chamamos hoje de grupamentos sociais. Na verdade, ele divisava a força da pressão de grupos setoriais, os famosos grupos de pressão da política contemporânea, o que denota a atualidade do discurso maquiavélico. E se ao político a conjuntura aconselha mudança de postura, que o faça. É exatamente isso que sugere quando aconselha o príncipe a mudar de posição, a deixar de ser tolerante, suave, religioso, se as circunstâncias assim o determinarem. A dissimulação, tão declamada pelo cardeal Mazarino, é, assim, um dos postulados básicos de Maquiavel. Como se observa, os conceitos de poder brutalizado, opressão, engodo, artifício, ilusão, tão usuais na política dos nossos tempos, vêm fazendo um curso ascendente desde Mazarino e Maquiavel.

Pensamentos de Karl von Clausewitz em *Da Guerra*

Nasceu em 1780 e morreu em 1831. Foi um filósofo da guerra. Entrou em 1792, aos 12 anos, no 34º Regimento de Infantaria da Prússia. Serviu como soldado prussiano na campanha do Reno, de 1793 a 1794. Era um soldado profissional, filho de um oficial, neto de um clérigo, educado para a guerra. Inscreveu-se na academia de Berlim, estudou Kant e ajudou a reformar o exército prussiano. Ao lado dos russos, teve papel fundamental nas campanhas de Moscou de 1812 e 1813. Quando regressou ao exército prussiano, tornou-se chefe do Estado-maior dos regimentos de Thielmann. Foi diretor da Academia Militar de Berlim. Veterano de 20 anos de campanha, sobreviveu às batalhas de Iena, Borodino e Waterloo, a segunda batalha mais sangrenta de Napoleão. Viu o sangue correr aos borbotões, atravessou campos de batalha onde mortos e feridos jaziam espalhados como pedaços de pau nas margens das estradas. Ele endureceu o coração, vendo os fogos infernais do incêndio que destruiu Moscou, a maior catástrofe material das guerras napoleônicas, evento atribuído aos cossacos que, antes de fugirem, tocavam fogo em todas as casas. Por isso, a guerra, para esse filósofo e militar, tinha muito a ver com matadouro. Se o homem é um animal político, na visão de Aristóteles, trata-se de um animal político que guerreia, segundo o pensamento de Clausewitz. Seu livro *Da Guerra* foi publicado em 1832 por sua esposa. E traz um conceito de guerra que retrata a visão de quem viveu o caos. Segundo John Keegan, em *Uma História da Guerra*, Clausewitz era um militar reformista prático, um homem de ação, um crítico da sociedade em que viveu, um filho do Iluminismo. Em 1806, Napoleão atacou a Prússia e derrotou seu exército em poucas semanas. Clausewitz tornou-se prisioneiro em solo francês. O duplo patriotismo o fez desobedecer às ordens de seu rei para servir Napoleão em sua invasão da Rússia. Uniu-se ao exército czarista. Foi oficial czarista e voltou à Prússia, em 1813, ainda usando uniforme russo. Continuava um fervoroso nacionalista prussiano, mas sua carreira estava acabada. Segundo Keegan, na época, enquanto vivia seu dilema militar, Marx vivia seu dilema político. Ambos cresceram dentro do mesmo ambiente cultural alemão. Marx tinha a formação filosófica que Clausewitz não tinha, mas ambos produziram livros que, para muitos, tinham a mesma qualidade. O de Clausewitz não teve a mesma importância de *O Capital*, mas, depois de 40 anos, tornou-se muito conhecido, tendo influência sobre as gerações de militares seguintes. Ele começou a produzi-lo em 1818. E só foi publicado um ano depois de sua morte. A base mais conhecida de seu pensamento é "A guerra é a continuação da política por outros meios". Era a fórmula que ele tinha para expressar o compromisso estabelecido pelos Estados que conhecia. Eis alguns conceitos:

- *A guerra é um ato de violência com que se pretende obrigar o nosso oponente a obedecer à nossa vontade.*
- *A destruição do inimigo é o fim natural do ato da guerra.*
- *Somente batalhas grandes e generalizadas podem produzir grandes resultados.*
- *O objetivo de qualquer ação na guerra é desarmar o inimigo.*
- *Se pretendemos derrotar o inimigo, temos de empregar os nossos esforços em proporção ao seu poder de resistência.*
- *A guerra não é só um ato político, mas também um autêntico instrumento político, uma continuação do comércio político, um modo de levá-lo a cabo, mas por outros meios.*
- *Estratégia é a utilização da batalha para ganhar o fim da guerra.*
- *Um príncipe ou um general que sabe organizar a sua guerra de acordo com o seu objetivo e meios, que não faz nem de mais nem de menos, dá com isso a maior prova do seu gênio.*
- *Desde o condutor dos transportes e o tocador de tambor até o general, a ousadia é a mais nobre das virtudes, o aço verdadeiro que dá à arma o seu gume e brilho.*
- *A melhor estratégia é sempre ser muito forte, primeiro de um modo geral, depois no ponto decisivo. Portanto, para além da energia que cria o exército, trabalho que nem sempre é feito pelo general, não há lei para a estratégia mais imperativa ou simples do que manter as forças concentradas.*
- *A estratégia fixa o lugar onde, o tempo quando e a força numérica com que a batalha deve ser lutada.*

> *Nenhuma batalha é decidida num único momento, embora em todas as batalhas surjam momentos de crise de que depende o resultado. A perda da batalha é, pois, um descair gradual.*

Comentário

Os preceitos de Clausewitz já foram mais aceitos na área política. O pensador escreveu seu livro em um tempo de extremas disparidades ideológicas e em um contexto de grandes devastações, que permitiam o uso da força de forma absoluta. O arrefecimento das doutrinas e a aproximação das comunidades nacionais, pela interpenetração dos interesses entre as nações, já não aceitam a tese de que o objetivo da guerra é a completa destruição do inimigo. Liddell Hart, aliás, diverge frontalmente de Clausewitz, ao afirmar que o objetivo da guerra é conseguir uma paz melhor. O centro da questão é o poder. Do monopólio do poder, que se perseguia no passado, as nações avançaram no sentido do conceito do poder compartilhado. O monopólio do poder, está comprovado, conduz ao conhecido axioma de um dos mais importantes historiadores ingleses do princípio do século XX, Lord Acton: "Todo poder corrompe e o poder absoluto corrompe absolutamente". Não é sem razão que governos tirânicos, que vicejam em alguns recantos do mundo, exemplos de poder monopolizado, estão cada vez mais acuados e isolados. Muitas lições de Clausewitz têm, porém, aplicação na política. A sua teoria sobre estratégia pode ser muito útil na política, quando não se restringe à ideia de grandes lutas, "carnificina em massa", ou seja, a redução da guerra a mera operação mecânica. Na estratégia, deve-se abrigar a necessidade do planejamento, dos recursos e meios, das formas de defesa e ataque, do tempo e do momento de atacar, da concentração no foco. Na política, costuma-se derivar muito, perdendo-se a ideia do centro da questão. Alternativas podem e devem ser postas à mesa, sem jamais esquecer a priorização dos aspectos fundamentais. Para o autor, é importante fazer grandes batalhas, em grandes palcos de luta, com grande aparato. Na política, eventualmente, essa formulação estratégica poderá dar resultados, mas as ações indiretas, tão do gosto dos antigos estrategistas, têm sido muito eficazes. Trata-se, nesse caso, de fustigar os adversários, minar suas forças, bem devagar, desestruturar emocionalmente suas bases eleitorais, corroer as estruturas, enfim, "comer pelas bordas", como diz o ditado. Nas campanhas eleitorais, a guerra de guerrilhas, a multiplicação de pequenas ações, em sequência e em todos os lugares, poderão ser mais interessantes do que a realização de grandes ações concentradas em poucos pontos determinados. A ousadia e a coragem, valores intensamente enfatizados por Clausewitz, podem conferir ao político a imagem do guerreiro, do lutador, do homem determinado.

Pensamentos de Liddell Hart em *As Grandes Guerras da História*

Ex-capitão e conselheiro do gabinete inglês, Basil Henry Liddell Hart granjeou simpatia em todos os ambientes militares do mundo, sendo considerado um dos mais respeitados teóricos militares do século XX, é conhecido por ser o mais famoso escritor militar do século XX e o grande artífice da teoria da estratégia da ação indireta. Seu livro *As Grandes Guerras da História* é um precioso levantamento das principais guerras da humanidade. É o livro mais difundido nas escolas militares de todo o mundo. Descreveu as guerras gregas, romanas, bizantinas, medievais, os séculos XVII e XVIII, a revolução francesa e as estratégias de Napoleão, o princípio do século XX, a Primeira Guerra Mundial e a Segunda Guerra Mundial, concluindo com fundamentos de estratégia. Para ele, a ação indireta é a estratégia mais valiosa por ser infinitamente mais ampla. Nesse sentido, cultua a afirmação de Napoleão de que na guerra "O moral está para o físico como três para um". Até Shakespeare entra em sua análise, com o pensamento: "Por meios indiretos, descobrir direções para atuar" (*Hamlet*, ato II, cena I).

O livro de Hart é denso e pleno de conceitos. Eis uma pequena ilustração de seu pensamento:

Axiomas Positivos

▷ *Ajuste seu fim aos seus meios. Uma visão clara e um raciocínio frio devem prevalecer por ocasião da escolha do objetivo da guerra. É loucura querer "abocanhar mais do que se pode mastigar" e é uma prova de sabedoria analisar os fatos friamente, embora sem perder o otimismo: a fé pode realizar o aparentemente impossível quando a ação for iniciada.*

▷ *Conserve seu objeto sempre em mente quando tiver que adaptar seu plano "à situação". Recorde que existe mais de um caminho para atingir seu objetivo, mas lembre-se de que qualquer objetivo a ser conquistado deve estar relacionado com seu objetivo.*

▷ *Escolha a linha (ou curso de ação) de menor expectativa. Procure colocar-se no lugar do inimigo e verificar qual a linha de ação menos provável a ser prevista ou prevenida.*

▷ *Explore a direção de menor resistência desde que possa conduzir a qualquer objetivo que contribua para a consecução de seu objetivo básico.*

▷ *Opere em uma direção que ofereça objetivos alternativos. Desse modo, o adversário será colocado nas "alternativas de um dilema", o que muito contribuirá para a conquista de, pelo menos, um objetivo – aquele que estiver menos protegido – e, possivelmente, permitirá a conquista posterior de outro.*

▷ *Cuide para que seu plano e seu dispositivo sejam flexíveis e adaptáveis à situação. Seu plano deve prever e prover a manobra a ser realizada em caso de êxito, de fracasso ou de êxito parcial, que é o caso mais comum na guerra.*

Axiomas Negativos

▷ *Não exerça um esforço enquanto o adversário estiver em guarda, isto é, em boa situação para detê-lo ou para esquivar-se. A experiência da História mostra que, salvo contra um adversário muito inferior, nenhuma ação é eficaz enquanto a capacidade de resistência ou de fuga do adversário não esteja neutralizada.*

> *Não renove um ataque na direção em que fracassou uma vez. Um reforço não é uma providência suficiente, pois é provável que o inimigo também se tenha reforçado nesse intervalo. É igualmente provável que o fracasso do ataque tenha levantado o moral do inimigo.*

> *Na guerra é uma prova de sabedoria não subestimar o adversário, procurar compreender como funciona seu cérebro e descobrir que métodos ele aplica. Só assim é possível pensar-se em poder prever e prevenir as ações inimigas.*

Entre as guerras que descreveu, Hart mostra que as guerras de Aníbal – considerado um dos pais da estratégia – contra Roma são exemplos da estratégia indireta.

Aníbal versus *Públio Cipião*

Os romanos enviaram o cônsul Públio Cipião a Marselha para deter o avanço de Aníbal, o cartaginês, no Ródano. Aníbal atravessou o temível obstáculo em um ponto mais acima do que seria de esperar. E voltou para o norte tomando uma rota difícil e sinuosa, em vez de outra mais direta e mais fácil. Quando Cipião chegou ao local da travessia, três dias depois, ficou espantado por verificar que o inimigo fora embora. Jamais Cipião supunha que Aníbal fosse escolher o caminho mais complicado. Aníbal tomou conta do norte, onde passou o inverno.

Aníbal versus *Flamínio*

Na primavera seguinte, os novos cônsules, antecipando-se na ofensiva, levaram um dos exércitos para Rimini, no Adriático, e outro para Arezzo, na Etrúria, dominando as direções oriental e ocidental e evitando a passagem de Aníbal sobre Roma. Mas em vez de deslocar-se por estradas conhecidas, Aníbal escolheu uma estrada através dos pântanos. Durante quatro dias e três noites, o exército cartaginês marchou por uma estrada coberta pelas águas, cansando-se e sem dormir, perdendo grande número de homens e cavalos. Chegaram a Arretium, encontraram o exército romano acampado e descansado. Mas Aníbal não tentou o ataque direto. Investiu sobre um distrito adiante. Flamínio, o romano, irritado e com medo da reação popular, seguiria em seu encalço. Foi a maior emboscada da História. Na nublada madrugada, o exército romano que perseguia Aníbal foi apanhado de surpresa, envolvido pela frente e pela retaguarda. Foi aniquilado.

Aníbal versus *Fábio*

Na segunda fase da guerra contra Aníbal, os romanos já estavam mais tarimbados. Começaram a usar a estratégia indireta, a estratégia fabiana. Consistia em uma ação premeditada para obter efeitos morais sobre o inimigo e não uma fuga à batalha. Fábio reconhecia a superioridade militar de Aníbal para arriscar-se a uma decisão pelas armas. Portanto, sua estratégia consistia em desgastar a resistência dos invasores com pequenas incursões, ou seja, a guerra de guerrilhas. Fábio estava sempre longe. E assim, com ações indiretas, conseguiu levantar o moral das tropas romanas. Mas o povo queria mais. Achava Fábio covarde e vacilante. Dois novos cônsules foram eleitos. Varro, impetuoso e ignorante, e Paulo, moderado. Varro ofereceu combate direto a Aníbal na primeira oportunidade. Era o que o cartaginês desejava. A infantaria de ambos foi colocada no centro, com a cavalaria nos flancos. Mas Aníbal, dessa vez, fez algo diferente. Posicionou na frente os gálios espanhóis que formavam o centro da linha de infantaria; manteve recuados os infantes africanos, posicionados em ambas as extremidades da linha. Assim, os gálios espanhois formavam ímã natural para a infantaria romana, sendo, como se previa, obrigados a recuar, de modo que a posição saliente se transformou em uma bolsa reentrante. Os romanos, entusiasmados com o êxito aparente, correram para a abertura da bolsa. Imaginavam estar rompendo a frente cartaginesa; na realidade, enchiam o espaço criado pelo esperto Aníbal. Os veteranos africanos do cartaginês, em contra-ataque partido de ambos os flancos, fizeram o massacre. Foi uma verdadeira armadilha, com base no ataque indireto. Enquanto isso, a cavalaria pesada de Aníbal, da ala esquerda, rompera através da cavalaria inimiga naquele flanco, desbordando os romanos pela retaguarda, dispersando sua cavalaria no outro flanco. O golpe final foi dado pela cavalaria pesada que caiu sobre a retaguarda da infantaria romana, já cercada pelos três lados. Dos 76 mil homens do exército romano, 70 mil tombaram no campo de batalha. Varro, o arrogante, conseguiu escapar. E Paulo, o outro cônsul, morreu.

Comentário

Liddell Hart é, seguramente, o maior cultor da estratégia indireta. E, ao contrário de Clausewitz, a quem fez uma ácida crítica, defende a ideia de que a finalidade da guerra é assegurar uma paz em melhores condições. Para ele, a História mostra que as vitórias militares não atendem, muitas vezes, ao objeto da política, como defendia Clausewitz. É claro que ele distingue muitas qualidades no general prussiano, particularmente a visão dele sobre os fatores psicológicos para a teoria da guerra, quando enfatizou os valores da coragem e da ousadia, as consequências do perigo e da fadiga. Hart demonstra que as batalhas diretas da Primeira Guerra Mundial, de acordo com os preceitos clausewitzianos de guerra total, jamais produziram os resultados decisivos que delas se esperavam. E comprova que as ações indiretas da Segunda Guerra foram muito mais eficazes, quando poucas divisões, em terra, combinadas com ataques aéreos, avançando sobre objetivos civis, abalavam o moral do adversário. Os generais de Hitler preferiam as grandes batalhas militares a ações indiretas. Na invasão da Rússia, o general Halder, chefe do Estado-Maior, opunha-se a atacar objetivos econômicos em vez de militares. O próprio Hitler estava inclinado a aceitar a ideia de atingir setores vitais da produção, mas desistiu em face da preferência do Estado-Maior, que decidiu pela maneira clássica em lugar de conquistar objetivos morais e econômicos representados por Moscou e Leningrado, como queria Guderian, expoente da nova escola de guerra móvel mecanizada. Aliás, o estilo de guerra-relâmpago – *Blitzkrieg* – foi um dos sucessos das campanhas nazistas, principalmente no norte da África. Foi ali que o marechal Erwin Rommel, ao ver destroçados os exércitos aliados, produziu uma frase que se tornou célebre: "Os pobres nunca deveriam fazer guerra". Para Hart, a Segunda Guerra Mundial provou as vantagens e as novas possibilidades da ação indireta, ou estratégica, contra a tese do objetivo militar. Ou seja, a ideia básica é a operação estratégica em lugar da batalha militar. É o que mostram, ainda, as grandes guerras da História, as guerras gregas e romanas, as guerras bizantinas e medievais.

Qual a importância dos preceitos de Liddell Hart para a política? São tão claros que falam por si só. Buscar, todo o tempo, minar as bases morais do adversário, arrefecendo suas forças. É importante, por exemplo, planejar apenas ações que possam ser executadas. Não adianta projetar metas e objetivos para os quais não haja um conjunto de meios apropriados. Ou seja, não colocar o carro na frente dos bois. A flexibilidade é e será sempre um recurso eficaz em uma campanha política, o que significa evitar conceitos fechados e posições muito rígidas. A política, aliás, é a arte do possível. E nunca um político deve marchar com uma única alternativa. Vale, aqui, a lição de Napoleão: *"Faire son thème em deux façons"* ("Fazer as coisas de dois modos"). Ou, ainda, o conselho do general Sherman, usando a fraseologia texana para o mesmo conceito: "Pôr o inimigo nos cornos de um dilema". Significa, por exemplo, que a estratégia militar pode dispersar as forças do adversário e lhe quebrar o moral, produzir incapacidade de ação e falta de motivação; antecipar e prever o modo de conseguir o resultado favorável no confronto; e impedir movimentos subsequentes do adversário. Na política, a decisão leva em conta os partidos e suas forças, a natureza dos cargos, a possibilidade de alianças, o clima do meio ambiente, as circunstâncias de uma campanha eleitoral etc. Um candidato a presidente da República, por exemplo, há de trabalhar com diversas alternativas, e não apenas com a posição isolada de colar a candidatura exclusivamente em seu partido, exprimir um único discurso e escolher uma única estratégia de campanha.

Termos e conceitos-chave

- Administração das dificuldades
- Administração do tempo
- Apresentação pessoal
- Argumentação
- Autoconhecimento
- Axiomas
- Base de memória
- Comando
- Coragem
- Criatividade
- Especialização
- Estratégias direta e indireta
- Guerra

- Ideário
- Inovação
- Marketing pessoal
- Monopólio do poder
- Preceitos
- Táticas

CAPÍTULO 10

O PODER DA PALAVRA

"A palavra é metade de quem a pronuncia, metade de quem a ouve."

(Montaigne)

A palavra como baliza da história

No princípio era o verbo e o verbo estava com Deus. E o verbo era Deus. A primeira e mais forte referência ao poder da palavra aparece na *Bíblia*. A transformação do verbo em Deus denota que a palavra é a grande herança da humanidade. Sob o império da palavra – oral e escrita – forjaram-se as civilizações, expandiram-se as culturas, disseminaram-se os valores, escreveram-se as histórias dos povos. Com a palavra, construíram-se os caminhos da Guerra e da Paz. Pela palavra, firmaram-se as bases do amor, da verdade, da justiça, do perdão, da caridade, do civismo, da cidadania, da fé e da esperança.

Aristóteles dizia que somente o homem, entre todos os animais, possui o dom da palavra; a voz indica dor e prazer, e por essa razão foi outorgada aos outros animais. A palavra, contudo, tem a finalidade de fazer entender "O que é útil ou prejudicial, o que é justo e injusto".

A palavra constitui o mecanismo básico que, agindo nos hemisférios cerebrais, ajusta o ser humano ao meio ambiente e à vivência social: condiciona, provoca reações, induz, seduz, motiva, sugestiona, hipnotiza, integra, harmoniza, dá segurança.

A par da carga psicossomática que traz para o equilíbrio do ser humano, a palavra preenche os ciclos da história com as ideias, os valores e os princípios que fundamentaram as conquistas das civilizações e que possibilitaram avanços e descobertas em todos os campos do conhecimento universal.

A história do homem é, por assim dizer, a própria história da evolução da palavra. Na Antiguidade, a palavra exprimia grandeza e era soberana. Era forte a expressão de Demóstenes (384 a.C. – 322 a.C.), grande orador e político grego, na *Ágora*. Era incandescente a locução de Cícero (106 a.C. – 43 a.C.), no Fórum romano; foi de incrível beleza a sonata de amor ditada por Cristo no Sermão da Montanha: "Bem-aventurados os que têm fome e sede de justiça". As plateias da Antiguidade se embeveciam e se encantavam com a arte dos grandes mestres da palavra.

SERMÃO DA MONTANHA

"E Jesus, vendo a multidão, subiu a um monte, e, assentando-se, aproximaram-se dele os seus discípulos.

E, abrindo a sua boca, os ensinava, dizendo:

Bem-aventurados os pobres de espírito, porque deles é o reino dos céus;

Bem-aventurados os que choram, porque eles serão consolados;

Bem-aventurados os mansos, porque eles herdarão a terra;

Bem-aventurados os que têm fome e sede de justiça, porque eles serão fartos;

Bem-aventurados os misericordiosos, porque eles alcançarão misericórdia;

Bem-aventurados os limpos de coração, porque eles verão a Deus;

Bem-aventurados os pacificadores, porque eles serão chamados filhos de Deus;

Bem-aventurados os que sofrem perseguição por causa da justiça, porque deles é o reino dos céus;

Bem-aventurados sois vós, quando vos injuriarem e perseguirem e, mentindo, disserem todo o mal contra vós por minha causa.

Exultai e alegrai-vos, porque é grande o vosso galardão nos céus; porque assim perseguiram os profetas que foram antes de vós.

Vós sois o sal da terra; e se o sal for insípido, com que se há de salgar? Para nada mais presta senão para se lançar fora, e ser pisado pelos homens.

Vós sois a luz do mundo; não se pode esconder uma cidade edificada sobre um monte;

Nem se acende a candeia e se coloca debaixo do alqueire, mas no velador, e dá luz a todos que estão na casa.

Assim resplandeça a vossa luz diante dos homens, para que vejam as vossas boas obras e glorifiquem a vosso Pai, que está nos céus."

A evolução da palavra se deu na esteira da evolução da Humanidade. O Estado-Cidade deu lugar ao Estado-Nação. Para atender aos milhões de cidadãos espalhados pelos mais distantes lugares, a palavra expandiu fronteiras, ganhou força com a invenção da imprensa e, assim, acompanhando os passos do tempo, chegou às ondas do rádio e da televisão. Mas, ao longo de todos os ciclos evolutivos, jamais deixou de ter papel preponderante na tessitura dos fios da História. Da mesma forma que no passado, nesses nossos tempos de comunicação eletrônica a palavra continua a exercer extraordinário poder de sedução, principalmente quando se ampara nos atributos centrais da boa oratória.

A palavra tem poder de exprimir situações e influir sobre estados de alma. Como se desenvolve tal processo? Forma-se um reflexo, a partir da impressão sensorial de um objeto, traduzido de maneira associativa pela palavra; sobre esse reflexo processa-se outro reflexo, desempenhado pela imagem. As palavras, sucessivamente, tornam-se excitantes, desencadeando imagens. Há muita curiosidade em torno do poder da palavra. A questão das sugestões, por exemplo.

No clássico *A Mistificação das Massas pela Propaganda Política*, Serge Tchakhotine explica que o fenômeno ocorre quando, por meio de certas ações, enfraquece-se a faculdade de resistência dos mecanismos superiores, como o córtex cerebral. Coisa que acontece quando se provoca uma generalização da inibição interna, idêntica ao sono ou à fadiga. A fraqueza se dá, ainda, por um abalo do sistema nervoso, por meio de uma excitação muito forte, uma emoção profunda ou pelo álcool, por exemplo. Se uma pessoa estiver nessas condições e for atingida por uma palavra imperativa, uma ordem, a ordem se torna irresistível, graças à irradiação, em todo o córtex, da inibição por ela causada. Isso explica, em parte, o fenômeno do domínio das massas pela propaganda política e, também, serve para explicar a força do poder do discurso.

Vamos a outros conceitos. O uso do poder pelas pessoas começa na relação mais simples, por exemplo, entre duas pessoas conversando. Quando duas pessoas conversam, uma delas está tentando convencer a outra de que seu ponto de vista, sua opinião, é melhor que o do interlocutor. Nesse sentido, está se processando uma relação de poder. O primeiro quer, de certa forma, impor seu ponto de vista ao segundo e marcar uma vontade, uma posição de poder.

Na construção do discurso de massa e do discurso grupal, há quatro grandes alavancas que devem ser consideradas:

- **A alavanca da adesão** – fazendo com que os interlocutores aceitem a argumentação e passem a concordar com o ideário de quem usou a palavra.
- **A alavanca da rejeição** – pela qual o orador motiva as pessoas a combaterem o mal, a adversidade e o inimigo.
- **A alavanca da autoridade** – que o orador usa para amparar sua própria legitimidade, realçando seus valores e qualidades pessoais.
- **A alavanca da conformidade social** – com a qual o orador motiva as massas para trabalhar pelo ideal da inserção social, contra a fome e a miséria, a lutar pelo ideário coletivo, engajando-se nas campanhas de solidariedade.

Elas formam os eixos do poder. A alavanca da adesão, por exemplo, faz com que se aceite ou se rejeite uma pessoa ou uma ideia, associando-a a coisas e símbolos. Quando se fala em democracia, pátria, cidadania, liberdade, justiça, estamos falando de conceitos considerados positivos e bons. Ou alguém não concorda que esses conceitos são positivos? A alavanca de rejeição, que é o contraponto, procura convencer o interlocutor, o grupo ou a massa a rejeitar pessoas, coisas ou ideias, associando-as a símbolos negativos, como guerra, morte, fome, imoralidade, fascismo e corrupção. Hitler construiu seu discurso em cima das alavancas da adesão e da rejeição, usando-as de maneira irrestrita, sofismando, ameaçando, prometendo força, poderio e riqueza, falando da possibilidade do caos e da destruição.

O terceiro tipo de alavanca é a da autoridade. Representa também uma manifestação do poder. Deus expressa a síntese desse conceito. Outras figuras da História também exprimem a ideia, como Gandhi, o próprio Hitler, e Jânio Quadros, no Brasil. Por último, a alavanca da conformização, a solidariedade, a união, a irmandade. A Alemanha hitlerista foi conceituada a partir dessa alavanca. "Alemanha acima de tudo" era o lema. "A união faz a força" traduz, com propriedade, o conceito. (Como vimos no Apêndice do Capítulo 8, essas alavancas foram intensamente usadas no marketing político de Hitler.)

Todas as alavancas embutem valores e significados, como segurança individual, segurança coletiva, propriedade, riqueza, crescimento econômico e progresso, combatividade, sexualidade, fraternidade, amizade, carinho, amor. As alavancas funcionam como reflexos condicionados. Os mecanismos do inconsciente, em certos momentos, disparam seu funcionamento, tornando-os mais ou menos intensos, de acordo com as circunstâncias e necessidades das pessoas.

A força da expressão

Os casos que mostram a força da palavra se fazem presentes em toda a história da humanidade. No Antigo Testamento, lá estão os 10 mandamentos marcados com a força da palavra na Tábua de Moisés. São palavras fortes que ainda hoje calam fundo na alma das pessoas. As grandes conquistas, os avanços, os caminhos trilhados por líderes, heróis e heroínas, ao longo de todos os ciclos da história das civilizações; estão pontilhadas por conceitos e pensamentos cuja eficácia está no poder da palavra. Tentemos, então, entender as razões pelas quais a palavra exerce tão extraordinário poder.

A palavra tem poder porque excita. Mexe com o interior das pessoas. Ela condiciona, gera reações, de acordo com o nível das pessoas. Tem, por exemplo, um efeito hipnótico junto a pessoas que estão em estado de fraqueza fisiológica. A reação à palavra decorre do impacto que ela gera junto às camadas sociais. Nem sempre as pessoas percebem o significado das palavras.

Em um comício, em 1985, em São Paulo, Jânio Quadros tinha o apoio de Delfim Netto. Ex-ministro da Fazenda, economista de altos termos, Delfim assim falou no palanque:

"A grande causa do processo inflacionário é o déficit orçamentário." Jânio, depois, chamou Delfim e ensinou:

"Olhe para a cara daquele sujeito, Delfim. O que você acha que ele entendeu do seu discurso? Ele não sabe o que é processo, não sabe o que é inflacionário e muito menos o que é déficit. E não tem a menor ideia do que é orçamentário. Da próxima vez, diga: 'A causa da carestia é a roubalheira do governo'."

Ora, essa é a palavra que o povão entende, a mesma palavra que o presidente Luiz Inácio está acostumado a usar e da qual, hoje, abusa.

"Se uma criança demora nove meses para nascer, como queriam que seu governo fizesse tudo logo de saída? Se um bebê demora um ano para andar... Se demora a falar..."

Todos nós sabemos que uma pessoa que se devota a uma causa ou quando dedica seu esforço de trabalho a um empreendimento, o faz porque acredita na causa, nos princípios e valores que a causa representa ou porque está emprestando a sua força de trabalho por uma remuneração em dinheiro.

Mas é a força da palavra que consegue atrair as pessoas com a maior eficácia. Quando uma pessoa é levada a agir pela força do argumento, a força da expressão, é difícil demovê-la de suas ações.

Agindo sobre os estados de ânimo das pessoas, a palavra abre um leque de possibilidades: *provoca medo, angústia, cólera, indignação, terror, agressividade, furor, coragem, determinação, entusiasmo, esperança, satisfação, recompensa psicológica, fantasias, sonhos, alegria e riso.*

Eis uma interessante definição dada pelo rei da Pérsia a Temístocles: "A palavra é como um tapete desenrolado e exposto para que os desenhos apareçam com clareza e evidência. Enquanto o pensamento é como um tapete empacotado".

A palavra certa é um agente poderoso. Seu efeito é físico e espiritual, além de imediato. Por isso, Confúcio pregava a necessidade de se conhecer a força das palavras, porque só a conhecendo. As expressões formam os fios com os quais tecemos as nossas experiências.

Pequena gramática sobre o poder da palavra

O que devemos fazer para conferir força à palavra?

Resposta: usando um conjunto de pequenas regras e princípios, eis aqui uma pequena gramática do poder da palavra:

1. Escolha a melhor forma de dizer as coisas

Ora, há muitas maneiras de exprimir a mesma coisa. Dentre elas, haverá sempre uma melhor. Vejam essa história:

"Um sultão sonhou que havia perdido todos os dentes. Logo que despertou, chamou um adivinho para que interpretasse seu sonho.

– *Que desgraça, senhor! Exclamou o adivinho. Cada dente caído representa a perda de um parente de vossa majestade.*

– *Mas que insolente – gritou o sultão, enfurecido. – Como te atreves a dizer-me semelhante coisa? Fora daqui!*

Chamou os guardas e ordenou que lhe dessem 100 açoites. Mandou que trouxessem outro adivinho e lhe contou sobre o sonho.

Este, após ouvir o sultão com atenção, disse-lhe:

– *Excelso senhor! Grande felicidade vos está reservada. O sonho significa que haveis de sobreviver a todos os vossos parentes.*

A fisionomia do sultão iluminou-se em um sorriso, e ele mandou dar 100 moedas de ouro ao segundo adivinho. E quando este saía do palácio, um dos cortesãos lhe disse admirado:

– *Não é possível! A interpretação que você fez foi a mesma que o seu colega havia feito. Não entendo porque ao primeiro ele pagou com 100 acoites e a você com 100 moedas de ouro.*

– *Lembra-te meu amigo – respondeu o adivinho – que tudo depende da maneira de dizer ...*

Um dos grandes desafios da humanidade é aprender a arte de comunicar-se. Da comunicação depende, muitas vezes, a felicidade ou a desgraça, a paz ou a guerra.

Que a verdade deve ser dita em qualquer situação não resta dúvida. Mas a forma com que ela é comunicada é que tem provocado, em alguns casos, grandes problemas. A verdade pode ser comparada a uma pedra preciosa. Se a lançarmos no rosto de alguém pode ferir, provocando dor e revolta. Mas se a envolvemos em delicada embalagem e a oferecemos com ternura, certamente será aceita com facilidade.

2. O momento certo

Há momentos de falar. E há momentos de calar. Quando a palavra cai no momento certo, ganha mais força. Gera mais impacto. No momento em que atravessava a ponte sobre o rio Rubicão, Julio César pronunciou a frase célebre que mostrou sua determinação: *"Alea iacta est"* ("A sorte está lançada"). E, logo depois de vencer as hostes inimigas, fez outra manifestação: "Vini, vidi, vici" (Vim, vi, venci). É um testemunho seco, duro, impactante. O simbolismo que carrega atravessa séculos.

3. O lugar certo

A palavra ecoa mais forte, dependendo dos lugares. Cada ambiente traz uma carga simbólica. O lugar mostra o homem e, também, a qualidade da palavra. Napoleão, contemplando a beleza da região que acabara de conquistar, no Egito, subiu uma pirâmide e exclamou para seus soldados: "Soldados, do alto destas pirâmides,

40 séculos vos contemplam". Há uma historinha que destaca ainda o papel do lugar. Tigrane, com 400 mil homens, viu avançar o exército romano, de apenas 14 mil soldados. Soltou um riso para seu exército: "Para um jogo, está mais do que suficiente. Para combater, é gente de menos". Antes do pôr do sol, o pequeno exército romano infligiu uma fragorosa derrota aos armênios. A causa: o lugar, o terreno. Foram encurralados. Brecht já dizia: "Perante um obstáculo, a linha mais curta entre dois pontos pode ser a curva".

4. O receptor adequado

Quando a palavra cala fundo na plateia, na audiência, deixa marcas mais profundas. É lembrada, é rememorada. Há um ditado que diz: falar em corda na casa de enforcado é um grande vexame. Falar em Deus para uma plateia de ateus será inconsequente ou ineficaz. O presidente Lula até pode falar muito e abusar da palavra. Mas ele usa a palavra certa para o público adequado, e acaba ganhando muitas palmas. Não se pode esquecer a lição de Montaigne, quando diz: "A palavra é metade de quem a pronuncia, metade de quem a ouve".

5. A repetição

A maior guerra travada pela palavra na história contemporânea foi a de Hitler. Ele conseguiu fazer adormecer todo um povo usando um discurso que juntava a suástica, *slogans* de força sobre a superioridade da raça alemã e o poder da Alemanha. E calibrava tudo isso com a repetição. A repetição que é a mola da propaganda moderna. Lição de Hitler em *Minha Luta*: "A palavra deve ser entendida pelo mais simples dos mortais. E deve ser transmitida em pequenos estribilhos, de maneira repetida, até que o mais ignorante na multidão seja capaz de decorá-la e repeti-la".

6. O corpo como expressão

O corpo transmite um discurso. A eficácia da palavra também depende da expressão estética. O uso dos braços, das mãos, a forma de se vestir, o movimento da cabeça, o formato do cabelo, as cores da roupa, e a combinação de todos esses elementos. Se eu lembro, agora, Jesus Cristo, todos vão se recordar de sua fisionomia, de sua barba, de seu traje branco. Se eu falo de Gandhi, o corpo magro aparece e os aros dos óculos ficam sendo um apêndice interessante. Vemos, assim, a boa estampa de Kennedy, o boné charmoso de Che Guevara, o boné vermelho-preocupante do MST, o charuto de Churchill, que nos traz a ideia de um perfil boa gente, simpaticão. Hitler, como poucos, soube usar o corpo para expressar a força da palavra.

7. Palco, tensão, símbolos e planejamento

A palavra fica maior, mais deslumbrante, mais cheia de vida quando o palco que a acolhe é exuberante. Portanto, a palavra carrega a sua própria força mais as forças de suas circunstâncias, dos ambientes e atores que usam, da liturgia que a cerca. Luiz Inácio usa o palco de forma exemplar. Em suas rotineiras perorações, correndo o território, anda de um lado para outro, movimentando-se, gesticulando, limpando o suor. A massa aplaude.

Palco e discurso são unidades que se integram no processo de mistificação das massas.

Algumas passagens descritas por Tchakhotine mostram esse poder integrador.

Observe-se a importância do fator cromático: "Fatores visuais empregados, bandeiras e estandartes são frequentemente de cor vermelha nos movimentos de caráter revolucionário. Isso se explica pela ação fisiológica excitante dessa cor, que atua mesmo sobre certos animais, os touros, por exemplo".

Hiltler também abusou do gosto da massa pelo esporte: "Ele soube, especialmente, combinar essas demonstrações de força com o interesse esportivo das massas pela aviação: organizava suas manifestações ao mesmo tempo em que demonstrações aéreas aconteciam, e a elas chegava de avião, com grande pompa, e mandava espalhar, por toda parte, o *slogan*: 'Hitler acima da Alemanha!'"

Joseph Goebbels, o estrategista da comunicação hitlerista, era exímio na arte de compor símbolos: "Quando se tratava de intimidar os adversários e os passivos e de encorajar os próprios partidários, devia-se, sobretudo, recorrer à guerrilha de símbolos, à guerra de bandeiras, aos cartazes, às manifestações, aos desfiles, com carros simbólicos, setores uniformizados que marchavam em passo cadenciado etc. Para despertar sentimentos de cólera, de piedade, o cuidado pelo destino do próximo, os meios empregados, nesse caso, eram os cartazes, panfletos em tom violento e assembleias, onde se deixava os assistentes fremir de indignação, gritar seu ódio ou vibrar de entusiasmo".

Agora, o foco era a raça: "Nos desfiles, fazia marchar belos homens musculosos, com ar marcial, sabendo muito bem que esse espetáculo emocionava as mulheres. Hitler mesmo empregava, na tribuna, durante seus discursos, efeitos luminosos de diversas cores, tendo junto a si comutadores elétricos. Essas manifestações eram, às vezes, acompanhadas pelo toque de sinos de igreja. Sabia perfeitamente que o mesmo orador, falando sobre o mesmo assunto, na mesma sala, pode obter efeitos inteiramente diversos às dez horas da manhã, às três da tarde e à noite".

Tensão e delírio, juntos: "O delírio da multidão é essencialmente um estado rítmico, que compreende períodos de tensão, a que se sucedem bruscos relaxamentos. A realização de um desfile ou de uma reunião deve levar em conta esse ritmo. E os oradores precisam ter o cuidado de entrecortar seus discursos com gracejos, frases irônicas, que detenham bruscamente o auditório e provoquem o riso, que é o melhor meio de unir uma multidão, dando-lhe uma espécie de cumplicidade alegre".

Pelas fotografias dos *meetings* nazistas, podia-se ver o aspecto aparvalhado que tomavam os ouvintes durante um discurso de Hitler: "Estavam parados na atitude abstrata e rígida de sonâmbulos".

Planejamento em detalhes: "Toda manifestação era cuidadosamente preparada. Hitler acentuava mesmo que as horas da tarde eram mais favoráveis que as outras à influência sobre a vontade alheia. As dimensões do local em que se realiza a reunião têm importância: uma sala muito grande faz nascer o sentimento de insegurança, que pode invadir os oradores e os ouvintes. Quando o homem se sente oprimido pelo espaço, sua vontade fica paralisada".

8. Usar a palavra positiva

Usar a expressão afirmativa. Usar a expressão positiva. Deixar de lado o campo do "NÃO". Amparar-se no "SIM". Significa passar para outras pessoas um clima de otimismo, de fé, de crença, de vida. Há uma historinha da vida real que exemplifica a expressão da palavra de vida. Um médico amigo meu está sempre de bom humor. Quando alguém lhe pergunta como andam as coisas, ele responde: "Melhor é impossível". Perguntado sobre seu otimismo, ele costuma responder: "Quando acordo, todos os dias tenho duas opções – ficar mal-humorado ou conservar o bom humor". Um dia, ele foi assaltado. Os assaltantes lhe deram um tiro quando ele entrou em pânico. No hospital, as enfermeiras perguntavam; "Como está?" Ele: "Melhor é impossível". Quando as enfermeiras começaram a perguntar, antes de prepará-lo para a operação, se era alérgico a alguma coisa, respondeu que sim. As enfermeiras, de repente, pararam tudo. Aí ele respirou fundo e gritou: "Sou alérgico a balas, a tiros". Gargalhadas gerais. Meu amigo foi salvo. Sua palavra positiva o ajudou. Perguntei a ele, um dia, o que sentira por ocasião do assalto. E ele me disse: "Quando eu estava no chão, me lembrei que tinha duas opções: viver ou morrer. Escolhi a primeira". Atitude positiva é a alma da palavra positiva.

9. Usar a palavra criativa

Dizer as coisas de maneira criativa. Usando símbolos, imagens, comparações, fugindo da mesmice, do refrão e do chavão. Chico Buarque é mestre da palavra criativa. Vejam como é bela e criativa a letra de *Construção*: "Amou daquela vez como se fosse a última. Beijou sua mulher como se fosse a última. E cada filho seu como se fosse o único. E atravessou a rua com seu passo tímido. Subiu a construção como se fosse máquina. Ergueu no patamar quatro paredes sólidas. Tijolo com tijolo num desenho mágico. Seus olhos embotados de cimento e lágrima. Sentou pra descansar como se fosse sábado. Comeu feijão com arroz como se fosse um príncipe. Bebeu e soluçou como se fosse um náufrago. Dançou e gargalhou como se ouvisse música. E tropeçou no céu como se fosse um bêbado. E flutuou no ar como se fosse um pássaro. E se acabou no chão feito um pacote flácido. Agonizou no meio do passeio público. Morreu na contramão atrapalhando o tráfego".

A palavra criativa atrai, mobiliza, encanta e comove. Toca fundo no coração. A história da palavra é um oceano de emoções.

10. Evitar o excesso de palavras

Palavra eficaz é objetividade, concisão, que significa expressão da ideia no tamanho adequado. Há um ditado que reza: "A verdade acaba, mas a história continua". Não devemos prolongar a história além de seu fim. Precisão é outra qualidade.

O termo há de exprimir exatamente o que se pensa. A relação entre pensamento e expressão pode ser muito frouxa e muito estreita. O orador deve ter cuidado para fazer com que todos entendam exatamente o que manifesta. Nem sempre o entendimento ocorre, mas a veemência discursiva entusiasma as plateias. Principalmente quando se trata da expressão político-eleitoral em regiões do interior do país. O Nordeste é, por excelência, a região que melhor acolhe essa modalidade. Vejam esse trecho de um discurso populista, criação do bom paraibano Jessier Quirino, "Arquiteto por profissão, poeta por vocação, matuto por convicção".

"A lógica política experimental pós-aristotélica do município de Itabaiana causou profunda decodificação moral, cética, estoica e principalmente existencial. Há aqueles que procuram obter a todo custo uma hegemonia política sectária forte, porém dogmática, utilizando meios plutocráticos pseudoprogressistas, dentro de uma visão aristocrática, independente e desqualificada. Dentro desse quadro alienante, retrógrado, discriminativo e policialesco, não podemos nos curvar à mera condição de espectadores que ali vivem tão somente deste processo minoritário e repressivo. Precisamos dar um basta! Basta à subjugação hierárquica endocêntrica. Basta à ação tática provocativa intransigente. Chega de avaliações restritivas e pessoais. Itabaiana precisa de uma reflexão ampla e independente. Urge atender as aspirações prioritárias reais do nosso povo. Com intuito de promover uma coalizão consensual, descompromissada da situação tecnocrática legalista existente, propomos uma profunda transformação pragmática, pluralista de todos os representantes políticos e lideranças comunitárias deste município. Procuraremos, pois, manter a linha histórica, democrática, revisionista do PMDB dentro da sua neutralidade, aglutinando interesses políticos. Do PL com sua unidade emergente e coletivista. Do PT com sua resistência reformista de polarização voluntária radical. Do PSDB, com sua consciência civil libero orgânica adesista. Do PFL, com sua autoridade liberal, oligopólica centralizadora. Não esquecendo naturalmente a missão legítima coercitiva, emergente do PTB, do PP, do PPR, do PC, do PC do B, do G, do Lê, do Q, do Te, com a estrutura partidária tradicional e com as lideranças comunitárias aqui alicerçadas. Haja o que houver manter o equilíbrio neste momento de crise em missões outorgadas às nossas lideranças políticas. Só a consciência civil e legalista garantirá a neutralidade da pulverização geral. A nossa opção é propiciar uma saída institucional tolerante através da coalizão plenária conversável de Babá, Babo, Beto, Bio, Dedé, Dida, Dodô, Duda, Gera, Jajá, Lolô, Lol, Lula, Miró, Nel, Nicó, Nimo, Nol, Noi, Novinho, Popó, Queca, Teté, Toinho, Vavá, Zé, Zefa, Zora e outros expoentes iluministas como Babá de Fatinha, Batista de Campo Grande, Benedito da Maloca, Beto da União, Beto de Zé de Paulo, Biu Candido, Biu Lúcio, Biu Penca Preta, Biu de Nequinho, Careca, Carioca do Botafogo, Dedê do Paú, Dotor Pedinho do Furrurá, Duda de Bebé, Edivaldo Baietã, Fernando de Pixipita, Fafá de Luis Dentão, Gentil do Espanador, George Gatão, Ivo de Brejinho, Irraezinho, João de Nega, João do Bode, Joca Turé, Joca da Juventude, Lourenço do Jorná, Lila do Feijão, Lula do Mangai, Lula Melo, Lula Nicaço, Marreta, Maria de Maro, Marco Preto, Matosão, Nego Tonho, Nego Tula, Nicó de Antonho Petronilo, Prenssado de Nicó, Ronaldo do Caminhão, Seu Nozinho do DER, Serafim da Catingueira, Toinho de Pixipita, Zába de Zé Pêdo, Zé Carniça, Zé Crente, Zé Cu de Taba, Zé Bodega, Zé Galego, Zé Granfino e Zuquinha, cujos nomes e sobrenomes representam a verdadeira vocação cívica sincronicista do universo político e social de Itabaiana. Tal coalizão dentro da sua arguição grupal diferenciada ecoará como um brado vívido retumbante, fruto da corrente transcendental libertadora das mazelas políticas que tanto têm vitimado nossa cidade. Surge então uma nova linhagem categórica sócio-organicista na política de Itabaiana. E por que não dizer uma liderança pensante, patriótica, voltada ao berço fúlgido resplandecente da consciência pública plebiscitária da rainha do Vale do Paraíba. Viva, viva, viva, Itabaiana se uniu! Quem não quiser acordo, vai pra p... q... p...!"

(P. S.: Nomes de figurantes foram inseridos por expressarem a engraçada fala nordestina. O sobrenome da pessoa é geralmente associado à profissão que exerce ou à filiação.)

Valores e princípios

A história da palavra também pode ser estudada por meio do campo dos principais significados que abriga. Em qualquer evento registrado pela história da civilização, veremos que nas dobraduras da palavra, nos compartimentos em que ela se divide, nos complexos e intrincados campos em que penetra, há um conjunto de princípios e valores que permanece imutável. A poeira do tempo não tem conseguido esconder conceitos que tornam a palavra mais rica, mais densa e mais acesa.

Para qualquer lado, em qualquer direção, encontraremos a força da palavra. Nos guerreiros, como Simon Bolívar, Zumbi, Cristo, Alexandre, o Grande, Julio César, Napoleão, Nelson; nos visionários, como Che Guevara, Martin Luther King, a pintora mexicana Frida Kahlo, Pascal, Nelson Mandela; nos estadistas, como Kennedy, De Gaulle, Gorbachev, Margareth Tatcher; nos pensadores e criadores, como Einstein, Freud, Liszt, Nietsche, Mozart, Shakespeare; na vida dos homens santificados, como Buda, Cristo, Gandhi, S. Agostinho, Madre Tereza.

Entre as muitas significações de transcendental importância para a vida das pessoas, selecionei algumas que exibem a vitalidade da palavra. Eis um pequeno dicionário dos valores e princípios que inspiram o poder da palavra.

Coragem

A palavra que expressa coragem está presente na vida das grandes lideranças da humanidade. Está presente em Cristo, quando anuncia em alto e bom som a expulsão dos vendilhões do Templo. Está presente nas lições que nos foram transmitidas por grandes guerreiros, como Alexandre, o Grande, Aníbal, Átila, Napoleão Bonaparte e o nosso duque de Caxias, por exemplo. É o canto corajoso do profeta de Nietzsche, Zaratustra: "Ânimo tem quem conhece o medo, mas vence o medo; quem vê o abismo, mas com altivez, com olhos de águia; quem deita a mão no abismo com garras de águia – esse tem coragem".

Humildade

Eis aqui a palavra forte que exprime a virtude dos santos e a consciência do homem que sabe não ser Deus. Eis aqui a mensagem de Madre Tereza de Calcutá, de Gandhi, de Buda, de Cristo, de São Francisco de Assis. Humildade – que vem de húmus, palavra latina que significa filho da terra. Humildade que é irmã da generosidade. Humilde foi Maomé que proclamou: "Se a montanha não vem a Maomé, Maomé vai até a montanha".

Onde está a humildade, já dizia Santo Agostinho, ali está a caridade. Podemos também dizer que a humildade acolhe a simplicidade, essa que é também uma virtude dos sábios e sabedoria dos santos.

A palavra ensina também que a bondade deve ser perpetrada sempre. Porque "Basta um minuto para fazer um herói, mas é necessária uma vida inteira para fazer um homem de bem". O pensamento é de Paul Brulat, romancista francês. Ou ainda, nas palavras de George Eliot, "Não é o gênio nem a glória, nem o amor que medem a elevação da alma: é a bondade".

Constatação: os maiores homens, no ápice de suas vidas, eram humildes, simples e cheios de bondade.

Cumprimento do dever

O almirante Nelson (1758-1805), que tantas glórias deu à Inglaterra e que bateu Napoleão por mais de uma vez, usou a palavra de maneira magistral para falar do cumprimento do dever. Na maior de suas vitórias, a batalha de Trafalgar, na costa sul-ocidental da África, pronunciou duas frases que entrariam para a história. A primeira, antes dos primeiros tiros, conclamava os marinheiros: "A Inglaterra espera que todos cumpram o seu dever". Pouco depois, antes de morrer, com um tiro no peito, desfechado por um fuzileiro francês, balbuciava no tombadilho: "Obrigado, meu Deus. Cumpri o meu dever".

É a palavra pairando sobre os momentos finais dos grandes homens.

Crença/ideal

Ter uma crença, lutar por um ideal. Quantos trilhões de palavras já foram expressos para traduzir a força da crença? Ter crença é ter sonhos. "Não deixe que os seus medos tomem o lugar de seus sonhos", nos aconselha Walt Disney. Colombo aferrava-se à obsessão de que poderia chegar ao Oriente pelo Ocidente. O pensamento não lhe dava trégua. Esta foi a diferença entre Colombo e seus contemporâneos. Estava convencido, queria partir. Mas seria forçado a esperar muito. Enquanto aguardava, falava do sonho. D. João II, rei de Portugal, interessou-se pelo assunto e submeteu o projeto de Colombo a uma junta de sábios. Estes condenaram a ideia. Quando morreu a esposa, Colombo gastou a maior parte de suas economias com o enterro. E foi para a Espanha. Fernando e Isabel, empenhados em dispendiosa guerra com os mouros, deram apenas meio ouvido à proposta do genovês. A rainha, entretanto, foi simpática a ele. Concedeu-lhe uma pensão, enquanto a junta de notáveis do reino estudava o assunto. Depois de dois anos, a pensão foi suspensa. Foi obrigado a se manter sem ajuda durante os oito anos seguintes com a venda de livros e de mapas que confeccionava. Seus cabelos ficaram brancos. Foi atacado pelo artritismo. Mas nunca se desesperou. E, um dia, realizou seu sonho.

Equilíbrio/versatilidade

A arte de ser audacioso e prudente é a arte de vencer, ensinava Napoleão Bonaparte. Essa é a arte do equilíbrio, uma arte glorificada pelo poder da palavra. A palavra sobre o equilíbrio mostra a racionalidade, o sentido de medir as coisas, a capacidade de uma pessoa ser um algodão entre cristais. Ter equilíbrio é também saber dosar as situações, administrar as dificuldades, não entrar em desespero, não se angustiar e perder a noção dos atos e decisões a serem tomadas. Equilíbrio é, ainda, a capacidade de uma pessoa ser versátil a ponto de se adaptar às circunstâncias e aos momentos. "O que há de mais belo no mundo é que as pessoas não foram acabadas." Essa frase de Guimarães Rosa mostra que somos um projeto em construção. Portanto, um projeto versátil, que deve captar o clima dos tempos. Mudar, quando necessário; crescer, sempre. "Só os imbecis já nascem feitos e completos, porque trazem do berço o seu defeito", prega Ortega y Gasset.

Esperança/sonho

Gandhi tinha tanta crença no ideal da não violência que chegou a disparar baterias de palavras contra aqueles que apostavam no conflito e no poder do cano de uma espingarda, como pensava Mao Tse Tung. Dizia: "O que quer que façam conosco, não atacaremos ninguém; vamos lutar, sim, mas contra o pódio. Não vamos desferir socos, mas tolerá-los. Eles poderão torturar o meu corpo, quebrar meus ossos, até me matar, então terão meu corpo inerte, mas não terão a minha obediência". Martin Luther King chegou a dizer também que "Se um homem não descobrir nada por que morreria, não está pronto para viver". Os sonhos povoam o mundo da palavra. Borges, o grande Jorge Luis Borges, com a beleza de sua palavra poética e romântica, nos brinda com esta preciosidade: "A emoção é necessária, porque sem ela não se pode viver. O importante é sonhar e ser sincero com seu sonho".

Honestidade

Mais uma historinha: na China antiga, um príncipe estava para ser coroado e, de acordo com a lei, deveria se casar. Resolveu escolher a esposa entre todas as moças da corte. Distribuiu a cada uma das pretendentes uma semente, pedindo que dentro de seis meses elas trouxessem as flores que nasceriam. Quem trouxesse a mais bela flor seria escolhida a imperatriz da China. Depois de seis meses, todas as moças fizeram fila no palácio ostentando belíssimas flores. Apenas uma delas estava sem nada na mão. O príncipe chegou e depois de olhar para todas, dirigiu-se a uma das moças, proclamando: "Escolho esta moça como minha futura esposa. Ela foi a única que cultivou a flor que a torna digna de se tornar uma imperatriz – a flor da honestidade. Informo que todas as sementes que entreguei eram estéreis". A vitória da verdade pode até demorar, mas sempre aparece. O livro da história da humanidade é cheio de relatos contemplando a honestidade, que forjou o caráter de grandeza de grandes perfis. Embora a dissimulação, a mentira, a falsidade também estejam presentes nos campos da palavra, principalmente na boca dos ditadores e mistificadores das massas pela propaganda política, a verdade sempre acaba levando a melhor. A verdade tem sido a luz que ilumina o caráter.

Persistência

O discurso da persistência se faz presente nos relatos em que homens valorosos não recuaram diante de obstáculos. Ao contrário, quanto maior o desafio, maior a vontade de enfrentá-lo. Nisso está o valor da persistência. Tem sido a obstinação a qualidade dos inventores, dos criadores, dos descobridores. Arquimedes, Galileu Galilei, Cristóvão Colombo, Einstein foram pessoas persistentes, determinadas. Thomas Edison, o inventor da lâmpada, dizia: "Não me desencorajo, porque cada tentativa errada e descartada é outro passo a frente". Era essa a razão que fazia o profeta Zaratustra nunca desistir de tentar. "Novos caminhos sigo, uma nova fala me empolga: como todos os criadores, cansei-me das velhas línguas. Não quer mais o meu espírito, caminhar com solas gastas". Continuar a navegar é preciso, sim. Continuar a achar caminhos é a eterna meta do homem. Lembremo-nos do conselho do guerreiro Aníbal: "Ou nós encontramos um caminho, ou abrimos um".

Autoconfiança

Nessa seara, a palavra cultivou florestas de conhecimento, fazendo florescer árvores de vida. Que adianta viver apenas para o trabalho, para os negócios, devotando todo tempo às coisas da matéria? Urge encontrar os espaços, mesmo pequenos, da felicidade. Nele se encontram raízes de autoestima, autoconfiança, amor-próprio. A tarefa de ser feliz pode ser desempenhada, sim. Até porque, como lembra Lamartine, "O homem não tem porto e o tempo não tem margem. Ele corre e nós passamos".

Viver o presente

A vida presente constitui, seguramente, um dos mais vastos espaços abertos pelo poder da palavra. Pensadores e filósofos, poetas e pintores, compositores e intérpretes têm sido especialmente generosos para com a significação do presente na vida das pessoas. Ocupar o tempo é viver. Deixar de ocupá-lo é uma atitude descomprometida com a existência humana. Por isso mesmo, vai um pequeno conselho: cuidado, muito cuidado com a ideia de passar o tempo no vazio. O tempo não se mata. A reprimenda é do dramaturgo inglês H. D. Thoreau, que dizia: "Não é possível matar o tempo sem ferir a eternidade". Ou como diz o nosso Millôr Fernandes: "Quem mata o tempo é suicida".

Aristóteles dizia que "Somente o homem, entre todos os animais, possui o dom da palavra; a voz indica dor e prazer, e por essa razão foi outorgada aos outros animais. A palavra, contudo, tem a finalidade de fazer entender o que é útil ou prejudicial, o que é justo e injusto".

Termos e conceitos-chave

- A sorte será lançada
- Alavancas do discurso
- Amor e perdão
- Cidadania
- Efeito hipnótico
- Expressão estética
- Guerra e paz
- Guerrilha de símbolos
- Imagens
- Impressão sensorial
- Inibição
- Mecanismos do inconsciente
- O lugar mostra o homem
- Poder de sedução
- Reflexos condicionados
- Repetição
- Tensão e delírio
- Valores e princípios

CAPÍTULO 11

O Brasil sociopolítico

"O homem pode ampliar o caminho. Não é o caminho que amplia o homem."
(Confúcio – *Os Analectos*)

(Artigos do autor, a partir de 2000: pequenos cenários sobre cultura, costumes e práticas políticas; perfis, candidatos, identidades e imagens; valores, princípios e ética; organização e mudança social; uma descrição interpretada dos valores pátrios.)

O marketing do vitupério

As campanhas eleitorais no Brasil, na última década, vêm evidenciando um fenômeno que representa um avanço na etologia nacional: o aumento expressivo da taxa de racionalidade. Em função disso, as candidaturas mudam de posições, alterando significativamente o mapa da previsibilidade desenhado por analistas que enxergam a opinião pública como um território de consumidores dispostos a comprar firulas cosméticas e televisivas. Para eles, dando-se uma injeção de matéria plástica no corpo social, a reação positiva virá em cadeia. Ocorre que candidatos não são sabonetes, e "pessoas célebres", fabricadas pela televisão, não são necessariamente grandes pessoas. Celebridade fabricada é vilania.

Sabe-se que a política, desde os tempos antigos, é um teatro de vedetes. Luís XIV, aquele que fez de seu reinado um show, espalhando por toda parte o fulgor de seu emblema, um sol radioso, dizia: "Os povos gostam de espetáculo; com isso dominamos seu espírito e seu coração". Os imperadores romanos davam pão e circo ao povo. Desde tempos imemoriais, a política tem sido um exercício de sedução. Na expressão do poeta Ovídio, "Governar é mais seduzir do que convencer". Seduzindo, Hitler transformou-se no maior carrasco da história contemporânea.

Os povos, felizmente, têm evoluído – embora não no ritmo e intensidade desejados. A educação para a cidadania reconhece Norberto Bobbio, uma das promessas não cumpridas a contento pela democracia. Avanços, porém, têm ocorrido. Alguns até em função da corrosão de perfis e saturação de discursos. Certos políticos brasileiros têm perfis saturados. Neles, a verdade expressa é bem menor que o tamanho da boca. Muitos batem na tecla de que trabalham ("ele fez, ele fará"), como se o fato de fazer não fosse obrigação de qualquer governante.

O marketing político chegou ao clímax com a *performance* esportiva de Fernando Collor para a presidência da República. E saturou o estilo vedetizado de governar. De lá para cá, os produtos sintéticos, fabricados às pressas, começaram a criar desconfiança. A sociedade tem sido vacinada pela onda de denúncias. O efeito da pedrinha jogada no meio da lagoa está criando marolas que vão chegando até as margens da sociedade. A taxa de racionalidade das classes médias está chegando às classes sociais mais pobres. A pronta submissão à tirania, efeito do ilusionismo político, está, felizmente, diminuindo no país.

O povo percebe quando o discurso encoberto por tintas e disfarces falsifica a vida e inverte o real. Nunca foi tão desejada a passagem do herói, com ares divinos, para o homem simples, próximo, capaz de cumprir o que promete. A crise – sabe-se – deflagra a necessidade de ídolos. Na angústia, a coletividade se refugia na figura tutelar do pai protetor. Mas os "heróis" de hoje estão quase todos cobertos pela lama da desconfiança. E os heróis de ontem, como o último deles, Ayrton Senna, são apenas lembranças ternas no nosso cantinho da saudade. Por isso, quem quer ser herói que tenha cuidado para não descumprir a sagrada lição das escrituras: "Nenhum homem, por maior esforço que faça, pode acrescentar um palmo à sua altura" – e alterar o pequeno modelo que é o corpo humano.

Os maiores derrotados nas campanhas políticas apontam para o marketing da extravagância, do delírio, do vedetismo exagerado, do discurso caricato. O povo está à procura de perfis que agreguem honestidade, respeito, equilíbrio, autoridade, experiência, despojamento pessoal e simplicidade. Quem incorpora esses valores ganha a simpatia do voto. O marketing não pode desvirtuar a identidade de um candidato. É oportuno lembrar uma historinha de um russo que, visitando o Jockey Club de Paris, pediu aos anfitriões a definição de um cavalheiro. Seria um título herdado, uma casta ou uma questão de dinheiro? Eis a resposta recebida: um cavalheiro revela suas qualidades sem ser necessário dizer que as tem. "Elogio em boca própria", diz o ditado, "é vitupério." E o marketing do vitupério é um acinte à cidadania.

O despertar das elites

A voz do povo tem falado forte: o país exige mudanças. Não adianta o esforço dos grandes partidos para justificar suas respectivas vitórias em cima de uma aritmética que os coloca na mesma faixa dos 15% dos votos. Se os tucanos contabilizaram, nas eleições de 2000, o maior número de votos; se os peemedebistas cantam loas ao fato de continuarem com o maior número de prefeitos e se os pefelistas tiraram a máscara da vergonha por este deixar de ser um partido exclusivamente nordestino e entrar firme nos grandes centros urbanos, há uma verdade maior: o oposicionismo tem crescido no país. E cresceu colocando o PT no altar das elites. A cara obreira desse partido não exibe mais a dureza das pedras toscas dos tempos das greves intermináveis do ABC e sim a leveza do mais nobre dos mármores, regada com o mais doce dos chás nos salões chiques dos jardins da capital paulista e embalada por um discurso aprendido nas melhores universidades do país.

Uma poderosa esfera ética operou no meio das multidões dispersas, deslocando eixos, premiando bons administradores, limpando o cenário de caciques com mais de 40 anos de vida pública, oxigenando câmaras de vereadores, como a de São Paulo, onde o índice de renovação ultrapassou a casa dos 50%. Na verdade, os últimos pleitos têm apresentado passos avançados na direção do conceito de controle social sobre o processo político, fato que se adensa em função da crise que corrói a democracia representativa. A representação parlamentar não está cumprindo a contento os compromissos com o eleitorado. A política passou a ser muito "fulanizada" – basta ver as frequentes e continuadas brigas envolvendo perfis pessoais. Os partidos não têm doutrina e as disputas se dão por meio de emboscadas e táticas de canibalização interpessoal ou interpartidária.

A democracia participativa cresce na esteira da multiplicação das entidades intermediárias da sociedade, sejam as de caráter associativo-corporativista, seja as de defesa de interesses maiores da coletividade, como as organizações não governamentais de defesa do meio ambiente e melhoria de condições de vida. Em função do vácuo criado no meio da sociedade pela ausência de novos líderes e heróis, as entidades, perigosamente, começam a querer substituir os partidos políticos, até porque as grandes siglas constituem, hoje, um conjunto amorfo e amalgamado, sem gosto e sem cheiro, moldura que privilegia os partidos de cor mais apurada como os que encarnam o ideal ético.

Dentro da ordem que se desenha, florescem grupos comprometidos com uma nova agenda social e política. A ênfase do ciclo que se abre está no resgate da ideia de se entronizar o povo no lugar central da nação, no controle mais efetivo das administrações e do sistema político, na cobrança mais forte dos governos e na prevalência de uma doutrina social e econômica que não subordine as questões do desenvolvimento a uma visão monetarista. O escopo doutrinário abriga, ainda, as conquistas fundamentais da democracia, como o respeito às leis, a rotatividade dos governantes, a igualdade jurídica e social entre os cidadãos, a independência dos Poderes e a ampliação dos espaços de participação social. Se olhar para o espelho, o país se verá monstruoso em sua carantonha cheia de buracos: a impunidade galopante, o oceano de desigualdades, o desvirtuamento de funções entre os Poderes, a permanência de lideranças carcomidas pelo tempo, as injustiças de todos os tipos por todos os lados. O desgastado discurso da estabilidade econômica só agrada os que se locupletam dentro da democracia restrita como a que temos.

A agenda social exige uma nova cesta de bens. Não mais o assistencialismo eleitoreiro dos pacotes de feijão, farinha, açúcar, arroz, óculos e dentadura. O que se quer é uma cesta permanente de bens, baratos e acessíveis a todos, que incluam serviços públicos eficazes: a escola de qualidade, o transporte coletivo bom e rápido, a água e o esgoto, a iluminação, a segurança e o lazer sadio. As elites sabem que, para seu bem-estar, o país precisa melhorar as condições de vida daqueles que moram nos subterrâneos do edifício social. O voto tem algo a ver com essas coisas. O sentimento de que o Brasil carece de mudanças está sendo expandido por uma corrente de eventos catastróficos, como as enchentes que devastam populações. O país tem demonstrado grande atraso na proteção dos contingentes que moram em condições precárias nas grandes cidades. Triste é vê-lo andar como caranguejo nos esportes; é ter o orgulho inútil de ser a oitava economia do mundo e não conseguir implantar uma estrutura de saneamento básico. Não dá mais para esconder a sujeira por baixo do tapete, a desorganização, o personalismo, a corrupção, o vedetismo, a instrumentalização dos esportes a serviço do mercantilismo.

Na nova agenda social, as elites colocam os ouvidos mais perto do povo para ouvir o eco de seus gritos. O eixo de motivação para esse triunfo da racionalidade, que se configura como o alvorecer de um ciclo ético, tem sido a percepção de que a firmeza do andar de cima depende da solidez das estacas do andar de baixo. Nietzsche, por meio do seu profeta Zaratustra, anunciou: "Se quereis atingir as alturas, usai as vossas próprias pernas". As elites, depois de um bom exercício mental, estão começando a usar as pernas. Ufa!

A esquerda pragmática

Afinal de contas, para onde o país caminha? Para a esquerda, para a direita ou para o centro? Essa é uma pergunta recorrente a que todos os analistas e consultores políticos são submetidos frequentemente. Por mais que as respostas resvalem pela hipótese do enfraquecimento das ideologias e doutrinas, a partir e mesmo antes da queda do muro de Berlim, o rótulo antinômico esquerda-direita insiste em aparecer na interlocução política, nos diálogos e nos escritos.

O que é, afinal de contas, a esquerda? Seria a identificação do ideal socialista, a luta de classes, a coletivização dos meios de produção, o predomínio das razões do Estado sobre as razões do indivíduo? Ora, tudo isso foi por água abaixo a partir da desestruturação da União Soviética e da abertura do "mundo socialista" aos capitais internacionais, aí incluída a imensa China. Portanto, esquerda como sinônimo de vitória do trabalho sobre o capital é coisa anacrônica. O que está em jogo, isso sim, é a questão ética. A sociedade brasileira, que vem sendo banhada por ondas éticas, a partir do *impeachment* de Collor e da CPI dos "anões" do orçamento, passou, nos últimos tempos, a apostar em perfis comprometidos com moralidade, correção, zelo pela coisa pública, responsabilidade, eficiência e seriedade.

Dentre os partidos políticos, aquele que mais se identifica com esses valores é, queiram ou não alguns críticos, o PT. E se o PT trabalhou bem esses conceitos, foi por pragmatismo. Como não tinha mais eixo pragmático para exibir, a partir do embaciamento do jogo político, que se tornou menos contrastado, a agremiação partidária, que nasceu sob os gritos dos trabalhadores do ABC paulista, tornou-se, ela também, uma sigla que habita o "centrão" ecológico, que acolhe todos os grandes partidos brasileiros. E, de maneira inteligente, procura enlaçar os situacionistas com o manto da corrupção, da falta de ética, da impunidade, da injustiça, da extrema disparidade social, do paternalismo, do caciquismo, do feudalismo. Tem tido êxito. Por isso, avança no meio e também nas pontas da sociedade.

A direita, nessa textura crítica, é a representação do diabo. Muitos a identificam com alguns políticos, pela associação com a corrente do pensamento nacional, aquela criada pelo velho Adhemar de Barros, o homem do "Rouba, mas faz". E onde está o centro nessa história? Ora, o centro é um gigantesco espaço na via láctea, uma espécie de buraco negro, que engole e mistura perfis que lutam para se distanciar dos extremos desse falso arco ideológico. Entre os perfis estão bons administradores, pessoas honestas e sérias, mas há também gente que não prima pelo zelo administrativo. Os centristas são os equilibristas da política. E inspiram-se, até de maneira intuitiva, nos valores que o brasileiro mais preza: a harmonia, o equilíbrio e o bom senso. O sentido ordeiro do povo, já identificado por nossos maiores historiadores, sociólogos e antropólogos (Sílvio Romero, Affonso Celso, Oliveira Viana, Fernando de Azevedo, Caio Prado Junior, Gilberto Freyre), é uma verdade. A alma nacional, que muito chora (de alegria e de dor) nos climas e ciclos de emoção, não é dada a destemperos e violências capazes de rupturas no sistema institucional. As exceções sempre fazem parte do jogo democrático.

E é por isso mesmo que até o velho PT de guerra, brabo e vermelho, está se aproximando do centro, abrindo-se para parcerias, redesenhando-se, aparando arestas, apertando mãos de todos os lados. O PT, pois, não pode ser considerado um partido típico de esquerda, pelo menos na configuração clássica. É possivelmente a agremiação que melhor costurou o conceito de pragmatismo na política. Aproveita-se do vácuo cedido por outros partidos para avançar. E sabe escolher pessoas identificadas com a mudança. Nos últimos sete anos, o PT consolidou seus eixos nas estruturas do Estado, a partir da inserção de 22 mil pessoas em cargos de assessoria. Hoje, é o partido no poder e com poder.

O caráter da elevação

A virtude da prosperidade é a temperança; e a virtude da adversidade, ensina Francis Bacon, é a fortaleza, a mais heroica das virtudes. O livro da História registra que a grandeza dos Estados foi, frequentemente, escrita com a tinta da fortaleza, que é filha da coragem, essa virtude comum aos heróis e aos grandes homens. Os generais de Alexandre, apavorados diante do oceano de soldados que era o exército dos persas, rogaram-lhe para atacar de noite, ao que ele, altruísta e generoso, respondeu: "Não devemos roubar a vitória". Homem corajoso, derrotou o inimigo com altivez.

A coragem, porém, tem sido uma qualidade cada vez mais escassa, corroída pelas vicissitudes de nossa era argentário-utilitarista. Suplanta-a a frouxidão dos que preferem a comodidade do bolso farto à intransigência de um caráter retilíneo. Homens corajosos e singulares cedem lugar a perfis tíbios e plurais. Na política, então, a coragem da coerência abre espaço para um conceito recorrente, relacionado com a ideia de desempenho e eficácia: a flexibilidade, capacidade invocada por políticos para justificar suas mudanças, as barganhas, o discurso cambiante, a prática do "toma-lá-dá-cá". Por isso, quando em um cenário povoado por dândis, fariseus, hipócritas, covardes e oportunistas, aparece um homem corajoso, multidões acorrem para prestar-lhe reverência. Trata-se de um preito à personalidade corajosa, aquela que, no reconhecimento de Aristóteles, age pela beleza do gesto, impelida pelo sentimento de honra, inspirada pelo culto ao dever. A coragem, para elas, será sempre entendida como o triunfo sobre o medo e a covardia.

Um homem de coragem? Mário Covas. Não são poucos os que discordavam de seu governo, da forma como enfrentou os problemas do Estado, entre eles a questão da violência. Há quem questione sua maneira de relacionar-se com a sociedade e de enfrentar grupos enfurecidos. Muitos podiam até não gostar de sua voz de barítono, detestar sua irremovível ranzinzice, atribuída às origens espanholas, ou discriminá-lo pelo fato de ser um fanático torcedor do Santos. Mas ninguém pode negar sua coragem. Que não é apenas a fortaleza de enfrentar com galhardia o que chamava de "coisa" (o câncer), mas a determinação de dizer o que pensava, de não querer colocar a sujeira por baixo do tapete, de enfrentar os adversários olho no olho, de ser direto e singular no meio de correligionários contrariados com o axioma de que a reta é a menor distância entre dois pontos. Os tucanos, regra geral, são sinuosos como seus bicos. Covas, porém, não era sinuoso.

Trata-se da maior referência tucana e uma das poucas exceções na esburacada moldura política do país. Banha-se de identidade histórica. É forte hoje como o foi no passado. O tempo parece não ter apagado as marcas de um caminho trilhado com muita garra. A imagem do líder do MDB autêntico – pleno de bravura, bom tribuno, discursando no Parlamento, antes de ser cassado, defendendo posições progressistas e patrocinando as causas de correligionários, flagrada, há cerca de 30 anos, na tela de um aparelho de TV, na pequena praça de Luís Gomes, no centro do Polígono das Secas, extremo-oeste do Rio Grande do Norte – está viva. O carimbo amarelo do tempo não desfigurou o perfil sobranceiro. Ao longo da caminhada, multiplicou a vitalidade, porque soube costurar sua história com o fio da coragem, esse atributo evocado por Epicuro como a luta do homem para durar e aguentar, viver e morrer, suportar, combater, resistir e perseverar.

Spinoza chama de firmeza da alma "O esforço da pessoa para conservar seu ser sob o exclusivo ditame da razão". E razão é o que não faltou ao engenheiro que governou São Paulo para retemperar-se toda vez que a inclemência atingia seu corpo. Toda coragem é feita de vontade, de decisão, e Mário Covas, leão ferido, mas não abatido, lutava para potencializar a razão, com a qual esperava enfrentar os próximos passos na administração, na política e na cama do hospital. Expor abertamente a doença, sem rodeios, é prova de lucidez. Como lembra Comte-Sponville, trata-se de exercer a coragem do verdadeiro, a ousadia de ser autêntico em um mundo cheio de fantoches. Mais uma pequena lição de humanidade a certos políticos que, levados pelo vendaval das ambições, procuram colocar tapumes sobre suas verdades. Não havia fraqueza em Mário Covas nem mesmo vontade de parar o tempo para recomeçar. Parecia uma pessoa conformada e afinada por sua missão. Nele, juntavam-se o aspecto particular e o fenômeno mais amplo, a pessoa implicando o governo e o governo implicando a pessoa. Dele se pode dizer: o estilo é a estética da ação. Até em uma cama de hospital, respirava política.

As almas viris podem vergar um momento, mas não quebram. Para elas, a coragem não é a ausência do medo, mas a capacidade de superá-lo por meio de uma vontade extraordinária. O turrão Mário Covas, com toda a polêmica que gerou, é um ícone nacional que simboliza o caráter da elevação.

Governos cansados

O discurso de Zaratustra, o pródigo e sábio filósofo de Nietzsche, é um banho de oxigênio para os políticos e governantes divisarem os horizontes do amanhã: "Novos caminhos sigo, uma nova fala me empolga; como todos os criadores, cansei-me das velhas línguas. Não quer mais, o meu espírito, caminhar com solas gastas". O recado é oportuno, principalmente para os governos cansados, sejam eles comandados por governantes em fim ou começo de mandato. A doença que aflige o país tem nome: *rotinite*. E as consequências tem sido drásticas para os corpos administrativos: acomodação, ausência de criatividade, expansão da malha de interesses grupais, favorecimentos, saturação de ideias, obsolescência de estruturas. E tudo resulta em administrações que patinam, ou seja, movimentam-se para ficar no mesmo lugar.

Um governo cansado é uma usina improdutiva. Os comandos dirigentes das áreas e setores são sonolentos e catatônicos. Parecem dândis andando no deserto infértil. As reuniões são recheadas de bocejos preguiçosos. As barrigas que governam ficam assustadoramente protuberantes e as caras mais se assemelham a bolas estufadas de ar. O poder é afrodisíaco e, talvez por isso mesmo, os governantes, com seu ganho de peso, preferem a silhueta dionisíaca (encurvado e gordo) ao perfil apolíneo (ereto e atlético). Até as mulheres governantes parecem não mais festejar as curvas que as distinguem das massas quadradas e frequentemente desalinhadas de seus parceiros. Mas isso não importa. O que importa mesmo é o ritmo das administrações, que se tornam lerdas e ineficientes depois de anos com os mesmos dirigentes, nos mesmos lugares, fazendo as mesmas coisas.

Por isso, urge usar novas solas para a caminhada do terceiro milênio. Reformar é preciso. E uma reforma pode começar com uma repaginação horizontal no organograma administrativo, entendendo-se, por isso, uma mudança de posições entre pessoas e áreas. Nessa mudança, cabem novos figurantes, perfis assépticos, menos comprometidos com as práticas da velha política, pessoas respeitadas pela comunidade, em função do exercício profissional, do caráter e de sua história. Pode-se partir também para uma repaginação vertical, com o redimensionamento de programas e estruturas, com redefinição de prioridades, fusão de áreas e setores. O ciclo de racionalidade sugere economia de custos, espaços e tempos.

Não é fácil mudar uma rotina. Mas um exercício de reflexão, um mergulho profundo nas malhas dos governos, um reordenamento estratégico podem ajudar os governantes a sair da prisão em que estão retidos. Na verdade, só com oxigênio novo as administrações poderão dar as respostas que as comunidades exigem. Mesmo para os prefeitos, aconselham-se perfis assépticos, programas criativos e simples, estruturas pequenas, projetos de fácil implantação, atendimento às demandas geradas pelas urnas.

Sugerimos abrir um espaço para a reflexão e novas posturas. Urge utilizar-se a reengenharia da administração para a lubrificação das máquinas funcionais. Trata-se de uma decisão que seguramente vai alavancar governos, tirando-os do estado amorfo em que muitos se encontram. O pior de tudo é saber que muitos mandatários, depois de um bom tempo, imaginam que os governos que comandam lhes pertencem. Imaginam-se como donos das coisas e dos valores. E nem ouvem mais o eco das urnas. Tornam-se insensíveis. Embriagam-se com o poder. Assemelham-se ao João que caiu em um poço profundo, que não ouve, não vê e nem sente. Um desconhecido se aproxima do poço e lança uma corda para João subir por ela. Mas João, surdo, continua tentando subir sozinho pelas paredes. O desconhecido joga uma pedra. João sente a dor e olha para cima irritado, sem compreender. Grita furioso: "O que você quer? Não vê que estou ocupado?" O desconhecido grita: "Pegue a corda e saia". E ele responde, fulo da vida: "Não tenho tempo para me preocupar com sua corda". João, como muitos governantes, não vê que não vê, não sabe que não sabe.

O território, o país e a nação

O tom do mundo, escreveu Montesquieu, em *Meus Pensamentos*, consiste muito em falar de bagatelas como se fossem coisas sérias, e de coisas sérias como se fossem bagatelas. Talvez por isso mesmo os nossos governantes e estrelas do mundo político gostem tanto de fazer essa inversão, adoçando o cotidiano com pitadas de riso, uma espécie de néctar para suportar esses tempos de denúncias sobre favorecimentos ilícitos, CPIs contra a corrupção, esquemas de superfaturamento, milionárias contas no exterior e malhas subterrâneas de espionagem.

São inúmeros os políticos que preferem fazer graça com as coisas da política. E há outros que dão tratos à bola para evitar os aborrecimentos da vida política. Muitos optam pelo princípio do prazer, aparecendo nas colunas risonhas e estéticas dos jornais, colando suas imagens nos olimpianos e olimpianas da cultura de massas. Trata-se de uma decisão que, sociologicamente falando, está mais para Demócrito do que para Heráclito, dois filósofos que tinham concepções diferentes sobre a condição humana. O primeiro ridicularizava a vida e o homem e só aparecia em público com um ar arrogante e zombeteiro; o segundo, ao contrário, tinha compaixão pelo ser humano e demonstrava solidariedade com um ar sempre entristecido e os olhos marejados de lágrimas.

O Brasil está cheio de "Demócritos", mas a carência maior é de "Heráclitos". Não que os políticos devam abrir seu reservatório de lágrimas. Trata-se, isso sim, de sintonizar o discurso com o tom do momento. E a realidade brasileira tem apontado para um cipoal cheio de encruzilhadas, com imperfeições que assustam, como a recorrente questão da concentração de renda nas mãos dos mais ricos. O país tem alcançado a meta da estabilidade econômica, mas o povo está muito longe do conforto social. Esse estigma deve ser preocupação permanente do setor político, sob pena de se continuar, ainda por muito tempo, a enfrentar as tristes interrogações nacionais.

Quem ouviu, nos últimos tempos, um grito de "Viva o Brasil"? Em quantas salas de aula canta-se diariamente o Hino Nacional? Quem acha que os impostos e tributos diminuíram? Quem acha que a vida dos pequenos e médios empresários melhorou? Há alguém que considere adequada a legislação trabalhista da era getulista? Quem acha que as empresas nacionais têm mais regalias e benefícios que as empresas multinacionais? Quem acredita que a violência está diminuindo? Alguém acha que professores e alunos estão satisfeitos com as condições de ensino? Qual felizardo consegue encontrar uma bandeira brasileira para adquirir antes da bandeira de qualquer grande time de futebol? Quem acha que o PNBF – Produto Nacional Bruto da Felicidade – está crescendo?

As respostas atestam o grau de nosso patriotismo. E nelas situa-se a distância entre o território, o país e a nação. O território é o espaço físico que nos abriga. Orgulha-nos o espaço brasileiro pela grandeza continental, pelas belezas e riquezas naturais. O território não tem alma, é um diamante bruto que, lapidado por leis, códigos, processos, habitado por pessoas, governado por representantes do poder popular, adquire o *status* de país. Já a nação, que tem alma, é o espaço do civismo, da solidariedade, da justiça, do desenvolvimento, da liberdade, da ordem, da democracia, da autoridade, da soberania e da cidadania. Pois bem, as reformas realizadas (e foram de vulto) não têm atenuado as mazelas sociais, estamos cada vez mais distanciados no território e segregados no país por ilhas de desigualdades. Milhões de brasileiros, em seus espaços, assemelham-se a incrustações de conchas em rochedos brutos, assolados por tempestades e furacões. Agarram-se à vida com pequenos fios de esperança. Não se pode esperar deles espírito cívico. A insegurança generalizada corrói a vitalidade espiritual. E assim a Pátria, um sonho dentro de cada consciência, vai-se esgarçando em uma nuvem opaca e fugidia.

Quando Aléxis de Tocqueville, em 1835, descreveu as bases da nação americana, apontava a doutrina do interesse comum bem compreendido como a fonte capaz de formar uma multidão de cidadãos corretos e senhores de si mesmos. Entre nós, o interesse comum é uma abstração. Poucos aceitam sacrificar sua parte para salvar os outros. O país ainda registra comportamentos e costumes de barbárie. Vivemos em climas de emboscada, longe de uma paisagem em que os homens, simples em seus costumes e firmes nas crenças, cultivam a solidariedade, as lembranças do passado, o amor filial, o respeito aos mais velhos, hábitos agradáveis, essas coisas descomplicadas que proporcionam aos cidadãos certa doçura de viver.

Muitos políticos não se afligem com os problemas do país. Por isso, não têm achado o lugar da nação. Talvez por isso prefiram o riso ao choro, a ironia à humildade, a posição de atores no palco da telegenia. A miséria, essa é uma verdade, não frequenta muito as salas do Congresso e os ambientes dos Palácios.

A democracia da fé

A democracia representativa está em crise. Isso não é novidade. Como a palavra crise é usada para denotar problemas maiores e menores, torna-se difícil perceber o sentido em que é empregada. A crise da democracia representativa relaciona-se com as dificuldades geradas por sua operação no campo político. O filósofo italiano Norberto Bobbio prefere acentuar as promessas não cumpridas pela democracia: a educação e a justiça para todos, a vitória da moral e da ética sobre a corrupção, a distribuição igualitária de renda. Expostos os contornos da crise, surge a pergunta: e qual é a resposta que a sociedade está dando para os compromissos não realizados pela democracia?

Entre as respostas, uma parece ser muito significativa. Ao buscar mecanismos de defesa, um manto protetor contra as mazelas que a democracia representativa não conseguiu extirpar, a sociedade passa a eleger novas formas de representação. Os grupamentos sociais alinham seus interesses, integram-se em ideários – uns mais genéricos, outros mais específicos –, formam entidades, fazem pressão e, de maneira encadeada, acionam mecanismos que acabam promovendo a substituição das formas tradicionais de representação política.

Nascem, assim, as organizações não governamentais, as associações com raiz na micropolítica, a política das pequenas causas, do combate aos problemas da rua, do bairro, das regiões, dos grupos, das categorias profissionais. Esse universo organizativo procura suprir as deficiências da democracia representativa, investindo-se de certas atribuições da democracia direta – a que a humanidade inicialmente passou a conhecer no berço da ágora, a praça central de Atenas, onde se reunia a Assembleia do Povo, que debatia de maneira direta as questões da cidade.

Eis aqui o paradoxo da sociedade global. Quanto mais homogênea nos comportamentos, nas atitudes e nos gostos, quanto mais integrada a um pensamento global, mais tribal se torna, pela tendência de as populações exigirem receitas pontuais para suas demandas específicas. A monumental capilaridade produzida pela tuba de ressonância da mídia mundial não é capaz de remover a identidade dos microambientes, da cor local e das culturas regionais. Essa é outra explicação para a explosão das entidades intermediárias. A fé, por exemplo, encastela-se na crença de grupos religiosos que, multifacetados, espalham-se como ondas na areia, gerando correntes místicas de Luís Gomes (RN) a Alegrete (RS), de Uiramatã (RR) a Uiraúna (PB), de Heliópolis, a maior favela de São Paulo, a Rocinha, a maior favela do Rio de Janeiro. As ondas místicas funcionam como uma fortaleza de proteção da sociedade contra a invasão dos bárbaros, aqui representados pela corrupção, por desmandos administrativos de governantes, pela incúria de juízes, pela inépcia das casas parlamentares, pelos feudos familiares e pelo clima de emboscada que caracteriza a vida pública em nosso país.

A imagem pode ser forte, mas o conceito tem a sua lógica: os cidadãos mais humildes refugiam-se na fé para criar pequenos espaços de luz, céus diáfanos dentro de uma terra castigada pela ruindade e cheia daquelas coisas pecaminosas, que o poeta popular Eneias Tavares Santos viu chegar ao inferno, enviadas pelo cantor Roberto Carlos, por meio da música "E que tudo mais vá pro inferno": homem que bate em mulher, motoristas mão-grossa, que andam na contramão, balconista que na loja só mede esticando o pano, batedor de carteira, ladrão de galinha e outros tantos, filhos desobedientes que não respeitam os pais, soldados que na feira aborrecem o folheteiro, moça que vai para a rua à noite depois da janta, poeta plagiador, homem de duas mulheres, dono de sorveteria que pega um maracujá pra fazer dez litros de refresco, açougueiro que vende carne sem osso ao rico e com osso puro ao pobre, viúva de poucos meses que anda toda pintada, camelô de calçada, carregador chapeado, doutor que não examina as doenças do cliente, ourives que vende ferro enganando os tabaréus etc. Ah, quanta inocência no coração do poeta! O inferno seria menos quente se fosse apenas essa a extensão da maldade.

Há uma democracia da fé em plena efervescência no país. Ela ampara, inspira, exalta, eleva, anima e oxigena os pulmões da espiritualidade do nosso povo. Quanto maior a descrença na política e nas instituições tradicionais, maior a crença na força mística. É a indeclinável missão do ser humano em seu rito de passagem: buscar um cantinho de paz e felicidade para afastar a tormenta da vida.

Lembranças de um país biforme

E eis-me, aqui, instigado a escorregar de um mundo já suficientemente amnésico pela algaravia e polifonia destes tempos internéticos para ingressar no país do pesadelo-eufórico do início da década de 70. Entrar no clima do tricampeonato de futebol, no Mundial do México, vibrar com os 4 a 1 sobre a Itália, naquele memorável 21 de junho, comemorar sob o sombreiro colocado na cabeça de Pelé, ter orgulho da artilharia pesada que nos deu, naquela Copa, 19 gols, um a cada 28 minutos, é mais que um ensaio de recordação. É um penoso exercício de passagem pelo abismo da consciência. É a tentativa de promover o misterioso intercâmbio da alma com a sua verdade e com os sentidos que a animam. Jornalista, 23 anos, professor na USP e na Cásper Líbero, era um dândi, como milhões de compatriotas, procurando navegar no meio da tormenta, vendo e vivenciando o torpor narcotizante gerado pela maquinaria psíquica da ditadura.

A Copa, o tri, o México, Pelé, Tostão, Gerson, Rivelino, Jairzinho, Carlos Alberto eram a face alegre de um país biforme. Na outra ponta, reinava Médici, o presidente, que assinava um pavoroso Garrastazu depois de Emílio. O sobrenome popular parecia dormir na cama dos anjos; o nome feio, na caverna dos diabos. Sob sua batuta esportiva, cantamos o refrão da Copa; sob seu governo, vivenciamos os mais pesados anos de chumbo. Um sono letárgico nos foi proporcionado pela tuba da propaganda que a todos embalava com a sinfonia do desenvolvimento com segurança. A cara de milhões de brasileiros ria, mas os corações choravam sob um monumental sentimento de medo, vazio e angústia. As ruas enfeitadas para receber os campeões, desfilando em um festivo carro de bombeiros, bandeiras agitadas, gritos uníssonos, a sincronia de fogos de artifício, o Pingão do Largo do Arouche cheirando uma cachaça só, as cores nacionais embalando sonhos eram como se fossem águas diáfanas de um rio puro e cristalino desaguando em um mar tormentoso e escuro.

Só agora, com as névoas secas do passado rarefazendo-se na mente, podemos entender o perfil dual daquele presidente, radinho de pilha colado ao ouvido, querendo escalar Dadá Maravilha no time nacional. Saldanha, o técnico inicial da equipe, berrou para nosso gáudio e vingança: "Presidente escala ministério; a Seleção, escalo eu". Acabou cedendo o lugar para Zagallo. O que a lâmina do facão nos arrancava, a alegria do futebol nos trazia. Corriam sentimentos difusos, morte e vida inseparáveis, dor e prazer juntos, a estética dos estádios em fusão com a arquitetura tétrica das prisões. E o medo, aquela sensação de estar sendo vigiado, examinado, seguido, perseguido, correndo em nosso encalço, nos escritórios, nas ruas, nos bares, nas esquinas e nas livrarias.

Toda vez que releio *Metamorfose*, de Kafka, coloco-me na pele de Gregor Samsa, que, certa manhã, ao abrir os olhos, após um sono inquieto e atormentado, viu-se transformado em um monstruoso inseto. Por muito tempo, como aquele inseto, senti-me como se estivesse deitado de costas, com as pernas para cima, com dificuldade para aprumar e sair andando. A era Médici foi um terror. A embalagem cívica plasmada pela Assessoria de Relações Públicas da Presidência da República apontava para o Shangri-lá, o país da felicidade, onde crianças, na pureza do jardim de infância, podiam abrir o sorriso para o futuro, repetir os refrões cívicos e bater palmas para o Sol no horizonte, sob a sombra do soldado e seu fuzil, ao fundo, ícone de liberdade e segurança. Liberdade? Éramos todos presas do medo.

Não, a conquista do tricampeonato nos campos do México não limpou a mancha escura da angústia. A angústia que se repartia pelas ruas, naqueles idos de 1970, ali pelo Vale do Anhangabaú, à altura do Viaduto Santa Ifigênia, um altar de sacrifícios onde muitas, almas atormentadas iam ao encontro da morte. E lá do 45º andar do velho edifício Zarzur e Kogan, onde se iniciava a Proal, a pioneira empresa especializada em jornalismo empresarial, ficávamos a contemplar o corpo estendido na avenida, absortos e perplexos diante da fragilidade da vida. O que podíamos fazer, naqueles tempos de jornadas leves, se não ficarmos jogando sobre o vale pequenos aviões de papel para vê-los planando e fazendo evoluções ao empuxo do ar?

Nas aulas da USP e Cásper Líbero, a liturgia era a do oficialismo. Qualquer palavra de conotação mais ideológica podia ser flagrada por olheiros, bajuladores do sistema e oportunistas. De futebol, claro, podia-se falar à vontade. A personalidade discrásica (de humores alterados) do governo Médici o permitia. Mas o desconto vinha nas noites da prainha, ali nas margens da Avenida Paulista, no meio da Eugênio de Lima, onde grande parcela da atual geração de jornalistas paulistas se encontrava para afogar as mágoas e cochichar baixinho sobre alma, poesia, política, trabalho, canto e amor. Mais de 40 anos se passaram. A era Garrastazu, porém, foi um zumbido que o grito da vitória do tri não conseguiu abafar. Pelo menos para aqueles que, seguindo o conselho de Sêneca, não esquecem o passado, não negligenciam o presente nem receiam o futuro.

Do povo, pelo povo e para o povo

O povo não é um detalhe nem uma abstração. A obviedade da assertiva se faz necessária diante de tantas decisões que se tomam em nome do povo e que, examinadas quanto ao nexo, perdem, frequentemente, sentido. Examine-se, por exemplo, a qualidade de leis, projetos, planos, programas e medidas administrativas aprovadas e implantadas pelas esferas políticas e governamentais do país. Quantas delas preenchem verdadeiramente o escopo democrático definido pelo conceito "do povo, pelo povo e para o povo"? Fosse o país administrado sob a rigidez desse princípio basilar da democracia, teríamos seguramente maiores índices de satisfação e bem-estar social.

E como isso não ocorre, o que vemos é uma intoxicação das ações governamentais, caracterizada por multiformes práticas de corrupção que acabam induzindo o povo à deseducação e à incultura. Na verdade, a cultura da corrupção está profundamente impregnada na vida nacional. Começou com a colonização, as capitanias hereditárias, o sistema de mando que fatiou a geografia do país com os primeiros donatários. Um exame da partilha política, estado por estado, há de mostrar que ainda persiste a raiz feudal, presente nos grupos familiares que dominam parcela apreciável do sistema de poder.

Como se rompem as fortalezas feudais do país? Só há uma resposta: por meio do voto. E como o voto pode redistribuir o poder, tornando viáveis os ideais do povo? A resposta é: melhorando sua qualidade, aperfeiçoando-se o critério de decisão. E como isso pode ser conseguido? A única resposta: pela via da educação. Um povo educado é o caminho da emancipação da Pátria. Por isso mesmo, interessa a muitos donos do poder a manutenção do *status quo*. Nas últimas eleições, por exemplo, levas de prefeitos foram eleitas não porque apresentaram as melhores propostas ou defenderam os ideais do povo. Ganharam porque compraram votos, esvaziando cofres municipais, distribuindo benesses, abrindo imensos buracos que procurarão tapar durante quatro anos de administrações inócuas.

Sabe-se de municípios falidos, onde centenas de pessoas acenam com cheques sem fundo, distribuídos por cabos eleitorais e prefeitos corruptos, mancomunados com burocratas imorais, promotores e juízes tolerantes, ineptos e também corruptos. Incrível, porém verdadeiro: em muitas cidades, quem paga a conta da justiça (aluguel de casas de promotores e juízes) é a própria prefeitura, para vergonha dos Tribunais de Contas dos estados e emporcalhamento da própria instituição jurídica. Como podem julgar prefeitos com isenção? Aliás, que conceito ético têm os TCEs, que, na maioria, acabam fazendo aprovações mais políticas que técnicas? E será que a moralidade do Ministério Público restringe-se às grandes capitais, onde promotores destemidos e dignos cumprem com fidelidade sua missão de defender a sociedade?

A relação simbiótica de corrupção entre política e justiça acaba afastando o povo, mais ainda, dos poderes constituídos. O Brasil não aguenta mais segurar a corrente criminosa que age nas malhas intestinas do poder, unindo interesses individualistas de vereadores, prefeitos, deputados, senadores, governadores, líderes locais e grupos familiares. Há de se promover a retidão, a lealdade. Conta-se que o duque Ai perguntou a Confúcio: "Mestre, o que devo fazer para conquistar o povo?" Ele respondeu: "Promova os homens retos e coloque-os acima dos tortos, e conquistarás o coração do povo". Homens retos estão rareando entre nós.

Há uma pequena rua, em Londres, cheia de lojinhas, que vendem os mesmos tecidos, dos mesmos padrões e, incrível, pelo mesmo preço. Nem um centavo a mais ou a menos. Um brasileiro foi ali pechinchar. Surpreendeu-se, quando o dono de uma das lojinhas recusou-se a vender o tecido. Ele vira o brasileiro sair de outra loja.

Apontou: a sua loja é aquela. Ali, naquela ruazinha, cultiva-se a retidão, a lealdade, a honestidade. É o exemplo de uma cultura sem barganhas e emboscadas. Infelizmente, estamos anos-luz distantes desse sonho. A política corrompe o povo e este, inculto, acaba votando em pessoas corruptas. Estamos dentro de um círculo vicioso. Mas não se deve perder a esperança. A fé acabará removendo montanhas. Com educação, nosso povo, lúcido e racional, palmilhará caminhos mais retos.

O povo

"Há no mundo uma raça de homens com instintos sagrados e luminosos, com divinas bondades do coração, com uma inteligência serena e lúcida, com dedicações profundas, cheias de amor pelo trabalho e de adoração pelo bem, que sofrem, que se lamentam em vão.

Estes homens são o povo.

Estes homens estão sob o peso de calor e sol, transidos pelas chuvas, roídos de frio, descalços, malnutridos; lavram a terra, revolvem-na, gastam a sua vida, a sua força, para criar o pão, o alimento de todos.

Estes são o povo, e são os que nos alimentam.

Estes homens vivem nas fábricas, pálidos, doentes, sem família, sem noites doces, sem um olhar amigo que os console, sem ter o repouso do corpo e a expansão da alma, e fabricam o linho, o pano, a seda, os estofos.

Estes homens são o povo, e são os que nos vestem.

Estes homens vivem debaixo das minas, sem o sol e as doçuras consoladoras da natureza, respiram mal, comendo pouco, sempre na véspera da morte, rotos, sujos, curvados, e extraem o metal, o minério, o cobre, o ferro e toda a matéria das indústrias.

Estes homens são o povo, e são os que nos enriquecem.

Estes homens, nos tempos de lutas e de crises, tomam as velhas armas da pátria, e vão, dormindo mal, com marchas terríveis, à neve, à chuva, ao frio, nos calores pesados, combater e morrer longe dos filhos e das mães, sem ventura, esquecidos, para que nós conservemos o nosso descanso opulento.

Estes homens são o povo, e são os que nos defendem.

Estes homens formam as equipagens dos navios, são lenhadores, guardadores de gado, servos mal retribuídos e desprezados.

Estes homens são os que servem.

E o mundo oficial, opulento, soberano, o que faz a estes homens que o vestem, que o alimentam, que o enriquecem, que o defendem, que o servem?

Primeiro, despreza-os; não pensa neles, não vela por eles, trata-os como se tratam os bois; deixa-lhes apenas uma pequena porção dos seus trabalhos dolorosos; não lhes melhora a sorte, cerca-os de obstáculos e de dificuldades; forma-lhes em redor uma servidão que os prende a uma miséria que os esmaga; não lhes dá proteção; e, terrível coisa, não os instrui: deixa-lhes morrer a alma.

É por isso que os que têm coração e alma, e amam a justiça, devem lutar e combater pelo povo.

E ainda que não sejam escutados têm na amizade dele uma consolação suprema."

(Eça de Queiroz)

Propostas para o país

Em *Seis Propostas para o Próximo Milênio*, palestras que pronunciaria durante o ano letivo de 1985-1986, na Universidade de Harvard, se a morte súbita não interrompesse sua densa obra, Ítalo Calvino, o grande escritor italiano nascido em Cuba, abordou objetos literários que gostaria que a humanidade preservasse na nova era que se inicia. Trata-se de uma das mais belas coletâneas de pensamento a respeito da complexidade das estruturas narrativas. Apesar de o foco centrar-se nos valores literários, seu engenhoso ideário pode ser levado para o campo da vida social e política, até porque Calvino incentiva "Adequar as noções ao uso que delas se quer fazer e ao gratuito prazer que delas se espera tirar".

Na trilha das propostas, roguemos que os anos próximos iluminem os nossos governantes, tornando-os compromissários do valor da **leveza**. Diante da constatação amarga de que o grande esforço para preservar o valor de nossa moeda não tem arrefecido o insustentável peso do viver de imensa parcela da população, as nossas preces apelam para que a democracia brasileira, esvaziada de conteúdo social, seja capaz de atenuar a disparidade entre classes. Não se exige a leveza literária pontuada nas imagens de extrema leveza, como o flutuar de "pássaros, a voz de uma mulher que canta na janela, a transparência do ar e, sobretudo, a lua". Exige-se a leveza de um cotidiano mais tranquilo, menos inseguro, mais farto na cozinha, menos cáustico.

A vida é cada vez mais breve. As coisas que precisam ser feitas reclamam tempestividade, urgência. Não esperem os governos pelo último ano das administrações. A **rapidez**, como valor do início do milênio, é a resposta mais lógica que se pode dar ao ciclo da velocidade, da explosão das comunicações, da era transnacional. Os brasileiros estão cansados de ouvir a lenga-lenga dos idos dos nossos bisavós, que, por décadas, elegeram políticos e enganaram as massas: "Vamos construir a pátria dos nossos filhos". Urge, sim, reconstruir a pátria, já, sem delongas, sem protelações, sem enrolação. O amanhã é hoje.

Lincoln disse: "Podeis ludibriar uma parte do povo durante o tempo todo, ou o povo durante algum tempo; mas não podereis ludibriar o povo durante o tempo todo". O Brasil que ressurgiu das últimas eleições está comprometido com a **exatidão**, qualidade tão massacrada pelos padrões da velha política. O refrão hitlerista de que uma mentira repetida três vezes se tornará verdade no quarto relato está sendo apagado da mente nacional. Basta olhar para aqueles que prometeram mundos e fundos, oportunistas e aventureiros. O elemento que os tornou fortes – a mentira – será a mesma arma que os tornará fracos.

Bobbio chama a atenção para dois fenômenos adversos, porém estritamente ligados: o poder oculto ou que se oculta e o poder que oculta, isto é, que se esconde, escondendo. O país não aceita mais isso. As malhas do poder invisível precisam ser escancaradas. Daí a necessidade de darmos força à **visibilidade**, necessária para se poder acreditar nos governantes e nos representantes do povo. O Brasil não aceita viver sob dois estados, o visível e o invisível, este operado por estruturas corrompidas e gabinetes secretos, que tomam decisões políticas longe dos olhares do público.

Somos uma nação de raças misturadas e ainda em processo de miscigenação. As culturas diferenciadas juntam-se aos valores mais nobres da vida – o respeito, a lealdade, a espiritualidade, a força da fé, o companheirismo, a dignidade, a ética – para criar uma identidade nacional. Há, portanto, uma força plural no país que merece ser considerada. Trata-se de observar e promover a **multiplicidade** dos sujeitos, das vozes, dos olhares sobre a nossa realidade e contemplar os seus anseios.

A última lição de Calvino foi interrompida por sua morte. Ele trataria do tema da **consistência**. Fiquemos com sua intenção para resgatar o valor da responsabilidade nas atitudes e ações. Responsabilidade implica seriedade, densidade, peso. O contraponto é a improvisação, a irresponsabilidade, o devaneio vadio, o jeito "doidivanas" de ser. O Brasil do novo milênio estaria mais próximo do valor da humanidade, esse valor realçado por Confúcio com a máxima: "A humanidade é mais essencial para o povo do que água e fogo. Vi homens perderem suas vidas por se entregarem à água ou ao fogo; nunca vi alguém perder a vida por se entregar à humanidade".

O Brasil entre dois mundos

Confúcio foi o precursor da cultura da lealdade. Dizia: "Coloca a lealdade e a confiança acima de qualquer coisa; não te alies aos moralmente inferiores; não receies corrigir teus erros".

É conhecida a historinha em que o sagaz José Maria Alkmim, do velho PSD mineiro, encontra no aeroporto o não menos sagaz Benedito Valadares, para quem lança a artimanha: "Ah, você está me fazendo crer que vai a Barbacena; acontece que eu sei que você realmente vai a Barbacena". A tática, conhecida como engano de segundo grau, expressa um jogo de soma zero entre a sagacidade de um e a malandragem do outro. Mais ou menos algo como: "Quando você pensa que está indo, eu já estou voltando". Ou ainda: "Sou capaz de prendê-lo no mesmo laço com que você quer me laçar".

Duas situações, duas culturas, duas atitudes. No meio delas, está o Brasil que ingressa no terceiro milênio. Somos um país sem feição totalmente definida. Sua aparência é a de uma fruta que amadurece de maneira desigual, com partes quase apodrecidas e outras ainda verdes. A parte podre provém das mazelas de nossa colonização, dentre elas o individualismo egocêntrico, o "compadrismo", o "mandonismo", o fisiologismo, a corrupção, a desconfiança mútua, fatores esses que maltratam a alma nacional. A banda verde da fruta, por sua vez, é formada por contingentes éticos e recebe o oxigênio de uma fé inquebrantável, revigorada por ondas de religiosidade e crença, que funcionam como imensas fortalezas de proteção de populações marginalizadas e sofridas. É uma espécie de antídoto espiritual para enfrentar as carências materiais. Essa corrente de natureza mística flui de maneira circular pelas classes sociais e categorias profissionais, administrada por uma monumental cadeia de entidades intermediárias que passam a tomar o lugar dos combalidos partidos políticos e a comprovar um estado bastante avançado de nossa organização social.

A vertente ética procura contrapor-se aos climas de desconfiança e ódio, às injustiças e à desordem social, que se avoluma com o descumprimento das leis, enfim, ao quadro de tradições caóticas pintadas de maneira tão forte por Simon Bolívar, há cerca de 150 anos: "Não há boa-fé na América, nem entre os homens nem entre as nações; os tratados são papéis, as constituições não passam de livros, as eleições são batalhas, a liberdade é anarquia e a vida um tormento". A agenda do nosso cotidiano ressuscita o grande timoneiro. Basta ver a batalha em que se transformou a eleição para as presidências do Senado e da Câmara. Basta ver a barbárie a que estamos sendo submetidos pela crescente tendência de fulanização da política, que não é senão a expressão do poder dos homens tomando o lugar do poder das ideias. É deplorável constatar que o pleito de 2002 começa a se transformar em uma luta renhida entre personagens e não em um embate plural e denso em torno de programas. Não se defende nem se ataca "o quê". As investidas são contra e a favor de "quem". A quebra do sigilo bancário, sem autorização judicial, estúpida desmoralização da Carta Magna, é o atestado de uma cultura política farisaica, espetacularizada, marketizada, demagógica, preocupada com efeitos pirotécnicos. Nem se trata, nesse caso, de polemizar a respeito do que é legal, ético e legítimo. Trata-se de cumprir a lei e respeitar o estado de direito. Se a lei é injusta, é justo combatê-la, mas não violá-la.

O Estado moderno é incompatível com o império da baderna. A não ser que decida ser um apêndice de retrocesso em um mundo que se torna cada vez mais interdependente e, portanto, atento ao fortalecimento da autonomia individual, das conquistas da civilização contemporânea, entre as quais se inserem os direitos individuais e sociais. A face verde e nobre do país há de maturar sob a proteção de organismos que não desnaturem o fluxo e o ritmo evolutivo das instituições e ainda sem a retórica personalista que, frequentemente, nos lembra o passado das capitanias hereditárias. Nossas lideranças, com raras exceções, estão carcomidas. São retratos de 20, 30, 50 anos na parede esburacada. Como já disse o sábio Zaratustra, "Mil caminhos existem, que ainda não foram palmilhados, mil saúdes e ocultas ilhas da vida. Ainda não esgotados nem descobertos continuam os homens e a terra dos homens". Quem sabe, nesse alvorecer de novo milênio, não encontremos novas ilhas, novos líderes, outros caminhos para palmilhar?

Não há razão para desanimar. A banda podre da nação, com o empurrão da parte digna da sociedade, está sendo despachada para a lata de lixo. O ritmo talvez não seja o mais desejado. É possível que, nos últimos anos, nossa taxa de decência aumente alguns graus. Por enquanto, saudações comovidas à cadelinha July, mistura de vira-lata com poodle, que, em uma ruazinha de Limeira, enfrentou uma violenta *pit-bull* para impedir que seu pequeno dono, Caic Eduardo Moreira, de 6 anos, fosse atacado. July, exemplo de lealdade londrina, não resistiu e morreu. Ganha as nossas palmas na virada do milênio.

Identidade e imagem

Um dos principais desafios dos políticos é estabelecer uma forte identidade e projetar uma imagem que lhes corresponda. A identidade não é uma criação artificial, como se pode pensar. E a imagem não é um artifício descolado da identidade. Identidade forte, por sua vez, não quer significar grandeza no campo de realizações nem mesmo arrojo no campo das atitudes. Trata-se de um conceito sobre uma pessoa, o conjunto das qualidades morais, a soma de suas virtudes e defeitos. Sustentam a identidade valores como a lealdade, a simplicidade, o companheirismo, a honestidade, a ética e a moral, o acervo de conhecimentos, a formação cultural, os serviços prestados à comunidade, a largueza de espírito. Perfis com forte identidade passam pela história deixando marcas indeléveis.

Cristo é um marco na história das grandes identidades. Gandhi, ícone de pobreza material, apresenta-se como um dos mais célebres símbolos da riqueza espiritual. Kennedy significou a representação de uma liderança democrática dos tempos modernos, com sua jovialidade, liderança e força de expressão. Getulio Vargas conjugava as demandas e aspirações do moderno Estado nacional. Juscelino, com seu sorriso e jeito empreendedor, abriu as portas do espírito desenvolvimentista da era contemporânea. Os grandes líderes do passado exprimiam, cada um a seu modo, um brilho próprio, na forma do carisma, do dom da oratória, da capacidade de mobilização das massas, da arte de fincar estacas no coração do povo. Atualmente, as lideranças patinam em uma gélida camada burocrática. Não sem razão, suas identidades carecem de brilho. Suas imagens aparecem como sombras opacas, artificializadas e retocadas por uma engenharia cosmética que faz sucumbir o conteúdo em detrimento da forma.

A identidade é o caráter de um político. É sua história pessoal e profissional. Se for plena de ações e serviços públicos, traz para o político um espaço de simpatia na sociedade. Se for cheia de casos suspeitos, só com muito esforço pessoal – principalmente no campo das atitudes – consegue-se retocar o borrão. Ao político, um discurso forte é fator fundamental. O discurso agrega pontos de vista a respeito dos problemas sociais, a visão adequada sobre soluções, pontuações fortes a respeito de temáticas do país, do estado e das regiões. Ao discurso, seguem-se as ações, o plano operativo. Há pessoas que são festejadas por seu ideário, outras, por suas realizações ou personalidade. A identidade incorpora, ainda, o plano tático, a maneira de se relacionar com as pessoas, a capacidade de articulação com setores da sociedade, o modo de expressão. Esses fatores, combinados, fazem com que alguns sejam mais simpáticos que outros.

Arrumada e ajustada a identidade, ela deve ser projetada para os grupamentos sociais. Esse desafio é operado por meios e formas de comunicação. É muito importante manter elevada a visibilidade de um político, que funciona como uma espécie de ponte de ligação com o eleitorado real e o potencial. O problema reside nesse ponto. A imagem não deve estar muito afastada da identidade. Uma é a sombra da outra. Quando a imagem está bem colada à identidade positiva, gera confiança e credibilidade. Quando está descolada, promove desconfiança, dúvidas, antipatia. O eleitor percebe quando um político "força a barra" e quer parecer melhor que sua identidade.

Para compreensão adequada, imaginemos o Sol do meio-dia incidindo sobre a cabeça de uma pessoa. A sombra do corpo fica sob os pés. À medida que o Sol vai baixando no poente, a sombra (a imagem) se estende para além do corpo, esgarçando-se, distorcendo o corpo. Quando um político quer aparecer com uma imagem destoante de sua identidade, gera dissonância, fato percebido pelo eleitor. Isso ocorre frequentemente nas linhas e formas de comunicação, por conta de exageros e mesmo ignorância a respeito da maneira como o eleitor percebe e avalia o político. Trocar abruptamente o nome de uma empresa seria uma ruptura violenta da identidade. Um perfil sisudo não deve ser apresentado de maneira risonha ou o contrário. Quando se coloca um chapéu de couro ou um cocar de índio na cabeça de um político rabugento, o resultado é ridículo. O príncipe Charles, desengonçado, dançando samba com mulatas seminuas é uma extravagância. Já o cantor Sting dançando com a Mangueira no Rio está no ambiente musical-show, que faz parte de seu *métier*.

Políticos, é preciso mais cuidado com a imagem!

Olhem para o PIBInf

Na política, muita gente vende mercadoria que não pode entregar para comprador que não tem dinheiro para pagar. O blefe é uma das maiores características desses tempos de política profissionalizada.

Pois bem, um dos maiores eleitores da contemporaneidade tem o carinhoso nome de PIBInf. Isso mesmo: Produto Interno Bruto da Infelicidade. Se o Produto Interno Bruto da Infelicidade Nacional (PIBInf) crescer muito, a probabilidade de se votar em um candidato oposicionista é enorme. Se diminuir e permanecer tão curto quanto a extensão de suas quatro letras, é muito provável que vejamos sentados nas cadeiras do poder candidatos patrocinados pela aliança governista. E os nomes da oposição ou situação com melhores possibilidades serão aqueles cujas cabeças melhor se adaptarem ao travesseiro social. Já temos, portanto, uma primeira medição da situação. Mas o que vem a ser esse tão fenomenal PIBInf?

O Produto Interno Bruto da Infelicidade é o somatório das demandas sociais do país. Entra em sua composição a insatisfação com a questão da violência desmesurada, da criminalidade galopante; as raivas dos cidadãos quando enfrentam filas nos postos de saúde; a ausência de vagas nas escolas para os filhos ou mesmo a distância entre a escola e a residência; os ônibus superlotados, cheios de angústia, cansaço e suor; as filas do desemprego, que somam milhares de quilômetros por toda a Federação; os serviços públicos péssimos; as promessas não cumpridas de melhoria nos serviços privados (as lembrancinhas dos congestionamentos dos celulares, por exemplo); a falta de alguns trocados para aumentar a cesta básica; o trânsito caótico das capitais e médias cidades. Enfim, uma indisposição geral, fruto da sensação de que o sorriso é contido, a gargalhada não jorra alegria e de que há uma dorzinha lerda e intermitente, fustigando o corpo, que não se sabe de onde vem, para onde vai ou quando vai acabar. (Quem já teve dor de cálculo renal sabe mais ou menos como é que é.)

O PIBInf é isso e muita coisa mais. O mais fica por conta das infelicidades pessoais e grupais, que se formam em ondas e que, de maneira centrífuga e centrípeta (das classes médias para as classes mais pobres e vice-versa), vão se encadeando para formatar o grande colchão social do país. O tamanho do colchão com sua espessura e tipo de tecido determinará a qualidade do sono. As noites bem ou mal-dormidas, os dias bem ou mal vividos, os sucessos e insucessos acionam a maquinaria psicológica dos cidadãos, aumentando ou diminuindo a infelicidade geral.

Resta aduzir que há algumas pessoas capazes de calibrar o tamanho do PIBInf. São os mandatários, a partir do presidente da República, que, com o poder da caneta, e os bilhões da moeda estável, poderão colocar muita água no gigantesco caldeirão social, aliviando tensões, melhorando o nível de vida dos contingentes mais pobres, recarregando as baterias de confiança das classes médias, com menos impostos e menor pressão do Estado monetário sobre o cotidiano dos cidadãos. Quanto custará isso? Inflação. Ora, um pouquinho dela, para maior felicidade geral da nação, vai jogar o país no caos?

Ao lado dessa injeção na qualidade de vida das pessoas, os mandatários poderão trabalhar para melhorar a própria relação com a sociedade. A começar pela desplanaltização do Governo. A administração federal está isolada em Brasília. O presidente e seus ministros precisam correr o país, vendo as realidades, ouvindo as demandas e ajudando os estados nas áreas e setores em que se justifica a presença do Governo Federal. Há um hiato enorme entre o Palácio do Planalto e a sociedade. E esse buraco pode ser ocupado com ações, eventos, programas, projetos, dentro de uma estratégia de articulação social combinada com as entidades da sociedade civil. Há grandes espaços a serem ocupados. A juventude, por exemplo, está amorfa e dispersa. Sua república se confina cada vez mais às drogas, aos lazeres das casas noturnas e à filosofia dos *shopping centers*. Não se arregimenta em torno de um grande projeto nacional. Até porque não se entusiasma com a demagogia. Mas pode ser envolvida em um projeto sério, de magnitude, em parceria com as organizações sociais. A energização social aumentará as taxas de engajamento, participação e civismo, valores que sedimentam a cidadania.

O PIBInf agradecerá de todo o coração se alguma coisa for feita para ele diminuir de tamanho.

Os frutos da crise política

A crise política que o Brasil está vivenciando não é nem um pouco recente. Tem a idade da configuração partidária que começou a se consolidar depois da extinção da velha Arena, que sustentou os governos militares, e da transformação do vigoroso MDB de Ulysses Guimarães. Criou-se, ao sabor das circunstâncias e com o fermento do fisiologismo, uma constelação de pequenos partidos que passou a circundar um núcleo formado pelos maiores partidos nacionais – PMDB, PT, PSDB e DEM.

A crise está com tempo marcado para acabar ou, pelo menos, diminuir de intensidade. Ela chegou a um ponto de saturação, não tendo, por isso mesmo, mais condições de continuar gerando tensões e instabilidade. Fôssemos regidos pelo parlamentarismo, não haveria problema. O primeiro-ministro seria mudado, as bases políticas se reacomodariam, a vida econômica não sofreria abalos e o sistema democrático seria submetido a um permanente debate, onde estariam em foco questões como programas de governo, eficácia ministerial, cobranças partidárias, fidelidade parlamentar etc.

Como será inviável em curto prazo o estabelecimento do sistema parlamentarista, resta aduzir sobre as consequências que os embates políticos provocarão no cenário institucional. A primeira delas será, inevitavelmente, a reforma política. O ambiente de conflagração que se armou no Congresso Nacional é fruto da infidelidade partidária, do estiolamento doutrinário dos partidos, do excesso de siglas partidárias, da ausência, enfim, do compromisso maior do parlamentar com as posições das entidades que representa e com as promessas feitas ao eleitorado.

É claro que a reforma não virá em cheio. Aparecerá em capítulos, de maneira pontual. A questão da fidelidade partidária, matriz de um formidável conjunto de problemas, abrirá as discussões. Será aprovada, sem engessar, é claro, o representante ao partido. Dar-se-á a ele a necessária condição para migrar para outro partido, em um tempo, porém, que seja considerado conveniente. Não tão cedo para evitar a ideia de fisiologismo e descompromisso com as bases que o elegeram, e possivelmente próximo à eleição seguinte.

A fidelidade, sozinha, não tem sentido. Só vingará se atrelada a programas partidários, conceitos, ideias, posicionamentos e doutrina. A substância doutrinária tornará mais claras as diferenças entre as siglas e mais nítidos os compromissos e promessas dos parlamentares. Para chegar a essa meta, é preciso reduzir o número de partidos. Não há sentido termos 30 ou mais siglas partidárias, quando não dispomos de mais do que quatro ou cinco tendências de pensamento social. Por essa razão, será grande a chiadeira dos pequenos partidos, que terão morte anunciada. A inclusão da cláusula de barreira, proibindo a profusão de siglas – muitas consideradas de aluguel –, terá o apoio dos grandes partidos.

Dentro dessa moldura, cabe a projeção: teremos entre cinco e seis partidos. A leitura dos campos conceituais e espaços de poder da atual configuração partidária sugere a seguinte divisão: dentro do arco ideológico, cabem dois partidos de esquerda, o PT e a junção de outras siglas de esquerda, podendo, até, o petismo aglutinar todas as forças da sua banda; dois partidos de centro, um dos quais posicionado no lado esquerdo e o outro ocupando o centro e um pouquinho da direita; e dois partidos de direita, um recuado na extrema e o outro mais próximo ao centro, podendo, até, tais posições se fundirem para dar lugar a um único partido direitista.

Que partidos vingariam e quais seriam as fusões viáveis? O PT, como já se disse, se consolidará na esquerda; no centro, os espaços serão do PSDB e do PMDB, havendo possibilidade de, no futuro, ambos se unirem, formando o tão sonhado partidão para amparar a estratégia de estabilidade (permanente) do governo. Na banda direita, o DEM fará escola, podendo, ainda, dividir o espaço com a fusão de outros partidos, como PPB e PTB. Esses partidos, porém, navegarão de acordo com a evolução dos acontecimentos, podendo bandear-se para o lado dos vitoriosos na recente eleição no Congresso.

Pelas contas, teremos seis grandes partidos, que poderão somar cinco ou mesmo quatro. Com essa base, ter-se-á uma configuração mais próxima do pensamento social. O país respirará aliviado e as crises terão duração menor. Com mais esta observação: o Brasil estaria mais perto do parlamentarismo.

O chifre do diabo e as asas de anjo

O chifre do diabo e as asas de anjo que procuram, nos momentos carnavalescos do país, situar o preservativo nas categorias do mal e do bem, revelam mais que a intenção do poder público de fazer uma campanha nacional de prevenção contra a Aids. Expressam o reconhecimento de que o mal encontra, no território, condições mais que propícias para se alastrar, em função de um estado geral de desorganização, irresponsabilidade e desleixo, consequência da inação do poder do Estado em muitas áreas e também do conhecido espírito folgazão e displicente do brasileiro.

A perda de valores, o desmanche de virtudes clássicas – como o respeito, a honra, a ética, a solidariedade, o compromisso da palavra dada –, que se somam à corrupção e à impunidade, desestruturam o sistema normativo, conferindo ao desenho institucional uma situação de fragilidade e anemia. E quando o estado invisível, presente no mando da criminalidade, se volta explicitamente contra o estado visível, o mando do Estado, a sensação é de que o governo perde as rédeas e o país, os rumos. A malha de rebeliões nas prisões paulistas é o mais acabado retrato da derrota do poder de polícia do Estado.

Afora as razões mais pontuais para explicar os problemas nacionais, há uma causa maior que está por trás da onda de banalização que o país vive: a cultura de irresponsabilidade. Em sua esteira, vicejam a falta de autoridade, o descompromisso, o descaso, a ausência de zelo pela coisa pública. O exemplo vem de cima. Quando não há um sentido de autoridade, um campo de disciplina e o cumprimento da lei, que possam servir de norte para a sociedade, o povo tende a assumir comportamentos miméticos e a pautar sua conduta ao sabor dos climas e ambientes anarquizados. Diante desses climas, a psicologia coletiva nacional, ao contrário da rigidez do caráter anglo-saxão, por exemplo, dá vazão às atitudes relaxadas e negligentes.

O embaixador J. O. de Meira Penna, em seu formidável livro *Em Berço Esplêndido*, fornece alguns traços pelos quais se pode entender muita coisa do que está se passando. Reconhece que o brasileiro é, mais que *Homo sapiens* ou *Homo faber*, *Homo ludens*, com sua propensão para os jogos, a diversão, os brinquedos, a festa e a farra. Basta ver que os ambientes pesados dos velórios são, entre nós, bastante aliviados por festivais de piadas. Fazemos brincadeira com coisa séria e seriedade com coisas banais, típica atitude dos espíritos lúdicos.

O que é sério para o brasileiro? A administração pública? O ensino? A política? A instituição militar? O respeito às tradições, o civismo? Nenhuma dessas alternativas. Pois aqui está: o brasileiro leva mais a sério a folgança, o futebol, a loteria. No jogo do bicho, vale a confiança na regra. Os protagonistas têm palavra. O carnaval é uma das coisas mais sérias do país, porque suas leis são imutáveis e seus eventos, previsíveis. Os mandatários já deixam de sê-lo, em função da torrente de escândalos e denúncias que enlameiam os atores políticos e respingam sobre as instituições que representam. Se o futebol está deixando de ser coisa séria, é porque a política se infiltra nos times e estádios. O ensino, por sua vez, transforma-se em grande negócio. O nivelamento da qualidade se dá por baixo. A instituição policial está debilitada. Policiais se envolvem nos descaminhos da criminalidade e os efetivos, desmotivados, deixam de cumprir a contento suas funções constitucionais. O civismo? Ora, não resiste a uma batucada de samba.

Se a via institucional está congestionada de deficiências, não é o povão que vai consertar. A responsabilidade é dos governantes e das elites. Onde estão, por exemplo, os frutos do Plano Nacional de Segurança? Onde estão os carros baratos, as boas estradas, o trânsito que flui, os grandes projetos do Avança Brasil, tão trombeteados? Essas promessas todas acabam indo para a cesta de lixo da verborragia. Aliás, um pouquinho de pesquisa nos mostra que o verbo no Brasil é usado a torto e a direito para explicar o inexplicável e, frequentemente, para designar coisas que não correspondem exatamente à designação.

Vejam essa interessante moldura colecionada pelo embaixador Penna: o Rio de Janeiro é uma baía; não existem amazonas no Amazonas; Petrolândia e Petrolina não têm petróleo; não há um grande rio nem no Rio Grande do Norte nem no Rio Grande do Sul, que é, aliás, uma grande lagoa. Em qualquer lugar do nosso imenso território, poderemos distinguir expressões inadequadas. Até aí, tudo bem. Só não podemos admitir que os níveis de inadequação e impropriedade atinjam as esferas de atuação do poder público. A crise na área penitenciária está escancarada. O poder do Estado foi à lona. O que vão fazer? Adiar as soluções, empurrar a crise com a barriga? Esperar que o carnaval ajudasse a empurrar a sujeira e as carências para baixo do tapete? Vale lembrar que o hábito de adiar e fazer rodeios é bem brasileiro. Antes que mais bombas estourem sobre nossas cabeças, urge não apenas desativá-las como evitar que possam ser fabricadas.

Senhores governantes, por favor, usem o hoje como **hoje**, não como sinônimo de **amanhã** ou **depois de amanhã**.

O ciclo de vida de um político

A fim de ser bem-sucedida em política, uma pessoa deve ter suficiente habilidade interpessoal para estabelecer relações efetivas com outras e não deve deixar-se consumir por impulsos de poder, a ponto de perder o contato com a realidade. A pessoa possuída por um ardente e incontrolável desejo de poder afastará, constantemente, os que a apoiam, tornando, assim, impossível a conquista do poder. O pensamento, expresso por Robert Lane, em *Political Life*, explica por que muitos políticos acabam deixando escapar o poder que conquistariam com racionalidade, caso a ambição desmesurada não corroesse a visão estratégica.

A questão pode ser ainda analisada sob o ângulo do ciclo de vida do político. Na administração empresarial, é bastante conhecido o conceito do ciclo de vida das organizações. Elas nascem, se desenvolvem, amadurecem, expandem-se e, em determinado momento da vida, chegam ao ápice de seus negócios. Costumo adaptar o conceito para as campanhas eleitorais, quando apresento os cinco momentos principais do pleito: a pré-campanha, o lançamento do nome, o crescimento, a maturidade e o clímax que, evidentemente, deve ser planejado para coincidir com a semana da eleição.

Pois bem, a vida de um político também é pontuada por ciclos. No primeiro estágio, o político passa a abrir os horizontes, assumindo o primeiro mandato ou o primeiro cargo na administração pública; vai se esmerando, aprimorando o perfil, amadurecendo, começa a ser conhecido e reconhecido, entra no segundo ciclo, quando o volume de seu prestígio se expande, refina sua identidade, arruma o discurso, rearticula a simbologia e passa a ser admirado, ingressa no terceiro ciclo com certa fama e passa a ser respeitado, agrega mais espaços, começa a alçar voo no território da liderança política. Dessa forma, vai adensando o perfil, podendo fazer reivindicações e formar grupos próprios, desligando-se de antigos patrocinadores ou mesmo ganhando posições e postos maiores junto aos correligionários. Ao inaugurar o quarto estágio da carreira, é respeitado, reconhecido, com um poder admirável. Faz-se da ambição desmesurada o batente para chegar rapidamente ao clímax, pode despencar e ser destruído. Esse é um dos principais desafios da vida política. Se for paciente, chega ao último estágio com muita firmeza.

Não há regra para se determinar o tempo razoável de cada ciclo. Tudo vai depender do cargo ou do tipo de mandato conseguido pelo político. Alguns são içados pela força de companheiros que os colocam sob suas asas. Ou são suplentes de senador ou vice-governadores, que, de repente, por circunstâncias políticas, ascendem ao posto de titular. Nesse caso, desfrutando de maior força, criam condições para subir rapidamente na escada da política. Outros possuem uma condição que, infelizmente, em nosso país, exerce atração fatal: dinheiro. O poder do metal coopta, faz aumentar espaços, viabiliza candidaturas. É o preço que a democracia representativa paga ao território da política.

Dito isso, vale indagar: por que alguns políticos, mesmo tendo muito dinheiro, não conseguem se afirmar? Essa é a questão central desta reflexão. Política é a arte de comandar, de representar, de lutar, de costurar, de dialogar, de articular, de exercer o mando. Mas política é, sobretudo, a arte de saber dominar e administrar o tempo e as suas circunstâncias. Isso, dinheiro nenhum consegue. Há políticos loucos para queimar etapas do ciclo de vida. Alguns conseguem ter sucesso. Outros caem no fracasso. Quem é bem-sucedido mostra qualidades e valores como lealdade, companheirismo, coerência, determinação, simplicidade, engenhosidade no trato e na forma de fazer amigos e, sobretudo, paciência. Os impacientes morrem antes de chegar à praia. E morrem porque gastam muita bala antes do último combate, desperdiçando energia antes das braçadas finais. Gozam as delícias do poder antes de sentar na cadeira do mandato. Contam com o ovo dentro da galinha.

O tema é oportuno diante das investidas que os pré-candidatos de todos os estados brasileiros começam a ensaiar nessa quadra política. Entre as perguntas que eles deveriam fazer a si mesmos estão estas: Em que ciclo de vida estou? Dá para pular alguma etapa? O dinheiro abrirá espaços? Com que grupos posso e devo contar? Chegou efetivamente minha hora ou dá para esperar mais um pouco? As respostas poderão ajudar políticos a encontrar o eixo. Um político até pode perder a campanha mais de uma vez. A derrota é a aprendizagem para a vitória seguinte. O que não é admissível em um político é a improvisação.

Áulicos e "santos da casa"

Quem se dá ao trabalho de analisar as mazelas da política brasileira pode acrescentar a fenômenos já bastante conhecidos – fisiologismo, mandonismo, caciquismo, patrimonialismo, familismo/nepotismo – dois aspectos rotineiros que acabam corroendo perfis e amortecendo a eficácia de projetos políticos: o poder áulico e a fraqueza dos "santos da casa". Trata-se de duas manifestações que acabam trabalhando contra políticos ou mesmo pessoas que galgam altos postos nas administrações pública e privada.

Os áulicos sempre fizeram bem ao coração dos pobres de espírito. Historicamente, sempre estiveram no centro do poder, vendo, ouvindo, desfrutando dos graus mais elevados da intimidade de seus patrões. Nos reinados absolutistas, constituíam uma espécie de colchões da autoestima de rainhas. No mundo contemporâneo, são assessores de coisa nenhuma ou, eventualmente, de alguma coisa, que, no final, dá no mesmo. Nas administrações, dão palpites, ideias, sugestões que, regra geral, são resultantes de um senso de oportunismo, cuja lógica se ampara na ideia de preservar a própria horta, aguando o jardim emotivo do chefe. Na política, esses "ascones" (assessores de coisa nenhuma) agradam aos mandatários, dizendo o que eles gostariam de ouvir, defendendo-os de acusações, impregnando-se de seus pensamentos e ações, servindo, enfim, de cordão sanitário contra os costumeiros tiros desfechados contra as vidraças.

A corrente áulica inviabiliza um olhar mais objetivo e real dos atores políticos. O palanque é cosmetizado, as cores são falseadas, os ambientes e os climas ganham adereços ficcionais e os representantes políticos acabam se imaginando no céu, enquanto sua imagem trafega no inferno ou, quando muito, nas redondezas do purgatório. Os áulicos existem e proliferam porque há corações clamando pela embriaguez do elogio. Quanto mais um homem se embriaga com o mundo, mais intoxicado fica. Quando um político galga um posto mais alto, a floresta se enche de áulicos. É o efeito do que o grande Pompeu, nos tempos da Roma antiga, já reconhecia: "Há mais homens para adorar o sol nascente do que para adorar o sol poente".

Se o áulico engessa a criatividade dos governantes e dos representantes sociais, os chamados "santos da casa" navegam em um oceano de frustração. Há, reconhecidamente, nas organizações de todos os tipos, assessores altamente qualificados, tarimbados, muitos, até, portadores de altos títulos de especialização. Depois de certo tempo de maturação e experiência nos ambientes de trabalho, passam a ser considerados "prata da casa". Se merecem esse título, para muitos tão honroso, deixam de merecer a consideração, pelo menos no aspecto profissional, de seus chefes. As ideias, as sugestões, as propostas passam a ser consideradas como "algo comum", sem expressividade e dimensão de grandeza. Mesmo "o gênio da lâmpada" surgindo, de repente, pelas mãos milagrosas do "santo da casa" não criará nenhum impacto. E sabemos a razão: "Santo de casa não faz milagre".

A depressão, a angústia, a sensação de inutilidade aparecem na esteira do ditado. Pois o "milagreiro da casa", que não faz milagre, vê surgir em sua frente um estranho, levado por amigos do chefe, para abrir uma frente de conselhos e ideias. De coisas banais a sugestões estapafúrdias, tudo será anotado pelo deslumbrado chefe, que pensa estar energizando seu ambiente de criatividade e inovação. O novo "conselheiro" despeja carradas de conversa, regadas a experimentos nem sempre bem-sucedidos de sua trajetória profissional, para deleite e atenção de políticos, empresários e dirigentes, que se acham descobrindo novamente a América.

Os "santos de casa" amargam suas angústias, mas não dão o braço a torcer. Sofrem calados. Até que a primeira grande bobagem dos novos "consultores" faça resgatar a ideia de sua pálida assessoria.

E daí? O arremate é no sentido de que o "santo de casa", ao perceber que não reza nem missa em capela de fazenda, precisa pegar o boné e passar a pregar em outra freguesia. O louvor – sabe-se – é o reflexo da virtude, mas depende do espelho ou da boca de quem emite a inflexão. Se o louvor aparecer diariamente das proximidades, será falso.

Salomão dizia: "Os vaidosos são o escárnio dos homens sábios, a admiração dos tolos, os ídolos dos parentes e os escravos de suas próprias jactâncias".

A crise é o grande confessionário

Há quem veja na onda de denúncias e escândalos que devasta a área política, sinal de uma corrosão irreparável no tecido institucional. Esse sentimento é mais ou menos expresso pelo desabafo das esquinas: "O Brasil não tem jeito". Efetivamente, a ladroagem e a corrupção, como a saúva, estão fazendo grandes estragos na lavoura política. Mas, por incrível que possa parecer, a crise é saudável. E a explicação é mais que simples: o tumor lancetado depura o sangue das veias e acaba melhorando o estado geral do paciente. Pois é o paciente Brasil que está sendo dissecado de todos os lados. E isso é fantástico para a oxigenação de sua vida política e institucional.

Primeiro, a constatação: a corrupção não é coisa nova. É tão velha quanto as capitanias hereditárias. Ao longo dos tempos, foi ganhando novas formas, assumindo novos espaços. Hoje, está entronizada em todos os ambientes das administrações, começando pelos municípios, passando pelos estados e chegando aos andares mais altos da União. Há um Produto Interno Bruto invisível em nosso país, tão grande ou até maior que o PIB visível. Mas só nos últimos tempos está sendo exibido. A conta-gotas, é oportuno frisar. Quem não sabe que a Sudene e a Sudam deram dinheiro a fundo perdido a milhares de empresários fajutos, que enriqueceram à custa de empreendimentos de fachada? Quem não sabe que as concorrências públicas, regra geral, são contaminadas por interesses de grupos? Quem já não ouviu falar que até o intocável e majestoso Poder Judiciário tem juízes corruptos, que vendem sua caneta a preço de banana? Quem não conhece as histórias de superfaturamento, de comissões e gorjetas, que criam uma gigantesca cama, onde convivem, de maneira promíscua, tramas, ciladas, emboscadas, armadilhas, benesses, cooptação com dinheiro, fisiologismo, apadrinhamentos etc.?

Interessante é que alguns políticos e partidos querem se apresentar, nesse momento, como vestais ilibadas. Os relatos do nosso cotidiano demonstram que a distância entre o cume da glória e a profundeza da desgraça é menor que a cabeça de um alfinete. Quem diria que homens poderosos deixariam os céus da fama, da noite para o dia, para passar noites tenebrosas no inferno da suspeição? E tudo isso está ocorrendo porque a sociedade brasileira assume, cada vez mais, um papel de lume político. Já se foram os tempos do "Maria vai com as outras". Já se foram os tempos em que comprar gato por lebre era coisa banal. Ninguém quer ser enganado.

A sociedade contempla com raro prazer as cenas escandalosas que colocam senadores e ministros no caldeirão do diabo.

Um poeta, um dia, previu o alvorecer desses tempos mais lúcidos e iluminados, ao proclamar: "É um prazer estar na costa, a ver navios fustigados pelo oceano; é um prazer estar à janela de um castelo, a ver diante de si a batalha e as aventuras; mas não há prazer comparável ao de estar no cume da verdade, a ver os erros, os desvarios, os nevoeiros e as tempestades no fundo do vale". Esse é o deleite maior da sociedade brasileira, que pressiona e clama pela verdade, doa a quem doer.

E quem quiser tirar proveito do purgatório dos outros não perde por esperar. O caçado de hoje poderá ser o caçador de amanhã. Somente os cidadãos de passado limpo e vida decente têm direito ao passaporte direto para ingressar no paraíso. E quem pode, com todo o respeito por pessoas de vida limpa, que seguramente povoam os recantos deste país, exibir tal passaporte? No campo político, poucos, muito poucos podem dizer que têm alguma proximidade com Deus. Se gritarem pelo nome do Senhor, frequentemente usam seu nome em vão. Haverá salvação para os pecadores? Mas, claro. Não basta o arrependimento. Ele só não bane a pena. É preciso um ato de contrição e a vontade efetiva de mudar. No próximo ano, os eleitores, na boca das urnas, vão decidir o destino dos infiéis. Ou, conforme o caso, dar uma penitência ou mais uma chance aos pecadores. A crise, nesse sentido, está sendo um grande confessionário.

Raposas e leões

"Precisando um príncipe utilizar bem o animal, deve tomar como exemplo a raposa e o leão; pois o leão não é capaz de se defender das armadilhas, assim como a raposa não sabe se defender dos lobos. Deve, portanto, ser raposa para conhecer as armadilhas e leão para espantar os lobos." O conselho é de Maquiavel e, nesse momento de primeiras escaramuças pré-eleitorais, pode ser bastante apropriado para pré-candidatos e afins. E se Aristóteles já definiu o homem como um animal político, nada mais lógico que escolher a postura mais conveniente – incluindo o caráter de animais irracionais – para enfrentar os meses de turbulência que se aproximam.

Não adianta, porém, ser raposa ou leão, para enfrentar armadilhas e espantar adversários, se o político não conhece as próprias deficiências. "Conhece-te a ti mesmo", ensina o provérbio grego. A primeira lição do "abc" pré-eleitoral passa, portanto, pela análise dos pontos fortes e fracos do próprio perfil. Essa tarefa garante resultados eficazes quando a pessoa projeta sua personalidade e postura na moldura conceitual que apura os valores, os comportamentos, a experiência passada, os compromissos a serem assumidos e as ações realizadas no cotidiano. Sou arrogante ou simples, preparado ou despreparado, irado ou equilibrado, atencioso ou desleixado, receptivo ou surdo, presunçoso ou modesto, verborrágico ou conciso, correto ou desleal, solidário ou egocêntrico? Que tal começar com esse pequeno exercício de interpretação autopessoal?

Tentemos, por exemplo, uma avaliação sobre alguns políticos brasileiros. Itamar Franco teve como pontos positivos a identificação com uma corrente nacionalista; o combate feroz aos desmandos e distorções da administração federal; a postulação de ideias que procuram recuperar a autoestima dos cidadãos. Mas tem contra si o destempero, a ira acumulada contra o presidente da República, certo comportamento abrupto que dispara a insegurança de fortes contingentes eleitorais. O homem irado, diz o tratadista italiano Albertano de Brescia, acha que sempre pode fazer mais do que realmente é capaz. Itamar é mais ou menos isso. Promete mais do que pode cumprir.

Lula é conhecido pela veemência, seja como líder do PT, no passado, seja como presidente da República. É também extremamente identificado com as causas das camadas mais necessitadas. Tem experiência de lutas políticas. Para tirar a fama de radical, tem como presidente a social-democracia, do gosto dos tucanos. Um dos pontos fracos dos petistas era a capacidade de fazer diagnóstico sem a correspondente solução, coisa que estão procurando corrigir. Lula faz um governo de resultados e se apresenta como o melhor presidente do Brasil de todos os tempos.

Ciro Gomes tem boa bagagem, sabe articular as ideias, tem noção dos problemas nacionais, já é razoalvelmente conhecido, mas parece muito presunçoso. Passa a ideia de saber tudo, de ser infalível como um velho papa. Não há como deixar de colocá-lo na moldura desenhada pela frase da escritora inglesa G. Eliot: "Ele era como um galo que pensava que o sol surgia para ouvi-lo cantar". Aliás, o estilo Ciro Gomes está se multiplicando em muitos estados, com pré-candidatos a governador assumindo o perfil de vestais. Tasso Jereissatti tem perfil moderno, grande bagagem administrativa e charme pessoal, mas falta-lhe uma visão nacional. É muito regionalista. Dilma Rousseff, sem experiência parlamentar, alega ter feito grande curso no governo Lula.

José Serra é preparado: seguramente é o que detém a maior bagagem de conhecimento sobre os problemas nacionais. Tem uma visão técnica aprimorada e muita experiência política. Mas falta-lhe carisma. É um candidato sem charme. Poderia ser comparado a Vespasiano, o imperador romano, em suas palavras no leito de morte: "Ai de mim, creio estar me tornando um deus". Eduardo Campos é uma grande promessa política. Aloizio Mercadante é um perfil preparado mas limitado politicamente. Marta Suplicy é o nome mais visível no Partido dos Trabalhadores.

Aqui surge a grande interrogação: eles se conhecem, sabem apontar seus pontos fracos e fortes? Ou será que estão contaminados com o oxigênio da emoção? Agir exclusivamente de acordo com o fluxo emotivo pode ser perigoso. O coração tem prisões que a inteligência não abre. Portanto, convém pensar com a cabeça e arremeter com o coração, evitando a *síndrome do touro*, que faz exatamente o contrário.

O sol é novo a cada dia

Não há nada de tão absurdo que o hábito não torne aceitável. O pensamento do humanista holandês Erasmo de Rotterdam muito nos ensina a respeito de coisas completamente absurdas que estão ocorrendo no país. A começar pela corrupção, que, como vírus traiçoeiro, ataca sorrateiramente, invadindo consciências, refazendo princípios, moldando valores, ajustando posicionamentos e construindo perfis em todas as classes sociais. É terrível constatar, mas a verdade é assustadora: a corrupção está profundamente inculcada na alma brasileira. E seus sintomas assumem dimensões das mais variadas.

A propina exígua, cada vez mais expandida pelos espaços da economia informal, é capaz de abrir vagas para os carros nas ruas congestionadas, sem o receio de se encontrar o pneu furado. A gorjeta mais gorda faz caminhar processos no meio judiciário, adiantando decisões e queimando etapas. As propinas mais gordas ainda abrem buracos nas penitenciárias e corrompem policiais, para não falar de (até!) juízes, cujas sentenças foram calçadas na força do dinheiro. O PNBM – Produto Nacional Bruto da Malandragem – arrebenta os cofres de municípios e estados, gera superfaturamento nos custos de concorrências ganhas de maneira vilipendiosa, expande o narcotráfico e costura, com linha de aço, a formidável malha do poder invisível, que acolhe burocratas de todos os níveis da administração pública, empresários corruptos e políticos desonestos.

A cada dia, as páginas dos jornais e o noticiário dos telejornais abrem espaços maiores para a corrupção que, de tanto aparecer no cotidiano das pessoas, vai-se acomodando, de maneira sub-reptícia, nas consciências, como extensão da linguagem do dia a dia e esteira de comportamentos miméticos. Ou seja, a gravidade e a feiura da corrupção, de tanto aparecer aos olhos e ouvidos, vão assumindo posições banalizadas. E a banalização, como uma colcha impermeável de plástico duro, acaba insensibilizando a pele e os sentimentos.

A mesma coisa se pode dizer da violência. A morte, que aos borbotões bate nos sentidos, no dia a dia da violência estandardizada das periferias urbanas já não assusta mais. É coisa corriqueira. A morte não dói mais que um dente, um esbarrão, um tropeço, só assustando mais quando envolve pessoas próximas. É terrível, mas a violência banalizada está gerando ilhas de insensibilidade social. Os números se perdem no caudal de informações, as características da monstruosidade se diluem na vazão constante de casos escabrosos, situações estapafúrdias, eventos de rudeza estúpida, que, iguais a trovões tonitruantes, já não nos apavoram, como antigamente, pela constância que acaba amainando, em nossos ouvidos, a intensidade dos estrondos.

É como a raposa diante do leão, na fábula de Esopo. Na primeira vez que viu o leão, a raposa tomou um enorme susto. Na segunda, teve medo, mas não ficou tão apavorada. Na terceira vez, a raposa aproximou-se do leão e bateu um papo gostoso, como se fossem velhos conhecidos. "O hábito", diz o filósofo, "ameniza até coisas horrorosas e assustadoras como a corrupção e a violência." Quando se pensa que a podridão está sendo banida do território, eis que surge, renascida, replantada, revigorada por mecanismos de realimentação, cujos fluxos repousam sobre a carcomida cultura política, responsável, ainda, pela perpetuação de costumes das velhas capitanias hereditárias.

A rapinagem, a corrupção, a violência projetam sua máscara fria sobre a cabeça da sociedade. E se esses fatores criam uma gigantesca onda de banalização, são também responsáveis pela descrença, pela repulsa, pela distância que os cidadãos estão criando em relação à política e seus agentes. Mas o vírus da ruindade acabará atacando a própria natureza. Em determinado momento, a pessoa para e pensa: é hora de dar um basta. A racionalidade se exprime com toda a força. E encorpa as decisões no sentido da mudança. A cultura da corrupção acabará empurrando o país para o espaço da ética. Mesmo os corações mais insensíveis hão de concordar com a lição de Heráclito, quando ensinou: "O sol é novo a cada dia. Amanhã não seremos o que fomos".

O náufrago não tem escolha

O Brasil deu um grande salto nos últimos anos. Cerca de 30 milhões de brasileiros entraram na classe média e 20 milhões saíram do estágio de pobreza absoluta. O país pagou a dívida externa e hoje exibe a condição de credor e não devedor do FMI. O Brasil foi um dos últimos países a entrar na crise que assolou o planeta em 2009, e um dos primeiros a sair. Essa situação foi alcançada por conta de uma política de ampliação de crédito, redução de impostos e estímulo ao consumo.

Mas o Brasil ainda tateia na área educacional. Sua estrutura na área da Saúde é precária. A infraestrutura dos transportes também é muito deficitária.

É esse o gigante que nós temos. Um gigante de pés de barro. As instituições repetem os ufanistas, estão funcionando perfeitamente sob a mais desfraldada bandeira democrática. É isso. Nessa democracia, a sociedade dá respostas positivas à crise de energia, colaborando com o plano de racionamento, as calamidades continuam ocorrendo dentro das previsões, como a seca do Nordeste, e as fugas previsíveis dos nossos carandirus exibem não apenas a formidável anatomia dos queijos suíços em que se transformaram nossas prisões, mas as mortes anunciadas nos bairros miseráveis, os sequestros e a violência expandida, fruto da bandidagem que faz nas ruas a festa da improvisação e da incúria de nossas autoridades.

Onde estão os nossos sonhos, para onde estão indo nossas ilusões? Para o espaço do nada, que é o território das grandes doenças comportamentais: a apatia, que traz a indiferença e a indolência; a atrofia, que provoca o definhamento do corpo social, prejudicando sua capacidade de agir e reagir, e a abulia, que se faz notar pela diminuição e perda de vontade. Não é difícil enxergar qualquer um desses sintomas. Estão presentes na onda de indignação social, nas onomatopeias e imprecações contra os políticos, na rejeição aos governos e, pasmem, na escolha, por absoluta falta de alternativa, dos nomes que hoje se apresentam como pré-candidatos ao cargo de mandatário-mor da nação.

As ilusões, lembra De Nerval, escritor francês, caem uma após a outra como as cascas de uma fruta, e a fruta é a experiência. Seu sabor é amargo; no entanto, ela possui algo acre que a fortifica. O gosto acre das experiências é o fortificante que ainda conduz o povo a ter fé no amanhã, a apostar na intenção de novos atores, a decidir votar em determinado candidato. Na falta de perfis que entusiasmem a sociedade, a opção ocorre por exclusão. Do pior para o menos ruim. Na ausência de uma grande certeza, o eleitor endossa as últimas palavras de Rabelais no leito de morte: "Vou a busca de um grande talvez".

Que significa o crescimento da oposição, se não a extensão da indignação social, a revolta, que Martin Luther King conceitua como "A linguagem dos que não foram ouvidos"? Há candidatos oposicionistas que só se justificam em um quadro de extremas carências. Nada é mais adequado para o eleitor do que um candidato que encarne o voto de vingança, uma espécie de justiça selvagem. Ou seja, certos políticos são a extensão de consagradas metáforas da imprecação social.

A paisagem mostra fortes devastações na floresta social. Um imenso vazio espera ser ocupado. A maioria dos políticos circula nas margens da sociedade. Se alguns são parcialmente preferidos, é porque a taxa de infelicidade geral induz a sociedade a buscar qualquer tábua de salvação. No oceano bravio, navio afundando, o náufrago não tem escolha.

Partido é parte e não montaria

Partido é parte, parcela, ensina a ciência política. Assim, os partidos políticos, no Brasil, representam parcelas do pensamento social. Sua identidade e escopo nada mais são do que a extensão da vontade de grupamentos diferenciados da sociedade. Tem o país mais de quatro ou cinco grandes vertentes de pensamento? Provavelmente, não. A não ser que os pensamentos em questão traduzam suas correntes futebolísticas. Nesse caso, teríamos algo em torno de 10 a 20 correntes, de acordo com as preferências em torno dos grandes times de futebol. Política e futebol encontram-se apenas em bancos de CPI, tendo, cada sistema, interesses próprios e diferentes.

A premissa, porém, é confrontada pela pletora das legendas minúsculas, que servem basicamente aos interesses momentâneos de políticos aventureiros e oportunistas. Há, no país, mais de 30 pequenos partidos políticos, cujos dirigentes, com raras exceções, são negociantes que se aproveitam da generosidade da lei eleitoral para fazer composições, entrar em alianças (espúrias), aumentando os espaços de TV e rádio para candidatos com "bala na agulha", ou seja, com dinheiro para comprar a passagem do passe partidário. Trata-se de uma das mais vergonhosas mazelas de nossa desprestigiada arena política. Como se pode constatar, partido político, nesse contexto, não significa parcela de pensamento e sim clube de utilitarismo egocêntrico e mercantilista.

Infelizmente, até para pessoas que se apresentam como éticas, o partido também não significa a representação da vontade de uma parcela da população. Basta identificar como figuras de proa se posicionam em relação aos partidos políticos.

Há políticos que pensam assim: o partido deve vir a mim e não eu ir a ele. Trata-se, na verdade, de uma monumental inversão de valores. Entende-se que o ingresso de uma pessoa na vida partidária se dá por identificação de ideário, de propósitos comuns e de comunhão de ações. Entrar e sair de partido, como se entra e sai de um ônibus, a qualquer hora, em qualquer estação, constitui um execrável exemplo de postura aética, amoral e ilegítima. A ética exige coerência político-partidária, e quem vive trocando de partido demonstra que não a tem; moralidade, nesse caso, é sinônimo de respeito à própria essência que explica a natureza dos partidos; e legitimidade é a convivência e a obediência aos preceitos democráticos. Negar essas posições é aceitar o caos da vida partidária.

Se a um partido falta substância doutrinária, é legítimo e ético que seus participantes exerçam a prática democrática de cobrança do ideário; se o partido carece de identidade ideológica, que se faça a crítica.

Execráveis são as atitudes que denotam chantagem, jogo de cena, espetacularização da política. O dono de um partido é o povo, mais ninguém.

Se continuarem a ser tratados como montaria para cavaleiros cavalgarem a seu bel-prazer, os partidos serão meras caricaturas de si mesmos desprezados pelos eleitores e afastados das verdadeiras demandas sociais. A democracia é apunhalada toda vez que seus eixos são movidos por siglas de aluguel. Seu sangue também escorre, toda vez que os grandes partidos abandonam o espírito que lhes dá vida para encarnar o corpo interesseiro de perfis que olham apenas para o próprio umbigo.

Uma vassoura no país

Quem se detém na observação dos meios de comunicação, durante o espaço de uma semana, pode surpreender-se com a quantidade de informações negativas envolvendo nomes de políticos e governantes. E a conclusão aparece ligeiro: a corrupção está acabando com o país. São raros os estados brasileiros que estão fora do noticiário de corrupção. E aí surge a dúvida: afinal de contas, nesses tempos de pressão pela ética e moralidade, por que a corrupção ainda é tão volumosa? Ela é maior ou menor que no passado?

Não há dúvida: a corrupção, apesar do arsenal de denúncias da imprensa, tem diminuído. A diferença básica é que, no passado, a corrupção era mais escondida, mais subterrânea, desenvolvida sob uma malha impermeável à lupa da imprensa. Atualmente, mesmo assumindo formas mais sofisticadas, ela é detectada. Embala-se na tecnologia de transferências de fundos e recursos e na engenharia financeira, que trabalham com conceitos de superfaturamento, prestações de contas maquiadas, aprovação de programas e projetos com endereço e interesses não muito voltados para o ideário coletivo, caixinhas e caixões de campanha eleitoral etc. No entanto, apesar de toda essa engrenagem, a corrupção, hoje, é menor.

O que está ocorrendo é um processo de acompanhamento rígido dos espaços de corrupção pela mídia, fato, aliás, muito saudável para a oxigenação do sistema democrático. A cultura de investigação que se desenvolve com intensidade tanto na mídia nacional quanto na mídia regional é consequência do estágio evolutivo por que passa a sociedade brasileira. Estamos vivendo um momento muito rico no aspecto da construção da cidadania e da moralidade. E esse ciclo de modernidade advém de um longo processo de amadurecimento e sofrimento, que se desdobra desde o *impeachment* de Collor, a CPI do Orçamento e os eventos subsequentes que acabaram punindo parlamentares e mandatários. O processo de desvendamento dos tecidos podres continua a pleno vapor.

Muitos se queixam do papel de investigador de polícia ou de promotor do Ministério Público que a mídia vem exercendo. Em alguns casos, há razão, principalmente quando os meios de comunicação exageram na bateria de denúncias não comprovadas, promovendo, assim, a condenação prévia dos elementos indiciados. Mas o efeito positivo do trabalho da imprensa acaba sendo maior do que os fatores negativos gerados pelo denuncismo exacerbado. O Brasil, esta é a verdade, está sendo passado a limpo, a duras penas e de maneira consistente com um novo ordenamento social, onde os valores da ética, da dignidade e da transparência emergem como indicadores de consolidação institucional.

Quem quiser continuar fazendo tramoia, até pode, sabendo, porém, que mais cedo ou mais tarde será pego com a boca na botija. Além da imprensa, a sociedade ganhou corpos funcionais mais atentos. Os membros do Ministério Público merecem destaque na insuperável tarefa de levantar o lixo debaixo do tapete. Cometem exageros? É até possível; fazem, porém, mais bem do que mal. Por isso, sua ação deve ser apoiada pela sociedade. Na administração pública, nas esferas federal, estadual e municipal, novas levas de funcionários, de visão mais consciente de suas responsabilidades, detectam distorções. E, nesse ponto, cabe uma dedução: muita coisa que está aparecendo na mídia é fruto de informações passadas por funcionários públicos. O lado negativo da questão é o partidarismo ideológico que motiva a passagem de informação "por baixo do pano". Sabe-se que a maioria das fontes pertence a partidos políticos que querem tirar proveito das denúncias e, dessa forma, ampliar as condições políticas das agremiações a que pertencem. Esse comportamento é condenável.

Políticos, governantes e homens públicos precisam começar a decorar o vocabulário ético. Basta aprender e internalizar três conceitos: **dignidade**, que abrange os campos do comportamento pessoal; **respeito** à **coletividade**, cujo eixo é o cumprimento de todos os compromissos assumidos nas campanhas; e **cidadania**, que deve incorporar as demandas mais legítimas dos cidadãos, aqui compreendidos como direitos individuais e sociais, como a escola próxima da casa; a habitação condigna; a segurança; o transporte rápido, barato e fácil; o saneamento básico; a saúde e os equipamentos hospitalares modernos e de fácil acesso. O povo só exige que políticos e mandatários cumpram o seu dever com lisura, despojamento pessoal e desprendimento. Passar a vassoura no país é um exercício de fortalecimento da democracia.

Quem tem carisma?

Um dos conceitos mais polêmicos na política é o do carisma. Quem é carismático na política brasileira? Há algum político, em especial, que possa ser considerado um modelo carismático? Essa resposta deve ficar com o leitor. Para ajudá-lo, tentarei esboçar algumas características que integram o perfil dos carismáticos, não antes de lembrar que, nas últimas décadas, a política passou a ser gerida como um empreendimento negocial, submetida a modelos de gestão e a técnicas de planejamento, que acabam eliminando a seiva da esplendorosa árvore do carisma, onde floresciam flores e frutos regados com o calor da sensibilidade e da intuição.

Há um brilho especial nos atores que emanam carisma. Um brilho que pode ser o foco do olho, o esgar da expressão ocular, o modo de gesticulação, a fala – mansa ou apressada –, os trejeitos, a maneira de vestir, o tom expressivo, o teor do discurso, a composição visual, ou algumas dessas partes conjugadas e, ainda, todas elas juntas, integrando o conjunto semântico (substância discursiva) ao conjunto estético (substância icônica, visual). Os perfis carismáticos imbricam, de forma harmoniosa, forma e conteúdo. E, sobretudo, transmitem uma imagem de espontaneidade, que difere, substancialmente, dos modelos retocados pelo marketing exacerbado.

Percebe-se uma figura carismática quando ela chama a atenção pela maneira como se apresenta e fala. De repente, cria-se entre ela e os receptores (assistentes, ouvintes, telespectadores) uma empatia, que é um fenômeno além da simpatia. Nos processos empáticos, a fonte expressa a capacidade de ingressar na maquinaria de pensamento e interpretação do receptor de forma tão intensa que este não apenas entende tudo que é exposto, mas aceita as mensagens introjetadas. Gera-se um circuito de interesses recíprocos entre fonte e interlocutor a ponto de se considerarem "amigos de longa data, velhos conhecidos", por mais que tenham se conhecido há poucos minutos. A pessoa carismática cria a seu redor círculos de energia, atraindo pequenos grupos e plateias. É ouvida, respeitada, amada ou, até, odiada. Mas não passa em brancas nuvens como a maior parte das pessoas.

Jesus Cristo, Buda, Maomé, Gandhi são exemplos de figuras carismáticas. O Cristo que conhecemos chama a atenção pelo visual, pelo discurso, pelas parábolas, pela história maravilhosa de seu nascimento e criação e, sobretudo, pelo calvário e sacrifício para salvar a humanidade. É uma história deslumbrante cercando uma imagem plena de virtudes. Gandhi encantava pelo despojamento, pobreza e sabedoria. Mas, no catálogo do mal, há pessoas que também podem ser consideradas carismáticas. Hitler é uma delas. Tratava-se de uma usina de surpresa, emoção, susto, empolgação, furor e identificação com valores de uma sociedade em ebulição (raça, poder, força e dominação). Já o presidente Kennedy encantava com o charme pessoal que irradiava juventude, poder, riqueza, fatores que confluíam para o sonho norte-americano da pátria-berço da prosperidade e bem-estar social.

Getulio Vargas tinha carisma, a partir do jeito sulista de se expressar, do estilo de governar e das ações administrativas que descortinaram a política de massas. Mas é Juscelino Kubitschek, com seu sorriso aberto e cordial, o nosso político carismático por excelência. E, ainda para arrematar, era embalado pela modinha mineira "Como pode o peixe vivo viver fora d'água fria?" Jânio também tinha carisma. Os gestos, as palavras pronunciadas com os "és" fechados, a voz da autoridade firmada, reconhecida e respeitada, o jeito desabrido de ser, tudo em Jânio chamava a atenção. Jânio era uma incógnita. E Fernando Henrique? Não tem nenhum carisma. É um *schollar*, um intelectual orgânico, preparado, um exemplar da mais racional estirpe weberiana (de Max Weber, o alemão que estabeleceu os princípios determinantes da legitimidade, quando analisou o fenômeno da burocracia).

E, nesse ponto, cabe indagar: Lula tem carisma? Brizola tinha carisma, expresso na maneira de falar, na gesticulação, nas pausas e ênfases e até na figura emblemática que teve participação contundente em determinado período da vida brasileira. Miguel Arraes também possuía uma dose de carisma e os pernambucanos sabem disso. Foram os últimos representantes carismáticos. Por que é interessante analisar os perfis carismáticos? Porque, entre outras coisas, em uma campanha, quando dois candidatos estiverem disputando a vitória por uma questão de meio palmo, aquele que tiver carisma tem mais chances de ganhar.

A escalada social

Historicamente identificada como o farol da sociedade, por seu poder de irradiar opinião, a classe média, pelo menos a brasileira, não brilha mais como no passado.

A observação pode até parecer uma contradição em face de análises e projeções que a colocam na liderança das classes sociais em futuro próximo. Em 2010, a classe média latino-americana terá 60 milhões de pessoas, tornando-se maioria no continente. Outra indicação é a de que a classe média no Brasil, na Rússia, na Índia e na China, que formam o BRIC, hoje com 200 milhões de pessoas, deverá atingir a casa dos 2 bilhões em 20 anos. Ocorre que, por aqui, esse estrato social vive um ciclo de grandes mudanças. Seu espaço começa a ser ocupado por outras referências, oriundas de grupamentos periféricos, que se organizam, ganham força e autonomia.

Peter Drucker, estudioso do impacto da globalização sobre o consumo, fala de uma "nebulosa social" no mundo, fruto do desemprego que atinge setores médios e do acesso de novos atores às tecnologias de aquisição de conhecimento. Entre nós, a crescente afluência das margens se deve, ainda, ao estreitamento das distâncias entre as classes B, C e D, que, revigoradas por programas de redistribuição de renda e sob ambiente de inflação baixa e maior acesso ao crédito, inserem-se fortemente no mercado consumidor. Esta é a base sobre a qual o país poderá, amanhã, formar uma gigantesca classe média.

O fato é que estamos presenciando profunda transformação nas relações sociais, cujos efeitos sobre a esfera política já começam a se fazer sentir. Vejamos os movimentos dessa engenharia social. Inicialmente, convém lembrar que a classificação social no Brasil é bastante fluida por sermos um território com grandes diferenças. Ser rico em uma região pode equivaler a pertencer à classe média baixa em outra. Escolhamos o critério de renda, o mais usado para definir as divisões. Assim, a classe A teria renda mensal superior a 20 salários mínimos; a classe B, entre 10 e 20 salários; a classe C, entre 4 e 10; a D, entre 2 e 4; e a E, com renda inferior a 2. Por esse critério, os ricos estariam na classe A, a classe média alta ficaria na faixa B, a C formaria a classe média típica e os de baixa renda estariam na classe D, ficando os pobres na E. Mas há algum tempo essa composição se desmancha. Como se sabe, a classe média se robustece no fluxo da expansão da industrialização ao longo de oito décadas no século XX. Supervisores, gerentes, técnicos, profissionais liberais, pequeno empresariado, artesãos e comerciantes emergiam como poderosa força. Mas a crise econômica dos anos 1980, caracterizada por carência de recursos, encolhimento da produção e enxugamento do Estado, abriu o ciclo de declínio desta classe, cujas referências eram paradigmáticas.

A globalização das economias e a consequente reengenharia na administração empresarial enxugaram postos de trabalho. A partir daí, desenvolve-se um processo de degradação que, no Brasil, segundo estudos da Unicamp, fez a classe média perder, nos últimos anos, um terço de sua renda. Em 1980, 64,6% da classe média eram compostas de assalariados; em 2000, este índice era de 55%. Em 1980, a classe entrava com 31,7% na população economicamente ativa (PEA); em 2000, caiu para 27,1%. Ademais, os custos da classe média com saúde, educação, segurança, transporte e habitação, sempre ascendentes, fizeram-na apertar o cinto. Sem tradição de lutas, os núcleos do meio da pirâmide canalizaram a indignação para a política. Daí serem comparados com a pedra que faz marolas no lago social. A formação da opinião pública tinha como parâmetro a expressão da classe média. Ao correr das últimas duas décadas, porém, ela se esgarçou. Perdeu espaço político. Enquanto sua voz definhava, fortalecia-se o grito das margens.

Por essa vertente entram os ingredientes que alimentam a "nova classe". A começar pelo braço social do Estado e pelo distributivismo das bolsas. Depois, o cartão de crédito que chega ao bolso de uma clientela mais humilde. O varejo se aquece. Em 2006, o comércio da Rua 25 de Março, em São Paulo, registrou R$ 17 bilhões, ou 40% de todos os *shopping centers* do país, enquanto o mercado de luxo movimenta cerca de R$ 5 bilhões por ano. Parcelas significativas passam a ter acesso a novas fontes de cultura e informação. Inaugura-se um processo de migração entre a classe média típica (C) e a classe média alta (B). Expande-se uma "psicologia global" que respira ares de autonomia e independência, algo que o sociólogo francês Robert Lattes definiria como "autogestão técnica" ou, em outros termos, as massas sabem o que querem e como agir. E o pragmatismo se incorpora a seu sistema decisório. Instala-se um leilão de trocas: quem dá menos, quem dá mais? A micropolítica – o remédio barato, o transporte fácil, a escola pública perto de casa, a rua asfaltada, a segurança no bairro, o lazer pago em pequenas prestações – passa a ser o discurso que provoca interesse.

E assim a pirâmide social ganha novo traçado. O topo continua bem inclinado, a denotar a hipótese de que, no Brasil, os ricos se tornam cada vez mais ricos. O grau de inclinação do meio da pirâmide, porém, é mais largo, na perspectiva de uma classe média alta que se comprimiu e de uma classe média típica que se expande com a incorporação dos estratos de baixo. Este é o novo ambiente social em que se opera a política. A bandeira republicana, com os valores da ética e da dignidade, do respeito ao império do Direito e da Justiça, historicamente desfraldada pelas classes médias, agora cede lugar à bandeira franciscana, cujo lema é: "É dando que se recebe". Luiz Inácio, animal político de instintos apurados, percebeu que a "nebulosa social" brasileira difere das nebulosas planetárias formadas por estrelas no ciclo final de vida. Aqui, as estrelas são novas e dispõem de muito espaço para expandir a luz.

O novo coronelismo

No Brasil, o passado é sempre revisitado. E com direito a reviver seus hábitos, mesmo os pérfidos. É o caso do coronelismo do ciclo agrícola, que castigava o livre exercício dos direitos políticos. Os velhos coronéis da Primeira República (1889-1930) consideravam os eleitores como súditos, não como cidadãos. Criavam feudos dentro do Estado. A autoridade constituída esbarrava na porteira das fazendas. Agora, neste país urbano, o governo precisa pedir licença para subir o morro. O império coronelista do princípio do século passado finca raízes no roçado do Rio de Janeiro. A denúncia é grave: 171 comunidades de dez cidades do segundo maior colégio eleitoral do país são dominadas por milícias – quadrilhas comandadas por policiais –, que ameaçam pessoas se não elegerem seus candidatos. Estamos diante de um novo coronelismo? O voto de cabresto, prática fraudulenta dos tempos da oligarquia rural, transfere-se, neste momento, para o domínio de comandantes de milícias, personagens da urbe violenta que se valem da insegurança para implantar o medo. Os currais eleitorais são comunidades miseráveis, comprimidas em morros, favelas e bairros degradados, onde o poder bandido monta formidável aparato.

A mudança da identidade nacional pouco tem contribuído para a alteração do mapa político. Nos últimos 60 anos, a população urbana cresceu, no país, de 31 para 82%, agigantando cidades, expandindo demandas, mas propiciando a continuação de vícios, dentre eles o voto por encomenda. É verdade que mudanças sociais e políticas, a partir das décadas de 1930-1940, contribuíram para melhorar a participação do povo no processo eleitoral. Mas não se pode negar a imensa distância, hoje muito perceptível, entre a fortaleza econômica e a nossa frágil estrutura política. O biólogo francês Louis Couty dizia, em 1881, que "O Brasil não tem povo". Seu argumento era que, dos 12 milhões de habitantes da época, poucos eram os eleitores capazes de impor ao governo uma direção definida.

Uma razão para explicar nossa incultura política é a equação que soma componentes como pobreza educacional das massas, perversa disparidade de renda entre classes, sistema político resistente às mudanças, sistema de governo ortodoxo (hiperpresidencialismo de cunho imperial) e patrocínio de mazelas históricas, entre as quais reinam, absolutos, o patrimonialismo e o assistencialismo. Sob essa teia esburacada, a concentração de forças permanece sob a égide do Estado todo poderoso, bem visível na função de cobrador de impostos, eixo repressor (policialesco), distribuidor de favores e com poder de definir os destinos da sociedade. O corolário deste modelo se expressa no conceito de "estadania" em contraposição à "cidadania", conforme explica José Murilo de Carvalho, ao demonstrar uma cultura orientada mais para o Estado do que para a representação política.

O brasileiro continua a ser um "cidadão menor" e nessa condição participará do processo em curso. Sob essa perspectiva, podemos compreender as causas para o ressurgimento de novos coronéis da política, como os quadrilheiros urbanos, e outras formas de opressão que limitam a liberdade do cidadão em pleno século XXI. Para início de conversa, esse "cidadão precário" integra o maior contingente nacional, sendo a grande maioria dos 130 milhões de eleitores apta a votar em outubro. São os aglomerados que se aboletam nas periferias congestionadas do Sudeste, região que abriga 44% da população, e os bolsões carentes do Nordeste, onde vivem 28,5% dos brasileiros. A vassalagem de ontem muda de patrão, mas não de atitude. O drible moral continua a dar as cartas. Ontem, o coronel rural entregava o voto fechado no envelope para o súdito depositar na urna, sem lhe dar o direito de saber em quem estava votando: "O voto é secreto, imbecil". Hoje, o coronel miliciano e o chefe da gangue prometem conferir votos dados a seus candidatos. Se os votos forem menos, alguém pagará.

O eleitor inculto tende a votar no candidato mais conhecido ou que lhe é simpático. Até essa condição lhe é negada. Ademais, com a pasteurização partidária, as doutrinas ficam no baú. Alianças entre partidos pouco entusiasmam. A indecisão retrata a descrença do povo na política.

A política e o homem público

O ano de 2009 chega ao fim deixando a impressão de que a política, aqui e alhures, não passou no teste para aferir sua qualidade. A frustração generalizada com os pífios resultados da conferência de Copenhague aponta para o fracasso da missão de mandatários importantes, a partir de Barack Obama, em que se depositavam as maiores esperanças da coletividade mundial. Espraia-se por todos os continentes o sentimento de que a política, além de não corresponder aos anseios das sociedades, não é representada pelos melhores cidadãos, como estatuía o ideário aristotélico.

A estampa dos homens públicos também se apresenta esboroada. Basta olhar para o nariz e os dentes quebrados do premier italiano, Silvio Berlusconi, pelo impacto de uma pequena réplica do Domo de Milão, jogada por um manifestante de rua. Aquela imagem reflete o sexto compromisso não cumprido pela democracia, que trata da educação para a cidadania, e que foi objeto de análise de um dos mais proeminentes pensadores da ciência política, o também italiano Norberto Bobbio, em seu vigoroso ensaio sobre o ideário democrático.

Governantes das mais diferentes ideologias dão efetiva contribuição à degeneração da arte de governar, pela qual Saint Just, um dos jacobinos da Revolução Francesa, já expressava, nos meados do século XVIII, grande desilusão: "Todas as artes produziram maravilhas, menos a arte de governar, que só produziu monstros". A frase se destinava a enquadrar perfis sanguinolentos. Mas, na atualidade, a canalhice e a mediocridade também frequentam espaços públicos. Quando Bill Clinton foi flagrado em atitudes não muito litúrgicas nos salões da Casa Branca, o panteão da esculhambação se elevou às alturas. Da mesma forma, ao admitir ter recebido doações do caixa 2, o ex-presidente Helmut Kohl cindiu o escudo da ética alemã.

O que explica a propensão de homens públicos a assumirem o papel de atores de peças vis, cerimônias vergonhosas e, ainda, abusarem de linguagem chula, incongruente com a posição que ocupam? O que explica a imagem de um governador recebendo pacotes de dinheiro ou a de um presidente de assembleia escondendo propina na cueca? A resposta pode ser esta: a despolitização e a desideologização, que se expandem na sociedade pós-industrial. Os mecanismos tradicionais da democracia liberal estão degradados. Outra resposta aponta para o paradigma do "puro caos", que o professor Samuel Huntington identifica como fenômeno contemporâneo e que se ancora na quebra no mundo inteiro da lei e da ordem, nas ondas de criminalidade, no declínio da confiança na política e na solidariedade social.

No caso da política, esse declínio é acentuado. Ela deixou o espaço missionário para entrar no mercado das profissões. Por que os mecanismos clássicos da política vivem crise descomunal? As nações democráticas registram, neste princípio de século, forte declínio da participação dos cidadãos no exercício da vida pública. Basta apurar o retraimento dos eleitores por ocasião dos pleitos. O profundo desinteresse das populações pela política se explica pelos baixos níveis de escolaridade e ignorância sobre o papel das instituições, e pelo desinteresse dos políticos em relação às causas sociais. Este fenômeno – a distância entre a esfera pública e a vida privada – se expande de maneira geométrica.

Na Grécia antiga, a existência do cidadão se escudava na esfera pública. Esta era sua segunda natureza. A pólis constituía o espaço contra a futilidade da vida individual, o território da segurança e da permanência. Até o final da Idade Média, a esfera pública se imbricava com a esfera privada. Nesse momento, os produtores de mercadorias (os capitalistas) invadiram o espaço público. Aí começa o ciclo da decadência que, na primeira década do século XX, se acentuou com o declínio moral da classe governante. Assim, o conceito aristotélico de política – a serviço do bem comum – passou a abrigar o desentendimento e a ambição.

Com a transformação dos estamentos, as corporações profissionais se multiplicaram. Campos privados articularam com o poder público leis gerais para as mercadorias e as atividades sociais. Sensível mudança se processa. Agora, a esfera pública vira arena de interesses. Disputas abertas e intestinas são deflagradas, na esteira de discussões violentas. Bifurca-se o caminho da res pública com a vereda do negócio privado. O diagnóstico é de Hannah Arendt: "A sociedade burguesa, baseada na competição, no consumismo, gerou apatia e hostilidade em relação à vida pública, não somente entre os excluídos, mas também entre elementos da própria burguesia". Em suma, a atividade econômica passou a exercer supremacia sobre a vida pública. Os eleitores se distanciaram de partidos, juntando-se em núcleos ligados ao trabalho e à vida corporativa – sindicatos, associações, movimentos. Eis a nova face da política.

Se há participação dos aglomerados sociais, ela ocorre dentro das organizações intermediárias. O discurso institucional, levado a efeito por atores individuais e partidos, não faz eco. Mas a estética da política pontua e remanesce nos sistemas cognitivos, emoldurando a policromia e o polimorfismo do *modus operandi* dos atores em seus palcos: parlamentares se atracando em plenários, dentes quebrados, sangue jorrando pelo nariz, encontros mafiosos, orações de propina, dólares na cueca, descrições de cenas de sexo, ovos podres atirados em autoridades etc.

O que fazer para limpar a sujeira que borra a imagem do homem público? Não adianta colocar sobre ela camadas de tinta. Equivaleria a pintar uma parede sem argamassa, oca. A pintura deve ser feita por dentro. A reengenharia voltada para o resgate da moral na vida pública é tarefa para mais de uma geração. Mas pode ser iniciada já. Primeiro passo: o homem público deve cumprir rigorosamente o papel que lhe cabe. Segundo: punir os que saem da linha. Terceiro: revogam-se as disposições em contrário.

Sísifo, Mané e a flor no pântano

A pergunta teima em mexer com a consciência dos mais indignados: pode-se, afinal, esperar por um processo de depuração da vida parlamentar, após a hecatombe que assola a imagem da instituição parlamentar? Ou será que a crise será inconsequente para mudanças prementes nos padrões funcionais e nos costumes parlamentares? A resposta, convenhamos, é complexa e, de pronto, esbarra na lição de Maquiavel: "Nada é mais difícil de executar, mais duvidoso de ter êxito ou mais perigoso de manejar do que dar início a uma nova ordem de coisas. Na verdade, o reformador tem inimigos em todos os que lucram com a velha ordem e apenas defensores tépidos nos que lucrariam com a nova ordem". Sejamos realistas. Há poucos reformadores nos conjuntos parlamentares e há muitos que lucram com a manutenção dos velhos sistemas. Entre os que apregoam mudanças, uns apontam para medidas pontuais e momentâneas, cujo escopo não abriga a matriz das mazelas, e outros há que nem sabem por onde se chega ao caminho das mudanças.

Sob esse feixe de hipóteses, três vertentes se apresentam como as mais prováveis na esfera das ocorrências futuras: a primeira é de que a atual crise será ultrapassada pela próxima; a segunda, ancorada ainda na banalização, mostra o brasileiro cada vez mais impermeável à barbárie da política; e a terceira, regada a esperança, põe fé na crença de que uma flor pode nascer no pântano. As duas primeiras vertentes são maléficas para o caráter nacional. Comparam-se às maldições de Sísifo e Mané. Basta estabelecer a relação entre elas e a crise política. Condenado a carregar uma pedra sobre os ombros e depositá-la no cume da montanha, o matreiro rei de Corinto jamais iria conseguir o feito. O castigo que os deuses lhe deram no Hades, o mundo dos mortos, era definitivo: recomeçar a tarefa todos os dias por toda a eternidade. De tanto fazer o esforço repetitivo, virou um Mané, aquele esforçado sujeito que, obcecado pela ideia de escapar do fundo do poço, onde caiu, tornou-se insensível a qualquer ajuda externa. Uma pessoa ouviu um barulho, aproximou-se do poço, jogou uma corda e gritou: "Pegue a corda e saia". Irritado, o bronco respondeu: "Não vê que estou trabalhando? Não quero sua ajuda".

O brasileiro tem um pouco de Sísifo e um pouco de Mané. Ao achar que a situação começa a melhorar – com a pedra chegando ao pico da montanha –, vê, de repente, a coisa degringolar. Terá de reiniciar a tarefa de subir com o pedaço de rocha. Um eterno retorno. A repetição do maçante exercício de expectativas frustradas brutaliza seus instintos. Torna-se, assim, impermeável aos eventos que ocorrem ao seu redor, mesmo os mais catastróficos. Vira catatônico. Essa é a carga psicológica que a crise deposita sobre a alma nacional. O ciclo de banalização de escândalos pelo qual passa o país afeta a camada mais densa da sociedade: a confiança. Escorrendo pelo ralo, ela arrasta consigo a força da nacionalidade, o amor à pátria, o sentimento de inclusão e de identificação com os símbolos nacionais, o orgulho de pertencer a uma sociedade com padrões éticos e morais. Mas há quem distinga as luzes de um contraponto, um sinal de esperança. Nesse caso, a hipótese leva em conta o eco da tuba de ressonância da mídia. Todas as camadas – com acesso à TV e ao rádio – veem a lama que escorre da arquitetura política.

As conexões formam a química para a flor nascer no lamaçal. A gripe que assola a Câmara Alta pega de chofre os atores do palco político da Nação. Essa é a associação que se processa no sistema cognitivo da sociedade. A infalível interlocução das ruas e de parlatórios mais elevados propaga um sentimento, mesmo difuso, de mal-estar generalizado. Cristaliza-se a convicção de que a desobediência às leis e a infração a valores morais e princípios éticos nascem e se desenvolvem na roça dos próprios autores das leis. Tal contrassenso agita os ânimos dos espíritos mais indignados. E, assim, parcela ponderável da sociedade abre o bico em sinal de protesto e indignação. Críticas ácidas saem de esquadrões da classe média, cuja repulsa aos últimos acontecimentos no Senado emerge de forma contundente na mídia.

Portanto, da sensação de que está sempre vendo as mesmas coisas e da constatação de que os tonéis da corrupção estão locupletados, o brasileiro extrai a argamassa para aumentar a sua descrença no sistema político. Dessa operação, por uma combinação de fatores – escândalos em profusão, repercussão na mídia, atores impunes, corporativismo –, desenvolve-se um mecanismo de repulsa e ações organizadas se expandem nas redes sociais. A deterioração do sistema político – que provoca incomensurável dano às próprias instituições – faz florescer ondas de indignação. Essa é a flor no pântano, cuja propagação obedece a um movimento centrífugo, do centro para as margens, ou seja, das classes médias para os habitantes da base da pirâmide.

Vale lembrar o preceito da ciência política pelo qual as grandes mudanças da História são produzidas quando os favorecidos e apaniguados do poder não têm a capacidade para transformá-la em força, enquanto os que dispõem de pequeno poderio aproveitam essa capacidade ao máximo para convertê-la em força crescente. É o que estamos começando a ver por aqui. Se falta vontade do andar de cima, sobra revolta do andar de baixo. Como no jogo de xadrez, o peão pode ganhar força superior à do bispo.

Termos e conceitos-chave

"Não peço à minha pátria nem pensões, nem honras, nem distinções; encontro-me amplamente recompensado pelo ar que nela respiro; gostaria apenas que não a corrompessem."

(Montesquieu)

- A virtude da coragem
- Ágora
- Anos de chumbo
- Áulicos
- Autoestima
- Canibalização
- Carisma
- Ciclo de vida do político
- Cidadania
- Clímax
- Compadrismo
- Comportamento mimético
- Consistência
- Corrente nacionalista
- Crescimento
- Democracia da fé
- Democracia participativa
- Democracia representativa

- Discurso caricato
- Ditame da razão
- Educação para a cidadania
- Eficácia ministerial
- Engano de segundo grau
- Engenharia financeira
- Esfera ética
- Espetacularização da política
- Estilo vedetizado
- Estirpe weberiana
- Exatidão
- Exercício de sedução
- "Fulanização" da política
- Identidade e imagem
- Identidade histórica
- Jornalismo empresarial
- Leveza
- Mandonismo
- Marketing do vitupério
- Maturidade
- Micropolítica
- Mobilização das massas
- Moralidade
- Multiplicidade
- Nação
- O despertar das elites
- Onda centrífuga
- Onda centrípeta
- Onda mística
- Oposição pragmática

- Ordenamento social
- Organizações não governamentais
- País
- Parlamentarismo
- Partidarismo ideológico
- Partido
- Patrimonialismo
- Perfil apolíneo
- Personalidade discrásica
- Poder afrodisíaco
- Poder do Estado
- Polígono das Secas
- Produto Nacional Bruto da Felicidade – PNBF
- Produto Nacional Bruto da Infelicidade – PNBInf
- Produto Nacional Bruto da Malandragem – PNBM
- Psiquismo nacional
- Raiz feudal
- Rapidez
- Relação simbiótica
- Rotinite
- "Santo da casa"
- Silhueta dionisíaca
- Síndrome do touro
- Substância discursiva
- Substância icônica
- Taxa de racionalidade
- Telegenia
- Temperança
- Território
- Utilitarismo mercantilista

- Vertente ética
- Visão monetarista
- Visibilidade

BIBLIOGRAFIA

AAKER, David A. *Marcas: Brand Equity – Gerenciando o valor da marca*. Tradução de André Andrade. São Paulo: Negócio, 1998.

ALVES, Aluizio. *O que eu não esqueci*: reminiscências políticas, 1933/2000. Rio de Janeiro: Léo Christiano, 2001.

BACON, Francis. *Ensaios*. Tradução e prefácio de Álvaro Ribeiro. Lisboa: Guimarães, 1992.

BARELLI, Ettore; PENNACCHIETTI, Sérgio. *Dicionário das citações*: 5.000 citações de todas as literaturas antigas e modernas com o texto original. Tradução de Karina Jannini. São Paulo: Martins Fontes, 2001.

BARREIRA, Irlys; PALMEIRA, Moacir. *Candidatos e candidaturas*: enredos de campanha eleitoral no Brasil. São Paulo: Annablume, 1998.

BASTOS, Oliveira (coord.). *Sarney*: o outro lado da história. Rio de Janeiro: Nova Fronteira, 2001.

BELAU, Angel Faus. *La ciência periodística de Otto Groth*. Pamplona: Instituto de Navarra, 1968.

BELTRÃO, Luiz. *A imprensa informativa*. São Paulo: Foco Masucci, 1969.

_____. *Folkcomunicação*. Porto Alegre: Edipucrs, 2001.

_____. *Iniciação à filosofia do jornalismo*. São Paulo: Edusp, 1992.

BERLO, David K. *O processo de comunicação*. Rio de Janeiro: Fundo de Cultura, 1960.

BOBBIO, Norberto; MATTEUCCI, Nicola; PASQUINO, Gianfranco. *Dicionário de política* – Volume 1 – A-J. Volume 2 – L-Z. Tradução de Carmen C. Varrialle, Gaetano Lo Mônaco, João Ferreira, Luís Guerreiro Pinto Cacais e Renzo Dini. Brasília: Universidade de Brasília; São Paulo: Imprensa Oficial do Estado, 2000.

_____. *O futuro da democracia*: uma defesa das regras do jogo. Tradução de Marco Aurélio Nogueira. Rio de Janeiro: Paz e Terra, 1986.

BRECHT, Arnold. *Teoria política* – Volume I. Tradução de Álvaro Cabral. Rio de Janeiro: Zahar, 1965.

CARDOSO, Fernando Henrique. *O modelo político brasileiro e outros ensaios*. Rio de Janeiro – São Paulo: Difel, 1977.

CARONE, Edgard. *O Estado Novo (1937-1945): corpo e alma do Brasil*. Direção do professor Fernando Henrique Cardoso. Rio de Janeiro – São Paulo: Difel, 1977.

CASTRO, Viriato de. *O fenômeno Jânio Quadros*. São Paulo: editado por José Viriato de Castro, 1956.

CAVALCANTI FILHO, José Paulo (org.). *Informação e poder*. Prefácio de Janio de Freitas. Rio de Janeiro: Record; Recife: Fundação de Cultura Cidade de Recife, 1994.

CLAUSEWITZ, Carl Von. *Da guerra*. Tradução de Inês Busse. Lisboa: Europa-América, 1832.

COFFY, Robert. *Teilhard de Chardin e o socialismo*. Tradução de Regina Maria. Lisboa: Morais, 1967.

COMTE-SPONVILLE, André. *Pequeno tratado das grandes virtudes*. São Paulo: Martins Fontes, 1995.

CONFÚCIO. *Os analectos*. Tradução para o inglês, apresentação e notas de Simon Leys; tradução de Claudia Berliner. São Paulo: Martins Fontes, 2000.

D´ARAÚJO, Maria Celina; SOARES, Gláucio Ary Dillon; CASTRO, Celso (intr. e org.). *À volta aos quartéis*: a memória militar sobre a abertura. Rio de Janeiro: Relume-Dumará, 1995.

DEUTSCH, Karl. *Política e governo*. Brasília: Universidade de Brasília, 1979.

DE MAIS, Domenico. *O futuro do trabalho: fadiga e ócio na sociedade pós-industrial*. Tradução de Yadyr A. Figueiredo. 2 ed. Rio de Janeiro: José Olympio; Brasília: UnB, 1999.

DESCARTES, René. *Discurso do método*. Tradução de Maria Ermantina Galvão; revisão da tradução de Mônica Stahel. São Paulo: Martins Fontes, 1996.

DOMENACH, J. M. *La propagande politique*. Série "Que sais-je?", nº 448. Paris: Presses Universitaires de France, 1950.

EYMERICH, Nicolau. *Manual dos inquisitores*. 2 ed. Comentários de Francisco Peña; tradução de Maria José Lopes da Silva. Rio de Janeiro: Rosa dos Tempos; Brasília: Fundação Universidade de Brasília, 1993.

FAGEN, Richard R. *Política e comunicação*. Rio de Janeiro: Zahar, 1971.

FENAJ. *Manual de assessoria de imprensa*. São Paulo: Fenaj, 1986.

FILHO, José Paulo Cavalcanti (org.). *Informação e poder*. Prefácio de Janio de Freitas. Rio de Janeiro: Record; Recife: Fundação de Cultura Cidade de Recife, 1994.

FREUD, Sigmund. *Introduction à la psychanalyse*. Paris: Payot, 1932.

_____. *Psychopsthologie de la vie quotidienne*. Paris: Payot, 1922.

GALBRAITH, John Kenneth. *Anatomia do poder*. Tradução de Hilário Torloni. São Paulo: Pioneira, 1986.

GIBBON, Edward. *Declínio e queda do Império Romano*. Organização e introdução de Dero A. Saunders; prefácio de Charles Alexander Robijon Jr.; tradução e notas suplementares de José Paulo Paes. São Paulo: Companhia das Letras, Círculo do Livro, 1989.

GREENE, Robert. *As 48 leis do poder*. Projeto de Joost Elffers. Tradução de Talita M. Rodrigues. Rio de Janeiro: Rocco, 2000.

GOEBBELS, Joseph. *Diário: últimas anotações 1945*. Rio de Janeiro: Nova Fronteira, 1978.

HART, B. H. Liddell. *As grandes guerras da História*. Tradução de Aydano Arruda. Revisão técnica e anotações do Cel. Reynaldo Mello de Almeida. São Paulo: Ibrasa, 1963.

HAYAKAWA, S. I. *A linguagem no pensamento e na ação*. Tradução de Olivia Krähenbül. São Paulo: Pioneira, 1963.

HIDALGO, Carlos Otero. *Partidos políticos y sindicatos em la sociedad contemporânea*. Madri: Mundiprensa Libros, 1996.

HITLER, Adolf. *Mi lucha*. Traducción de Alberto Saldivar P. México: Diana, 1953.

HUERTAS, Franco. *O método PES: entrevista com Matus*. Tradução de Giselda Barroso Sauver. São Paulo: Fundap, 1996.

IANNI, Octavio. *O colapso do populismo no Brasil*. Rio de Janeiro: Civilização Brasileira, 1975.

KEEGAN, John. *Uma história da guerra*. Tradução de Pedro Maia Soares. São Paulo: Companhia das Letras, 1995.

KIENTZ, Albert. *Comunicação de massa, análise de conteúdo*. Tradução de Álvaro Cabral. Rio de Janeiro: Eldorado, 1973.

KOTLER, Philip. *Marketing para organizações que não visam o lucro*. São Paulo: Atlas, 1984.

_____. *Marketing*. Tradução de H. de Barros; revisão técnica de Dilson Gabriel dos Santos e Marcos Cortez Campomar. São Paulo: Atlas, 1996.

KUNSCH, Margarida Maria Krohling. *Relações Públicas e modernidade: novos paradigmas na comunicação organizacional*. São Paulo: Summus, 1997.

LANDES, David S. *Riqueza e pobreza das nações: por que algumas são tão ricas e outras tão pobres*. Tradução de Álvaro Cabras. Rio de Janeiro: Campus, 1998.

LASSWELL, Harold Dwignt. *A linguagem da política*. Tradução de Lúcia Dauster Vivacqua e Silva e Sônia de Castro Neves. Brasília: Universidade de Brasília, 1979.

LEAL, Victor Nunes. *Coronelismo, enxada e voto: o município e o regime representativo no Brasil*. 2 ed. Nota do professor Basílio de Magalhães; prefácio de Barbosa Lima Sobrinho. São Paulo: Alfa-Ômega, 1975.

LINS DA SILVA, Carlos Eduardo. *O adiantado da hora: a influência americana sobre o jornalismo brasileiro*. São Paulo: Summus, 1991.

LIPPMANN, Walter. *Public opinion*. Nova York: Harcourt, Brace and Co., 1922.

LIPSON, Leslie. *A civilização democrática* – volumes I e II. Tradução de Álvaro Cabral. Rio de Janeiro: Zahar, 1966.

LUSTOSA, Isabel. *Histórias de presidentes: a República no Catete*. Introdução de Homero Senna. Petrópolis: Vozes; Rio de Janeiro: Fundação Casa de Rui Barbosa, 1989.

MAQUIAVEL, Nicolau. *O príncipe*. 2 ed. Tradução de Maria Júlia Goldwasser. São Paulo: Martins Fontes, 1996.

MARABINI, Jean. *Berlim no tempo de Hitler*. Tradução de Marina Appenzeller. São Paulo: Companhia de Letras, Círculo do Livro, 1989.

MARTINS, José da Silva. *Coletânea de pensamentos*. São Paulo: Martin Claret, 1982.

MATUS, Carlos. *Estratégias políticas: Chimpanzé, Maquiavel e Gandhi*. Tradução de Giselda Barroso Saouveur. São Paulo: Fundap, 1996.

_____. *Adeus, senhor presidente: governantes governados*. Tradução de Luís Felipe Rodrigues Del Riego. São Paulo: Fundap, 1996.

MAZARINO, Cardeal. *Breviário dos políticos*. Traduzido do francês e apresentado por Roberto Aurélio Costa. Brasília: Alhambra, 1984.

MELO, José Marques de. *Estudos de jornalismo comparado*. São Paulo: Pioneira, 1972.

_____. *Comunicação: teoria e política*. São Paulo: Summus, 1985.

_____. *Teoria da comunicação: paradigmas latino-americanos*. Petrópolis: Vozes, 1998.

MEYNAUD, Jean. *Os grupos de pressão*. Lisboa: Europa-América, 1966.

MOLES, Abraham A. *Sociodinâmica da cultura*. São Paulo: Perspectiva, 1974.

MONTAIGNE, Michel Eyquem de. *O pensamento vivo de Montaigne*. Apresentado por André Gide. Tradução de Sérgio Milliet. São Paulo: Livraria Martins, 1975.

MORGAN, Gareth. *Imagens da organização*. Tradução de Cecília Whitaker Bergamini e Roberto Coda. São Paulo: Atlas, 1996.

MORIN, Edgar. *Cultura de massas no século XX – o espírito do tempo*. 2 ed. Tradução de Maura Ribeiro Sardinha. Rio de Janeiro – São Paulo: Forense, 1969.

MUSASHI, Miyamoto. *Um livro de cinco anéis: o guia clássico de estratégia japonesa para as artes e os negócios*. Tradução de Fernando B. Ximenes. Rio de Janeiro: Ediouro, 1984.

NÊUMANNE, José. *Atrás do palanque: bastidores da eleição de 1989*. São Paulo: Siciliano, 1989.

NIETZSCHE, Friedrich Wilhelm. *Assim falou Zaratrustra: um livro para todos e para ninguém*. Tradução de Mário da Silva. Rio de Janeiro: Civilização Brasileira, 1986.

NIVALDO JUNIOR, José. *Maquiavel*, o poder: *histórias e marketing*. Prefácio de Cristovam Buarque. Recife: Makplan, 1991.

NOBRE, Freitas. *Imprensa e liberdade: os princípios constitucionais e a nova legislação*. São Paulo: Summus, 1988.

PASCAL, Blaise. *Pensamentos*. Edição, apresentação e notas de Louis Lafuma; tradução de Mario Laranjeira; revisão técnica e introdução da edição brasileira de Franklin Leopoldo e Silva; revisão da tradução de Márcia Valéria Martinez de Aguiar. São Paulo: Martins Fontes, 2000.

PAVLOV, I. P. *Les réflexes conditionnels*. Paris: Félix Alcan, 1932.

PENNA, José Osvaldo de Meira. *O espírito das revoluções: da revolução gloriosa a revolução liberal*. Prefácio de Antonio Paim. Rio de Janeiro: Faculdade da Cidade, 1997.

PERISCINOTO, A. et al. Série Estudos Aberje 1, Associação Brasileira de Comunicação Empresarial. São Paulo: Aberje, 1998.

PEROSA, Lilian Maria F. de Lima. *A hora do clique: análise do programa de rádio voz do Brasil da Velha à Nova República*. São Paulo: Annablume, ECA-USP, 1995.

PORTO, Walter Costa. *Dicionário do voto*. São Paulo: Giordano, 1995.

PYE, Luciana W. *Comunicação e desenvolvimento político*. Tradução de Luciano Miral. Rio de Janeiro: Zahar, 1967.

RASFFESTIN, Claude. *Por uma geografia do poder*. Tradução de Maria Cecília França. São Paulo: Ática, 1993.

REDFIELD, Charles E. *Comunicações administrativas*. Rio de Janeiro: Fundação Getulio Vargas, 1967.

RIEDINGER, Edward Anthony. *Como se faz um presidente: a campanha de JK*. Tradução de Roberto Raposo. Rio de Janeiro: Nova Fronteira, 1988.

SCHWARTZENBERG, Roger-Gérard. *Sociologia política: elementos de ciência política*. Tradução de Domingos Mascarenhas. São Paulo – Rio de Janeiro: Difel, 1979.

_____. *O estado espetáculo*. Tradução de Heloysa de Lima Dantas. São Paulo – Rio de Janeiro: Difel, 1978.

SÊNECA. *Sobre a brevidade da vida*. Tradução, introdução e notas de William Li. São Paulo: Nova Alexandria, 1993.

SIMONET, Renée e Jean. *L`Argumentatio, stratégie et tactiques*. Paris: Les Édition D`Organisation, 1990.

STAROBINSKI, Jean. *Montesquieu*. Tradução de Tomás Rosa Bueno. São Paulo: Companhia das Letras, 1990.

TAVARES, José Antônio Giusti. *Sistemas eleitorais nas democracias contemporâneas: teoria, instituições, estratégia*. Rio de Janeiro: Relume-Dumará, 1994.

TAVARES, Mauro Calixta. *A força da marca: como construir e manter marcas fortes*. São Paulo: Harbra, 1998.

TCHAKHOTINE, Serge. *A mistificação das massas pela propaganda política*. Tradução de Miguel Arraes. Rio de Janeiro: Civilização Brasileira, 1967.

TOCQUEVILLE, Alexis de. *A democracia na América*. 2 ed. Tradução, prefácio e notas de Neil Ribeiro da Silva. Belo Horizonte: Itatiaia; São Paulo: Edusp, 1977.

TORQUATO, Gaudêncio. A guerra do voto. *Comunicação Empresarial*, ano nº 8, 26, 1º trimestre de 1998.

_____. "O político e a sociedade brasileira". Ciclo de Palestras: O Senado e a Opinião Pública, vol. II. Brasília, Senado Federal: Comissão de Educação e Secretaria de Comunicação Social, 1995.

_____. *Cultura – Poder – Comunicação e Imagem: fundamentos da nova empresa*. São Paulo: Pioneira, 1991.

_____. *A velha era do novo – visão sociopolítica do Brasil*. São Paulo: GT Marketing e Comunicação, 2002.

TORQUATO DO REGO, Francisco Gaudêncio. *Jornalismo empresarial – teoria e prática*. São Paulo: Summus, 1987.

_____. *Comunicação empresarial e comunicação institucional – conceitos, estratégias, sistemas, estrutura, planejamento e técnicas*. São Paulo: Summus, 1986.

TZU, Sun. *A arte da guerra*. Adaptação e prefácio de James Clavell. Tradução de José Sanz. Rio de Janeiro: Record, 1983.

VALENTE, Nelson. *Luz, câmera, Jânio Quadros em ação: o avesso da comunicação*. São Paulo: Panorama, 1998.

VOLTAIRE, François Marie Arouet de. *O pensamento vivo de Voltaire*. Apresentado por André Maurois. Tradução de Lívio Teixeira. São Paulo: Livraria Martins, 1975.

WEBER, Max. *Ciência e política: das vocações*. Tradução de Leonidas Hegenberg e Octany Silveira da Mota. Prefácio de Manoel T. Berlinck. São Paulo: Cultrix, 1996.

Impressão e Acabamento
Bartira
Gráfica
(011) 4393-2911